Ch. Ed Caspari

Chronologisch-geographische Einleitung in das Leben Jesu Christi

Ch. Ed Caspari

Chronologisch-geographische Einleitung in das Leben Jesu Christi

ISBN/EAN: 9783743639775

Hergestellt in Europa, USA, Kanada, Australien, Japan

Cover: Foto ©Lupo / pixelio.de

Weitere Bücher finden Sie auf **www.hansebooks.com**

Chronologisch-geographische Einleitung

in das

Leben Jesu Christi

von

Ch. Ed. Caspari.

Nebst vier Karten und Plänen:

I. Generalkarte der Reisen Jesu. — II. Karte vom See Gennezareth. — III. Plan von Sichem und Sychar. — IV. Plan von Jerusalem.

Hamburg 1869.

Agentur des Rauhen Hauses.

Inhalts-Verzeichniss.

Vorwort.

~~~~~~

Die negative Evangelienkritik, wie sie in dieser Zeit betrieben wird und in einer Reihe von Bearbeitungen des Lebens Jesu an das Licht getreten ist, stützet, freilich ohne es immer einzugestehen, ihre auflösenden Ergebnisse hauptsächlich auf philosophische Voraussetzungen, welche einer dem Offenbarungsbegriffe feindlichen Weltanschauung entnommen sind. Sie läugnet das Uebernatürliche im Leben Jesu, weil sie das Supranaturale überhaupt verwirft. Dabei verschmäht sie aber die äusseren, der Geschichte und Erdkunde entnommenen Beweisgründe keineswegs, insofern sie jenen Voraussetzungen zur Stütze dienen können. Dadurch bringt sie Unruhe und Zweifel in manche Gemüther, welche einer der Offenbarungsidee befreundeten Weltanschauung ergeben sind und von jenen philosophischen Voraussetzungen unangefochten bleiben würden. Geschichte und Chronologie, Erdkunde und Topographie werden mit grosser Kunst als Hülfsmittel gebraucht, die Autentie der Evangelien zu bestreiten, die Berichte dieser Bücher mit einander in Widerspruch zu setzen, und die Möglichkeit zu läugnen, die evangelischen Thatsachen mit Geschichte und Länderkunde in Einklang zu bringen.

Ich hatte es mir daher seit Jahren zur Aufgabe gemacht, über den Werth und Unwerth dieser Einwürfe und Angriffe ins Reine zu kommen. Ich überzeugte mich bald, dass die bisherigen Bearbeitungen dieser Disciplinen einer gründlichen Revision bedürfen, und wendete mich daher in Allem an die ursprünglichen Quellen. Da für mich selbst diese Studien sich nützlich erwiesen und öfters zu unerwarteten, meiner Ansicht nach nicht unwichtigen Ergebnissen führten, glaubte ich sie der Oeffentlichkeit übergeben zu dürfen, der Hoffnung mir schmeichelnd, auch Andern dadurch fördernd zu sein.

Es möchte vielleicht auffallend erscheinen, dass in Disciplinen wie biblische Geographie und Chronologie, welche so reichlich und vielfältig bearbeitet worden sind, noch wichtige Entdeckungen als Nachlese sollten übrig geblieben sein: das Räthsel aber löset sich, wenn man in Erwägung zieht, dass die Exegeten ihre Chronologie und Geographie als Nebensache selten unmittelbar aus den Quellen schöpften, sondern aus zweiter und dritter Hand empfingen, dass dagegen die Geographen und Chronologen von Fach, sogar die Meister unter ihnen keine Exegeten sind, sondern durch oft unrichtige Uebersetzungen der Evangelien irre geführt wurden. Diese Uebel habe ich mich zu vermeiden ernstlich bestrebt, indem ich in allen Quellen mich an den Urtext hielt, und dass ich neben den von meinen Vorgängern benuzten Quellenschriften die zum Schaden der Sache zu sehr vernachlässigten Bücher der jüdischen Tradition ausbeutete.

Die einschlagende Literatur ist nicht leicht zugänglich: die patristischen, archaeologischen und talmudischen Schriften, sowie die Reisebeschreibungen, sind oft schwer zu finden. Um somehr bin ich den verehrten Freunden zu Dank verpflichtet, welche mir dazu behülflich waren, besonders Herrn Professor Reuss zu Strassburg, sowie den Herren Bibliothekaren der Stadtbibliothek zu Strassburg und der protestantischen und der katholischen Seminarbibliothek daselbst, welche mit Rath und That mir beigestanden.

Und so gehe denn dieses Büchlein, unerachtet seiner Mängel und Gebrechen, seine Wege unter des Herrn Segen.

Geudertheim (Elsass), d. 24. Sept. 1868.

Der Verfasser.

Einleitung.

Nicht das Lebensbild Jesu Christi wird hier geboten, sondern der blosse Rahmen zu diesem Bilde.

Eine Geschichte des Lebens Jesu, wie sie in dieser Zeit vielseitig angestrebt wird, ist eine genetische Darstellung, nicht bloss dessen was er war, sondern warum er es war und wie er es geworden ist.

Jesus Christus kam, „da die Zeit erfüllet war". Es ist und bleibt daher eine der wichtigen Aufgaben der Wissenschaft, das Bild des damaligen Zustandes der Welt immer deutlicher zu zeichnen, die Lage der Dinge, die sittlichen Zustände, das geistige Suchen und Streben darzustellen, um dem Leben Christi eine Folie zu gewinnen, welche dasselbe in seinem wahren und vollen Lichte zeigt. Sobald aber diese Folie soll das Licht selbst sein, das es beleuchtet; sobald das Bestreben dahin geht, in diesen Zuständen der Welt und der Geister die Potenz zu finden, welche dieses Leben so zu sagen geschaffen hat, sobald diese äussern Agentien sollen als Ursache gelten, durch die Jesus geworden ist und werden musste, was er war, so wird der sichere Boden der Geschichte verlassen, und bei allem Streben, sich ihn geschichtlich zu erklären und zurecht zu legen, wird sein Leben ein Werk der Imagination, ein Roman. Die Quellen, aus welchen eine solche Biographie ermittelt werden muss, sind die Evangelien. Diese wissen freilich auch um eine Entwicklung im Leben Jesu; denn sie lehren: Er nahm zu, und wuchs am Geiste, *τὸ παιδίον ηὔξανε καὶ ἐκραταιοῦτο ἐν πνεύματι*, Luc. 2, 40; aber wie es geschah, durch welche Kräfte, Mittel und Einflüsse, das wird nirgends gesagt; im Gegentheil, die Evangelien stellen Jesum als vollkommen fertig dar. Nirgends wird gezeigt, wenn, wo und wie er seinen Erlösungsplan gefasst, wie seine Ideen entstanden und sich

entwickelt, verändert oder vervollkommnet haben; was er wollte und
war am Tage der Kreuzigung, das wollte er und war er ganz im Augenblicke seines ersten Auftretens; da ist keine Spur von Fortschritt, Entwicklung oder Veränderung. Ein genetisches Leben Jesu ist ein unausführbares Unternehmen.

Für möglich dagegen halten wir, und sehen es als ein dem wissen-
schaftlichen Streben vorgelegtes Problem an, eine Charakteristik Jesu zu
erstreben, wodurch er dargestellt und zum Verständnisse gebracht wird,
nicht wie er ward, sondern wie vollendet er war. Dass jedoch diese
Aufgabe keine leichte ist, welche der einzelne Forscher völlig bemei-
stern könnte, lässt sich daraus schliessen, dass es die Aufgabe der
ganzen Christenheit und Kirche von jeher war und immer bleibt, Christum immer tiefer, vielseitiger und vollkommener zu erfassen und zu
verstehen, „dass er eine Gestalt gewinne".

Zur Lösung dieser Frage trägt aber der Rahmen, das Aussenwerk
mehr bei, als gewöhnlich anerkannt und zugestanden wird. Häufig wird
die Ansicht ausgesprochen, dass das Chronologische und Geographische
im Leben Jesu ohne Bedeutung sei. Es ist, meinen Viele, gleichgültig
zu wissen, ob Jesus mehrere Jahre oder nur einige Monate öffentlich
gewirkt; ob er im 30sten oder einem andern Jahre gekreuzigt; ob sein
Todestag der Rüsttag auf Ostern oder der Passahtag selber war; ob Capernaum im Ländchen Gennesar oder am Nordende des See's von Tiberias lag; ob Sychar identisch mit Sichem sei oder davon verschieden; ob
die Kirche des h. Grabes die Kreuzigungs- und Auferstehungsstätten
bezeichnet oder nicht; ob Jesus einmal oder zu mehreren Malen zu
Jerusalem war; all' dies Aussenwerk könne man entbehren, wenn nur
Jesu Geist, Wesen und Lehre erfasst wird. Dies ist aber ein grosser
und verderblicher Irrthum. Wenn Jesus Christus auf solche Weise ver-
geistigt, aus den Verhältnissen von Zeit und Raum herausgerissen wird,
so straft sich dieser falsche Spiritualismus dadurch, dass am Ende die
objective Geschichtlichkeit der Person Jesu zweifelhaft wird und als
Ideal sich verflüchtigt. Die Geschichtlichkeit eben wurzelt in Zeit und
Raum, die Realität der Person ist dadurch bedingt, dass Ort, Verhältnisse und Zeit klar erkannt werden. Manche der gewichtigsten Zweifel
an der Autentie der Evangelien, sowie ihrer Berichte, wurzeln in geographischen und chronologischen Irrthümern. Zwei Hauptargumente,
welche gegen die Autentie des Evangeliums Johannis geltend gemacht

werden, gehören in diese Kategorie. In diesem Evangelium ist gesagt, dass Jesus von dem Orte, wo Johannes taufte, in einem Tage nach Kana in Galilaea gegangen sei; man nimmt nun als ausgemachte Wahrheit an, dieser Taufort sei in der Nähe von Jericho gelegen, welche Stadt drei volle Tagreisen von Kana entfernt ist; daraus schliesset man, dass unmöglich der Bericht, welcher in einem Tage Jesum dreissig Stunden Wegs zurücklegen lässt, von einem Augenzeugen verfasst sei. Der Einwurf aber verschwindet, wenn bewiesen wird, Johannis Taufort sei nicht bei Jericho, sondern am Nordende des See's Gennezareth, am obern Jordan zu suchen, an einem Orte, welcher nur 6 bis 7 Stunden von Kana in Galilaea entfernt ist.

Ebenso lesen wir häufig, die Synoptiker lehren, dass Jesus am Passahfeste, am 15. Nisan gekreuzigt worden sei; das vierte Evangelium hingegen verlege diese Begebenheit auf den Rüsttag, den 14. Nisan, und sei somit im Widerspruche nicht bloss mit den Synoptikern, sondern mit dem wahren Apostel Johannes, welcher nach der kleinasiatischen Tradition gelehrt habe, Jesus sei am 15. Nisan gekreuzigt. Daraus schliesset man, derselbe Johannes könne nicht der Verfasser des Evangeliums sein, welches das Gegentheil aussagt. Dieser Einwurf aber verschwindet, sobald bewiesen ist, dass nicht nur der Verfasser des vierten Evangeliums, sondern die Synoptiker und die kleinasiatische Tradition den 14. Nisan als den Tag der Kreuzigung angeben. Diese Beispiele beweisen, dass dieses Aussenwerk seinen unbestreitbaren Werth habe.

Den Rahmen zum Lebensbilde Jesu zu bearbeiten, ist der Zweck der gegenwärtigen Schrift; die Hauptepochen im Leben des Herrn sollen chronologisch bestimmt, seine Wanderzüge in ihrer natürlichen Folge dargestellt, die auf diesen Zügen berührten Oertlichkeiten geographisch festgestellt werden. Zu diesem Behufe muss vor Allem eine Harmonie der Evangelien erzielt werden. Die Möglichkeit oder Unmöglichkeit eines solchen Unternehmens hängt besonders von der Ansicht ab, welche man sich von den Evangelien macht. Hierüber sind wir darum vor allen Dingen eine verständigende Erklärung schuldig.

Dass die drei ersten Evangelien eine synoptische Bearbeitung zulassen, wird von Jedermann anerkannt; aber, dass das vierte Evangelium in diesen Complex hineingezogen werden könne, wird in dieser Zeit häufig und entschieden geläugnet. Eben diese vorausgesetzte Unmöglichkeit, das vierte Evangelium mit den Synoptikern in Uebereinstimmung zu bringen, ist einer der Hauptgründe, welchen man gegen die Autentie des Johannäischen Buches geltend macht. Das vierte Evangelium, meint man, misst Jesu mehrere Jahre der öffentlichen Wirksamkeit zu, und verlegt den Schauplatz seiner Thaten ausschliesslich beinahe nach Judaea und ins Besondere nach Jerusalem; die Synoptiker hingegen wissen nur um einige Monate des öffentlichen Wirkens Jesu, und verlegen, mit Ausschluss des letzten, verhängnissvollen Passah's, den Schauplatz seiner Thätigkeit nach Galilaea und besonders an die Ufer des See's Gennezareth; darum, sagt man, sei keine Vereinigung möglich, man müsse zwischen dem Logos - Evangelium und den Synoptikern wählen, — und die Entscheidung ist in der Regel zu Ungunsten des vierten Evangeliums. Wir geben zu, wenn es wahr ist, dass das Johannesevangelium Jesum Christum in ganz andere Zeit - und Ortsverhältnisse versetzt, so kann die Wahrheit nicht auf beiden Seiten sein, und eine Wahl und Entscheidung thut noth. Aber vor Allem muss ernstlich der Versuch der Harmonie gemacht werden, ehe sie für unmöglich erklärt wird. Es würde uns, und gewiss mit Recht verübelt, wenn wir mit einer fertigen, abgeschlossenen Meinung an unser Werk gingen. Eben weil Chronologie und Geographie ein entscheidendes Wort, in Bezug auf die Autentie des Johannesevangeliums, mit zu reden haben, liegt es ob, vorerst die Möglichkeit oder Unmöglichkeit der Harmonie in dieser Beziehung einer neuen Prüfung zu unterwerfen. Ohne alle vorgefasste Meinung gehen wir freilich nicht an das Werk. Das christliche Alterthum übermacht uns das vierte Evangelium als ein Werk des Apostels Johannes; das Buch selbst, es ist wahr, schreibt sich nur in der Ueberschrift diesem Apostel zu; der Verfasser nennt sich nirgends, sondern giebt sich nur als „den andern Jünger," „den Jünger, den der Herr lieb hatte" zu erkennen; dass aber damit der Apostel Johannes gemeint sei, unterliegt keinem Zweifel. Dieses Evangelium giebt sich als das Werk eines Augenzeugen zu erkennen (Joh. 1, 14); eine Reihe von Scenen tragen den entschiedenen Charakter der eigenen Anschauung, indem Nebenumstände gemeldet sind, welche nie und nimmermehr eine Tradition aufbewahrt hätte. Hierher gehört zuerst Joh. 1, 35—52. Man bemerke Vers 38: „er wandte sich um"; Vers 40: „es war die zehnte Stunde"; ferner Vers 35. 44; 3, 1 das sorgsame Zählen der Tage u. s. w. Dieses sind Nebenumstände, welche in der Tradition sich verwischen; nur im Gemüthe des tief ergriffenen Augenzeugen bleiben solche Kleinigkeiten als unauslöschliches Colorit am Bilde haften. Ebenso verhält es sich mit der Scene Joh. 20, 2—10. Hier bemerke man Vers 4: „Die Zwei liefen zusammen, der andere Jünger aber lief voraus, schneller als Petrus," und Vers 7. 8: „Simon ging zuerst hinein, und dann auch der andere Jünger." Wenn Darstellungen dieser Art nicht das Werk der eigenen Anschauung sind, so sind sie der Erguss einer absichtlich trügerischen Dichtung; Tradition sind sie nimmermehr. Wir sind daher berechtigt, von der Voraussetzung auszugehen, dass dieses Evangelium von Johannes dem Apostel herrühre, so lange, bis unüberwindliche Gründe uns das Gegentheil beweisen.

Die Mission der Apostel war, zu zeugen von dem, was sie gesehen und gehört hatten; hätten nun alle dasselbige gesehen, wären sie Alle von allen Thaten des Herrn Zeugen gewesen, so müssten ihre Berichte nothwendig übereinstimmen. Die Voraussetzung aber, die Apostel seien gleich von Anbeginn zum Apostolate berufen worden, und seien von nun an alle Zwölfe stets des Herrn Begleiter gewesen, ist eine aus der Luft gegriffene Hypothese. Jeder der Apostel, nachdem er auf einem bestimmten Zuge des Herrn Begleiter gewesen, kehrte wieder zu seinem Hause und Berufe zurück, bis eine neue Gelegenheit sich bot, den Herrn zu begleiten. Sogar Stellen wie Luc. 5, 11 berechtigen nicht, auf eine stetige Begleitung zu schliessen, da ja nachher Petrus immer noch ein Fischer war. Sobald wir aber annehmen, dass heute diese, morgen jene Jünger des Herrn Gefolge bildeten, so steht zu erwarten, dass jeder von ihnen besonders den Herrn begleitete, wenn er in seinem Vaterlande war: Nathanaël zu Kana, Petrus am Ufer des See's, Johannes in Judaea. Johannes war ein Hierosolymite; er hatte zu Jerusalem seine Bekanntschaften (Joh. 18, 15) und sein Haus. (Joh. 19, 27). Es kommen wohl in den Synoptikern Stellen vor (z. B. Luc. 5, 10), welche den Anschein haben, auszusagen, Johannes, so wie sein Vater Zebedäus hätten zu Capernaum gewohnt. Jedoch löst sich der anscheinende Widerspruch einfach durch folgende Thatsache auf. Die altjüdische Tradition (Bab. Baba Kama fol. 80. 2) lehrt, dass eines der Vorrechte der im Lande Israel wohnenden Israeliten, war, dass Jeder das Recht hatte, am See Gennezareth den Fischfang zu betreiben, mit der einzigen Beschränkung, durch seine Netze der Schiffahrt nicht hinderlich zu sein. Von diesem Rechte machten einzelne Bewohner von Jerusalem Gebrauch, indem sie vor dem Passahfeste, während mehreren dem Feste vorangehenden Monaten, am See Fische fingen, trockneten, vielleicht einsalzten, um sie dann zu Jerusalem an die Million von Festgästen, welche nach Lebensmitteln fragten, abzusetzen. Zebedäus war mit seinen Söhnen ein solcher hierosolymitanischer Fischer, welcher auf besagte Jahreszeit in Gemeinschaft mit Simon und Adreas sein Gewerbe trieb. Daher kommt es, dass wir immer vor Passah den Johannes am Ufer des See's Gennezareth finden: Joh. 1, 37; 6, 1; 11, 1, aber auch nur auf diese Zeit. Wenn nun Jesus sich in Judaea und besonders zu Jerusalem aufhielt, so war Johannes sein Begleiter, während Petrus und die andern galilaeischen Jünger am See ihr Gewerbe trieben. Was Johannes bei solchen Gelegenheiten selbst erlebte, aber auch nur, was er selbst erlebte, schrieb er in seinem Evangelium nieder.

Es möchte eingewendet werden, dass Facten wie Joh. 3, 1 ff., das Gespräch Jesu mit Nicodemus, 4, 7 ff., das Gespräch mit der Samariterin, und 18, 33—38, das Gespräch mit Pilatus im Praetorium nicht können von Johannes mit angehört worden sein. Wir fragen aber, warum konnte Johannes nicht Augenzeuge dieser Thatsachen sein? Da Jesus aller Wahrscheinlichkeit nach, wenn er zu Jerusalem war, in Johannis Haus wohnte, konnte dieser, als der Wirth, dem Gespräche beiwohnen. Desgleichen konnte Johannes, welchen nichts abhalten konnte in das Praetorium zu gehen, dem Zwiegespräche Jesu mit Pilatus beigewohnt haben. Es ist auch denkbar, dass Johannes am Jakobsbrunnen bei Jesu geblieben war und das Gespräch hörte. Sollte jedoch gefunden werden, dass 4, 8 dieser Annahme widerspreche, so muss doch angenommen werden, dass Johannes unmittelbar nach seiner Rückkehr aus der Stadt, entweder von Jesu oder von der Samariterin den Inhalt des Gespräches erfuhr, und berichten musste, weil dadurch das nachher Berichtete, die Bekehrung der Leute von Sychar, erklärt wird.

Die urchristliche Tradition berichtet, dass Marcus sein Evangelium unter dem Einflusse des Apostels Petrus verfasste. Dieses Petrinische Evangelium erzählt somit, was Petrus persönlich erlebt hat, das heisst, was er gesehen und gehört, wenn Jesus am Ufer des See's sich aufhielt. Unter so bewandten Umständen ist es einleuchtend, dass zwischen den Berichten des Johannes und denjenigen des Markus oder respective des Petrus nur sehr wenig Berührungspunkte vorkommen können, da jener ausschliesslich das in Judaea, dieser das in Galilaea Geschehene berichtet.

Das Matthäus-Evangelium hat denselben Erzählungsstock wie Marcus, vermehrt durch viele Reden Jesu, die bei dem letzteren fehlen. Anders verhält es sich mit Lucas, dessen Evangelium ein Sammelwerk ist (Luc. 1, 3), welches nicht nur das von Petrus erlebte enthält, sondern auch manches von andern Aposteln und Jüngern Erfahrene mittheilt. Daher versetzt uns dieses Evangelium öfters auch nach Judaea, und wird dadurch das ergänzende Mittelglied zwischen Johannes und Marcus. Dass Lucas das verbindende Mittelglied sei, haben die Einen mehr oder weniger deutlich erkannt, Andere aber geläugnet. Die Vermittlung ist freilich keine in die Augen springende; um sie ausfindig zu machen und kritisch gebrauchen zu können, ist eine Erörterung über den Ursprung der synoptischen Evangelien nothwendig.

Da die Mission der Apostel war zu zeugen von dem, was sie gesehen und gehört hatten, so lag ihnen ob das Leben Jesu zu erzählen, in so fern sie es selbst gesehen hatten. Dass auch in dieser Art Predigt Petrus der Wortführer war und der erste war, der diesen Erzählungen eine bestimmte Form gab und auch den Erzählungsstoff lieferte, lässt sich aus seiner hervorragenden Stellung im Apostelkreise folgern. Bei der öftern Wiederholung derselben Erzählungen bildete sich von selbst eine stereotype Form des Vortrages. Befähigte Christen empfingen von den Aposteln denselben Erzählungsstock nach Inhalt und Form; dadurch entstand ein eigenthümliches Amt von Apostelbegleitern, welche die Thaten und Reden des Herrn erzählten und die Apostelg. 21, 8. Ephes. 4, 11 erwähnten Evangelisten zu sein scheinen. Diesen Erzählungsstock hat wohl Marcus, der Begleiter des Petrus zuerst niedergeschrieben. Der einmal angenommene Erzählungsrahmen wurde unter dem Einflusse des Matthäus mit den Reden des Herrn bereichert und auch dieser Cyclus durch die Schrift festgesetzt. Wir halten darum die schriftliche Redaction des Matthäus für später, weil, wie im Späterfolgenden öfters nachgewiesen werden soll, die mündliche Predigt schon an Präcision Manches eingebüsst hatte. Ob das Matthäus-Evangelium ursprünglich aramäisch war, oder nicht, kann hier unerörtert bleiben. Lucas hat den Evangelienstock nochmals niedergeschrieben und durch seinen Sammelfleiss bereichert. Es ist nicht nothwendig, den Einen der Verfasser der schriftlichen Evangelien von der Schrift des Andern sich abhängig zu denken. Der Erzählungs-Cyclus, welcher ursprünglich einer und derselben Quelle entsprungen war, konnte im Munde der der Quelle nahestehenden beamteten Erzähler oder Evangelisten eine Uebereinstimmung beibehalten, welche den oft wörtlichen Gleichlaut in den drei Synoptikern, aber auch ihre gegenseitigen Abweichungen erklärt, welche letztern unbegreiflich wären, wenn der eine Evangelist von der Schrift des Andern abhängig gedacht würde. Es ist bekannt, dass Volkssagen in sehr verschiedenen Gauen in oft wörtlicher Uebereinstimmung erzählt werden; um wieviel mehr sollte dieses nicht der Fall sein mit den Evangelien - Cyclen, welche immer noch nach Inhalt und Form durch ihre Begründer, die Apostel überwacht waren?

Wenn aber die synoptischen Evangelien zuerst als stereotype mündliche Erzählungen einige Zeit getragen wurden, so liegt es wieder in der Natur der Sache, dass die zeitliche und die örtliche Bestimmtheit sich theilweise verwischte, dass der zu Einer Perikope vereinigte Stoff das Ansehen bekam, als gehörte er, nach Zeit und Ort, zusammen, weil Zeit- und Ortswechsel, als unerheblich, nach und nach nicht mehr gemeldet wurden. Dieses Zusammenschmelzen musste ganz besonders in den Berichten über die Offenbarungen des Auferstandenen zum Vorscheine kommen. Diese Offenbarungen waren schnell vorübergehend, sporadisch und ohne Zusammenhang, sie hatten bald da, bald dort, das Eine Mal vor diesen, ein anderes Mal vor jenen Jüngern statt; heute wurde dieses, morgen jenes Wort aus dem Munde des Herrn vernommen; öfters wiederholte sich dieselbe That des Zeigens der Wunden, des Brodbrechens, öfters dasselbe Wort: Friede sei mit euch. Solche abgebrochene, vorübergehende, zusammenhangslose und unter sich sehr ähnliche Thatsachen konnten in mündlichem Vortrage auf die Länge nach Zeit und Raum nicht auseinander gehalten werden, sie flossen in eine einzige Manifestation zusammen, deren Schauplatz den Anschein hat, nach dem Einen ausschliesslich Jerusalem, nach dem Andern Galilaea zu sein. Die Berichte beschränkten sich auf das Zeugniss: Jesus ist von den Todten auferstanden, und die Apostel haben den Auferstandenen gesehen. Nur Johannes, der Augenzeuge, hielt die Offenbarungen nach Zeit und Ort auseinander und an seiner Hand lässt es sich thun, den einzelnen, durch die Synoptiker in ein Gesammtbild zusammengestellten Thatsachen, den gehörigen Ort anzuweisen.

Wenn Matthäus und Markus über die Wanderungen durch Judaea schweigen, so verhält es sich anders bei Lucas. Dieser deutet zu mehreren Malen Reisen nach Judaea und Jerusalem an: Luc. 4, 44 (nach den bessern Codd.); 9, 51; 13, 22; 17, 11; 18, 31. Dass von 9, 51 an alle Andeutungen, dass Jesus sein Angesicht gen Jerusalem wandte, auf die letzte Reise dahin sich beziehen, scheint freilich aus dieser letzten Stelle hervorzugehen, wo es heisst: „Es geschahe, da die Tage seiner Wegnahme erfüllt waren, so richtete er sein Angesicht nach Jerusalem zu gehen." Aber zwischeninne finden wir Jesum zu Bethanien 10, 38, an dem Ufer des See's 13, 31 ff., in Samaria und Galilaea 17, 11. Wären nun alle jene Ankündigungen auf eine und dieselbe Reise zu beziehen, so müsste angenommen werden, dass Lucas, im Widerspruche mit seinem Versprechen $\dot{\alpha}\varkappa\varrho\iota\beta\tilde{\omega}\varsigma$ zu berichten, völlig unchronologisch erzählt habe. Ein solches Urtheil darf die Kritik nur fällen, wenn alle Versuche, eine chronologische Ordnung nachzuweisen, gescheitert sind. Nun findet sich aber, dass Johannes dieselbe Zahl von Reisen nach Jerusalem kennt, wie Lucas; darum glauben wir uns berechtigt, zu folgern, dass die Erzählungen bei Lucas in der natürlichen Zeitfolge stehen, dass aber in den mündlichen Berichten die verschiedenen Reisen nach Jerusalem nicht gehörig auseinander gehalten wurden und der zweiten schon derselbe verhängnissvolle Charakter beigelegt wurde, welcher eigentlich ausschliesslich der letzten zukam. Dieses konnte um so leichter geschehen, dass die galilaeischen Apostel, welchen der Erzählungsstock der Synoptiker das Dasein verdankt, wohl um die frühern Reisen Jesu nach Judaea wissen, aber nicht selbst auf denselben des Herrn Begleiter waren, wenigstens diejenigen nicht, welche, wie Petrus und Matthäus, den Evangelien-Cyclen das Dasein gaben.

Nachdem wir unsere Ansicht, die Hauptquelle der Geschichte Jesu, die Evangelien betreffend, dargelegt haben, ziemt es noch, über die ferneren Hülfsmittel zu berichten. Soviel auch durch eine Reihe von Forschern für das Verständniss der einschlagenden Chronologie und Geographie geschehen ist, so erfordert der gegenwärtige Zustand der Wissenschaft überall ein Zurückgehen auf die ursprünglichen Quellen; dieses haben wir uns streng zur Pflicht gemacht; daher kommt es, dass wir selten die Werke der besagten Forscher citiren, obwohl sie uns bekannt sind und wir manchen wichtigen Aufschluss ihnen verdanken. Weit mehr, denn es herkömmlich ist, haben wir von den Büchern der jüdischen Tradition, gewiss zum Besten der Sache, Gebrauch gemacht. Was die Geographie Palestina's anbelangt, so ist ihre Literatur in diesen letzten Zeiten ins Unermessliche angewachsen; Alles zu kennen, kann von Niemand mehr verlangt werden. Doch können wir versichern, dass der geographische Theil unserer Arbeit auf gründlichem Studium der alten Autoren, sowie der gewichtigsten Reisenden beruht.

Der hier behandelte Stoff zerfällt in sechs Abschnitte:

Der erste handelt von der chronologischen Grundlage der Geschichte Jesu (§ 1 — 38).

Der zweite von Geburt und Kindheit Jesu (§ 39 — 56).

Der dritte von den Umgebungen des See's Gennezareth, dem Schauplatze der Thaten des Herrn (§ 57 — 74).

Der vierte vom ersten Jahre der öffentlichen Wirksamkeit Jesu (§ 75 — 98).

Der fünfte vom zweiten Jahre (§ 99 — 133).

Der sechste vom dritten und letzten Jahre (§ 134 — 205).

Alles die Topographie Jerusalems betreffende wird in der Beilage besprochen.

Erster Abschnitt.

Chronologische Grundlage der Geschichte Jesu Christi.

----

§ 1. Manche ernste Forscher haben darauf verzichtet, für die Geschichte Jesu eine chronologische Grundlage zu gewinnen. Ein solches Verzweifeln an der Möglichkeit der Sache scheint freilich gerechtfertigt, wenn man zusammenstellt, was die Chronologen, jeder von seinem Standpunkte, als Ergebniss ihrer Forschungen aufgestellt haben. „Einige setzen die Geburt Christi 1, 2, 3, 4, 5, 7, ja sogar 19 Jahre früher als Dionysius that, die Taufe in die Jahre 25, 26, 27, 28, 29, 30, seinen Tod in das 29. oder 30. oder 31., 32., 33., 35. Jahr unserer Aera" (Seyffarth, Chron. sacra S. 1). Dass die Aufgabe, welche wir uns gestellt haben, mit grossen Schwierigkeiten verbunden sei, ist nicht zu läugnen; aber unüberwindlich sind sie nicht. Vor allem darf nicht übersehn werden, dass diese Schwierigkeiten ihren Grund nicht in den evangelischen Berichten selbst haben, sondern in der gleichzeitigen Profangeschichte, deren Chronologie selbst im Argen liegt. Ehe wir also den Versuch machen, die evangelischen Thatsachen in die Zeit einzureihen, handelt es sich darum die synchronistische Profangeschichte chronologisch zu bestimmen.

Keine geschichtliche Thatsache hat je so gewaltig in das Räderwerk der Weltgeschichte eingegriffen, wie Jesu Christi Wort und Werk. Aber diese Einwirkung auf den Lauf der Dinge wurde erst Jahrzehnte nach Jesu Tod bemerkbar; während seines Lebens kam er mit den Mächten dieser Welt sehr wenig in Berührung, daher denn auch der synchronistischen Andeutungen verhältnissmässig sehr wenige sind. So beschränkt aber auch ihre Zahl sein mag, so sind sie zureichend, wenn sie gründlich und ohne vorgefasste Meinung geprüft werden.

Nach Matth. 2, 1 und Luc. 1, 5 wurde Christus unter der Regierung des Königes Herodes des Ersten geboren, und zwar gegen das Ende derselben, da er, als dieser Fürst starb, noch ein „Kind", παιδίον, war (Matth. ?, 20). Eine erste Aufgabe ist somit, das Todesjahr dieses Königes zu bestimmen.

Gleichzeitig mit der Geburt Jesu hatte ein durch Augustus verordneter Census statt, und stand am Himmel der Stern der Weisen (Luc. 2, 1. Matth. ?, 1 ff.).

Nach Lucas fing Jesus seine öffentliche Wirksamkeit im 15ten Jahre des Kaisers Tiberius an (Luc. 3, 1), und

nach Johannes (2, 20) hatte dieses öffentliche Auftreten im 46sten Jahre des herodianischen Tempelbaues statt.

Zur Bestimmung des Todesjahres Jesu dient, ausser den soeben gemeldeten Daten, noch Galat. 1, 16 bis 2, 1, wo gesagt ist, dass die zweite Reise des Apostels Paulus nach Jerusalem 17 Jahre nach dessen Bekehrung statt hatte.

Alle diese synchronistischen Thatsachen sind nun zu bestimmen, vorher aber das zum Verständnisse der evangelischen Geschichte Unentbehrliche über das im Zeitalter Jesu gebräuchliche jüdische Kalenderwesen mitzutheilen.

I. Das jüdische Kalenderwesen.

§ 2. Das Jahr der Juden bestand aus zwölf Mondmonaten, und zählte somit etwa 354 Tage. Da aber die Hauptfeste sowohl an bestimmte Monats-Tage, als auch an bestimmte Jahreszeiten gebunden waren, so wurde das Mondjahr mit dem Sonnenjahre durch die etwa alle drei Jahre wiederkehrende Einschaltung eines dreizehnten Monates ausgeglichen.

§ 3. Der bürgerliche Tag der Juden fing mit Sonnenuntergang an und endigte mit Sonnenuntergang des folgenden Tages. Daher nennt Paulus, 2. Corinth. 11, 25 denselben „Nachttag",[*] νυχθήμερον. Diese

---

[*] Dieses Ausdruckes bedienen wir uns im Folgenden, wo es der Erinnerung bedarf, dass es sich um den jüdischen Tag handelt.

Weise den Tag anzufangen kommt schon in der Schöpfungsgeschichte
vor; denn 1. Mos. 1, 5 heisst es: „Es war Abend, und es war Morgen,
Ein Tag.“ Es ist bekannt, dass noch andere Völker des Alterthums den
bürgerlichen Tag mit der Nacht anfingen, als zum Beispiele die Ger-
manen; daher Tacitus, German. XI sagt, dass bei denselben die Nacht
den Tag nach sich ziehe, nox ducere diem videtur. Bei Plinius, H. N.
II, 79 lesen wir: „Mit dem Tage haben es die Einen so, die Andern
anders gehalten: die Babylonier zwischen zwei Sonnenaufgängen, die Athenienser zwischen zwei Sonnenuntergängen, die Umbrier von Mittag zu
Mittag, u. s. w.“ Ipsum diem alii aliter observavere: Babylonii inter
duos solis ortus, Athenienses inter duos occasus, Umbrii a meridie
ad meridiem etc. Hieraus erklärt sich, warum der von Paulus gebrauchte
Ausdruck „Nachttag“, νυχϑήμερον, bei dem Athenienser Plato vorkommt.
Dass die Epoche des jüdischen Tages wirklich der Sonnenuntergang war,
wird durch die Schriften der jüdischen Tradition bestätigt. In Jeruschalmi
Menachoth X. 3 wird das Ernten der Ostergarbe am 16. Nisan beschrieben. Die Abgeordneten des Synedrium's begaben sich am Schluss
des 15. Nisan auf den zuvor bezeichneten Acker und warteten, bis der
Schnitter sagte: „בא השמש, die Sonne ist untergegangen“. Die Anderen
wiederholten diese Worte: dann erst wurde es gestattet, die Sichel an-
zusetzen, weil durch das Untergehen der Sonne der 15. Nisan zu Ende
war und der 16. begonnen hatte. Der Karäer Elia Ben Moscheh sagt,
dass man den Monat (und somit natürlich auch den Tag) anfing mit
dem dritten Abende, wenn die Sonne untergegangen war, מערב
השלישי שהוא טבוא השמש (Siehe v. Gumpach: Ueber den altjüdischen
Kalender S. 20). Der Nachttag theilte sich natürlich in Nacht und Tag;
jene erstreckte sich vom Untergang bis zum Aufgang, dieser vom Auf-
gange bis zum Untergang der Sonne.

§ 4. Die Nacht war bei den alten Ebräern, in Rücksicht auf die
ausgestellten Wachtposten, in drei Nachtwachen, אשמרות, φυλαχαί,
eingetheilt, wovon die erste, ראש אשמרות, Klagel. 2, 19, die zweite oder
mittlere, אשמרת התיכונה, Richt. 7, 19 und die Morgenwache, אשמרת
הבקר, 2. Mos. 14, 21. 1. Sam. 11, 11 vorkommt. Diese Eintheilung
war bei den Juden für die Tempelwachen beibehalten worden (Bab.
Menachoth 1, 1. 6). Daneben war aber auch die römische Eintheilung
in vier Nachtwachen in Gebrauch. Sie findet sich im N. T. Apostelg.
12, 3—4; Matth. 14, 25, sowie bei Josephus, welcher, Antiq. V. 6, 5,

Gideon seine Schaar um die vierte Nachtwache, κατὰ τὴν τετάρτην φυλακήν, dem Feinde entgegen führen lässt. Die vier Nachtwachen dürften Marc. 13, 35 durch die Benennungen: Abend, Mitternacht, Hahnenschrei, Morgen bezeichnet sein. (S. v. Gumpach, a. a. O. S. 47).

§ 5. Der Tag theilte sich natürlich in Morgen, Mittag und Abend, und künstlich in zwölf Stunden, deren erste mit Sonnenaufgang begann. Der Mittag umfasste die Zeit „von der halbsechsten bis zur halbsiebenten Stunde (eine halbe Stunde vor und eine halbe Stunde nach Mittag); da steht die Sonne über dem Kopfe eines jeden Menschen stille, wirft ihren Schatten gerade vor sich hernieder und neigt sich auf keine Seite; von der halbsiebenten Stunde an aber neigt sie sich am Himmel zum Abend," (Bab. Pesachim V. 3). Daraus ergiebt sich, dass der Morgen בקר, sich von der ersten Stunde bis zur halbsechsten erstreckte, und der Abend, ערב, von der halbsiebenten bis zur zwölften. Die Juden nannten „den dritten Abend" die Zeit vom Untergang der Sonne, bis die Sterne leuchteten (s. § 3 die Stelle aus Ben Moscheh), also den Anfang des neuen Nachttages. Der erste Abend entsprach unserem Nachmittage, der zweite unserem Abende vor Sonnenuntergang, der dritte dem Sonnenuntergang bis die Sterne leuchteten. Nach 2. Mos. 12, 6; 3. Mos. 23, 5; 4. Mos. 9, 3 sollte das Passahlamm „zwischen den zwei Abenden", בין הערבים, geopfert werden, sowie, nach 2. Mos. 29, 39. 41; 4. Mos. 28, 4, das tägliche Abendopfer, תמיד. Es liegt ausser unserem Zwecke die Bedeutung des Ausdruckes: „zwischen den zwei Abenden" im alttestamentlichen Sinne zu ermitteln, es genügt uns, zu bestimmen, wie ihn die Juden im Zeitalter Jesu verstanden haben. Nun lesen wir in Mischna Pesachim V. 1, dass das Thamid oder Abendopfer, welches, wie gesagt, zwischen den zwei Abenden sollte dargebracht werden, um die halbneunte Stunde geschlachtet und um die halbzehnte geopfert wurde; am Vorabend oder Rüsttage des Passah wurde es um die halbachte geschlachtet und um die halbneunte dargebracht; fiel der Rüsttag des Passah auf einen Sabbath, so wurde Thamid geschlachtet um die halbsiebente und geopfert um die halbachte Stunde, und darauf das Passah-Lamm.

תמיד נשחט בשמונה ומחצי וקרב בתשעה ומחצי . בערבי פסחים נשחט
בשבע ומחצי וקרב בשמנה ומחצי ומחצי בין בחול בין בשבת הלערב פסח להיות
בערב שבת נשחט בשש ומחצי וקרב בשבע ומחצי ומחצי והפסח אחריו :

Daraus folgt, dass der ganze Nachmittag, von der halbsiebenten Stunde bis zum Sonnenuntergang unter den Begriff „zwischen den zwei Abenden" gehörte. In demselben Sinne spricht sich Jarchi, über 2. Mos. 12, 6 aus: „Die Zeit von der sechsten Stunde an wird בין הערבים genannt, weil die Sonne sich zum Untergange neigt. — Der Abend des Tags beginnt um die siebente Stunde, weil dann die Abendschatten sich zu neigen anfangen, der Abend der Nacht aber beginnt mit Anfang der Nacht." Ebenso Kimchi in rad. ערב. (S. v. Gumpach. S. 24).

§ 6. Die Woche, שבוע, endigte mit dem Sabbathe, dem siebenten Tage. Die anderen Wochentage hatten keine besonderen Namen, sondern wurden gezählt: der erste, der zweite, u. s. w. Tag der Woche. So finden wir es schon in der Schöpfungsgeschichte 1. Mos. 1. Im Neuen Testamente geschieht nur Meldung vom Sabbath und von dem ersten Tage der Woche, d. i. dem Sonntage, welcher durch folgende Formeln ausgedrückt wird: $τῇ\ μιᾷ\ τῶν\ σαββάτων$; Marc. 16, 2; Luc. 24, 1; Apostelg. 20, 7, $πρώτῃ\ σαββάτου$, Marc. 16, 9, $κατὰ\ μίαν\ σαββάτων$, 1. Corinth. 16, 2.

§ 7. Der Monat der Juden war, wie gesagt, ein Mondmonat, welcher von einem Neulichte zum andern reichte. Die zwischen zwei astronomischen Neumonden liegende Zeit beträgt 29½ Tage (eigentlich 29 Tage, 12 Stunden, 44 Minuten, 3 Sekunden und 12 Terzen). Da aber der Monat aus vollen Tagen bestand, so zählten sie ziemlich regelmässig abwechselnd 29 und 30 Tage. Ein Monat von 30 Tagen hiess ein voller Monat, חדש מלא; hatte er nur 29 Tage, so hiess er ein unvollständiger Monat, חדש חסר. Der jüdische Monat konnte nie mehr als 30 und nie weniger als 29 Tage haben. Er fing nicht mit dem astronomischen Neumonde an, sondern mit dem Neulichte, das heisst, wenn das erste Licht der erneuerten Mondphase sichtbar war. Wir geben hier die Namen der Monate, wie sie nach dem Exil und im Zeitalter Jesu gebräuchlich waren und setzen hinzu sowohl die von Josephus, als den jüdischen gleichbedeutend, aufgeführten macedonischen Monats-Namen, als auch die mehr oder weniger entsprechenden Monate unseres Kalenders:

1. Nisan,	ניסן,	Xanthicus,	April.
2. Ijar,	איר,	Artemisius,	Mai.
3. Sivan,	סיון,	Dasius,	Juni.
4. Thammus,	תמוז,	Panemus,	Juli.

5.	Ab, אב,	Lous,	August.
6.	Elul, אלול,	Goripiaeus,	September.
7.	Thischri, תשרי,	Hyperberetaeus,	October.
8.	Marcheschwan, מרחשון,	Dius,	November.
9.	Kislev, כסלו,	Apellaeus,	December.
10.	Tebeth, טבת,	Audinaeus,	Januar.
11.	Schebat, שבט,	Peritius,	Februar.
12.	Adar, אדר,	Dystrus,	März.

Der Schaltmonat war stets eine Verdoppelung des Adar, und hiess „der zweite Adar", אדר שני, oder Veadar, ואדר (Rosch haschanna VI. 2).

§ 8. Das Jahr war ein aus zwölf dieser Mondmonate bestehendes Mondjahr, welche je etwa im dritten Jahre durch Einschaltung eines dreizehnten Monates, des Veadar, mit dem Sonnenjahre ausgeglichen wurde, also dass die grossen Feste stets in dieselbe Jahreszeit fielen. „Der Jahresanfänge (Neujahrstage) waren vier: 1) der erste Nisan, der-selbe ist der Anfang des Jahrs, ראש השנה, für die Könige und die Feste. 2) Der erste Elul ist der Anfang des das Alter des Zehent-viches bestimmenden Jahres (jedoch verlegen diesen Anfang R. Elieser und R. Simeon auf den ersten Thischri). 3) Der erste Thischri ist der Neujahrstag für die Jahre (von der Schöpfung?), für die Sabbath-Jahre und für die Jobeljahre, sowie für die Pflanzungen der Bäume und Gewächse. 4) Der erste Schebat ist der Anfang des Jahres für die Bäume (das heisst für den Zehnten von Baumfrüchten)." Mischna Rosch haschanna I, 1. — Unter diesen vier Neujahrstagen sind besonders der erste Nisan und der erste Thischri von Wichtigkeit; mit jenem fing das kirchliche, mit diesem das bürgerliche Jahr an. Daher die rabbinische Regel: „Nisan ist Anfang der Monate und Thischri Anfang des Jahres," ניסן הוא ראשית לחדשי ותשרי הוא רשית השנה: Damit übereinstim-mend sagt Josephus, Antiq. I. 3, 3: „Die Sündfluth trug sich zu im 600ten Jahre Noahs, im zweiten Monat, welchen die Macedonier Dius, die Hebräer aber Marsuane (Marcheswan) nennen. So nemlich hatten sie (die Väter) in Aegypten das Jahr festgesetzt. Moses hingegen hat den Nisan oder Xanthicus für den ersten Monat in Beziehung auf die Feste erklärt — —, jedoch für Kaufen, Verkaufen und bürgerliches Wesen hat er die alte Ordnung beibehalten."

§ 9. Wir haben in dem bisher gesagten das jüdische Kalender-wesen nach den Büchern der jüdischen Tradition dargestellt, mit der Voraussetzung, dass diese Bücher in dieser Beziehung Glauben verdienen. Hatten aber wirklich die alten Juden, namentlich im Zeitalter Jesu, solche Mond-Monate und -Jahre mit Schaltmonat wie der Talmud lehrt? Die grosse Mehrzahl der Chronologen, unter welchen Wurm, Ideler, Wieseler, v. Gumpach, Winer, u. a. antworten bejahend auf diese Frage. Es hat aber auch nicht an solchen gefehlt, welche das Gegentheil behaupten, und den Juden im Zeitalter Jesu Sonnen-Monate und -Jahre zuschreiben. Diese Ansicht vertritt besonders Seyffarth in seiner Chronologia sacra, S. 43 ff. einer Schrift, welche vorzüglich zum Zwecke hat die neutestamentliche Chronologie der Kirchenväter zu rechtfertigen. Unter den Behauptungen der Kirchenväter ist auch diejenige, welche die Verdunkelung der Sonne am Tage der Kreuzigung Jesu für eine astronomische Sonnenfinsterniss erklärt. Um diese These zu behaupten, mussten den Juden Sonnenmonate zugeschrieben werden; denn wenn dieselben nach Mondmonaten rechneten und diese Monate mit dem Neulichte anfingen, so fiel der 15. Nisan in die Zeit des Vollmondes, in welcher eine Sonnenfinsterniss, welche nur mit einem Neumonde statthaben kann, unmöglich ist. Seyffarth behauptet, das Synedrium von Tiberias, welches um das Jahr 200 n. Chr. das heute bestehende jüdische Kalenderwesen angeordnet hat, habe die Mond-Monate und -Jahre erfunden und in die Bücher der jüdischen Tradition betrügerisch eingeschwärzt. Dagegen ist aber einzuwenden, dass das Synedrium, wo es sich wirklich solchen Betrug erlaubt hätte, gewiss den neuerfundenen Kalender in Bausch und Bogen als durch Tradition überbracht, dargestellt hätte. Dies ist aber nicht der Fall; im Gegentheil ist das durch das Synedrium eingeführte neujüdische Kalenderwesen von dem in der Tradition, besonders in Mischna Rosch haschanna, beschriebenen, in vielen Beziehungen verschieden und damit im Widerspruche. Nach der Tradition wurde z. B. das den ersten des Monats bedingende Neulicht de visu und durch Zeugen bestätigt, während es in dem neujüdischen Kalender astronomisch bestimmt wird. Nach der Tradition konnte der 15. und somit der 1. Nisan auf jeden Tag der Woche fallen; nach dem Kalender fällt er niemals auf den 2ten, den 1sten und den 6ten Wochentag. Seyffarth stützt seine Behauptung hauptsächlich darauf, dass Josephus nirgends des Schaltmonates erwähnt, und schliesst daraus, dass er ihn ignorire und somit auch von den mit dem Schaltmonate zusammenhängenden Mondmonaten und Jahren nichts wisse. Das Stillschweigen des

Josephus ist aber kein zureichender Beweis, um so weniger, da dieser Autor bestimmt lehrt, dass die Monate mit der Phase anfingen und die Feste an bestimmte Monatstage und Jahreszeiten gebunden waren. Antiq. III. 10, 5 sagt er, dass im Monat Nisan, am vierzehnten „nach dem Monde", κατὰ σελήνην (das heisst: „von der Phase aus gezählt") das Passah begann; und Antiq. III. 10, 3 ist von dem zehnten Tage des Monats Thischri „nach dem Monde" die Rede. Wenn aber auch Josephus die Sache theilweise im Unbestimmten lässt, so lassen sich andere sichere Zeugen aufführen, welche sie bestätigen.

§ 10. Das älteste und dadurch wichtigste Zeugniss für die Mondmonate findet sich in einem von Eusebius, H. Eccl. VII, 32 mitgetheilten Fragmente aus dem Canon paschalis des gelehrten Anatolius, Bischof von Laodicea im dritten Jahrhundert. Anatolius citirt aus einem Commentare über den Pentateuch, welcher den zwei Agathobulos, den Schülern des Aristobulos des Zeitgenossen des Ptolemaeus Philadelphus, zugeschrieben wird. „Aristobulos, heisst es dort, behauptete, dass nothwendigerweise am Osterfeste sowohl die Sonne als auch der Mond den Nachtgleichepunkt müssen überschritten haben; — dass der Tag des Osterfestes am 14. Nisan nach dem Abende anfange, wenn der Mond diametral der Sonne entgegengesetzt ist, wie man es in der Zeit des Vollmondes sehen kann. Die Sonne steht alsdann im Zeichen der Frühlingsnachtgleiche." Ὁ δὲ Ἀριστόβουλος προςτίθησιν, ὡς εἴη ἐξ ἀνάγκης τῇ τῶν διαβατηρίων ἑορτῇ μὴ μόνον τὸν ἥλιον τὸ ἰσημερινὸν διαπορεύεσθαι, καὶ τὴν σελήνην δὲ . . . . Λοθείσης τε τῆς τῶν διαβατηρίων ἡμέρας τῇ τεσσαρεςκαιδεκάτῃ τοῦ μηνὸς μεθ' ἑσπέραν, ἐστήσεται μὲν σελήνη τὴν ἐναντίαν καὶ διάμετρον τῷ ἡλίῳ στάσιν· ὥσπερ οὖν ἔξεστιν ἐν ταῖς πανσελήναις ὁρᾷν· ἔσονται δὲ ὁ μὲν κατὰ τὸ ἐαρινὸν ἰσημερινὸν ὁ ἥλιος τμῆμα, ἡ δὲ ἐξ ἀνάγκης κατὰ τὸ φθινοπωρινὸν ἡ σελήνη. Anatolius, welcher im Zeitalter des schon öfters genannten Synedrium von Tiberias lebte, excerpirte aus einem wahrscheinlich echten, jedenfalls sehr alten Buche, welches uns eine Art das Osterfest zu bestimmen, beschreibt, die vollkommen mit den Angaben der altjüdischen Tradition stimmt. Es wird in diesem Citate zuerst bestätigt, dass der Tag „nach dem Abende", μεθ' ἑσπέραν, anfing; ferner dass das Osterfest stets nach der Frühlingsnachtgleiche gefeiert wurde, und endlich, dass am 14. Nisan der Mond nothwendig voll und in Opposition mit der Sonne war, woraus eben so nothwendig folgt, dass der 1. Nisan, und somit jeder erste Tag des Monats mit dem Neumonde zusammenfiel, dass die Juden Mondmonate hatten; und da die Feste an bestimmte Jahreszeiten gebunden waren, konnte der Schaltmonat nicht fehlen.

§ 11. Galen, ums Jahr 131 n. Chr. zu Pergamus in Kleinasien geboren, sagt (in Comment. I. in Hippocratis epidem Edit. Kühn, T. XVII. p. 23): „Bei denen in Palestina zählen die 12 Monate zusammen 354 Tage. Da nun aber die Zeit von einer Conjunction zur andern zu 29 Tagen noch einen halben fordert, so zählen zwei Monate zusammen 59 Tage, welche sie in zwei ungleiche Theile theilen, und dem einen Monate 30, dem andern 29 Tage geben. Da sie auf solche Weise die Monate ordnen, sind sie gezwungen einen Schaltmonat zu machen, wenn der Rückstand der vorhergehenden Jahre zusammengezählt, die Zeit eines Monates ausmacht." Τοῖς κατὰ Παλαιςτίνην ἀριθμοῦσιν οἱ δώδεκα μῆνες ἀριθμὸς ἡμερῶν γίνονται τνδ´. Ἐπειδὴ γὰρ ὁ ἀπὸ συνόδου τῆς πρὸς ἥλιον αὐτῆς χρόνος ἄχρι πάσης ἄλλης συνόδου πρὸς τὰς θ´ καὶ κ´ ἡμέρας ἔτι καὶ ἄλλο μέρος ἥμισυ προςλαμβάνει, διὰ τοῦτο καὶ τοὺς δύο μῆνας γινομένους θ´ καὶ ν´ τέμνουσιν εἰς ἄνισα μέρη, τὸν μὲν ἕτερον αὐτῶν λ´ ἡμερῶν ἐργαζόμενοι, τὸν δ´ ἕτερον θ´ καὶ κ´. Ἀναγκάζονται τοιγαροῦν οἱ οὕτως ἄγοντες τοὺς μῆνας ἐμβόλιμον τινὰ ποιεῖν, ὅταν πρῶτον ἀθροισθῇ τὸ τῶν ἔμπροσθεν ἐνιαυτῶν ἔλλειμμα καὶ γίνηται χρόνος ἑνὸς μηνός. Hier hätten wir das ganze System des altjüdischen Kalenders. Da nun Galen, welcher der ersten Hälfte des zweiten Jahrhunderts angehört, 70 Jahre vor dem Synedrium von Tiberias lebte, welches nach Seyffarth das Mondjahr soll erfunden haben, so fällt die ganze Hypothese dieses Chronologen ins Absurde.

§ 12. Clemens Alexandrinus, Strom. VI, führt eine Stelle an aus der dem zweiten Jahrhundert angehörigen Schrift, „die Predigt Petri", die also lautet: „Die Juden erweisen Gottesdienst den Engeln, den Erzengeln, dem Monate und dem Monde; wenn der Mond nicht scheint, halten sie den sogenannten ersten Sabbath nicht, noch feiern sie Neumond, noch das Fest des Ungesäuerten, noch ein Fest, noch den Versöhnungstag." Λατρεύουσι (οἱ Ἰουδαῖοι) ἀγγέλοις καὶ ἀρχαγγέλοις, μηνὶ καὶ σελήνῃ, καὶ ἐὰν μὴ σελήνη φανῇ, σάββατον οὐκ ἄγουσι τὸ λεγόμενον πρῶτον, οὐδὲ νεομηνίαν ἄγουσι, οὔτε ἑορτὴν, οὔτε μεγάλην ἡμέραν. Diese Stelle sagt jedenfalls, dass die Juden den Monat mit dem Mondlichte anfingen.

§ 13. Philo, in Decalog. (T. II. p. 206. Ed. Mangey) sagt: „Das Osterfest wird begangen am 14. Nisan, wenn die Mondscheibe vollleuchtend wird (μέλλοντος τοῦ σεληνιακοῦ κύκλου γίνεσθαι πληριφαοῦς ἄγεται τὰ διαβατήρια). War nun am 14. der Mond voll, so war er am ersten neu. Damit ist schon bewiesen, dass nach Philo die Juden Mondmonate hatten; wir haben somit kein besonderes Gewicht auf die noch bestimmteren Aussagen der Schrift desselben Verfassers, De Septimanis et Festis, deren Autentie verdächtig ist, zu legen. In derselben wird der erste des Monates „der Neumond nach der Mondphase, ἡ κατὰ σελήνην νουμηνία genannt, und ferner gesagt: Der Anfang dieses (Oster-)Festes hat am 15ten statt und zugleich, aus dem angeführten Grunde, um die Zeit der Frühlingsnachtgleiche, damit an jenem Tage, nicht nur des Tages, sondern auch während der Nacht die Welt erfüllt sei mit dem allschönen Lichte der Sonne und des Mondes." Πάλιν δὲ ταύτης τῆς ἑορτῆς ἀρχὴ πεντεκαιδεκάτῃ μηνὸς ἐνίσταται διὰ τὴν λεχθεῖσαν καὶ ἐπὶ τῆς ἐαρινῆς ὥρας αἰτίαν ἵνα μὴ μεθ' ἡμέραν μόνον, ἀλλὰ καὶ νύκτωρ πλήρης ὁ κόσμος ᾖ τοῦ παγκάλου φωτός ἡλίου καὶ σελήνης. Das oben entwickelte talmudische System des jüdischen Kalenders wird durch alle hier aufgeführten Zeugen als wahr bestätigt und Seyffarths Einwürfe als unbegründet erwiesen.

§ 14. Es ist schon oben gesagt worden, dass der Anfang des jüdischen Monats nicht durch den astronomischen Neumond oder den Augenblick der Conjunction, sondern durch das Neulicht, das heisst das Sichtbarwerden der Phase, bedingt war. Dieses ist deutlich ausgesprochen in der oben § 11 citirten Stelle aus der Predigt Petri, wo es heisst: wenn der Mond nicht scheint halten sie den Neumond nicht, ἐὰν μὴ σελήνη φανῇ — — οὐ νεομηνίαν ἄγουσι. Der Neumond musste also scheinen, sein erstes Licht sichtbar sein. Noch deutlicher heisst es bei Philo, De Septiman. et Fest.: „An der Numenie fängt die Sonne an den Mond mit wahrnehmbarem Lichte zu bescheinen; dieser zeigt dem Sehenden seine eigene Schöne." Νουμηνίᾳ γὰρ ἄρχεται φωτίζειν αἰσθητῷ φέγγει σελήνην ἥλιος, ἣ δὲ τὸ ἴδιον κάλλος ἀναφαίνει τοῖς ὁρῶσι. Der Neumond und das Neulicht, oder der erste des Monats wurden nicht astronomisch bestimmt, obgleich die Mittel dazu den Juden nicht unbekannt waren. Eine durch das Synedrium bestellte Commission von drei Gliedern bestätigte das Erscheinen des Mondlichtes durch die Aussage von Zeugen (Mischna Sanhedrin I, 2). Jedoch hatte das Zeugenverhör nur statt, wenn die Mondphase am 30sten des Monats gesehen wurde, in welchem Falle dieser 30ste Tag für den ersten des neuen Monats erklärt wurde und der alte zählte nur 29 Tage; wurde die Phase aber an diesem Tage nicht beobachtet, so zählte er als 30ster Tag zum alten Monat, und der folgende Tag war von Rechts wegen und ohne Zeugenverhör der Erste des folgenden Monats. Rosch haschanna II. 7 heisst: Wenn der Mond nicht geseln wurde zu seiner Zeit (d. i. am 30sten Tage) so heiligten sie den Monat nicht; denn der Himmel hatte ihn schon geheiligt. אם לא נראה בזמנו אין מקדשין אותו שכבר קדשוהו שמים. Nicht blos Bewohner von Jerusalem wurden als Mondszeugen angenommen; sondern jeder Jude, welcher das Mondlicht sahe, sollte zu diesem Zwecke nach Jerusalem kommen, und durfte deswegen den Sabbath brechen. Darum heisst es Rosch haschanna I. 9: Für eine Reise, welche eine Nacht und einen Tag in Anspruch nahm, entweihte man den Sabbath, um das Erscheinen des Mondes zu bezeugen: על מהלך לילה ויום מחללין את השבת ויוצאין לעדות החדש, und ibid. I, 4: Zur Zeit, da der Tempel stand, brach man den Sabbath jeden Monat, wegen der Zurüstung der Opfer וכשהיה בית המקדש קיים אף על כולין מפני תקנת הקרבן: . Um den Zeugen Zeit zu lassen, auch aus der Ferne zu kommen, hatte das Verhör erst Nachmittags, vor Mincha und dem Abendopfer statt. War es nun durch Zeugen bestätigt, dass Abends zuvor der Mond geseln worden war, so wurde der Tag geheiligt, vor dem täglichen Abendopfer zuerst das Neumonds-Opfer dargebracht und eine besondere Neumondsliturgie gesungen. „Anfangs nahm man die Zeugen den ganzen Tag an. Es begab sich aber, dass dieselben bis Abends sich verspätigten, und dadurch die Leviten irre wurden am Gesange (da sie nicht wussten, ob sie die Neumondsliturgie, oder die alltägliche abzuhalten hätten); es wurde daher beschlossen, die Zeugen nur spätestens bis Mincha anzunehmen. Kamen sie nach Mincha, so wurde dieser Tag geheiligt, und auch der folgende" (ibid. III. 4). Die sacramentelle Formel für die Erklärung, dass der Mond erschienen, und somit der 30ste Tag der erste des neuen Monates sei, war der Ausruf des Vorsitzers: „geheiligt"! מקדש, welchen Ausruf die Beisitzer und das Volk zweimal wiederholten (ibid. II. 7). — Solchergestalt wird die Sache durch die jüdische Tradition dargestellt. Dabei bietet sich freilich eine

Schwierigkeit dar. Nach dem mosaischen Gesetze nemlich sollte der Neulichttag ein Festtag sein, und Sabbath-Rang haben; und in diesem Sinne wird derselbe in der oben angeführten Stelle der Predigt Petri: σάββατον πρῶτον genannt. Wie konnte aber dieser Nachttag festlich gehalten werden, wenn er erst vor dem Abendopfer, vier Stunden vor dessen Ende geheiligt und proclamirt wurde? Diese Schwierigkeit bezieht sich freilich nur auf die Neulichttage, welche auf einen Monat von 29 Tagen folgten; aber deren waren etwa sechs im Jahr. Von Gumpach (S. 125) sagt deswegen: Es dürfte also nicht den leisesten Zweifel gestatten, dass der erste Monatstag der Juden nicht mit dem bereits verflossenen Abend ihres bürgerlichen Tags, sondern mit dem darauf folgenden Abend, um Sonnenuntergang, den Anfang nahm." Ein solcher Zweifel sei uns dennoch gestattet. Wenn nämlich, wie es am Tage liegt, nur am 30sten des Monates Zeugenverhör statt hatte, und dieser 30ste nie selbst der erste des folgenden Monates werden konnte, weil das Ergebniss des Verhörs erst am Ende, in den letzten Stunden des Tags, proclamirt wurde, dass der darauf folgende, also 31ste Tag der erste des Monats sei, so konnten die Juden nie einen Monat von 29 Tagen haben, was bei der Voraussetzung von Mondmonaten schlechthin eine Absurdität ist. Die Sache verhielt sich vielmehr also. Wenn, wegen Verspätung der Zeugen, das „geheiligt" erst nach Mincha konnte proclamirt werden, so wurde dennoch der betreffende 30ste Tag geheiligt und für den ersten des Monates, den Neumondsabbath, σάββατον πρῶτον, erklärt, weil aber das vorgeschriebene Opfer nicht mehr dargebracht werden konnte, da der Tag dahin war, so wurde zugleich auch der folgende Tag, der zweite des Monates geheiligt, für das vorgeschriebene Opfer bestimmt und für zweiterstcn Sabbath, σάββατον δευτερόπρωτον erklärt. Dieses sagt deutlich und bestimmt die oben angeführte Stelle aus Rosch haschanna III. 4, wo es heisst: Kamen die Zeugen nach Mincha, so wurde der Tag, zugleich aber auch der folgende, geheiligt. ואם באו עדים מן מנחה ולמעלה נוהגין אותו היום קדש ולמחר קדש. Was nun im Heiligthume und zu Jerusalem nur in diesem besonderen Falle der Verspätung der Zeugen geschah, das musste nothwendigerweise für das übrige Land Israel und noch mehr für die Juden in der Diaspora die stehende Regel sein für alle Neulichttage, welche auf einen Monat von 29 Tagen folgten. Man konnte nie wissen, ob das „geheiligt" über den 30sten Tag ausgesprochen war oder nicht; sie erfuhren die Proklamation erst durch Lichtzeichen, als der Tag zu Ende war; sie begingen daher, um auch im zweifelhaften Falle das Gesetz zu halten, regelmässig den 30sten und den 31sten als Neumondtage, und nannten jenen den „ersten Sabbath" σαββάτον πρῶτον, diesen den „Aftersabbath" σαββάτον δευτερόπρωτον. (Siehe Joh. Seldeni de Anno civili et Calendario veteris ecclesiae judaïcae p. 71. 77).

Handelt es sich nun darum, den Kalender eines Jahres der Juden wieder herzustellen, so ist vorerst der Neumond jeglichen Monats astronomisch zu bestimmen, dann ferner zu entscheiden, an welchem darauf folgenden Tage das Neulicht sichtbar wurde. Welches ist aber der Zeitunterschied zwischen dem astronomischen Neumonde (der Conjunction) und dem sichtbaren Neulichte? Plinius H. N. II. 14 sagt: An demselben Tage, oder in derselben Nacht das letzte Licht des abnehmenden und das erste Licht des neuen Mondes gesehn zu haben, ist wenigen Sterblichen begegnet; und dazu kann solches in keinem anderen Zeichen, als in demjenigen des Steinbockes zutreffen. Novissimam vero primamque lunam eadem die vel nocte nullo alio signo, quam ariete conspici paucis mortalibus contigit. Nach Rosch haschanna II. trug es sich einmal zu, dass Zeugen aussagten, sie hätten den Mond am Morgen in Ost und am Abend in West gesehn. באו שנים ואמרו ראינוהו שחרית במזרח וערבית במערב. R. Johanan erklärte sie für falsche Zeugen. Es galt also in der Regel als unmögliche Sache, dass das Neulicht 6 Stunden nach der Conjunction sichtbar sei. v. Gumpach (S. 119) citirt eine Stelle aus Elias ben Moscheh, nach welcher der geringste Sehungsbogen des Mondes 8°. 10′ betrage, wodurch gesagt ist, dass die Phase zwischen 8°. 10′ und 14° nach Umständen sichtbar werden könne, bei grösserem Sonnenabstande aber sichtbar sein müsse. Dieser Aussage zu Folge, wäre es unter Umständen möglich 14 bis 23 Stunden nach der Conjunction den Mond zu sehn; mit Sicherheit aber ist er nach 24 Stunden sichtbar. Wurm (in Bengels Archiv 1816, II. S. 273) hat diesen Gegenstand mit besonderer Aufmerksamkeit geprüft. Er sagt, dass der Sehungsbogen, d. i. der Abstand des Mondes von der Sonne, im Allgemeinen schwer zu bestimmen ist. Wie bald oder spät nach dem Neumonde die Mondsicht fällt, hängt, ausser der Witterung, noch von sehr verschiedenen Umständen, vom Winkel der Ekliptik mit dem Westhorizonte, wo der Mond untergehen will, von der Breite und Abweichung des Mondes, von dessen mehr oder weniger schnellen Bewegung in seiner Bahn, und von der Dauer der Dämmerung ab. Keppler zweifelt nicht an der Möglichkeit, den Mond innerhalb der ersten 24 Stunden nach dem Neumonde zu sehn; auch führt er ein Beispiel an, dass man 1553, am 13. März in Sevilla um die Mittagszeit den Mond im 23. Grad der Fische und nur 10° westlich von der Sonne, oder bei einem Schungsbogen von 10° (welcher ungefähr 18 Stunden Abstand der Conjunction erfordert) wahrgenommen habe. Americus Vespucius erblickte auf seinen Reisen den Mond am Tage der Conjunction. Wurm urtheilt schliesslich, dass man sich vielleicht nicht sehr irren werde, wenn man, um den ersten Tag des Monats nach altjüdischer Art durch die Phase zu finden, zum astronomisch berechneten wahren Neumonde noch 24 bis 18 Stunden addirt; und Seite 279 stellt er die Regel auf, dass man im Durchschnitt 1½ Tage zu addiren habe. Dieser Grundsatz ist durch Ideler, Wieseler und die meisten Chronologen gutgeheissen und angewandt worden.

§ 15. Aus dem bisher Gesagten ergiebt sich, dass das altjüdische Jahr, nicht nur das kirchliche, sondern auch das bürgerliche, dessen Neujahrstag der 1. Tischri ist, durch den 1. Nisan bedingt war, und dass die Bestimmung dieses Tages vor allem wohl von astronomischen Thatsachen, dem Neumond und der Frühlingsnachtgleiche, dann aber auch von Zufälligkeiten, ob man den Mond sahe oder nicht, und von der Willkür, ob der vorhergehende Adar verdoppelt worden oder nicht, abhängig war. Die bedingende Ursache des Einschaltens war das Passahfest, welches am 15ten gefeiert wurde. An diesem Tage sollte die Sonne den Nachtgleichepunkt überschritten haben (Bab. Sanhedr. XII. 2; XIII. 1. Joseph. Antiq. III. 10, 5: ἐν κριῷ τοῦ ἡλίου καθεστῶτος. Siehe auch oben § 10 - 12). Am 16. Nisan wurde die Ostergarbe geerntet; es musste daher bei der Bestimmung des 1. Nisan darauf Rücksicht genommen werden, dass am 16ten reife Aehren zur Hand waren. Zu diesen Hauptbedingungen kommen noch andere hinzu. Davon finden wir Nachricht in einer merkwürdigen Stelle des Talmud, Jerus. Sanhedrin XVIII. 1 (Ugolini Thes. XXV. S. 21) die also lautet: „Rabban Gamaliel sass auf den Stufen des Tempelberges und schrieb an die Brüder, welche im Ober- und im Unter-Daroma, in Ober- und in Unter-Galilaea wohnten und an die Brüder der Gefangenschaft zu Babel, in Medien und Griechenland, und an ganz Israel in der Gefangenschaft, wo es sein mag: Wir machen euch hiemit bekannt, dass die jungen Tauben und

Lämmer noch zart sind und die Zeit der reifen Aehre nicht da ist; es hat Uns daher gut geschienen, diesem Jahre 30 Tage zuzulegen." Dieses Rundschreiben des älteren Gamaliel, an dessen Autentie nicht zu zweifeln ist, beweiset das Bestehen des Schaltwesens in den Tagen Christi und zählt die willkürlichen Motive des Einschaltens auf. Setzen wir noch schliesslich hinzu, dass in jener Zeit die Frühlingsnachtgleiche auf den 23. März fiel. Der 1. Nisan konnte also frühestens auf den 8. März fallen.

§ 16. Für die neutestamentliche Geschichte ist die Bestimmung des 1. Nisan von besonderer Wichtigkeit, weil sie dazu beitragen kann und muss, den Todestag Jesu zu ermitteln, und mittelst des Tages auch das Jahr. Zu diesem Zwecke hat Wurm (a. a. O. S. 293) die betreffenden Frühlingsneumonde für die Jahre 28 bis 36 berechnet und in einer Tabelle zusammengestellt, in welcher er den Moment des Neumondes bestimmt, daraus den 1. Nisan nach der Phase nach seinen oben angegebenen Grundsätzen ermittelt, und endlich den 15. Nisan sammt Wochentag zuerst nach dem wahren Neumond, dann nach der Phase einträgt. Wir entlehnen dieser Tabelle blos den den Neumond betreffenden Theil, mit Hinzusetzung des Wochentages, welcher für den 1. Nisan derselbe ist, wie für den 15ten. Schon Anger und Wieseler haben darauf aufmerksam gemacht, dass Wurm irrigerweise im Jahr 31 den 24. April (respective also den 10ten) Feria 4, d. i. Mittwoch nennt, während es Feria 3, Dienstag heissen muss.

Jahr Christi.	Zeit des wahren Neumondes.	Wochentag.	Der 1. Nisan nach d. Phase.
28 ...	15. März, 2 Uhr 16' Morg.	Feria 2 ...	16. März Feria 3
28 ...	13. April, 4 Uhr 10' Ab.	Feria 3 ...	15. April Feria 5
29 ...	2. April, 7 Uhr 42' Ab.	Feria 7 ...	4. April Feria 2
30 ...	22. März, 8 Uhr 8' Ab.	Feria 4 ...	24. März Feria 6
31 ...	12. März, 12 Uhr 56' Morg.	Feria 2 ...	13. März Feria 3
31 ...	10. April, 2 Uhr 0' Ab.	Feria 3 ...	12. April Feria 5
32 ...	29. März, 10 Uhr 57' Ab.	Feria 7 ...	31. März Feria 2
33 ...	19. März, 1 Uhr 16' Ab.	Feria 5 ...	21. März Feria 7
33 ...	17. April, 9 Uhr 30' Ab.	Feria 6 ...	19. April Feria 1
34 ...	9. März, 9 Uhr 2' Morg.	Feria 3 ...	11. März Feria 5
34 ...	7. April, 6 Uhr 42' Ab.	Feria 4 ...	9. April Feria 6
35 ...	28. März, 6 Uhr 19' Morg.	Feria 2 ...	30. März Feria 4
36 ...	16. März, 5 Uhr 53' Ab.	Feria 6 ...	18. März Feria 1
36 ...	15. April, 5 Uhr 15' Morg.	Feria 1 ...	16. April Feria 2

Zum richtigen Verständnisse dieser Tabelle ist, die Ferien betreffend, eine Bemerkung zu machen, welche leider Wurm, v. Gumpach und die meisten Chronologen übersehen haben. Wurms Feria bezieht sich auf den Julianischen Tag, welcher sich von Mitternacht bis Mitternacht erstreckt, und darf nicht für die jüdische Ferie genommen werden, welche einen Nachttag bezeichnet, dessen Epoche der Untergang der Sonne ist. Erklären wir uns durch ein Beispiel: Im Jahr 28 traf der Neumond auf den 15. März, Feria 2, einen Montag ein; der 1. Nisan nach der Phase war somit der 16. März, Feria 3, ein Dienstag. Aber an diesem Dienstage fing der 1. Nisan erst um 6 Uhr Abends an; mit dieser Stunde aber hörte die jüdische Feria 3 auf und fing Feria 4 an. Sollte hier die jüdische Feria 3 gemeint sein, so hätte das Datum vom 15. März gesetzt werden müssen, an welchem der jüdische 3te Wochentag Abends 6 Uhr anfing; in diesem Falle aber hätte der 1. Nisan 10 Stunden nach der Morgens um 2 Uhr eingetretenen Conjunction angefangen, was Wurm nicht kann sagen wollen, da es seiner aufgestellten Regel förmlich widerspricht. Wenn wir somit die von Wurm angegebenen Julianischen Ferien in die jüdische übersetzen wollen, insofern sie den 1. und 15. Nisan nach der Phase bezeichnen, so müssen wir immer den um einen Rang späteren Wochentag nehmen. Der 1. Nisan nach der Phase fiel also im Jahr 28 auf Dienstag, 16. März Abends, auf Feria 4 der Juden.

Um uns von der Richtigkeit der Wurmschen Berechnung der Conjunctionen zu überzeugen, theilen wir hier eine davon völlig unabhängige, von Z. Oudemans, Professor der Astronomie in Utrecht veranstaltete Berechnung zum Vergleichen mit. (Sie findet sich in einem Aufsatze von Chavannes in der Strassburger Revue de Théologie, 1863. p. 221).

Jahr Christl.	Zeit der Conjunction.
28 ...	Montag, 15. März, 2 Uhr 25′ Morgens.
28 ...	Dienstag, 13. April, 3 Uhr 52′ Abends.
29 ...	Samstag, 2. April, 7 Uhr 28′ Abends.
30 ...	Mittwoch, 22. März, 8 Uhr 2′ Abends.
31 ...	Sonntag, 11. März, 11 Uhr 47′ Abends.
31 ...	Dienstag, 10. April, 1 Uhr 51′ Abends.

Der Unterschied zwischen den beiden Angaben betrifft nur Minuten, sogar im Jahr 31, wo Wurm den 12. März, Oudemans aber den 11ten angiebt, ist zwischen 11 Uhr 47 Abends und 12 Uhr 56 Morgens nur eine Differenz von 69 Minuten.

§ 17. Es ist noch durch ein Beispiel zu zeigen wie, mittelst dieser Hülfsmittel, der 1. Nisan nach der Phase und somit der 15. Nisan bestimmt werden muss. Wir werden später beweisen, dass das Todesjahr Jesu das Jahr 30 ist, und dass die Kreuzigung am 14. Nisan, am Rüsttag des Passah statt hatte. Wir nehmen also dieses Jahr 30 als Beispiel heraus.

Die Conjunction hatte statt Mittwoch, den 22. März um 8 Uhr 8′ Abends. Um 6 Uhr Abends an diesem 22. März hatte der jüdische 5te Wochentag angefangen; derselbe konnte somit unmöglich der 1. Nisan sein, weil der Mond am Anfange dieses Nachttages noch der alte, abnehmende war. Ebenso wenig konnte der am 23. März Abends um 6 Uhr anhebende 6te Wochentag der Juden der 1. Nisan sein, weil in dieser Stunde der Mond erst 22 Stunden alt war, also der Regel gemäss noch nicht sichtbar. Dazumal fiel daher der 1. Nisan auf Freitag den 24. März, wie es auch Wurm angiebt. Nur ist hier zu wiederholen, dass dieser 1. Nisan der an besagtem Freitage Abends 6 Uhr anhebende Nachttag war, also der Juden 7ter Wochentag oder Sabbath. Am Anfange dieses Nachttages war der Mond 46 Stunden alt. Der 15. Nisan war immer derselbe Wochentag wie der erste. Daraus folgt, dass der grosse Passahtag, der 15. Nisan, im Jahre 30 auf Freitag den 7. April fiel (7. April Feria 6, wie Wurm es angiebt), und an diesem Tage Abends 6 Uhr mit dem Sabbath den Anfang nahm.

Im Jahr 30 nach Christo fing der 1. Nisan an am 24. März, einem Freitage, um 6 Uhr Abends mit beginnendem Sabbath; der 15. Nisan fiel auf Freitag den 7. April, und fing an um 6 Uhr Abends mit dem Sabbath. Der 14. Nisan oder Rüsttag des Passah fing an Donnerstags den 6. April Abends um 6 Uhr und währte bis Freitag Abends 6 Uhr.

II. Die Hauptepochen aus dem Leben des Königes Herodes.

§ 18. Josephus, Antiq. XVII. 8, 1 sagt, dass Herodes 34 Jahre nach der Hinrichtung des Antigonus und 37 Jahre nach seiner Ernennung als König durch den römischen Senat, gestorben sei. Hier wären somit die drei Hauptepochen im Leben Herodes, welche sich gegenseitig bedingen: seine Ernennung zum Könige, seine wirkliche Besitznahme des Thrones in Folge der Eroberung Jerusalems und des Todes des Hasmonäers Antigonus, und endlich sein Tod.

§ 19. Nach Antiq. XIV. 14, 5 erhielt Herodes zu Rom vom Senate den Königstitel in der 181. Olympiade, während des Consulates
von Cajus Domitius Calvinus zum zweitenmal Consul und Cajus Asinius
Pollio. Nach der Sitzung des Senates nahmen Antonius und Augustus
den Herodes in ihre Mitte, *μέσον ἔχοντες Ἡρώδην Ἀντώνιος καὶ
Καῖσαρ*, um auf dem Capitol das Opfer darzubringen. Es geschah
dieses also nach der Versöhnung des Antonius mit Augustus, welche
nach dem Friedensschlusse von Brundusium gegen das Ende des Jahres
714 R. 40 vor Chr. statt hatte. Die Ernennung Herodis fiel aber in
den Anfang des folgenden Jahres, weil Antiq. XIV. 14, 2 gesagt ist,
dass derselbe seine Reise nach Rom, welche ihn zu dieser hohen Würde
brachte, im Winter angetreten habe, *χειμῶνος τε ὄντος*, woraus sich
schliessen lässt, dass er im Winter oder im ersten Frühling nach Rom
kam. In dieser Jahreszeit im Jahre 40 war Antonius nicht zu Rom
und noch in Feindschaft mit Augustus. Die Chronologen, welche die
Ernennung des Herodes durch den Senat ins Jahr 40 v. Chr. verlegen,
begehen also einen Verstoss gegen die patente Geschichte. Diese Ernennung hatte statt im Frühlinge des Jahres 715 R., 39 v. Chr. Damit
stimmt auch die 181. Olympiade, welche die Jahre 715—718 R. umfasst.

§ 20. Herodes hatte durch diese Ernennung blos den Titel eines
Königes und die Anwartschaft auf den Thron, dessen wirklichen Besitz
er erst erkämpfen musste. Zu diesem Besitze gelangte er durch die
Eroberung Jerusalems und die bald darauf erfolgte Ermordung des An-
tigonus. Nach Josephus, Antiq. XIV. 6, 4 eroberte Herodes Jerusalem
unter dem Consulate von Marcus Agrippa und Caninius Gallus in der
185. Olympiade. Die 185. Olympiade umfasste die Jahre 719—722 R.
Da jedoch die Epoche der Olympiaden die Herbstzeit war, so zählte das
Ende des 718ten Jahres R. etwa vom August an, zu der 185sten. Das
genannte Consulat war das dritte nach demjenigen, unter welchem die
Ernennung geschehn war. In Cassiodor's Chronicon lesen wir folgende
Succession der Consulate:

> Gn. Domitius und C. Asinius.
>
> L. Censorinus und C. Norbanus.
>
> App. Claudius und C. Norbanus.
>
> M. Agrippa und L. Caninius.

Wenn nun, was keinem Zweifel unterliegt, das Datum der Ernennung mit Recht auf das Jahr 715 R. bestimmt worden ist, so muss die

Eroberung in das Jahr 718 fallen, um so mehr, da Josephus, Antiq. XIV. 15, 14 ausdrücklich sagt, dass die zwei Begebenheiten drei Jahre auseinander liegen. Die Eroberung muss aber an das Ende des Jahres 718 fallen, weil sie nicht mehr der 184., sondern der 185. Olympiade angehört. Die Richtigkeit dieser letzteren Bedingung wird sich im Folgenden darthun. Es handelt sich vorerst darum das Datum der Eroberung auf anderem Wege zu ermitteln. Josephus, Antiq. XIV. 16, 4 sagt, dass „diese Eroberung geschah im dritten Monat, an dem Versöhnungsfeste, gleichsam als Wiederholung des durch Pompejus den Juden zugefügten Schicksals; denn durch jenen (Herodes) wurde ihre Stadt an demselben Tage, nach Verlauf von 27 Jahren eingenommen (τῷ τρίτῳ μηνὶ, τῇ ἑορτῇ τῆς νηστείας, ὥπερ ἐκ περιτροπῆς τῆς γενομένης ἐπὶ Πομπηΐου τοῖς Ἰουδαίοις συμφορᾶς· καὶ γὰρ ὑπ' ἐκείνου τῇ αὐτῇ ἑάλωσαν ἡμέρᾳ μετὰ ἔτη εἰκοσικαιεπτά. Nun hatte aber die Eroberung Jerusalem's durch Pompejus, nach Antiq. XIV. 4, 3 statt" im 3ten Monate, am Versöhnungstage, während der 179. Olympiade, unter den Consuln C. Antonius und Marcus Tullius Cicero." Die 179. Olympiade umfasst die Jahre 691 — 694 R. Das genannte Consulat gehört sicher in das Jahr 691 R. oder 63 v. Chr. Nach Cassiodor ist wirklich das Consulat von M. Agrippa und L. Caninius das 27ste nach demjenigen des Antonius und Cicero. 27 Jahre nach 691 ist 718. Wenn Josephus sagt, dass die Eroberung Jerusalems durch Herodes „im dritten Monate" statt hatte, so ist darunter nicht, wie Wieseler und Andere meinen, der dritte Monat des Jahrs, der Sivan, verstanden, sondern der dritte Monat der Belagerung; die Eroberung hatte nicht im Sivan, sondern im Thischri, am Versöhnungsfeste statt, welches am 10. Thischri gefeiert wurde. Ἡ ἑορτὴ τῆς νηστείας ist der stehende Ausdruck für das Versöhnungsfest, und bezeichnet nicht „irgend welchen Fasttag". v. Gumpach meint, die Juden werden wohl, zum Andenken an die Eroberung Jerusalems durch Pompejus, einen Fasttag angeordnet haben, und diesen Fasttag (natürlich im Sivan) meine Josephus in dem Berichte der gleichtagigen Einnahme durch Herodes. Aber unglücklicherweise weiss nicht nur die Geschichte und der jüdische Festkalender nichts von einer solchen Anordnung, sondern Josephus saget von Pompejus selbst, er habe τῇ τῆς νηστείας ἡμέρᾳ die Stadt eingenommen. Dieser Fasttag bestand also schon vor der Eroberung durch Pompejus. Das bisher gesagte wird einleuchtend durch folgende Zusammenstellung der Texte:

2 *

Einnahme Jerusalems

durch Pompejus:		durch Herodes:
Bell. I. 7, 4:	Antiq. XIV. 4, 3:	Antiq. XIV. 16, 4. Τοῦτο
τρίτῳ γὰρ μηνὶ	Καὶ γὰρ ἁλού-	τὸ πάϑος συνέβη τῇ Ἱεροσο-
τῆς πολιορ-	σης τῆς πόλεως	λυμιτῶν πόλει — τῷ τρίτῳ
κίας — εἰσέπι-	περὶ τὸν τρί-	μηνὶ, τῇ ἑορτῇ τῆς νη-
πτον εἰς τὸ ἱερόν.	τον μῆνα τῇ	στείας, ὥςπερ ἐκ περι-
	τῆς νηστείας	τροπῆς τῆς γενομένης ἐπὶ
	ἡμέρᾳ.	Πομπείου τοῖς Ἰουδαίοις συμ-
		φορὰς.

Wenn Josephus in de Bello sagt, Pompejus habe den Tempel „im dritten Monat der Belagerung" eingenommen, so zählt in derselben Geschichte, in den Antiquitäten „der dritte Monat" auch vom Anfange der Belagerung aus; und da die Eroberung durch Herodes als eine merkwürdige Wiederholung derselben Incidenzien geschildert wird, so muss dort auch „im dritten Monate" sich auf die Zeit der Belagerung beziehen. Sobald dieses aber der Fall ist, und nirgends von einem dritten Monate des Jahres die Rede ist, so folgt von selbst, dass ἡ ἑορτή oder ἡ ἡμέρα νηστείας im angenommenen Sinne von „Versöhnungsfest" genommen werden muss. Die durch Josephus aufgestellte Parallele, die περιτροπὴ, hat entweder gar keinen Sinn, oder sie sagt, dass Jerusalem in Verlauf von 27 Jahren, sammt dem Tempel, zweimal erobert wurde, jedesmal an dem Versöhnungsfeste und jedesmal nach dreimonatlicher Belagerung.

Der Haupteinwurf gegen unsere Erklärung der Sache ist, nach Wieseler, die Aussage des Josephus, de Bello I. 8, 2, die Juden hätten, ehe Herodes die Stadt einnahm, fünf Monate die Belagerung ausgehalten, πέντε μησὶ διήνεγκαν τὴν πολιορκίαν, woraus folgen soll, dass „der dritte Monat" nicht derjenige der Belagerung sein könne. Aber die Schwierigkeit hebt sich vollkommen, sobald man bedenkt, dass in de Bello Josephus die schon vor der Hochzeit des Herodes begonnene Blokade mitrechnet, in den Antiq. aber von der eigentlichen Belagerung aus zählt, welche mit der Ankunft des Sosius und der römischen Hülfstruppen begann. Im ersten Falle währte die Belagerung 5, im zweiten 3 Monate. Antiq. XIV. 15, 14 lesen wir, dass, nachdem der Winter verflossen war, λήξαντος δὲ τοῦ χειμῶνος, (also etwa Anfangs März), im dritten Jahre nach seiner Erhebung zur Königswürde, Herodes sein Lager in der Nähe von Jerusalem aufschlug; später brach er von diesem ersten Lager auf, rückte in die Nähe der Mauern, und fing die Blokade an. Wäre nun durch diese Blokade oder durch die darauf folgende Belagerung, das Passahfest gestört worden, so hätte Josephus, seiner Gewohnheit gemäss, dieses nicht unwichtigen Umstandes Erwägung gethan. Da er es nicht thut, so kann als gewiss angenommen werden, Herodes habe die Passahzeit hindurch im ersten Lager sich still verhalten, um wegen Störung des Festes die Judenschaft nicht gegen sich aufzubringen. Er fing also die Blokade nach Ostern, Ende Nisan, an. Dann begab er sich nach Samarien, wo er seine Hochzeit mit Mariamne hielt. Nach dieser Hochzeit nun begann, nach Antiq. XIV. 16, 1, die eigentliche Belagerung in Verbindung mit dem nun eingetroffenen Sosius. Die Belagerung aber begann im Sommer, *θέρος τε γὰρ ἦν* (Antiq. XIV. 16, 2); wie könnte denn angenommen werden sie sei, nach Verlauf von 5 Monaten schon im Sivan, das ist im Juni, Anfangs Sommers schon zu Ende gewesen?! Die erste Mauer wurde erstürmt, 40 Tage nach dem Anfange der eigentlichen Belagerung; 15 Tage später fiel die zweite Mauer; das macht zusammen 55 Tage, keine zwei volle Monate. Die Belagerung des Heiligthumes dauerte endlich bis zum 10. Tischri, also einen vollen Monat. Diese Angaben lassen sich chronologisch zusammenstellen wie folgt.

Mit dem ersten Frühling bezieht Herodes ein Lager in der Nähe von Jerusalem, und wartet in demselben ab bis die Ostergäste sich entfernt haben.

Nach Ostern, Anfangs Ijar, 5 Monate vor dem Versöhnungsfeste zieht er vor die Stadt und blokirt sie, und geht dann zur Hochzeit nach Samaria.

Anfangs Thammus, drei Monate vor dem Versöhnungsfeste, beginnt er mit Sosius die eigentliche Belagerung, erstürmt die erste (äusserste) Mauer nach 40 Tagen, d. i. Mitte Ab, und die zweite 15 Tage später, Ende Ab oder Anfangs Elul; belagert das Heiligthum etwa einen Monat, und erobert es am 10. Thischri am Versöhnungsfeste, und dieses Alles im Jahre 718 R. 39 v. Chr.

§ 21. Bei Gelegenheit der Belagerung Jerusalems durch Herodes, gedenkt Josephus, Antiq. XIV. 16, 2 noch eines ferneren, chronologisch wichtigen Umstandes; er sagt, dass die Belagerten Mangel litten, weil gerade ein Sabbath-Jahr war, *τὸ γὰρ ἑβδοματικὸν ἐνιαυτὸν συνέβη*

χατὰ ταντὸν εἶναι; und später, Antiq. XV. 1, 2 wird die auf die Eroberung folgende Noth dadurch erklärt, dass damals ein Sabbath-Jahr
war, ἐνεστήχει γὰρ τότε τὸ ἑβδοματιχὸν ἔτος. Nach der jüdischen
Tradition war aber auch das Jahr der Zerstörung des Tempels durch Titus
ein Sabbath-Jahr. Nun wurde Jerusalem im Jahr 70 n. Chr. 823 R. zerstört, und wirklich ist das Jahr Thischri 822 bis Thischri 823 das
15 mal 7te nach 717—718. Es würde uns zu weit führen gegen diejenigen Chronologen, welche das Jahr 71 für dasjenige der Zerstörung
Jerusalems annehmen, den Beweis durchzuführen, dass das Jahr 70 das
richtige Datum sei. Wir verweisen in dieser Beziehung auf v. Gumpachs
gründliche Bearbeitung dieses schwierigen Gegenstandes (a. a. O. S. 283 ff.).
Wir glauben den Beweis für das Jahr 70 befriedigend aus den Berichten
der jüdischen Tradition ableiten zu können. In Seder Olam Rabba XXX.
lesen wir eine, im Talmud öfters (z. B. Bab. Erachin fol. 11, 2; Bab.
Taanith, fol. 29, 1) wiederholte Aussage des R. Jose: „Gleicherweise wie
der erste Tempel zerstört wurde am Ende des Sabbaths und am Ende
des Sabbaths-Jahres, da die Ephemerie Jehojarib in Funktion stand, am
neunten des Monats Ab, eben so war es mit dem zweiten Tempel,
בשחריב הבית בראשונה אותו היום מוצאי שבת היה ומוצאי שביעית היתה
ומשמרתו של יהויריב היתה ותשעה באב היה וכן שנית: Hier treffen wir
gleich auf eine erste Schwierigkeit. Mehrere Chronologen übersetzen
מוצאי שביעית „im Jahre nach dem Sabbath-Jahre" und nicht „am Ende des
Sabbath-Jahres." Sie berufen sich nemlich darauf, dass Bab. Sanhedrin I. 2
gesagt ist: „Man schaltet den Monat nicht ein im Sabbath-Jahre, auch nicht
am Ende desselben," und in der Scholie zu dieser Stelle wird dies „am
Ende" erklärt durch „im achten Jahr": במוצאי שביעית בשמינית. Daraus
schliessen sie nun ש. במוצאי heisse „in dem auf das Sabbath-Jahr folgenden Jahre". Diese Folgerung ist aber unrichtig und beruht auf
Missachtung des jüdischen Kalenders. Das jüdische Jahr fing mit Nisan
an; im siebenten mit diesem Monate beginnenden Jahre, mit Thischri,
dem siebenten Monate desselben, begann das Sabbath-Jahr, zu welchem
dann auch die sechs ersten Monate des achten Jahres zählten, mit welchem der neue Cyclus anfing. Die erste Hälfte des achten Jahres war
somit integrirender Theil des Sabbath-Jahres. Der Tempel wurde zerstört im Ab, dem elften Monate des siebenten mit Thischri anfangenden,
und dem fünften Monate des mit Nisan anhebenden achten Jahres, und
gehörte somit dem Ende des Sabbath-Jahres und zugleich dem achten

Nisanjahre an. Die Scholie sagt also nicht, dass מוצאי שביעית das auf das Sabbath-Jahr folgende, sondern dieses Jahr selbst sei. Der Monat Ab, welcher auf das Sabbath-Jahr folgt, gehört nicht dem achten, sondern dem neunten Jahre an, dem zweiten des neuen Cyclus. Wir haben die Aussage des R. Jose also in dem Sinne zu verstehen, dass er sagen will, der Tempel sei zerstört worden im Monat Ab, dem elften des Sabbath-Jahres selbst. Seine Aussage, was den ersten Tempel anbelangt, stimmt nicht mit der Geschichte. Der erste Tempel wurde nicht in einem Sabbath-Jahre zerstört, welche Institution übrigens vor dem Exile nicht beobachtet wurde, 2. Chron. 26, 21; die Zerstörung hatte nicht am 9., sondern am 10. Ab statt, Jerem. 52, 12. Auch mit der Geschichte der Zerstörung des zweiten Tempels stimmt die Aussage des R. Jose nicht recht überein. Josephus, de Bello VI. 4, 1—5 sagt, dass am 8. Lus (Ab) die Hallen des inneren Vorhofes seien in Brand gesteckt worden. Am 9ten verhielten die bestürzten Juden sich ruhig, und Titus gab Befehl, das Feuer zu löschen; am 10ten machten die Juden um die fünfte Stunde einen Ausfall gegen die mit dem Löschen beschäftigten Römer, wurden aber zurückgeschlagen. Bei dieser Gelegenheit drangen die Römer bis an den Tempel vor, in welchen einer unter ihnen Feuer warf. Dieses geschah, sagt ausdrücklich Josephus, am 10. Lus, dem Tage der Zerstörung des ersten Tempels. Das Feuer wüthete nun denselben Tag und in der darauf folgenden Nacht. Im Sinne der Juden wurde also das Feuer an den Tempel gelegt am 8. Ab, da die inneren Vorhöfe integrirender Theil des Heiligthums waren. Um nun die zwei Zerstörungen des ersten und zweiten Tempels, wovon der Eine am 10ten der andere am 8. Ab in Brand gerieth, an einem Trauerfeste zu beweinen, nahmen die Juden den zwischenliegenden 9. Ab an, und halfen sich mit künstlichen Erklärungen, wovon Tosaphta Taanith III. 7 und Jerus Taanith III. 7 (Ugolini Thes. XVIII. p. 669. 809) viel zu lesen ist. Nun bleibt uns noch zu untersuchen übrig, wie es sich mit dem Sabbath verhält, an welchem der Tempel soll zerstört worden sein. Im Jahr 70 traf der den Monat Ab bedingende astronomische Neumond am Abend des 26. Juli ein; die Mondphase fiel auf den 27., vielleicht auf den 28., jedenfalls nicht auf den 26. Juli. War der 27. der 1. Ab, so war der 8. Ab, der am 3. August Abends beginnende Nachttag, ein Sabbath. Fiel der 1. Ab auf den 28. Juli, so war der 8. gleich 4. August, Feria 1; der 9. Ab war also entweder Feria 1 oder 2, aber unmöglich

ein Sabbath. Da aber der 8te ein Sabbath war und an diesem 8ten
nach Josephus die Feuersbrunst im Heiligthum anfing, so erklärt sich
Alles durch die Voraussetzung: die Juden haben das Datum absichtlich
auf den 9ten verlegt, um die Zerstörung des ersten Tempels mit in den
Gedächtnisstag hinein zu ziehen. Prüfen wir nun, wohin die Voraussetzung führt: der Tempel sei 71 zerstört worden. In diesem Jahre
war 1. Nisan gleich 20. März; der 9. Ab war entweder der 126ste oder
der 127ste darauf folgende Tag, also der 24. oder 25. Juli, Feria 3 oder
4, in keinem Falle Feria 7; ebensowenig war der 8te ein Sabbath.
Das Jahr 71 kann somit nicht das Jahr der Zerstörung sein. Das Heiligthum wurde in Brand gesteckt im Jahr 70 am 3. August, in einem
Sabbath-Jahre.

§ 22. Wir haben gesehen, dass die Sabbath-Jahre 717—718 und
822—823 sich gegenseitig bedingen und bestätigen. Ebenso verhält es
sich mit zwei andern Sabbath-Jahren, von welchen in der nachexilischen
Geschichte Meldung geschieht. 1. Macc. 6, 20. 49. 53. 57 ist von
grossem Mangel die Rede, welcher im Jahr 150 der Seleucidischen Aera
durch ein Sabbath-Jahr veranlasst wurde. Die Epoche dieser Aera ist
Thischri 312 v. Chr. 442 R., das 150ste Jahr derselben ist Thischri
592—593. Die erzählte Geschichte fällt aber offenbar in den Winter.
Nach 2. Macc. 13, 1—2 kam den Juden im Jahr 149 zu Ohren, dass
Antiochus Eupator gegen Judaea ziehe. Nichts hindert hier an das
Ende dieses 149sten Jahres zu denken, etwa an den Monat Ab. Durch
solche Gerüchte wahrscheinlich angestachelt, suchte Judas vor Ankunft
der Syrer der Akra in Jerusalem sich zu bemächtigen; er belagerte sie
im Jahr 150 (1. Macc. 6, 20), wohl am Anfang desselben, etwa im
Monat Thischri. Unterdessen hatten die Syrer Bethsur belagert. Der
Ort musste capituliren, wegen des durch das Schaltjahr veranlassten
Mangels. Das soll offenbar heissen, weil im vorhergehenden Nisan keine
Ernte war. Der vorhergehende Nisan gehörte aber dem 149sten Jahre
an. Das Sabbath-Jahr war somit 591—592 R. Dieses Jahr geht wirklich dem Jahr der Eroberung Jerusalems durch Herodes um 18 mal 7,
und dem der Zerstörung des Tempels um 33 mal 7 Jahre voran. Sie
waren sammt und sonders Sabbath-Jahre. — 1. Macc. 16, 14—16 wird
erzählt, dass Simon im Monat Schebet des Jahres 177 ermordet wurde,
und Josephus, Antiq. XIII. 7, 4—8 bezeugt, dass damals ein Sabbath-
Jahr war. Das Jahr 177 Aer. Seleuc. ist das Jahr Roms Thischri 619

bis 620. Dieses Jahr ist das 14 mal 7te vor der Eroberung Jerusalems durch Herodes und das 29 mal 7te vor der Zerstörung des Tempels. Daraus folgt, dass 591 — 592, 619 — 620, 717 — 718, 822 — 823 Sabbath-Jahre waren, und dass wirklich die Eroberung Jerusalems durch Herodes in das Jahr 718 gehört. Dieses Datum kann als das bewährteste in der Geschichte Herodes angesehen werden.

§ 23. Josephus sagt, de Bello I. 19, 3, dass ein Erdbeben sich ereignete im siebenten Jahre des Königthums Herodes, als der König mit den Arabern im Kriege war, als der actische Krieg sich zuspitzte, das heisst anfing, am Anfang des Frühlinges, $\varkappa\alpha\tau$' ἔτος τῆς βασιλείας ἑβδομον, ἀκμάζοντος δὲ τοῦ περὶ Ἄκτιον πελέμον, κατὰ γὰρ ἀρχομένου ἔαρος. Der aktische Krieg fing an im Jahr 722 R. durch die Kriegserklärung gegen Kleopatra; er endigte durch die Schlacht bei Actium den 27. September 723 R. Wenn am Anfang des Frühlings des Jahres 722, in welchem der besagte Krieg anfing, Herodes 7 Jahre König war, so erlangte er diese Würde im Jahr 715, was, wie wir eben gesehen haben, seine Richtigkeit hat. (Siehe § 19). Aus dieser Stelle erklärt sich auch die Parallele Antiq. XV. 5, 2, wo unserer Ansicht nach zu übersetzen ist: „Unterdessen, da die Schlacht bei Actium des Caesar (Augustus) mit Antonius bevorstand (τῆς ἐπ' Ἀκτίῳ μάχης συνεσταμένης) im siebenten Jahre der Herrschaft des Herodes, war ein Erdbeben."

§ 24. Antiq. XV. 11, 1 sagt Josephus, Herodes habe den Bau des Tempels im 18ten Jahre seiner Regierung begonnen; de Bello I. 21, 1 steht im 15ten Jahre. Da nun Joseph die Jahre des Herodes bald von der Ernennung durch den Senat, bald von der drei Jahre später eingetroffenen Eroberung Jerusalems an, zählt, so scheint es, dass die 15 Jahre sich auf diese letztere, die 18 aber auf jene Thatsache beziehen. Das Jahr des Tempelbaues wäre somit 715 mehr 18 gleich 718 mehr 15 gleich 733 R. Wir haben aber ein anderes Mittel das Datum des Tempelbaues zu ermitteln. Antiq. XV. 10, 3 unmittelbar vor dem XV. 11 berichteten Tempelbau wird gemeldet, dass, als das 17te Jahr Herodes zu Ende war, ἤδη δὲ αὐτοῦ τῆς βασιλείας ἑπτεκαιδεκάτου παρελθόντος [nicht παρερχομένου] ἔτους, Caesar (Augustus) nach Syrien kam. Die Reise des Augustus fällt aber in den Frühling des Jahres 734 R. 20 v. Chr. Weil damals das 17te Jahr vorüber war, hatte das 18te, das eben als Jahr des Tempelbaues angegeben wird, angefangen.

Der Tempelbau gehört also ins Jahr 734, ins Jahr der Reise Augustus nach Syrien; es ist wirklich das 15te mehr wenige Monate nach der Eroberung Jerusalems, welche im Thischri statt hatte, aber das 19te und nicht das 18te nach der Ernennung durch den Senat.

§ 25. Todesjahr des Herodes. Antiq. XVII. 8, 1 sagt Josephus, dass Herodes Regierung vom Tode des Antigonus an gerechnet 34, von der Ernennung durch die Römer aus gezählt 37 Jahre gewährt habe. 715 mehr 37 gleich 718 mehr 34 gleich 752 R. Da aber Herodes am Anfange des Jahres, vor Ostern starb, und im Spätjahr Jerusalem eroberte, so ist es möglich, dass 753 das Todesjahr Herodes war. Antiq. XVII. 6, 1 und de Bello I. 33, 1 ist gesagt, dass Herodes, als er starb, etwa 70 Jahr alt war. Nach Antiq. XIV. 9, 2 verglichen mit XIV. 8, 5; 9, 2, war er im 9ten Regierungsjahre Hyrkan's, also 9 Jahre nach der Einnahme Jerusalems durch Pompejus, 15 Jahre alt; er war also um 684 geboren, hatte 754 volle 70 Jahr, und 753 gegen 70 Jahr.

Im 15ten Jahre Tiber's hatte Jesus etwa 30 Jahre (Luc. 3, 1. 23). Tiber's 15tes Jahr ist 781 R.; das Geburtsjahr Jesu also 751, da Herodes nach Christi Geburt starb, scheint sein Todesjahr frühestens 752 sein zu können.

Alle diese Angaben verlegen Herodes Tod frühestens ins Jahr 752.

§ 26. Diesen Texten gegenüber steht aber eine andere Reihe von Texten, welche das Jahr 750 zum Todesjahre Herodes machen.

Antiq. XVII. 13, 2 steht, dass Archelaus, des Herodes Sohn, im 10ten Jahre seiner Ethnarchie (Bell. II. 7, 3 steht im 9ten Jahr) durch Augustus in die Verbannung geschickt wurde. Nach Antiq. XVIII, 2, 1 hatte bereits im 37sten Jahre nach der Schlacht bei Actium Quirinius des verbannten Archelaus Güter veräussert. Dieses 37ste Jahr endigte am 2. September 760 R. Die Verbannung hatte somit spätestens in diesem Jahre 760 statt; starb nun Herodes 10 oder 9 Jahre vorher, so war sein Todesjahr 750 oder 751.

Nach Antiq. XVIII. 6, 1; 7, 1—2. Erhielt Agrippa von Claudius (welcher am 16. März 790 R. dem Tiberius nachgefolgt war) die Erlaubniss, sein Reich in Besitz zu nehmen. Darauf begab sich Herodes der Tetrarch nach Rom, gleichfalls den Königstitel sich zu erbitten, wurde aber ins Exil verwiesen. Diese Verbannung fiel ins Jahr 792 oder 793 R. Nun sollen sich aber nach Eckhel (Doctr. num. vet. III. p. 486) Münzen des Tetrarchen Herodes von dessen 43stem Regierungsjahre vorfinden. Diese Jahre von 792—793 zurückgerechnet, geben als Todesjahr Herodes 750 oder 751 R.

Nach Antiq. XVIII. 6, 4 starb Philippus der Tetrarch im 20sten Jahre Tiber's nachdem er 37 Jahre regiert hatte. Das 20ste Jahr Tiber's endigte im August 787; 37 Jahre zurück gerechnet, geben als Herodes Todesjahr das Jahr 750 R.

§ 27. Die Berechnung von oben herab giebt einstimmig 752 oder 753, die Rechnung von unten herauf hingegen 750, höchstens 751 als Herodes Todesjahr ab. Es ist handgreiflich, dass Josephus irgendwo zwei Jahre zu viel rechnet, wahrscheinlich weil er gewisse Consulate, welche nur kurze Zeit dauerten, für volle Jahre gezählt hat. Dass er wirklich zwei Jahre zuviel hat, ergiebt sich deutlich aus Antiq. XX. 10, 1, wo gesagt ist, dass das Hohepriesterthum nach des Antigonus Tode bis zur Zerstörung des Tempels noch 107 Jahre bestanden habe. Aber von 718 bis 823 sind nur 105 Jahre! Beide Epochen waren, wie wir gesehen haben, Sabbaths-Jahre, diese konnten nicht 107 Jahre von einander entfernt sein, weil diese Zahl nicht durch sieben theilbar ist.

Diesen Widerspruch auszugleichen, haben die Chronologen auf verschiedenen Wegen versucht. Wieseler (S. 53) meint mit dem rabbinischen Grundsatze sich zu helfen, dass der Nisan der Anfang der Königsjahre sei, und dass ein einziger Tag über das Jahr für ein Jahr zähle (Bab. Rosch haschanna I: ניסן ראש השנה למלכים ויום אחר בשנה); er vergisst aber, dass ausdrücklich gesagt wird, dass dieses nur für die Könige Israel gelte: לא שנו אלא למלכי ישראל. Diese Regel war ein Hülfsmittel die chronologischen Schwierigkeiten der Regierungsjahre der vorexilischen Könige, welche allein bei den Rabbinen den Namen „Könige Israels" tragen, zu lösen, und kann nicht auf die nachexilische Geschichte angewandt werden, da weder die Hasmonäer noch die Herodianer Könige Israels waren. Seyffarth dagegen (Chron. sacra S. 11. 92 ff.) hilft sich dadurch, dass er nicht etwa dem Josephus vorwirft zwei Jahre zu viel —, sondern den neuern Chronologen, dass sie zwei Jahre zu wenig zwischen Herodes Regierungsantritt und der Zerstörung Jerusalems zählen. Wir können in seine weitgreifende Argumentation nicht eingehn, bezeugen aber, durch dieselben nicht überzeugt worden zu sein.

Es bleibt als Thatsache stehn, dass Josephus zwei Jahre zu viel hat. Wo aber hauset der Irrthum? in der Geschichte Herodes, oder in der Geschichte nach seinem Tode? Hier fehlt leider alle sichere Entscheidung! Wir dürfen kein Mittel, welches uns zurechtweisen kann, unbenutzt lassen.

§ 28. Josephus, Antiq. XVII. 6, 4 sagt, dass einige Zeit vor dem Tode Herodes eine Mondfinsterniss statt hatte. Versuchen wir diesen Umstand zur Bestimmung des Todesjahres dieses Königes zu benutzen. In dieser Absicht hat Wurm (a. a. O. S. 26 ff.) die Finsternisse berechnet, welche vom Jahre 6 v. Chr. bis 1 vor Chr. statt hatten, und zu Jerusalem sichtbar waren.

Im Jahr 6 v. Chr. gab es keine Mondfinsterniss.

Im Jahr 5 waren deren zwei totale, die eine am 23. März, die andere am 15. September.

Im Jahr 4, eine partiale von 5 Zoll, den 13. März um 3 Uhr 4 Minuten Morgens.

In den Jahren 3 und 2 keine.

Im Jahr 1 v. Chr. eine totale am 10. Januar um 1 Uhr 54 Minuten Morgens.

Als Todesjahr Herodes sind somit unmöglich die Jahre 6, 3 und 2 v. Chr., weil sie keine Mondfinsterniss hatten. Es bleibt also die Wahl zwischen den Jahren 5, 4 und 1 v. Chr., oder 749, 750, 753 R., gerade die Jahre, zwischen welchen uns oben § 25 und 26 die Wahl ohne Entscheidungsgrund gelassen hatten. Sehen wir uns nun diese Geschichte von der Mondfinsterniss näher an. Antiq. XVII. 6, 2—4 berichtet Josephus, Herodes habe einen gewissen Judas Sariphaei und Matthias Margolothi lebendig verbrennen lassen. In derselben Nacht traf eine Mondfinsterniss ein. Herodes Krankheit nahm von dem an zu. Da das Leiden unerträglich wurde, liess er sich nach Callirrhoë, jenseits des Jordans bringen, wo er die Thermen gebrauchte. Dort fanden die Aerzte für gut, ihn durch ein Oelbad zu erwärmen; er wäre aber nahezu darin gestorben. Als er wieder zu sich kam und an seinem Aufkommen verzweifelte, theilte er viel Geld aus unter die Soldaten, Offiziere und Freunde, und kehrte nach Jericho zurück. In einem Anfall von Melancholie gab er Befehl die Angesehenen unter den Juden von allen Seiten (ὁπούποτε) zusammen zu berufen. Ihre Zahl war gross, weil sie aus dem ganzen Volke zusammengebracht waren. Diese liess er in den Hippodrom einsperren, und befahl seiner Schwester Salome, nach seinem Tode sie alle tödten zu lassen, damit die Juden nicht über seinen Tod frohlocken möchten, (Antiq. XVII. 6, 5—6). Nachdem er diesen

Befehl ertheilt, kamen ihm Briefe von Rom, welche ihm meldeten, dass der Kaiser ihn ermächtige, seinen Sohn Antipater zu verweisen oder hinzurichten. Diese Nachrichten erquickten ihn. Da aber die Schmerzen wieder zunahmen, versuchte er, sich zu entleiben, wurde aber zurück gehalten. Das dadurch verursachte Geschrei liess den gefangenen Antipater vermuthen, sein Vater sei todt, und er suchte seinen Gefängnisswärter zu bestechen. Da Herodes solches erfuhr, liess er Antipater hinrichten (XVII. 7); er selbst starb 5 Tage darauf (XVII. 8, 1). Salome liess alsdann die im Hippodrom eingesperrten Honoratioren der Juden in Freiheit setzen (XVII. 8, 2). Archelaus liess seinen Vater königlich zu Herodium bestatten (8, 3), trauerte 7 Tage, gab dem Volke ein Gastmahl, und begab sich nach abgelegter Trauer ins Heiligthum, wo er von dem Volke gut aufgenommen wurde (8, 4). Jedoch trat bald eine feindselige Reaction ein, welche um so gefährlicher wurde, da in jener Zeit das Passahfest nahe bevorstand (XVII. 9, 1—3). Wie viel Tage nehmen nun alle diese Begebenheiten in Anspruch? Dass sie 3 Monate ausfüllen können, wird Niemand bezweifeln; dass sie aber auch in 30 Tagen sich können zugetragen haben, kann nicht geläugnet werden. Die Mondfinsterniss entscheidet also unsere Frage nicht. Die gerade 30 Tage vor Ostern eingetretenen Finsternisse vom Jahr 5 und 4 sind möglich, die 3 Monate vor Ostern eingefallene vom Jahr 1 v. Chr. ist es auch. Es bleibt uns nur in Erwägung der Menge der zwischen ein fallenden Begebenheiten eine Praesumption gegen die Jahre 5 und 4 und zu Gunsten des Jahres 1. Sehen wir nun, was die jüdische Tradition über diesen verwickelten Gegenstand uns zu sagen weiss.

§ 29. Ausgezeichnet glückliche wie unglückliche Begebenheiten wurden durch die Juden an dem Datum des Ereignisses durch Freuden oder Trauertage jährlich gefeiert. Diese Tage sind in dem alten Festkalender, Megillath-Taanith verzeichnet. In diesem Buche ist von zwei Todestagen Herodes die Rede. Cap. IX heisst es: „Der 7. Kislev ist ein Glückstag (יום טוב), weil an demselben Herodes starb, welcher ein Feind der Weisen war." Mit vollem Rechte haben die Chronologen dieses Datum verworfen, da es 5 Monate vom Osterfeste entfernt ist. Wenn Josephus Bericht wahr ist, so kann Herodes nicht wohl im November gestorben sein. Im Cap. XI aber desselben Buches lesen wir, was bisher alle Chronologen übersehen haben: „Der 1. Schebet ist doppelt ein Glückstag, als Todestag des Herodes und des Jannai; denn es ist Freude vor Gott, wenn die Bösen aus dieser Welt genommen werden. Die Weisen erzählen, dass König Jannai, als es mit ihm zum Sterben kam, die siebenzig Aeltesten Israels einsperren liess, und dem Gefängnisswärter den Befehl gab, sie zu tödten, wenn er (Jannai) sterben würde, damit die Israeliten, anstatt über seinen Tod zu frohlocken, ihre Weisen zu beweinen hätten. Nun, heisst es, hatte König Jannai eine verständige Frau. Salome (שלמינן). Diese nahm, als der König todt war, dessen Siegelring von seinem Finger, schickte ihn dem Gefängnisswärter und liess ihm sagen: Dein kranker Herr giebt den Aeltesten ihre Freiheit. Er liess sie frei und jeder ging in sein Haus. Nach ihrer Rettung erst wurde des Königs Tod bekannt gemacht." Diese Erzählung entspricht durchaus nicht der Geschichte des Königes Alexander Jannäus; denn dieser hatte mit der Ermordung der Rabbinen und Sanhedristen nicht bis an seinen Tod gewartet, sondern dieselben längst schon getödtet und verbannt. Setzen wir aber an die Stelle des Namens Jannai den Namen Herodes, so haben wir beinahe Wort für Wort was Josephus Antiq. XVII. 6, 5—6 berichtet: Die Einsperrung der Angesehenen unter den Juden in den Hippodrom, der Mordbefehl und das Motiv desselben, die Loslassung derselben durch Salome. Die Tration hat, wie es öfters der Fall ist, die Namen verwechselt, aber die Facten und das Datum behalten. Der 1. Schebat ist somit Herodes Todestag, während vielleicht der 7. Kislev dem Jannai zuzuschreiben ist. Ist aber Herodes am 1. Schebat gestorben, so kann die vor seinem Tode eingetretene Mondfinsterniss weder die des Jahres 5 noch die des Jahres 4 sein, weil beide am 15. Adar, das ist 6 Wochen später, statt hatten. Im Jahr 753, 1 v. Chr. war der 10. Januar, der Tag der totalen Mondfinsterniss, der 15. Tebeth; 11 Tage nachher, den 1. Schebet starb Herodes, es war der 24. Januar. Die jüdische Tradition mag also wohl recht haben und wäre somit eine Bestätigung des Jahres 753, oder 752 mehr 24 Tage. Wir bekennen indess, dass die Zeit von 11 Tagen für Alles zwischen der Finsterniss und Herodes Tod berichtete, sehr kurz, $2\frac{1}{2}$ Monate aber für das von diesem Tode bis zum Passah geschehene sehr lang ist. Doch nahm wohl die königliche Bestattung zu Herodium mehrere Wochen in Anspruch?

III. Hauptepochen aus dem Leben Jesu.

§ 30. Der Census. Joseph und Maria wohnten zu Nazareth; wenn dess ungeachtet Jesus zu Bethlehem geboren wurde, so war die

Ursache davon der Census, um dessen willen Joseph in seine Geschlechts-
stadt Bethlehem sich begeben musste. Luc. 2, 1 — 4 heisst es: „Es
geschah in jenen Tagen (da Johannes geboren wurde), dass ein Befehl
vom Kaiser Augustus ausging, die ganze bewohnte Erde zu schätzen.
Dieser Census war der demjenigen des Landpflegers von Syrien, Quirinus,
vorangehende (oder: der erste derer, die Quirinus der Landpfleger Sy-
riens veranstaltete). Und Jedermann, um sich schätzen zu lassen, ging
in seine Stadt. So ging auch Joseph aus Galilaea, aus der Stadt
Nazareth, nach Judaea in die Stadt Davids, genannt Bethlehem, weil er
aus dem Hause und Geschlechte David's war, mit Maria, dem ihm ver-
lobten Weibe." — Es handelt sich vor allem darum, zu wissen, was die
Worte bedeuten: Ἀύτη ἡ ἀπογραφὴ πρώτη ἐγένετο ἡγεμονεύοντος τῆς
Συρίας Κυρηνίου. Die gewöhnliche Uebersetzung lautet: Dieser Census
war der erste und geschah durch Quirinus. Wir ziehen die andere vor:
Dieser Census war der Quirinischen unmittelbar vorangehend. Sprachlich
ist dieselbe gerechtfertigt durch πρῶτός μου, Joh. 1, 15 „der mir voranging", weil die geschichtlichen Schwierigkeiten dadurch gehoben werden.
Quirinus, welcher als Präses von Syrien im Jahr 759 oder 760 R. einen
Census hielt (Antiq. XVIII. 1, 1; Apostelg. 5, 37) erhielt dieses Amt
als Nachfolger des P. Quintilius Varus ums Jahr 758. Dass Lucas nicht
durch einen Anachronismus diesen Census des Jahres 759 auf die Zeit
der Geburt übertrage, sondern einen früheren meine, würde schon das
Wort πρώτη, die erste, im gewöhnlichen Sinne genommen, aussagen.
Unmöglich ist es nicht, dass Quirinus, vor jenem wohlbekannten Census,
unter Q. Sentius Saturnius oder P. Quintilius Varus Praesidenz, einen
früheren, als besonderer Abgeordneter, abgehalten habe; aber in diesem
Falle wäre der Ausdruck ἡγεμονεύοντος anstössig, weil er von jedem
Leser in dem Sinne: „da er Hegemon, Praesident war" musste genommen
werden. Lucas charakterisirt den Census, welcher mit Jesu Geburt
gleichzeitig war, als einen allgemeinen Reichscensus, welcher nicht Syrien
und Palestina allein anging. Die Thatsache eines Judäa mit begreifenden
Census vor dem bekannten Quirinischen ist bezweifelt worden, 1) weil
damals Judäa nicht unmittelbar römisch war, sondern ein Vasallenreich
unter Herodes, und somit nicht censuspflichtig war, 2) weil Josephus
davon nichts sagt, noch andere Historiker. Was nun diesen letzten
Einwurf anbelangt, so kann es hier, wie in manchen andern Fällen, genügen, dass Lucas, welcher auch ein Historiker ist, und sich als einen

in der Geschichte bewanderten Mann ausweiset, die Wirklichkeit dieser $\dot{\alpha}\pi o\gamma\varrho\alpha\varphi\dot{\eta}$ bezeugt. Das Stillschweigen der Historiker erklärt sich daraus, dass das Werk des Dio-Cassius, das Hauptgeschichtwerk für jene Zeit, gerade in der Epoche, in welche Jesu Geburt verlegt werden muss, defect ist. Josephus aber konnte diesen Census übergehen, gerade weil er eine, nicht blos Palestina, sondern das ganze römische Reich umfassende Maassregel war, deren Vollstreckung in Judäa ohne Erschütterung ablief. Was aber den ersten Einwurf oder Zweifel anbelangt, so beruht er zuerst auf einem Missverstande, indem der Ausdruck $\dot{\alpha}\pi o$-$\gamma\varrho\alpha\varphi\dot{\eta}$ als schlechthin synonym mit dem Census, oder der Abschätzung des Vermögens zur Besteuerung genommen wird, wofür vielmehr der eigentliche griechische Name $\dot{\alpha}\pi o\tau \dot{\iota}\mu\eta\sigma\iota\varsigma$ ist. $\dot{\alpha}\pi o\gamma\varrho\alpha\varphi\dot{\eta}$ kann den Census im engeren Sinne bezeichnen, aber eben so wohl auch eine Einschreibung oder Aufzählung der Bevölkerung. Kaiser Augustus besass ein breviarium totius imperii, in welchem auch stand, quantum sociorum in Armis (Sueton. Octav. 101. Tacit. Ann. I. 11); darin konnte Judäa wohl nicht fehlen. Dieses Breviarium setzt nothwendig eine, wo nicht mehrere Aufzeichnungen voraus, obgleich die Historiker nichts davon sagen. Dass der Vasallenfürst Herodes nicht so unabhängig von Rom war, wie man annehmen will, ergibt sich aus der Thatsache, dass Judäa schon unter Pompejus tributpflichtig war ($\dot{\upsilon}\pi o\tau\varepsilon\lambda\dot{\eta}\varsigma$ $\varphi\dot{o}\varrho o\upsilon$, Antiq. XIV. 4, 4. Pompejus captis Hierosolymis tributarios Judaeos fecit. Chron. Euseb. ad Olymp. 179), was einen eigentlichen Census voraussetzt, wovon gleichfalls Josephus schweigt. Es ist übrigens unrichtig, zu sagen, dass nur Lucas einen, dem Quirinschen vom Jahre 6 vorhergehenden Census erwähnt. Tertullian, Adv. Marcion. IV. 6 kennt einen solchen unter Sentius Saturninus (zwischen 744 und 748) und Eusebius einen andern vom Jahr 42 der Regierung des Augustus. Völlig ungegründet ist die Voraussetzung, dass diese zwei christlichen Schriftsteller ihre Angabe nur dem Berichte des Lucas entlehnt haben; und wäre dieses je der Fall gewesen mit Euseb's Chronicon, so kann es nicht von Tertullian gelten, welcher die Geburt Christi in das 41ste Regierungsjahr des Augustus verlegt in welchem Saturninus längst nicht mehr Praeses in Syrien war. Die Geschichtschreiber melden ausdrücklich von drei Census unter Augustus; dieselben hatten statt in den Jahren 726. 746. 767 R. Denken wir uns nun denjenigen von 726 als durch irgend ein politisches Hinderniss um ein Jahr verspätigt, so sind die Jahre 725. 746. 767 immer um

7 Jahre und deren Vielfache auseinander. Da nun diese Census: Lustra
genannt werden, so lässt sich daraus schliessen, dass in Augustus Zeit
die lustra siebenjährig waren. Waren nun, was in der Natur der Sache
liegt, die Schatzungen der von Rom irgendwie abhängigen Länder der
οἰκουμένη mit diesen Lustern gleichzeitig, so wird der Census am Ende
der Regierung des Herodes im höchsten Grade, als allgemeine Maassregel
wahrscheinlich. Seyffarth macht mit vollem Rechte darauf aufmerksam,
dass die oben verzeichneten Census unter Augustus sämmtlich Sabbath-
Jahre der Juden sind. Sabbath-Jahre waren: 725, 732, 739, 746,
753, 760, 767. Der Census von 725 wurde, wie oben gesagt, durch
Verspätigung 726 gehalten; derjenige von 746 schliesst die durch Tertullian verbürgte Schatzung des Saturninus in sich; der Census, welchen
Lucas verbürgt, muss mit 753 zusammen fallen; derjenige von 767 fällt
in das Todesjahr des Augustus. In Bezug auf die oben verzeichneten
Sabbath-Jahre ist zu bemerken, dass ihre Epoche immer der Monat
Thischri des vorhergehenden Jahres ist. Es leuchtet ein, dass das Ergebniss dieser Zusammenstellung das Jahr 753 als dasjenige des Todes
Herodis wahrscheinlich macht, wenigstens durch den Beweis, dass dieser
König nicht vor Tischri 752 — 753 kann gestorben sein. — Man hat
ferner auch daran Anstoss genommen, dass, nach Lucas, Jeder musste,
um sich einschreiben zu lassen, in seine (Stamm- und Geschlechts-)Stadt
gehen, und dass auch die Weiber dazu verpflichtet waren. Dagegen
bemerken wir, dass das Letztere nicht als Regel ausgesprochen ist;
Maria konnte Joseph aus freien Stücken begleiten; da wahrscheinlich
Joseph die Absicht hatte zu Bethlehem, in der Stadt Davids, „wo
Christus sollte geboren werden", von nun an seine Wohnung aufzuschlagen. Wenn er dennoch später wieder nach Nazareth zog, so geschahe
es auf göttliche Weisung hin, Matth. 2, 23. Ein solches Wandern eines
Jeglichen in seine Stadt, musste freilich eine grosse Bewegung und Zeit-
verlust verursachen. Da aber die Schatzungen auf Sabbath-Jahre fielen,
so verloren diese Unbequemlichkeiten viel von ihrer Bedeutung. (Ueber das
hier besprochene Census-Wesen lese man: Winer, Real-W. die Artikel: Quirinus, Schatzung und Abgaben, Wieseler, a.a. O. 73 ff. Seyffarth, a.a. O. 87 ff.)

§ 31. Der Stern der Magier. Matth. 2, 1—4. 9, lesen wir:
Da Jesus geboren war — kamen Magier aus dem Morgenlande nach
Jerusalem und sagten: Wo ist der (neu-)geborene König der Juden? wir
haben seinen Stern (αὐτοῦ τὸν ἀστέρα) gesehn im Morgenlande, und

sind gekommen ihn anzubeten. Und siehe, der Stern, welchen sie im Morgenlande gesehn hatten, ging vor ihnen her, bis dass er kam und stand über dem Orte, wo das Kind war." Ist aus diesem Berichte ein chronologisches Element zu ermitteln? Abarbanel sagt, dass drei Jahre vor Moses Geburt sich im Sternbilde Israels, nemlich in den Fischen, eine Conjunction des Jupiter und des Saturn zugetragen habe, und dass die Wiederholung dieser Erscheinung im Jahr 1463 n. Chr. die Geburt des Messias herbei führen werde. Andere dahin gehörige jüdische Ueberlieferungen dieser Art hat Seyffarth (S. 89 ff.) gesammelt. Auf eine solche Vorstellung scheint auch Josephus, Antiq. II. 9, 2 u. 7 Anspielung zu machen. Die Conjunction der besagten zwei Planeten galt somit den Juden als das Gestirn Moses und des Messias. Kepler war der erste, welcher zu chronologischem Zwecke diese Conjunction in den Fischen berechnet hat, und nachgewiesen, dass sie sich im Jahr 747 R. zugetragen habe. Ideler (Chron. II. 405) unterwarf die Sache einer neuen Prüfung, und fand, dass im Jahr 747 R. Jupiter und Saturn am 20. Mai zum ersten mal im 20sten Grad der Fische zusammen kamen. Sie standen damals vor Sonnenaufgang am Morgenhimmel und waren nur 1 Grad von einander entfernt. Am 20. October hatte eine zweite Zusammenkunft im 16. Grad der Fische, und am 2. November eine dritte im 15. Grad desselben Zeichens statt. Auch bei den beiden letzten Conjunctionen betrug der Breitenunterschied nur etwa 1 Grad. Zwei Jahre später, im Jahr 749 R. hatte eine Conjunction aller Planeten statt; diese stellten das Bild eines Kindes dar, was auch die jüdische Tradition vom Messias-Gestirne behauptet. War nun diese Conjunction, oder eine derselben, der Stern der Weisen? Der evangelische Bericht redet von einem Sterne, ἀστήρ, und nicht von einem Gestirn, oder Sternverbindung, ἄστρον; jedoch scheint der griechische Sprachgebrauch die Begriffe dieser zwei Worte nicht so scharf auseinander zu halten. Unmöglich wäre die Sache nicht. Der späteste Moment, in welchem die Planeten-Conjunctionen den Magiern den Ort weisen konnte, wo das Kindlein war, wäre diejenige des Jahres 749 R. Nähmen wir dieses nun als Jesu Geburtsjahr an, so wäre er im 15ten Jahr des Tiberius nicht etwa 30, sondern volle 33 Jahre und darüber alt gewesen. Diese Conjunction aber, welche ein Kind darstellte, stand nicht in den Fischen, dem Sternbild Israels, konnte somit nicht das Messiasgestirn sein. Dieses letztere hätten wir vielmehr in den Conjunctionen des Jahres 747 zu suchen, wodurch der Uebelstand vermehrt würde, weil Jesus dann im 15ten Jahre Tiber's 35 Jahre wäre alt gewesen. Nach der jüdischen Tradition wurde Moses nicht während, sondern 3 bis 4 Jahre nach der Conjunction geboren; diese Conjunction war also nicht eine Anzeige der wirklich geschehenen Geburt Mosis, sondern eine Vorausverkündigung der zukünftigen. In diesem Sinne galt nun dieselbe Conjunction als Messiasgestirn; sie sollte der Geburt desselben um mehrere Jahre vorangehn. Dadurch aber fällt die Sache ins unbestimmte, und kann nicht als chronologisches Element dienen. Wieseler (a. a. O. S. 69) findet den Stern der Weisen in einem andern im Jahr 4 v. Chr. erschienenen neuen Sterne, wahrscheinlich einem Cometen, wovon die chinesischen astronomischen Tafeln Nachricht geben. Woher aber konnten die Magier wissen, dass ein Comet, in der Regel ein Unglückszeichen, der Stern des Messias sei? Es wird einleuchten, dass dieser Art Thatsachen kein sicheres Element zur Bestimmung des Geburtsjahres Jesu abgeben können, und wir weder Ideler und Sanclemente noch Wieseler folgen können, wenn jene aus solchen astronomischen Gründen das Jahr 750 für des Herrn Geburtsjahr erklären.

Auch bei den Kirchenvätern ist in Bezug auf die Zeit, da der Stern erschien und Jesus geboren wurde, und somit über Herodes Todesjahr nichts erkleckliches zu erfahren. Tertullian verlegt, wie schon gesagt, Jesu Geburt ins 41ste Jahr des Augustus, also 752 R. Das Chron. paschale verlegt Jesu Geburt ins 42ste, Herodis Tod ins 41ste Jahr Augustus, also 754 R. Euseb in seinem Chronicon verlegt Jesu Geburt ins Jahr 42 des Augustus und den Tod Herodes ins Jahr 47 dieses Kaisers, also 758 R. Andere lassen Jesum unter dem Consulate des C. Lentulus und M. Messala geboren werden, welches eben ins 41ste Jahr August's fällt (z. B. Cassiodor, Chron.) Die Consulate sind das sicherste chronologische Mittel in jener Zeit. Leider aber muss hier bemerkt werden, dass nach Augustinus Versicherung keine ursprüngliche Ueberlieferung das Consulat weder des Geburts- noch des Todesjahres Jesu sich erhalten hat (De Doctrina Christiana II. 28: Per Olympiades et consulum nomina multa saepe quaeruntur a nobis, et ignorantia Consulatus quo natus est Dominus et quo passus, nonnullos coëgit errare). So viel bleibt als Gewinn aus den Angaben der Kirchenväter, dass sie alle, ohne Unterschied, der Meinung waren, Herodes sei jedenfalls im Jahr 41 Augustus, also 752 noch am Leben gewesen. Dieses bestätigt unsere Ansicht, dass Herodes am Anfang des Jahres 753 starb.

§ 32. Das Jahr des öffentlichen Auftretens Jesu. Dass das Joh. 2 berichtete Erscheinen Jesu am Passahfeste in das Jahr des öffentlichen Auftretens Jesu, und zwar in die ersten Monate desselben gehört, liegt am Tage. Während jenes Festes nun (Joh. 2, 13) forderten die Juden ein Zeichen von Jesu. Er antwortete: „Reisset diesen Tempel nieder, und in drei Tagen werde ich ihn wieder aufbauen." Die Juden entgegneten: „In 46 Jahren wurde dieser Tempel (ὁ ναός) erbauet —," Joh. 2, 20. Im neutestamentlichen Sprachgebrauche wird in der Regel streng unterschieden zwischen τὸ ἱερὸν, das Heiligthum ohne das Tempelhaus, und ὁ ναός das Tempelhaus im Gegensatze zum übrigen Heiligthum. Da es aber keinen beide Begriffe zugleich umfassenden Ausdruck giebt, wird hier, in Folge des von Jesu soeben gebrauchten Ausdruckes, der Name ναός für das Heiligthum mit Inbegriff des Tempels gebraucht. Der Einwurf der Juden hat somit folgenden Sinn: Seit 46 Jahren baut man an diesen heiligen Gebäuden (Tempel und Hallen), und Du willst es in 3 Tagen thun? Josephus sagt freilich, Antiq. XV. 11, 5—6, dass das Tempelhaus in anderthalb Jahren und die Vorhöfe in 8 Jahren vollendet wurden. Von einer Vollendung schlechthin kann aber hier nicht die Rede sein; denn es wurde bis kurz vor Ausbruch des jüdischen Krieges fortgearbeitet, weil, nach Antiq. XX. 9, 7 erst unter dem Procurator Albinus das Heiligthum vollendet wurde (ἤδη τότε καὶ τὸ ἱερὸν ἐτετέλεστο). Aus Marc. 13, 1. 2 lässt sich schliessen, dass dieser Bau gerade im Todesjahre Jesu eifrig betrieben wurde; denn in dem Munde von Leuten, welche jährlich nach Jerusalem kamen, kann der Ausruf: „Siehe, welche Steine, welch ein Bau", nicht einem seit dreissig Jahren fertigen, schon oft geschenen Gebäude gelten, sondern der unter ihren Augen fortgehenden Arbeit. War nun der Tempel im Jahre des Auftretens Jesu seit 46 Jahren im Baue, so ist die Zeit dieses Auftretens sicher bestimmt. Nach dem im § 24 Gesagten fing Herodes den Bau im Jahr 734 an; 46 Jahre hinzugezählt, geben das Jahr 780, welches nach jüdischer Rechnung mit 1. Nisan des Jahres 781 zu Ende ging. Da die Juden ihr Gespräch mit Jesu am Anfang des jüdischen Jahres hielten, konnten sie natürlich das kaum angefangene Jahr 781 nicht mitzählen.

§ 33. Das fünfzehnte Regierungsjahr des Kaisers Tiberius. Luc. 3, 1 — 2 lesen wir: „Im fünfzehnten Jahre der Regierung des Kaisers Tiberius, da Pontius Pilatus Procurator in Judäa war, und

Herodes Tetrarch von Galilaea, Philippus aber, dessen Bruder, Tetrarch von Ituraea und dem trachonitischen Lande und Lysanias Tetrarch von Abilene, unter dem Hohenpriester Anna und Kajapha, erging das Wort Gottes an Johannes Zacharia's Sohn, in der Wüste." Da Lucas das Leben Jesu und nicht das Leben Johannes beschreibt, so kann dieser Luxus von chronologischen Bestimmungen sich nur auf Jesum, und beiläufig auf den Täufer beziehen. Dieser letztere wird mit in die Zeitbestimmung hinein gezogen, weil sein Auftreten mit demjenigen des Herrn gleichzeitig war, in dem Sinne, dass die Taufe Jesu gleich in den Anfang der Johannäischen Thätigkeit fiel. Da die Hauptmission des Täufers war, die Person dessen, der da kommen sollte, bekannt zu machen, nachdem er ihn selbst erkannt, so ist der Anfang Johannis vor Jesu Taufe nur um den Zeitraum früher zu setzen, welchen der Täufer brauchte, die Volksmenge an sich zu ziehen, was in einem Monate genugsam geschehen konnte. Das Jahr 15 des Tiberius ist also das Jahr, in welchem beide, Johannes und Jesus ihre Wirksamkeit begannen.

Die ferneren chronologischen Bestimmungen des Lucas bestimmen das Datum nicht näher. Pontius Pilatus war Landpfleger vom Jahr 779 bis 789. Herodes Antipas regierte von Herodis I. Tode bis 792 oder 793. Philippus war gleichfalls Tetrarch von Herodes Tod bis ins 20ste Jahr des Tiberius, also 787. Von Lysanias von Abilene ist nichts näheres bekannt. (Siehe über diesen Tetrarchen: Wieseler a. a. O. S. 174). Die grösseste Schwierigkeit bietet die Meldung des Anna als Hohepriester, ἀρχιερεύς. Dieser wurde, nach Antiq. XVIII. 2, 1 Hohepriester zur Zeit des Quirinischen Census, etwa 759 und wurde abgesetzt am Anfang der Regierung des Tiberius, gegen 767 R. Kaïphas gelangte zu dieser Würde im Jahr 770 und verlor sie im Jahr 789 (Antiq. XVIII. 2, 2; 4, 2). Wie konnte nun Lucas den Anna als Hohepriester im 15ten Jahre Tibers aufführen? Wir sind sehr geneigt Wieseler's (S. 185) Ansicht zu theilen, dass Lucas nicht blos den eigentlichen Hohepriester: ἀρχιερεύς nennt, sondern diesen Namen auch dem Nasi oder Vorsitzer des Synedrium gab. Matth. 27, 1. Marc. 15, 1. Luc. 22, 66 und sonst öfters ist von Hohepriestern, οἱ ἀρχιερεῖς in der Mehrzahl die Rede und in Verbindung mit den Gliedern des Hohen Rathes, woraus nothwendig folgt, dass noch andere Aemter oder besser, dass noch ein anderes Amt mit diesem Titel beehrt war. Dieser Sprachgebrauch konnte dadurch entstehen, dass Anna, als er Hohepriester war, zugleich auch

Nasi des Synedriums war, und dass er, nach Verlust des höchsten
Priesterthums, die Würde des Nasi behielt und zugleich den alten Titel
als Hohepriester, welcher ihm noch Apostelg. 4, 6 beigelegt wird. Die
jüdische Tradition (Bab. sanhedrin f. 15) sagt freilich, dass Hillel und
seine Nachkommen (Simeon ben Hillel und Gamaliël ben Simeon) hundert Jahre lang, bis zur Zerstörung des Tempels die Nasi-Würde beklei-
deten. Aber es wird hier eine Zwischenherrschaft der Sadducäer übergangen (siehe hierüber unten § 113), während welcher sicherlich die
pharisäischen Hillelianer nicht den Vorsitz führten. Diese sadducäische
Zwischenherrschaft hindurch war nun wahrscheinlich Anna der Nasi,
etwa 759 bis 781.

§ 34. Dio Cassius LVI. 29 sagt: „Augustus sei gestorben am
19. August des Jahres 767 R.", d. i. 14 n. Chr. Aera Dionys. Da man
nun gewöhnlich annimmt, die Regierungsjahre des Tiber beginnen mit
diesem Todestage seines Vorgängers, so bestimmt man die 15 Jahre
Tiber's auf August 781 bis 19. August 782. (28 — 29 Aera Dionys.).
Nach dem oben § 32 gewonnenen Ergebnisse hat Jesus am Anfang des
Jahres 781 seine Wirksamkeit begonnen; nach Lucas Angabe aber
frühestens am 19. August dieses Jahres. Ist bei diesem Evangelisten
ein Irrthum vorauszusetzen? Da die ganze im Marcus-Evangelium erzählte Geschichte der Wirksamkeit Jesu nicht einmal ein volles Jahr
postulirt, und da Lucas das Marcus-Evangelium als Rahmen angenommen
zu haben scheint, so liegt der Gedanke nahe, Lucas, welchem das Todesjahr Jesu, welches das 16te der Regierung Tiber's ist, bekannt war, habe
dem Herrn nur ein Jahr des öffentlichen Wirkens zugeschrieben, und
daher den Anfang desselben ins 15te Jahr Tiber's verlegt. Dennoch
kann diese Hypothese nicht bestehn, weil sie voraussetzt, Lucas habe
dieses Jahr 15 nicht durch eine sichere Ueberlieferung, sondern durch
eine Rechnung erlangt. Das denkwürdige Jahr des Auftretens des Täufers und Jesu war gewiss im Gedächtnisse der αὐτόπται und Zeitgenossen des Evangelisten aufbewahrt, von welchen er (Luc. 1, 2) seine
Berichte hatte. War aber das durch die Ueberlieferung überkommene
Datum das Jahr 15, so muss damit das ganze Jahr 781 vom Januar
aus gerechnet, und nicht blos vom 19. August an, gemeint sein. Seyffarth macht eine unserer Ansicht nach richtige Bemerkung, welche um
so mehr verdient beachtet zu werden, da dieser Verfasser nicht speziell
das 15te Jahr Tiberius im Sinne hat. Er sagt (a. a. O. S. 10): „Zu-

nächst hat man anzunehmen, dass das erste Regierungsjahr eines Kaisers von der Zeit an gerechnet wurde, wo der vorhergehende Kaiser starb. — Nach Verlauf von wenigen Jahren aber wurde das erste Jahr des neuen Fürsten bis zum Neujahrstage des Jahres ausgedehnt, in dessen Verlaufe der vorhergehende Fürst starb." Diesem Grundsatze zu Folge wäre das ganze volle Jahr 781 unter dem 15ten des Tiber begriffen. Ohne jedoch auf diese immerhin unsichere Voraussetzung uns zu stützen, versuchen wir vielmehr den unmittelbaren geschichtlichen Beweis unseres Satzes. Augustus starb, wie gesagt, am 19. August 767. Tiberius starb den 16. März 790; die Regierungszeit des Letztern war somit 22 Jahre 6 Monate und 27 Tage (Joseph. de Bello II. 9, 5 hat 22 Jahre 6 Monate 3 Tage, weil er aus Versehen 16 Tage von 19 anstatt 19 von 16 abgezogen hat). Sueton aber sagt: Obiit (Tiberius) anno tertio et vigesimo imperii, decimo septimo Kalend. Aprilis, Cn. Acerronio Proculo, C. Pontio Nigro coss; er schreibt also dem Tiberius volle 23 Jahre zu. Nun hat aber dieser Geschichtschreiber sonst die Gewohnheit nicht, die Regierungszeit der Kaiser durch runde Zahlen von Jahren auszusprechen, sondern durch Jahre, Monate und Tage. So sagt er von Caligula, er habe 3 Jahre 10 Monate 8 Tage regiert. Ebenso mit den andern Kaisern. Dasselbe gilt von manchen andern Geschichtschreibern, wie Cassiodor, Euseb im Chronicon u. s. w., die in der Regel Monate und Tage angeben, und dennoch, wie Sueton, dem Tiber schlechthin 23 Jahre, anstatt 22 Jahre 7 Monate zuschreiben. Diese alle zählen Tiber's Jahre vom Anfange, spätestens vom März 781. Nun sagt Sueton (Tiber. 21), dass Tiberius seinen in den Anfang des Jahres 781 fallenden Triumph gefeiert, ac non multo post lege per consules lata ut provincias cum Augusto communiter administraret, simulque censum ageret. Condito lustro in Illiricum profectus est. Et statim ex itinere revocatus; jamquidem affectum sed tamen spiratem Augustum reperit. Diesem entspricht, was Tacitus, Ann. I. 3 sagt: Filius, collega imperii, consors tribunitiae potestatis adsumitur (Tiberius) omnesque per exercitus ostenditur. Sueton und die andern Geschichtschreiber zählen somit Tiber's Jahre nicht vom Todestage Augustus, sondern vom Tage, wo er Collega imperii wurde, das heisst vom Februar an, dem Monate der Lustren. Ebenso rechnet Lucas. Das 15. Regierungsjahr Tiber's ist also das ganze Jahr 781, und auf diese Weise stimmt die Zeitrechnung des Lucas vollkommen mit derjenigen des Johannes.

§ 35. Das Jahr der Bekehrung des Apostels Paulus. Der Apostel sagt Galat. 1, 18; 2, 1. 2 dass drei Jahre nach seiner Bekehrung er das erste mal mit den Aposteln zu Jerusalem in Berührung kam, und dann 14 Jahre später ein zweites mal in Folge einer Offenbarung. Diesen zwei Reisen nach Jerusalem entsprechen unstreitig, jene erste der Apostelg. 9, 26 gleichfalls als erste berichteten und die andere der zweiten Apostelg. 11, 30 erzählten, welche gleichfalls eine Offenbarung zur Veranlassung hatte (11, 27) und eine Rückkehr nach Antiochien zur Folge hatte (Apostelg. 12, 25; 13, 1. Gal. 2, 11). In welches Jahr gehört nun diese Reise? Apostelg. 11, 27—30 lesen wir: „In jenen Tagen kamen Propheten von Jerusalem nach Antiochien herab. Einer unter ihnen, Agabus mit Namen, stand auf, und bezeugte durch den Geist, dass eine grosse Hungersnoth in Bälde über die ganze Erde ausbrechen werde. Dieselbe traf wirklich unter Claudius ein. Jeglicher aber der Jünger beschloss, je nach seinem Vermögen, den in Judaea wohnenden Brüdern etwas zu Dienst zu schicken. Dies thaten sie, indem sie durch die Hand des Barnabas und Paulus den Aeltesten die Gaben übersandten.“ Und 12, 25 heisst es: „Barnabas aber und Paulus kehrten von Jerusalem (nach Antiochien) zurück, nachdem sie den Dienst vollbracht.“ Zwischen diesen, die Ankunft zu Jerusalem und die Abreise aus dieser Stadt meldenden Berichten ist 12, 1—24 die Erzählung eingeschaltet, wie Herodes (Agrippa I.) die Gemeinde von Jerusalem verfolgte, Jacobus den Bruder des Johannes hinrichten liess, auch Petrus gefangen nahm, welchen jedoch ein Wunder rettete; wie dann Herodes als Gott gepriesen und dafür von den Würmern gefressen wurde. Offenbar kann sich nicht alles 12, 1—21 Erzählte während Paulus Aufenthalt zu Jerusalem zugetragen haben. Es handelt sich nun darum, zu erklären, warum dieser Bericht hier eingeschaltet wurde. Nachdem Lucas, Apostelg. 1 bis 8 die Entstehung und ersten Schicksale der Gemeinde zu Jerusalem berichtet, erzählt er Cap. 9 die Bekehrung des Paulus, also eine Thatsache, welche nach Gal. 1, 18 ff. 17 Jahre vor der zweiten Reise sich zugetragen. In demselben Capitel, 9, 26 wird der ersten Reise des Bekehrten nach Jerusalem Erwägung gethan. Das 9, 31 bis 13, 1 Erzählte füllt somit nach Gal. 2, 2 in einen Zeitraum von 14 Jahren. Apostelg. 9, 31 bis 11, 18 lesen wir die Geschichte der um Jerusalem sich schaarenden palestinensischen Christengemeinden; dann wird 11, 19 wieder von der auf Stephanus Tod folgenden Verfolgung

ausgeholt uud die Entstehung und Entwicklung der Gemeinden unter
den Heiden bis auf den Zeitpunkt geschildert, wo Paulus die Steuer
nach Jerusalem brachte und so eine Verbindung zwischen den heiden-
christlichen Gemeinden und der Mutter-Kirche bewerkstelligte. Apostelg.
11, 19 — 30 umfasst also einen Zeitraum von 17 Jahren. An diesem
Punkte der Geschichte angekommen, hatte Lucas nachzuholen, was unterdessen, von der Bekehrung des Cornelius bis zur Ankunft der Antiochenischen Deputation, in Jerusalem sich zugetragen hatte. Dieses geschieht
12, 1 — 24. Wann wurde Cornelius bekehrt? Nach Apostelg. 10, 1
war er Centurio der Cohors gallica. Die Gegenwart einer römischen Garnison zu Caesarea beweist, dass damals die Stadt noch unmittelbar unter
römischer Botmässigkeit war. Diese Stadt kam im Jahr 41 oder 42
mit Samaria und Judäa unter die Gewalt des Herodes Agrippa I. und
wurde die Hauptstadt seines Reiches (Antiq. XIX. 4; 5, 1; 6, 1; de
Bell. II. 11; II. 12. 6). Die Bekehrung des Cornelius fällt somit spätestens ins Jahr 41 n. Chr. und die Parenthese Apostelg. 12 umfasst
Alles was während 3 Jahren unter Agrippa zu Jerusalem sich zugetragen, und reicht noch weiter, als bis an Agrippa's Tod, da 12, 23
gesagt ist, dass nach diesem Tode das Wort zunahm und wuchs, bis auf
die Zeit, wo durch Paulus Ankunft die Heidenchristen mit Jerusalem in
Verbindung traten. Wie weit über den Tod Agrippa's hinaus uns diese
Worte führen, soll weiter unten ermittelt werden. Vorher haben wir
die Zeit des Todes Agrippa's zu bestimmen. Antiq. XIX. 8, 2 lesen
wir, dass Agrippa vier Jahre unter Cajus Caesar (Caligula) und drei
Jahre unter Claudius sei König gewesen. Claudius Regierung fing an
im Januar des Jahres 41 (Sueton. Calig. 58). Agrippa's Tod fiel somit
in das Jahr 44. Sein Reich wurde nun, wegen der Minderjährigkeit
seines Sohnes, Agrippa II., durch die Procuratoren Cuspidus Fadus, Tiberius Alexander und Cumanus verwaltet. Dieser letztere trat im Anfang
des Jahres 49 ins Amt, die zwei erstern hatten dasselbe von 44 bis
Ende 48 inne. Unter diesen Zweien brach nach Antiq. XX. 5, 2 die
Hungersnoth aus, welche Apostelg. 11, 28 gemeint ist. Da dieselbe
unter beiden Procuratoren Fadus und Alexander wüthete, so gehört sie
in das letzte Jahr des Ersten und an den Anfang der Statthalterschaft
des Zweiten. Das Jahr des Procuratorenwechsels ist leider nicht bekannt.
Jedoch wenn wir das unter der Regierung des Einen und des Andern
geschehene vergleichen (Antiq. XIX. 9, 2 bis XX. 2, 3) so muss Fadus

bedeutend länger als Alexander am Ruder gewesen sein. Der Procuratorenwechsel kann nicht früher, aber auch nicht später, als ins Jahr 47 verlegt werden. Dieses ist somit das Jahr der Hungersnoth, in welchem Paulus die Steuer der Antiochenischen Christen nach Jerusalem brachte. Da die Bekehrung dieses Apostels 3 mehr 14 gleich 17 Jahre vorher statt hatte, so gehört sie in das Jahr 30. Da Paulus in runden Zahlen von Jahren spricht, so kann die Summa 3 mehr 14 etwas mehr oder etwas weniger als volle 17 Jahre sein, also Ende 29 bis Ende 30 damit gemeint sein. Das Jahr 29 ist von vorne weg unmöglich, weil die Kreuzigung Christi ins 17te Jahr des Tiberius verlegt werden muss. Pauli Bekehrung hatte statt nach dem Pfingstfest, also gegen Ende des gefundenen Jahres 30, aber nicht später. Wenn wir die gewaltige Regung des Geistes, welche der Anfang der Wirksamkeit der Apostel hervorrief und die dadurch bedingte rasche Aufeinanderfolge der Begebenheiten in Betracht nehmen, so finden wir keine Schwierigkeit, das Apostelg. 3, 1 bis 9, 3 berichtete als in 2—3 Monaten geschehen uns zu denken, um so mehr, da wir durch 8, 1 berechtigt sind, das 8, 4—40 erzählte als gleichzeitig mit der 9, 1 ff. beschriebenen Bekehrung des Paulus zu betrachten. Wenn des jungen Pharisäers zelotisches Wüthen nur einen Monat nach der Steinigung des Stephanus gewährt hat, so hat des Bösen unberechenbar viel geschehen können. Pauli Bekehrung gehöret also in den Herbst des Jahres 30.

§ 36. Unsere Zeitbestimmung, die Bekehrung des Apostels betreffend, weicht bedeutend von den herkömmlichen Vorstellungen ab. Diese Bekehrung wird von allen Chronologen viel später gesetzt. Pearson und Süskind verlegen sie ins Jahr 35, Hug ins Jahr 36, Eichhorn und Schott ins Jahr 37, Anger ins Jahr 38, Schrader ins Jahr 39 und Wurm ins Jahr 41. Dadurch kommt die zweite Reise des Apostels, Gal. 2, 1, welche 17 Jahre später statt hatte, bis ins Jahr 52 ja 58 hinaus. Die Chronologen haben diese Schwierigkeiten wohl gefühlt, und suchen sie dadurch zu beseitigen, dass sie entweder die zweite Reise Gal. 2. 1 nicht mit der zweiten der Apostelg. 12, 25, sondern mit der dritten Cap. 15 für identisch halten, — oder, dass sie die Jahre 3 und 14 nicht zusammenzählen, sondern annehmen, der terminus a quo der 14 Jahre sei nicht die erste Reise, sondern wiederum die Bekehrung des Apostels. Was nun dieses letzte Auskunftmittel anbetrifft, so verstösst es gegen den Sprachgebrauch. Jeder unbefangene Leser wird die Worte:

ἔπειτα διὰ δεκατεσσάρων ἐτῶν πάλιν ἀνέβην εἰς Ἰ. so verstehen,
dass der terminus a quo die vorherberichtete erste Reise war. Prüfen
wir nun das erstere Auskunftsmittel, welches darin besteht die Gal. 2, 1
berichtete zweite Reise für die Reise des Apostels auf das Apostelconcil,
Cap. 15 zu halten. Diese letztere war aber nach Lucas die dritte und
nicht die zweite nach der Bekehrung. Es müsste somit angenommen
werden, entweder dass Lucas wider die Wahrheit die eine oder die andere der Apostelg. 9, 26; 11, 30 erzählten Reisen erfunden habe, oder
dass Paulus, unerachtet der Versicherung Gal. 1, 20: siehe vor Gott, ich
lüge nicht! dennoch die Wahrheit nicht gesagt habe, sondern die eine
oder andere seiner Reisen absichtlich verschwiegen, denn dass er derselben Eine vergessen konnte, ist unmöglich. Wenn wir nicht sollen an
der Zuverlässigkeit sei's des Paulus, sei's des Lucas irre werden, so muss
Gal. 2, 1 die zweite Reise Apostelg. 11, 30 gemeint sein. Es muss so
sein, auch um der angegebenen Nebenumstände willen. Die Reise Gal.
2, 1 war durch eine Offenbarung veranlasst, κατὰ ἀποκάλυψιν; eine
Offenbarung, Apostelg. 11, 28 war die Veranlassung zur Reise Apostelg.
11, 30 aber nicht zu derjenigen zum Apostelconcil; dort wie hier war
Barnabas des Apostels Begleiter (11, 30; 15, 2. Gal. 2, 1). Der Begleitung des Titus wird hier so wenig als dort Erwähnung gethan (conf.
Gal. 2, 2). Dass Paulus während seines zweiten Aufenthaltes zu Jerusalem, 11, 30 im Sinne von Gal. 2, 2 Bericht über den Gang des Evangeliums unter den Heiden nicht nur geben konnte, sondern musste,
obschon Lucas darüber schweigt, ist eine nothwendige Bedingung der
ersten Berührung des Paulinischen Heidenchristenthums mit der Gemeinde
zu Jerusalem. Die Gal. 2, 10 dem Apostel gemachte Empfehlung der
Steuer knüpft sich aufs Natürlichste an die Apostelg. 11, 30 überbrachte
Steuer an. Es darf nicht auffallen, dass Paulus im Galaterbriefe seiner
dritten Reise, derjenigen aufs Apostelconcil nicht Erwähnung thut. Sein
Zweck ist, zu beweisen, dass er das Apostelamt nicht von den Zwölfen,
sondern vom Herrn empfangen habe. Hätte er es von den Aposteln
empfangen, so hätte es bei Gelegenheit der ersten, spätestens der zweiten
Reise geschehen müssen, da er auf das Apostelconcil factisch als Apostel
kam; es genügte daher, dass Paulus die Galater versicherte, es sei solches
weder bei der ersten noch bei der zweiten Zusammenkunft mit den
Zwölfen geschehn; die dritte konnte er füglich ungemeldet lassen. Möglich auch, dass der Galaterbrief vor dem Apostelconcil geschrieben wurde.

IV. Das Todesjahr Josu.

§ 37. Jesus trat öffentlich auf 46 Jahre nach dem Beginne des Tempelbaues, im 15ten Jahre des Kaisers Tiberius, das heisst am Anfang des Jahres 781 R. 28 aera Dionys. (§ 33). Sein Wirken begann kurz vor dem Passah dieses Jahres (Joh. 2, 1—13); am Passahfeste des folgenden Jahres 782 hielt er sich am See Genezareth auf (Joh. 6, 4); am Passah des Jahres 783 R., 30 aer. Dionys. wurde er gekreuzigt. Früher als im zweiten Jahre nach dem 15ten des Tiberius, also vor dem Jahre 30 n. Chr. kann die Kreuzigung nicht statt gehabt haben; aber auch nicht später, da die Bekehrung des Apostels Paulus nicht später als Herbst des Jahres 30 kann vorgefallen sein (§ 35). Wir werden beweisen, dass Jesus an einem Freitage gekreuzigt wurde, welcher Rüsttag des Passah, der 14. Nisan war. In jenem Jahre fiel somit der 15. Nisan auf einen Sabbath. Die gewöhnliche Annahme ist, jener Freitag, der Tag der Kreuzigung sei der 15. Nisan gewesen. Da hier der Dissensus nicht kann entschieden werden, so stellen wir die Anforderung, dass im Todesjahr des Herrn, der 15. Nisan auf einen Samstag oder einen Freitag fallen musste. Wir verweisen hier auf die § 16 mitgetheilte Wurmsche Tabelle, mit der einfachen Bemerkung, dass der 15. Nisan immer auf denselben Wochentag fällt, wie der 1. Nisan; die für diesen letzteren gegebene Feria ist zugleich die Feria des 15ten. Doch theilen wir, um allen Missverstand zu vermeiden aus Wurm's Tabelle die für den 15. Nisan verzeichneten Wochentage an.

Im Jahr 28 fiel der 15. Nisan nach der Phase auf den 30. März Feria 3, oder

„	28	„	„	„	„	„	29. April	„	5
„	29	„	„	„	„	„	18. April	„	2
„	30	„	„	„	„	„	7. April	„	6
„	31	„	„	„	„	„	27. März	„	3 oder
„	31	„	„	„	„	„	26. April	„	5
„	32	„	„	„	„	„	14. April	„	2
„	33	„	„	„	„	„	4. April	„	7
„	34	„	„	„	„	„	25. März	„	5 oder
„	34	„	„	„	„	„	23. April	„	6
„	35	„	„	„	„	„	13. April	„	4
„	36	„	„	„	„	„	1. April	„	1 oder
„	36	„	„	„	„	„	30. April	„	2

Wir haben oben § 16 gezeigt, dass der 15. Nisan an der angegebenen Feria Abends 6 Uhr anfing, so dass die jüdische Feria immer
um einen Rang später zu nehmen ist. Im Jahr 28 zum Beispiel war
der 15. Nisan am 30. März Feria 3, das ist Dienstag, und fing an
Abends mit der jüdischen Feria 4. Die Wurmsche Tafel lehrt uns
demnach, dass der 15. Nisan auf Feria 6, Freitag Abends, also den
Sabbath der Juden fiel in den Jahren 30, 33, 34, jedoch ist das Jahr
33 wohl zu streichen, da nicht wahrscheinlich ist, dass das Passah schon
am 21. März begangen wurde, und da an diesem Tage eigentlich die
Feria 1 der Juden der erste Nisan war. Fragten wir in welchen Jahren
der 15. Nisan auf Feria 6 der Juden (Feria 5 der Christen) fiel, so
kann immerhin das Jahr 30 der Juden als möglich gelten (siehe § 17);
dazu kommen die Jahre 31 und 34. Wir haben vorhin auf anderem
Wege festgestellt, dass das Jahr 30 dasjenige der Kreuzigung des Herrn
sei; die Berechnung des 15. Nisan bekräftiget dieses Ergebniss, denn im
Jahr 30 fiel der 15. Nisan auf den jüdischen Sabbath, welcher Abends
um 6 Uhr, am Freitage, Feria 6, den 24. März den Anfang nahm. Die
Jahre 28, 29, 31, 32 sind unmöglich, weil in denselben der 15. Nisan
nicht auf einen Sabbath fiel. Das Jahr 33 ist unmöglich, wegen der
Epoche der Bekehrung des Apostels Paulus, folglich auch 31 — 36.

Wir können daher mit vollkommener Gewissheit sagen, dass Jesus
im Jahr 30 aera Dionys. 783 R. am Rüsttag des Passah, Freitag den
7. April gekreuzigt sei.

Wenn wir nicht durch Augustinus oben § 32 mitgetheilte Angabe
gewiss wären, dass das Consulat des Todesjahres Jesu nicht durch eine
sichere Tradition actenmässig bekannt war, so könnte die Aussage vieler
Kirchväter, besonders Tertullians, uns irre machen. Diese behaupten,
Jesus sei unter dem Consulate der Gemini gekreuzigt. Dieses Consulat
nun fällt mit dem 15ten Regierungsjahr Tiber's, 781 R. zusammen. Da
nun aber die Angabe dieses Consulats sich nicht auf Acten stützt, so
konnte Tertullian dasselbe nur durch eine Rechnung gefunden haben.
Diese irrige Rechnung fussete darauf, dass Lucas nach der Angabe des
15ten Jahres des Tiber (3, 1) keine fernere chronologische Zurecht-
weisung enthält. Tertullian meinte, wie es auch manchen neueren Forschern begegnet ist, dass die ganze Geschichte Jesu, wie sie die Synoptiker
erzählen, ihren vollen Verlauf in einigen Monaten vollendete, dass somit
Jesus im Jahr seines Auftretens selbst gekreuzigt worden sei. Es ist zu

bemerken, dass Tertullian und die meisten Kirchenväter, welche Jesum unter dem Consulate der Gemini sterben lassen, auch ausdrücklich hinzusetzen, es sei das 15te Jahr Tiber's gewesen, welches Jahr sie offenbar Luc. 3, 1 entnommen haben.

§ 38. Wir stellen hier tabellarisch das Ergebniss der bisher gewonnenen chronologischen Resultate zusammen.

111 R. Thischri. Epoche der seleucidischen Aera (§ 22).

591 Thischri, bis 592. Sabbath-Jahr. 1. Macc. 6, 49. 53 (§ 22).

619 Thischri, bis 620. Sabbath-Jahr. 1. Macc. 16, 14. Antiq. XIII. 8, 1 (§ 22).

685 Geburtsjahr des Herodes (§ 27).

691 Eroberung Jerusalems durch Pompejus, am Versöhnungstage, den 10. Thischri (§ 20).

715 Herodes empfängt vom Senate zu Rom den Königstitel (§ 19).

718 Herodes erobert Jerusalem 27 Jahre nach Pompejus, am Versöhnungstage, im dritten Jahre seiner Ernennung, an einem Sabbath-Jahre, welches Thischri 717 anfing (§ 20. 21).

734 Im Frühjahr, nach Ablauf des 17ten Regierungsjahres Herodis kam Augustus nach Syrien. Im 18ten Regierungsjahre (Sommer 734) begann der Tempelbau (§ 24).

752 Jesus wird geboren. Census und Sabbath-Jahr von Thischri 752 — 753.

753 Mondfinsterniss am 10. Januar. Herodes starb am 24. Januar etwa 70 Jahre alt, 37 Jahre nach seiner Ernennung, 24 Jahre nach der Eroberung Jerusalems (§ 25—29).

781 28. Aera Dionys. Jesus, gegen 30 Jahre alt, wird getauft am Anfang des Jahres, welches das 15te des Kaisers Tiberius war. Er war zu Jerusalem auf das Osterfest am 30. März, 46 Jahre seit dem Beginn des Tempelbaues (§ 32. 33).

783 30. Aera Dionys. Jesus gekreuzigt am Freitag 7. April, welcher der 14. Nisan war (§ 37). Bekehrung des Paulus gegen das Ende des Jahres (§ 35).

786 33. Aera Dionys. Erste Reise des Apostels Paulus nach Jerusalem, drei Jahre nach der Bekehrung (§ 35).

797 44. Aera Dionys. Tod Agrippa's I. (§ 35).

800 47. Aera Dionys. Zweite Reise des Apostels Paulus nach Jerusalem, 17 Jahre nach der Bekehrung, 14 Jahre nach der ersten Reise (§ 35).

823 70. Aera Dionys. Zerstörung Jerusalems durch Titus, am Ende des Sabbath-Jahres (von Thischri 822 bis Thischri 823 (§ 21).

Zweiter Abschnitt.

Geburt und Kindheit Jesu.

§ 39. Da die Evangelien des Marcus und Johannes die Geschichte Jesu mit der Taufe Johannis anheben, so sind wir in Beziehung auf die Geschichte der Geburt und Kindheit des Herrn auf die Berichte des Matthäus und Lucas beschränkt. Dieser letzte Evangelist berichtet zuerst die Geburt des Vorgängers des Herrn, Johannes des Täufers, dessen Geschichte mit der Geschichte Jesu Christi vom Anfang bis an das Ende aufs Innigste verwoben ist. Diese Geburt wird im ersten Capitel dieses Abschnittes behandelt. Im zweiten Capitel wird von der Geburt Jesu gehandelt; im dritten von der Geschichte der Kindheit und im vierten von der Geschichte der Jugend.

I. Die Geburt Johannes des Täufers.

§ 40. Johannes wurde geboren in der Stadt Juda (Luc. 1, 39), in den Tagen des Königes Herodes (1, 5). Sein Vater war Zacharias, ein Priester aus der Ephemerie Abia und seine Mutter Elisabeth, aus dem Geschlechte Aarons (1, 5). Johannes Geburt hatte 6 Monate vor der Geburt Jesu Christi statt (1, 39. 40; vergl. 1, 31. 36).

§ 41. Die Stadt Juda, der Geburtsort Johannes des Täufers. Luc. 1, 39. 40 lesen wir: „Maria erhob sich in jenen Tagen (da ihr war verkündigt worden, sie solle die Mutter des verheissenen Sohnes Davids werden) und ging (von Nazareth) eilend in das Gebirge, in die Stadt Juda, und kam in Zacharias Haus, und grüssete Elisabeth." Es wird gewöhnlich angenommen, dass die Worte εἰς τὴν ὀρεινὴν — εἰς

πόλιν Ἰούδα so zu nehmen sind, dass Ἰούδα auf beides, auf das Gebirge und auf die Stadt sich beziehen, so dass zu lesen wäre: εἰς τὴν
ὀρεινὴν Ἰούδα — εἰς πόλιν Ἰ. Diese Ansicht will uns nicht einleuchten,
weil diese zwei Glieder des Satzes durch die Worte μετὰ σπουδῆς getrennt sind, über welche hinaus die Attraction wohl nicht angenommen
werden kann. Es war im Lande Judäa eine Gegend, welche ὀρεινή
hiess (Luc. 1, 39. 65). Orine aber nennt Plinius H. N. V. 15 die Umgegend von Jerusalem (Orinen, in qua fuere Hierosolyma). Dies ist ein
wichtiger Fingerzeig. Was ist nun die Stadt Juda, πόλις Ἰούδα? Es
kann vor allen Dingen nicht zugegeben werden, dass der Evangelist
blos im Allgemeinen sagen wolle: Maria begab sich in (irgend) eine
Stadt Juda's. Es kann keinem Zweifel unterliegen, dass Lucas, in seiner
den erzählten Begebenheiten so nahe liegenden Zeit, sei's durch Johannesjünger, sei's durch Christen, erfahren konnte, in welcher Stadt Judaea's
Johannes geboren sei, und wohin Maria sich zu Elisabeth begab. Seine
Worte sind in dem Sinne zu nehmen: Maria ging in einen Ort, welcher
Stadt Juda genannt wurde. Die grosse Mehrzahl der biblischen Geographen pflichten der Ansicht Reland's bei, die Stadt Juda sei identisch
mit Jutta, יוטה, der Levitenstadt im Gebirge Juda, Jos. 15, 55; 21, 16.
Unmöglich wäre es freilich nicht, dass in dem späteren Dialecte ein
hartes T in ein weiches D sich umgestaltet habe; aber dass solches mit
diesem uns beschäftigenden Namen nicht der Fall war, dafür bürgt der
heute noch bestehende Name, welcher Jutta ausgesprochen wird (Robinson,
Palest. II. 417; III. 193). Der Ort liegt südwärts von Hebron, also tief
in dem seit dem Exile von den Idumäern besetzten Gebiete, zu welchem
sogar Hebron gehörte, welche Josephus eine Stadt Idumäa's nennt (de
Bell. IV. 9, 7). An einem solchen Orte hatten sicherlich keine Priesterfamilien sich niedergelassen. — Es kommt freilich im A. T. eine „Stadt
Juda", עיר יהודה, vor. 2. Chron. 25, 28 heisst es, dass Amazia in der
Stadt Juda begraben wurde. Da aber Amazia nach 2. Kön. 14, 20 in
der Stadt David's begraben war, so muss wohl Stadt Juda mit Stadt
David synonym sein und den dem Stammgebiet Juda angehörigen Theil
von Jerusalem bezeichnen. Dass aber Johannes zu Jerusalem geboren
sei, lässt sich mit Luc. 1, 65 nicht vereinigen. Aber in der Nähe von
Jerusalem, im Wadi Bettîr, findet sich ein Kirbet el Jehud genannter
Ort, ein Name welcher mit עיר יהודה, πόλις Ἰούδα, identisch ist. Man
ist nun freilich der Meinung, dieser Name bedeute „Festung der Juden";

aber hundert Ruinenstätten in Palestina hätten dasselbe Recht, wie diese „Judenfestung" zu heissen, und heissen nicht so. Woher kommt dieser Ruine im Wadi Bethir das ausschliessliche Recht auf diese Bezeichnung? Wenn man die Zähigkeit der Ortsnamen im Oriente bedenkt, so muss einleuchten, dass wir es hier mit einem bis heute erhaltenen, uralten Namen zu thun haben, und dass Kirbet el Jehud eben die Stadt Juda, Johannes des Täufers Geburtsort ist. Es darf doch nicht ganz unbeachtet bleiben, dass die Tradition in die nächste Nähe von Kirbet el Jehud, die an des Täufers Kindheit erinnernden Orte zeigt. Wir erinnern nur an die „Wüste Johannis," an Mar Zacharia, das Johannes-Kloster zu Ain-Karim etc. (Ueber Kirbet el Jehud, siehe Ritter, Erdk. XVI. S. 428. 515).

§ 42. Die Zeit der Geburt Johannes des Täufers wird durch Lucas nicht näher bestimmt, wir erfahren blos, dass sie in den Tagen Herodes geschehen sei, und 6 Monate der Geburt Jesu vorangegangen sei. Es findet sich jedoch noch eine andere Angabe, welche man als chronologisches Moment hat zu verwenden gesucht. Zacharias, der Vater des Täufers, war nach Luc. 1, 5 aus der Priester-Ephemerie Abia. Während seines Dienstes im Tempel wurde ihm ein Sohn verheissen. Als die Tage seines Dienstes um waren, ging er in sein Haus. Nach diesen Tagen empfing Elisabeth sein Weib (1, 24). Daraus folgt, dass der verheissene Sohn 9 Monate und Jesus 15 Monate später geboren wurden. Lässt sich nun aus der Dienstzeit der Classe Abia etwas über diese Daten bestimmen? Da diese Dienstzeit für jedes Jahr sich berechnen lässt, so liessen sich die Geburts-Monate und Tage Johannis und Jesu dadurch ermitteln, wenn das Jahr uns bekannt wäre; dies ist aber leider nicht der Fall, so dass eine Berechnung der Dienstzeit Abia wenig helfen kann. Da aber die Sache an sich selbst schon Interesse hat, wollen wir sie darlegen. Nach 1. Chron. 25 waren die Priester in 24 Classen getheilt, wovon die Classe Jehojarib die erste, die Classe Abia die achte war. Jede Classe hatte den Dienst eine Woche lang, je vom ersten Wochentage bis zum Ende des Sabbaths. Diese Ordnung bestand auch nach dem Exil (Joseph. Antiq. VII. 14, 7); wenn uns also in der nachexilischen Geschichte ein Ephemeriendienst mit seinem Datum bekannt wäre, so liesse sich der Dienst Abia in einem gegebenen Jahre berechnen. Wieseler nimmt nun an, der durch Judas den Maccabäer erneuerte Tempeldienst habe mit der Classe Jehojarib angefangen. Seyffarth meint Serubabel habe mit den Jehojarib angefangen. Dies Alles aber sind Hypothesen, welche des stützenden Textes entbehren, also auch nicht Grundlage einer Berechnung sein können. Die jüdische Tradition bietet uns eine sicherere Basis. Als der Tempel zerstört wurde, sagt dieselbe (siehe § 21) stand die Ephemerie Jehojarib im Dienste. Der Tag der Zerstörung des Tempels war ein Sabbath, der 3. August. Die Classe Abia hätte der Regel nach den Dienst am 14. September des Jahres 823 anzutreten und am 21. September zu schliessen gehabt. Eine sehr einfache Rechnung weiset aus, dass die Ephemerie Abia aus dem Dienste trat: im Jahr 748 den 10. April und den 1. October; im Jahr 749 den 18. März und den 2. September; im Jahr 750 den 17. Februar und den 4. August; im Jahr 751 den 1. Februar, den 18. Juli und den 2. December. Setzen wir nun voraus, was das wahrscheinlichste ist, Jesus sei im Jahr 752 geboren, und zwar gegen das Ende desselben, so wäre der Sohn dem Zacharias verheissen worden, während des Dienstes seiner Classe, welche im Jahr 751 am 18. Juli den Dienst verliess. Neun Monate später, also etwa den 18. April 752 hätte die Geburt des Täufers, und fernere sechs Monate später, also etwa den 18. October 752 Jesu Christi Geburt statt gehabt. Wie unzuverlässig aber Schlüsse dieser Art seien, wird wohl Jedermann einleuchten.

II. Die Geburt Jesu.

§ 43. Der Messias, David's Sohn, sollte nach der Weissagung Micha 5, 1 zu Bethlehem Juda geboren werden. Die Eltern Jesu wohnten aber zu Nazareth in Galilaea. Der durch Kaiser Augustus ausgeschriebene Reichs-Census wurde, durch göttliche Fügung die Veranlassung zu einer nur vorübergehenden Niederlassung derselben in Bethlehem, der Stadt David's, weil Joseph aus dem Hause und Geschlechte David's war. So wurde Jesus zu Bethlehem geboren, sechs Monate nach der Geburt Johannes des Täufers.

§ 44. Nazareth. In dieser Stadt wohnten Jesu Eltern vor dessen Geburt; dort ward Maria die Verheissung, dass der Messias von ihr geboren werden solle (Luc. 1, 26); dorthin kehrten sie nach Jesu Geburt zu Bethlehem und nach der Flucht nach Aegypten zurück (Luc. 2, 39. Matth. 2, 22) und wohnten daselbst (Luc. 2, 51; 4, 16). Weil Jesus dort erzogen wurde und seine Jugend verbrachte, heisst er auch der

4 *

Nazaräer ($N\alpha\zeta\omega\rho\alpha\tilde{\iota}o\varsigma$, Matth. 2, 23), oder Nazarener ($N\alpha\zeta\alpha\rho\eta\nu\acute{o}\varsigma$, Marc. 1, 21). Palestina auf der Westseite des Jordans theilt sich von Natur in zwei gebirgige Hochlande, wovon das südliche Judaea, das nördliche Galilaea hiess. Diese Hochlande sind durch eine wenig über die Meeresfläche sich erhebende, fruchtbare Ebene getrennt, welche einst die Ebene Jesreel oder Esdrelon hiess, heute aber den Namen Merdsch Ibn Aamer trägt. Die die Nordseite dieser Ebene begrenzende Bergwand, welche den südlichen Abfall des galiläischen Hochlandes bildet, ist etwa in der Mitte ihrer von Ost gen West streichenden Ausdehnung von einem engen Thale durchbrochen, durch welches die gewöhnliche Pilgerstrasse, die von Jerusalem nach Galilaea führt, eindringt, und nach Verlauf von einer Stunde Weges nach Nasira führt. Dieses ist der heutige Name des antiken Nazareth. Der Ort liegt in einem na- türlichen, durch weisse Kreidehügel gebildeten Amphitheater, in welchem einige Reisende einen erloschenen Krater wollen erkennen. Eusebius schreibt im Onomasticon: „Nazareth — — in Galilaea, Legio (heute Ledschûn) gegenüber, gegen Osten (lese NO) 15 Mil. davon entfernt, nahe bei dem Berge Thabor" ($N\alpha\zeta\alpha\rho\varepsilon\vartheta$ — $\dot{\varepsilon}\nu\ \Gamma\alpha\lambda\iota\lambda\alpha\acute{\iota}\alpha$, $\dot{\alpha}\nu\tau\iota\kappa\rho\grave{\upsilon}\ \tau\tilde{\eta}\varsigma$ $\Lambda\varepsilon\gamma\varepsilon\tilde{\omega}\nu o\varsigma$, $\dot{\omega}\varsigma\ \dot{\alpha}\pi\grave{o}\ \sigma\eta\mu\varepsilon\acute{\iota}\omega\nu\ \iota\varepsilon'\ \pi\rho\grave{o}\varsigma\ \dot{\alpha}\nu\alpha\tauo\lambda\tilde{\eta}\varsigma$, $\pi\lambda\eta\sigma\acute{\iota}o\nu\ \tauo\tilde{\upsilon}\ \ddot{o}\rho o\upsilon\varsigma$ $\Theta\alpha\beta\acute{\omega}\rho$). Der Name Nazareth kommt nicht im A. T. vor. Es ist jedoch höchst wahrscheinlich, dass dieser Name nur eine spätere dia- lectische Umgestaltung von Sared שׂרִיד, der Grenzstadt Sebulons (Jos. 19, 10. 12) ist. Das vorschlagende N des neuen Namens kommt viel- leicht von der Quelle En-Sared her. Jedenfalls muss das alte Sared die Lage von Nazareth gehabt haben; denn die Grenzen Sebulons wurden auf ihrer Nordseite von Sared aus nach Osten und Westen bestimmt. Nach Osten hin wird als die nächste Stadt Chisloth-Thabor (Jos. 19, 12) genannt, ein Ort, welcher sich anerkannter Weise in Aksal, eine Stunde ostwärts von Nazareth, wiederfindet. Von Sared aus gen Westen zog die Grenze durch Mareala heute Malûl eine Stunde westwärts von Naza- reth. Nazareth, das ehemalige Sared gehörte somit zum Stamme Sebulon. Nazareth liegt an der westlichen Seite des amphitheatralen, schmalen, länglichen, von S. S. W. nach N. N. O. sich erstreckenden lieblichen Thal- beckens, von 20 Minuten Länge und 8 bis 10 Breite; ihre Häuser stehen auf dem unteren Theile des Abfalls des westlichen Berges, der sich steil und hoch über sie erhebt, auf dessen, mit aromatischen Gewächsen und Blumen reich geschmückten Höhe ein Weli genannt Neby Ismail, liegt, welches sich etwa 500 Fuss über das 821 Fuss über dem Spiegel des Meeres erhabene lateinische Kloster erhebt. Gegen S. O. zieht sich das Thalbecken enger zusammen und läuft in dieser Richtung gegen die Ebene Esdrelon aus. Von dem Berge des genannten Weli öffnet sich das grossartige Panorama, welches so viele Reisende beschrieben haben. Die Stadt Nazareth besteht aus Steinhäusern mit flachen Dächern, unter denen das festungsartig ummauerte lateinische Kloster sich besonders hervorhebt und das Hauptgebäude des Ortes ist. Seine kleine Kirche der Verkündigung Mariä soll, nach der Sage, an der Stelle des Hauses der Jungfrau Maria stehn, welches von den Engeln soll nach Loretto getragen worden sein. Die zum Kloster gehörige Pilgerherberge Casa nuova soll eine der angenehmsten im Oriente sein. Die Maroniten haben eine kleine Kirche im südwestlichen Theile der Stadt; dieselbe liegt unter einer felsigen Bergwand, die 40 bis 50 Fuss hoch abfällt. Solche Felsabstürze kommen mehrere in den westlichen Bergen um das Dorf vor. Eine derselben mag wohl die Stelle sein, wo Jesus sollte hinabgestürzt werden (Luc. 4, 28. 29). Diejenige hingegen, welche die Mönche dafür ausgeben, liegt 2 englische Meilen im S. O. von der Stadt. Die Kirche der Griechen liegt im südöstlichen Theile der Stadt und soll gleichfalls auf dem Orte der Verkündigung stehn. Unter derselben entspringt die Quelle der Jungfrau. Die legendarischen Stationen sind spätern Ursprungs; Hieronymus und Antoninus Martyr kennen sie noch nicht. Dieser letztere Pilger aber redet mit Begeisterung von der Schönheit der Weiber und der paradisischen Lage dieser Stadt. In civitate (Nazareth) tanta est gratia mulierum hebraeorum ut intra illum inter Hebraeos pulchriores non inveniantur, et hoc a S. Maria sibi concessum dicunt, nam et parentem suam dicunt eam. Et dum nulla sit caritas hebraeis ergo Christianos, illae sunt omni caritate plenae. Provincia paradiso similis, in tritico, in frugibus similis Aegypto, sed praecellit in vino et oleo, pomis ac melle. (Siehe über Nazareth: Robinson Pal. III. p. 419 ff. Ritter, Erdk. XVI. S. 739 ff.)

§ 45. Bethlehem. In dieser Stadt wurde Jesus geboren (Matth. 2, 1. Luc. 2, 4). Bei Matthäus heisst sie Bethlehem Judaea's, $B\eta\vartheta\lambda\varepsilon\grave{\iota}\mu$ $\tau\tilde{\eta}\varsigma$ $'Iov\delta\alpha\acute{\iota}\alpha\varsigma$, zum Unterschiede von Bethlehem Galilaea's (Jos. 19, 15), an welches der Leser, ohne den Zusatz, um so eher hätte denken können, da die Eltern Jesu von Nazareth in Galilaea nach Bethlehem zogen. Der heute Beit - Lahm genannte Ort liegt zwei Stunden südwärts von

Jerusalem, neben der Strasse, welche von dieser letzten Stadt nach Hebron geht, auf dem Hochrücken des Gebirges Juda's, auf einem von Ost nach West streichenden Hügel. Am östlichen Ende des Städtchens, auf einer Anhöhe, liegt das festungsartige Kloster, in welchem die in eine Kirche verwandelte Höhle sich befindet, welche die Tradition als die Geburtsstätte Jesu verehrt. Luc. 2, 7 heisst es: „Sie (Maria) gebar ihren ersten Sohn, wickelte ihn in Windeln und legte ihn in eine Krippe, weil für sie kein Raum im Khan war," διότι οὐκ ἦν αὐτοῖς τόπος ἐν τῷ καταλύματι. (Luther, unrichtig: denn es war für sie sonst kein Raum in der Herberge). Der Stall, in welchem Jesus geboren ward, konnte sehr wohl eine Höhle sein. Die Tradition hat den evangelischen Bericht weder für noch gegen sich. Bemerkenswerth ist, dass nach der jüdischen Tradition (Echa Rabbati fol. 72. 1) der Messias solle geboren werden in Birath-Arba von Bethlehem Juda, בבירת ערבא דביתלחם יהודה. Birah bedeutet eine Citadelle. Das „Schloss Arba" von Bethlehem konnte nicht wohl anderswo sich befunden haben, als an der Stelle des festungsartigen Klosters, in welchem die heilige Höhle sich befindet. Jedenfalls ist die christliche Tradition uralt; denn schon Justinus Martyr, welcher aus Sichem gebürtig war und am Anfang des zweiten Jahrhunderts lebte, sagt in seinem Dialogus cum Tryphone, Christus sei in einer Höhle geboren; ebenso Origenes, Contra Celsum L. 1 und Hieronymus in Epitaph. Paulae, wo er von dieser Pilgerin sagt; „In Bethlehem ingressa et in specum salvatoris introiens, postquam vidit sacrum virginis diversorium et stabulum — —". Die Kirche Mariae de praesepio über der gehauenen Höhle ist die älteste Palestina's, in Kreuzesform nach griechischem Styl gebaut. Ob sie diejenige sei, welche nach dem Berichte des Pilgers von Bordeaux (333 n. Chr.) im Itiner. hierosol. durch Constantin gebaut wurde, müssen wir unentschieden lassen. Zwei Treppen zu beiden Seiten des Altars führen auf 15 Stufen hinab in die Felsengrotte, welche 39 Fuss lang, 11 Fuss breit und 9 Fuss hoch ist. Ein weisser Marmor mit einem silbernen Strahlenkranze bezeichnet den Ort der Geburt; er hat die Inschrift: Hic de virgine Maria Jesus Christus natus est (v. Raumer, Palestina S. 315). Bethlehem heisst Luc. 2, 4. 11, wie 1. Sam. 20, 6: „Stadt Davids", weil David daselbst geboren ward, 1. Sam. 16. Dahin begab sich Joseph, Luc. 2, 4, weil er aus dem Hause und Geschlechte Davids war.

§ 46. Es ist eine Uebertreibung, wenn aus dieser Stelle Luc. 2, 4 gefolgert wird, jeder Israelite habe bei Gelegenheit des Census in seinen Stamm- und Geschlechtsort sich begeben müssen, um sich einschreiben zu lassen. Es ist sehr wohl möglich, dass die Reise nach Bethlehem von Seiten Joseph's eine That freier Wahl war, welche zum Zwecke hatte, die dargebotene Gelegenheit zu benutzen, um seine Abstammung vom Könige David zu bestätigen und das ihm zukommende Stammgut auf seinen Namen censiren zu lassen. Auch scheint seine Absicht gewesen zu sein, von nun an in Bethlehem zu wohnen, da er, nach der Flucht nach Aegypten, wieder dahin zurückkehrte und nur durch göttliche Mahnung veranlasst wurde, wieder nach Nazareth zu ziehen, Matth. 2, 22. 23. Wir wissen leider sehr wenig, wie nach dem Exil und besonders im Zeitalter Jesu die mosaischen Vorschriften die Geschlechtsregister und die Erbgüter betreffend, ihre Anwendung fanden. Bedenken wir aber das dem Judenthum nach dem Exile eigenthümliche ängstliche Bestreben, dem Gesetze womöglich obzukommen, so können wir gewiss sein, dass in beiden Beziehungen das Mögliche geschah. Stammregister wurden gewiss gehalten, dafür bürgt uns Esra 2, 1—57, besonders V. 59—63; dass sie aber für die Nachkommen David's ins Besondere und für die activen Priesterfamilien geführt wurden, wird durch die Bücher der jüdischen Tradition bestätigt. So lesen wir in Jerus. Taanith fol. 68, 1, dass sich zu Jerusalem ein Genealogien-Register gefunden habe, welches darthat, dass Hillel von David durch Abital abstammte, und in Jerus. Kiduschin IV. 5, dass in dem Archive Jeschana zu Zippori (Sepphoris), ערכי הישנה של צפורים, zuverlässige Geschlechtsregister der Priester sich befanden. Dieser Jeschana genannte Ort war der Sitz des Synedrium's unter R. Jehuda hakkadosch. Der gewöhnliche Jude hielt wohl nicht streng an solchen Geschlechtsregistern, so wenig als auf sein Stammerbrecht, sondern jeder ging, wo er glaubte sein Glück zu machen, welches auf dem Stammerbe einen wohl zu magern Boden hatte. Aber David's Nachkommen mochten doch an ihrem Rechte halten, besonders wenn sie unbemittelt waren. Es waren somit nicht wohl alle von ihrem Stammorte abwesenden Israeliten im Falle zum Census in ihre Vaterstadt sich zu begeben, sondern wohl nur diejenigen, welche, wie etwa das Geschlecht David's und Aaron's, Erbrechte und Stammerbe zu bestätigen hatten. Wieviel dieser waren und wie gross die durch die Schatzung verursachte Bewegung war, lässt sich nicht bestimmen, jedenfalls war sie ohne grossen materiellen Schaden zu verursachen, da sie auf ein Sabbath-Jahr fiel (§ 30).

§ 47. Das Feld der Hirten. Die Geburt des Messias wurde durch einen Engel des Herrn den Hirten bekannt gemacht in jener selbigen Gegend, ἐν τῇ χώρᾳ τῇ αὐτῇ, die auf dem Felde waren und Nachts die Wache hielten bei ihrer Heerde Luc. 2, 8. Der Ort, wo die Hirten die himmlische Botschaft empfingen, war also ganz nahe bei Bethlehem. Er wurde frühzeitig durch die christliche Tradition dem andächtigen Pilger gezeigt. Im Onomasticon, im Artikel Bethlehem heisst es: „Etwa 1000 Schritte (von Bethlehem) entfernt ist der Thurm Eder, das ist Heerdenthurm, welcher Name eine Vorbedeutung auf die den Hirten gewordene Offenbarung der Geburt des Herrn war." In der angegebenen Entfernung, ostwärts von Bethlehem, an der Strasse von Jerusalem nach Hebron, befinden sich die Ruinen einer Kirche, welche Helena, die Mutter Constantins an dem Orte der himmlischen Erscheinung errichtet hatte. Dass dieselbe die Stelle des ehemaligen Heerdenthurmes einnahm, ist wohl ausser Zweifel. Auch die jüdische Tradition weiss um einen Thurm dieses Namens. In Jerus. Schekalim VIII. 8 und Jerus. Kiduschin II. 9 ist gesagt, dass Heerden, welche zwischen Jerusalem und Migdal Eder, מִגְדַל עֵדֶר, angetroffen werden, für Heerden von Opferthieren zu halten sind. Eine nächtliche Hirtenwache kann in der Gegend von Bethlehem nicht wohl anderswo, als bei diesem Thurme gesucht werden.

III. Geschichte der Kindheit Jesu.

§ 48. Der bethlehemitische Kindermord. Matth. 2, 1—18. Als Herodes von den Magiern, welche ihm Kunde von dem neugeborenen König der Juden bringen sollten, sich betrogen sahe, gab er im Zorne Befehl, zu Bethlehem und in der Umgegend alle Kinder von zwei Jahren und darunter zu tödten. Das Kind Jesus entkam diesem Morde, der ihm allein galt, durch die Flucht nach Aegypten, welche dem Joseph durch eine Offenbarung im Traume befohlen ward.

Die Wahrheit dieser Geschichte ist von Manchen bezweifelt worden, aus dem Grunde, dass Josephus sie nicht berichtet. Jedoch findet sich Meldung davon bei einem heidnischen Schriftsteller, Macrobius, welcher in seinen Saturnalion II. 4 sagt: „Als Augustus erfuhr, dass Herodes, der König der Juden, in Syrien mit den Kindern unter zwei Jahren, welche er tödten liess, auch seinen Sohn hatte hinrichten lassen, sagte er: Es ist besser Herodes Schwein als sein Sohn zu sein." [Cum enim audisset (Augustus), inter pueros, quos in Syria Herodes, rex Judaeorum infra biennium jussit interfici, filium quoque ejus occisum, ait: Melius est Herodis porcum ($\tilde{v}\nu$) esse, quam filium ($\tilde{v}\iota\acute{o}\nu$)]. Herodes Ermordung von Kindern unter zwei Jahren ist somit eine bewährte Thatsache, welche das Schweigen des Josephus nicht anfechten kann. Was Anderes konnte den Tyrannen zu einem Kindermorde veranlassen, wenn nicht die Furcht vor einem, seinem Thron und seiner Nachkommenschaft gefährlichen Geschlechte? und welches Geschlecht konnte ihm gefährlich scheinen, als dasjenige der durch ihn entthronten Hasmonäer oder das dem Volke theuere Geschlecht David's?

Nach Macrobius stand der Kindermord wohl nicht in factischer, aber doch zeitlicher Verbindung mit der Hinrichtung seines Sohnes Antipater, welche fünf Tage vor Herodes Tod statt hatte. Der Kindermord war also eine der letzten Schandthaten des wüthenden, durch schmerzliche Krankheit gereizten Tyrannen, da er noch in Jerusalem war (Matth. 2, 3), wohl gleichzeitig mit der Hinrichtung des Matthias und der Mondfinsterniss.

§ 49. Rahels Grab. In Bezug auf diesen Kindermord sagt Matthäus 2, 17 — 18: „Damals wurde erfüllt das Wort des Propheten Jeremia (31, 15), der da sagt: Eine Stimme wurde zu Rama gehört, viel Aechzen, Weinen und Heulen; Rahel ihre Kinder beweinend, wollte sich nicht trösten lassen; denn es war aus mit ihnen." Der Evangelist hatte offenbar Rahels Grab vor Augen, welches etwa eine halbe Stunde nordwärts von Bethlehem an der Strasse liegt, welche nach Jerusalem führt. Die Lage dieses Grabes entspricht den Anforderungen des Textes 1. Mos. 35, 19. 20: „Und so starb Rahel und ward begraben auf dem Wege Ephrath zu, das ist Bethlehem. Da errichtete Jacob ein Maal über ihrem Grabe, das ist das Grab Rahels bis auf diesen Tag." Die im Texte 35, 16 angegebene Entfernung des Ortes von Ephrath: כברת-הארץ, lässt sich nicht mehr bestimmen, war aber jedenfalls, nach 2. Kön. 5, 19 zu urtheilen, eine kleine Strecke Weges. Dieses Grab der Mutter Benjamins lag im Gebiete Juda. Es war ganz der Natur der Sache gemäss, wenn die Benjaminiten ihrer Stammmutter zu Ehren in ihrem eigenen Gebiete ein Kenotaphium errichteten. Dass die Israeliten der Art leere Grabmonumente zu errichten pflegten, ergiebt sich z. B. aus der Aussage des Onomasticon im Artikel Bethlehem, wo gesagt wird, dass in dieser Stadt auch das Grab Jesse und David's gezeigt wurde, und der Pilger von Bordeaux sagt, dass nicht weit von der durch Constantin zu Bethlehem errichteten Basilika in einer Höhle das Monument Ezechiel's, Asaph's, Hiob's, Jesse's, David's und Salomo's sei, mit einer hebräischen Inschrift, welche diese Namen enthält: inde non longe est monumentum Ezechiel, Job, et Jesse, David, Salomon, et habet in ipsa cripta, ad latus deorsum descendentibus hebraïce scriptum nomina supra scripta. Nun aber war bekannter Weise Ezechiel in Babylonien, David und Salomo zu Jerusalem begraben; zu Bethlehem konnten somit blos ihre Kenotaphien sein. Ein ähnliches hatte Rahel; dies ergiebt sich aus 1. Sam. 10, 2. Samuel zu Rama oder Ramathaim Zophim entliess Saul zur Rückkehr nach Gibea und sagte zu ihm: „Wenn du jetzt von mir gehest, so triffst du zween Männer bei dem Grabe Rahels in den Grenzen Benjamin's in Zelzach (עם קבורת רחל בגבול בנימן בצלצח).‟ Hier kann unmöglich das Grab Rahel's bei Bethlehem gemeint sein, welches weder in, noch an den Grenzen Benjamin's, sondern anderthalb Stunden davon in Juda liegt, und weil der Saul vorgezeichnete Weg nach Gibea führte. Samuel hatte sein Haus und seine Höhe zu Rama und wohnte dort seine ganze Richterzeit hindurch (1. Sam. 7, 17; 8, 4; 19, 18) und wurde daselbst in seinem Hause begraben (25, 1), daher sie Rama „seine Stadt‟ (d. i. Rama Samuel) heisst (28, 3). 1. Sam. 1, 1 heisst sie Ramathaim Zophim im Gebirge Ephraïm, רמתים צופים מהר אפרים, und wird zugleich gesagt, dass ein Ahne damals Zuph Ephrathi (צוף אפרתי) hiess. Da nun, nach 1. Chron. 6, 1. 12 Samuel von Levi abstammte, so kann das Wort Ephrathi hier nicht die Bedeutung von „Nachkomme Ephraïms‟ haben, sondern ist von dem Ephraim oder Ephrem genannten Berge abzuleiten. Die Lage dieses Berges lässt sich durch den Beinamen Rama's „Zophim‟ ermitteln. Nach 1. Sam. 9, 5. 6 lag Rama im Lande Zuph, daher Josephus Antiq. VI. 4, 2 die Worte: „da sie kamen in das Land Zuph‟ wiedergiebt durch die Worte „da sie zur Stadt Rama gekommen waren‟, ὡς ἐγένοντο κατὰ τὴν Ῥαμαθὰν πόλιν. Nun geschieht aber öfters in den Büchern der jüdischen Tradition Meldung von einem Orte Zophim צופים, von welchem aus der von Norden kommende zuerst Jerusalem erblickt. „Wenn Jemand bei Zophim Jerusalem (die zerstörte) erblickt, soll er seine Kleider zerreissen‟ (Jerus. Moëd Katon III). Der Raum zwischen Jerusalem und Zophim hat in gewisser Beziehung Antheil an der Heiligkeit jener Stadt (Bab. Berachoth fol. 13, 2; Pesachim III. 8). Der Ort ist somit der Scopos des Josephus (de Bell. V. 2, 3). Am Orte aber, wo der Scopos allein gesucht werden kann, verzeichnen alle Karten einen Weiler Schafat, worin der alte Name Zuph, Zophim sich wieder- findet. Das Land Zuph ist somit die nördlich von Jerusalem sich aus- breitende Benjaminitische Hochebene. Dort lag Rama, heute En-Nebi Samuil. Die jetzigen Bewohner Palestina's geben nemlich öfters einem Orte den Namen eines ihnen gehörigen berühmten Mannes. So heisst heute Bethanien El - Azirieh, oder besser El - Lazirieh, d. i. Lazarus. Hebron heisst El-Chalîl, d. i. Abraham. En Nebi Samuil liegt auf be- sagter Hochebene, auf einem 500 Fuss über die Umgegend sich er- hebenden Berge, zwei kleine Stunden nordwestlich von Jerusalem; dort findet sich eine auf den Ruinen einer alten Kirche erbaute Moschee mit Samuel's Grab. Die Lage entspricht der Angabe des Onomasticon: Rama, civitas Saulis (lese Samuëlis) in 6° milliario ab Aelia, ad septen- trionalem plagam contra Bethel, und derjenigen des Josephus, Antiq. VIII. 12, 3: „Ramathon, 40 Stadien von Jerusalem entfernt." Die Lage des Orts wird vollkommen klar durch die Geschichte des Kebs- weibes, Richt. 19, 11 — 15. Der von Bethlehem kommende Levit ging (auf der westlichen Strasse) an Jebus vorüber, da der Tag sich stark neigte (9, 11) und gedachte in Gibea oder Rama zu übernachten (9, 13); die Sonne ging unter, als sie nach Gibea kamen (9, 14). Die zwei Orte lagen also neben einander, und waren die ersten, welche man nach Jebus traf. Wo lag nun Gibea? Nach Josephus, Antiq. V. 2, 8 war es 20 Stadien von Jerusalem entfernt, und Hieronymus in Epitaph. Paulae sagt von dieser Pilgerin, dass sie über Ajalon und Gibeon (El Dschîb) kam, und dann nach Gibea der Stadt des Kebsweibes, und liess dann das Monument der Helena zur Linken liegen, und kam so nach Jerusalem. (In Gabaa urbe usque ad solum diruto paululum substitit, recordato peccati ejus et concubinae in frusta divisae — —. Quid diu moror? ad laevam mausolaeo Helenae derelicto — ingressa est Jerusalem). Das Monument der Helena lag nordwestwärts von Jerusalem bei dem Psephinus-Thurme (Joseph. de Bell. V. 4, 2); und um dasselbe zur Linken liegen zu lassen, musste Paula von W. N. W. kommen; in dieser Rich- tung lag somit Gibea, und findet sich der Name heute noch. Tobler in seinen Denkblättern aus Jerusalem, S. 637 sagt, dass da, wo der Wadi

Nobi Samuil in der Nähe von Nebi Samuil in dem Wadi Bêt-Hanîna mündet, unten, ein Höhlengrab Moghâret ed Dschîbeh ihm auffiel. Ed-Dchîbeh ist Gibea; der Ort liegt am Fusse des Nebi Samuil. Somit lagen Rama und Gibea sich nahe. Der Levit zog Gibea vor, weil nicht, wie nach Rama, ein Berg zu ersteigen war. Diese ausführliche Erörterung war nothwendig, weil Robinson voreilig En Neby Samuil für Mizpa verwendet, und Gibea und Rama an die Strasse nach Sichem verlegt hat. Bedenkt man nun, wie unsicher die Orthographie der Namen im A. T. ist, so muss es auffallen, dass Jos. 15, 9 gerade in die Gegend unseres En-Nebi-Samuil ein Berg Ephron, הר עפרון und Jos. 18, 23 eine Stadt Hophra הפרה verlegt wird. Sollte nicht Berg Ephraim, Ephrati, Ephron, Hophra eins und dasselbe sein? — An Ephrath-Bethlehem ist dabei jedenfalls nicht zu denken. Wo lag nun Rahels Kenotaph? Jedenfalls in der Nähe von Nebi-Samuil, das ist Rama, „ehe man nach Zelzach kommt," welcher Ort uns scheint sich wiederzufinden in Bir-el Ozeiz auf dem Wege von El-Dschîb nach Nebi-Samuil (Robins. II. 351). Dieses Kenotaph in Benjamin hatte wohl auch Jeremias im Auge (31, 15); der Evangelist aber verwendet diese Worte für das Grabmal bei Bethlehem.

§ 50. Die Flucht nach Aegypten. Da die Magier Bethlehem verlassen hatten, erhielt Joseph im Traume Befehl aufzustehn und das Kind mit der Mutter nach Aegypten zu flüchten, weil Herodes demselben nach dem Leben trachtete. Da aber Herodes gestorben war, ein Ereigniss, von welchem gleichfalls Joseph im Traume unterrichtet wurde, kehrte dieser mit dem Kinde und der Mutter in das Land Israel zurück. Da er aber hörte, dass Archelaus an Herodes Statt König in Judaea war, fürchtete er sich in dieses Land zu gehen, und begab sich nach Galilaea und wohnte zu Nazareth, Matth. 2, 13—23. Die Reise von Bethlehem nach Nordägypten ist etwa sieben Tagereisen lang. Der Aufenthalt daselbst war jedenfalls von kurzer Dauer, da Jesus nach wie vor ein Kind, παιδίον, (2, 20) genannt wird. Die Rückkehr hatte statt, als Archelaus König war (2, 22); den Königstitel trug dieser Fürst nur kurze Zeit, da er durch Augustus in den eines Ethnarchen verwandelt wurde. (Joseph. Antiq. XVII. 8, 1—4; 11, 4). Wenn Herodes am 24. Januar 753 starb und Archelaus Abreise nach Rom unmittelbar nach dem Passah statt hatte, so fiel die Rückkehr aus Aegypten zwischen diese zwei Thatsachen, etwa auf die Osterzeit.

§ 51. Ehe wir den Versuch wagen für alle diese Thatsachen ein näheres Datum zu bestimmen, ist der Bericht des Matthäus über Jesu Geburt mit Lucas in Harmonie zu bringen. Beide Evangelisten lassen Jesum zu Bethlehem geboren werden. Wäre aber das Evangelium des Matthäus unsere einzige Quelle, so bliebe uns der Eindruck, dass Bethlehem der bisherige Wohnort der Eltern Jesu war, weil von keiner Reise dahin Meldung geschieht und nachher nur auf göttlichen Befehl hin Galilaea und Nazareth der neue Wohnort wurde (2, 22). Lucas hingegen lässt Joseph und Maria ursprünglich zu Nazareth wohnen und etwa zwei Monate nach der Geburt des Kindes nach Nazareth zurückkehren (Luc. 2, 22, das Reinigungsopfer wurde nach 3. Mos. 12, 4. 6 33 Tage nach der Geburt dargebracht, cf. Luc. 2, 39). Darum jedoch, dass Matthäus den frühern Aufenthalt in Nazareth nicht meldet, ist er nicht mit Lucas im Widerspruch; er konnte diesen Umstand, als zur Sache nicht gehörig, mit Stillschweigen übergehen. Auffallend ist es, dass nur Matthäus von den Magiern und ihrem Sterne, vom Kindermorde und der Flucht nach Aegypten berichtet, und im Gegentheil Lucas allein von der Darstellung im Tempel; aber auch in diesen Thatsachen schliessen sich die Berichte nicht gegenseitig aus, sondern ergänzen sich. Nichts setzt sich der Annahme entgegen, dass die Magier schon wenige Tage nach der Geburt nach Bethlehem kamen, und gleichfalls unverzüglich Herodes seinen Blutbefehl gab, dessen Wirkung durch die Flucht nach Aegypten vereitelt wurde. Dieser Aufenthalt mit der Reise hin und her beansprucht nicht mehr als 3 bis 4 Wochen, weil Joseph den Tod Herodes nicht durch das Gerüchte, sondern durch Offenbarung erfuhr; die Thatsache aber, dass Archelaus König worden sei, oder vielmehr sich dazu gemacht habe, erfuhr er nicht durch Offenbarung, sondern durch die Leute, (Matth. 2, 22); er mag also wohl nach Bethlehem zurückgekehrt sein, das Reinigungsopfer für Maria dargebracht haben (Luc. 2, 22) und dann erst auf göttliche Mahnung hin nach Nazareth zurückgekehrt sein (Matth. 2, 22. Luc. 2, 39). Bei Voraussetzung einer raschen Aufeinanderfolge der Begebenheiten in der hier angegebenen Ordnung, sind die zwei Berichte in Einklang zu bringen; aber auch nur in dieser Ordnung. Denn, wenn man mit manchen Exegeten annehmen würde, dass die Darstellung im Heiligthum vor der Flucht statt hatte, so müsste gewählt werden zwischen der Angabe des ersten Evangeliums diese Flucht betreffend und der Aussage des dritten von der Rückkehr nach Nazareth; neben einander könnten diese Berichte nicht bestehn.

§ 52. Fassen wir nun alle chronologischen Elemente zusammen, welche auf Jesu Geburt sich beziehen, so lassen sich folgende Ergebnisse daraus ableiten.

1) Jesus wurde zu Bethlehem geboren im Jahr 752 R. Diese Geburt hatte noch zu Herodes Lebzeiten statt, somit vor dem 24. Januar 753; lange Zeit vor dieses Königs Tod kann sie nicht gesetzt werden, weil Matth. 2 jedem Leser den Eindruck innigen Zusammenhanges der erzählten Thatsachen und ihrer raschen Aufeinanderfolge macht. Wohl wird von Vielen vorausgesetzt, dass Jesus etwa zwei Jahre vor der Ankunft der Magier müsse geboren sein, weil Herodes die Kinder von zwei Jahren und darunter morden liess. Dass er aber auch noch zweijährige Kinder mit verurtheilte, erklärt sich als Vorsichtsmaassregel des Tyrannen, welche auf die blosse Aussage der Magier hin nicht mit Sicherheit das Alter des Kindes errathen konnte. Der Stern wird offenbar als ein Wunder dargestellt, welches nicht etwa nach zwei Jahren erst den Magiern die geschehene Geburt bekannt machte, sondern das Ereigniss augenblicklich ihnen offenbarte, so dass sie etwa 14 Tage nach demselben konnten zu Bethlehem sein. Wäre Jesus etwa zwei Jahre früher geboren worden, so müsste der Bericht des Lucas aufgegeben werden, welcher den Aufenthalt zu Bethlehem als etwas Vorübergehendes blos durch den Census Veranlasstes und mit demselben und der gleichzeitigen Geburt des Herrn Aufhörendes darstellt.

§ 53. 2) Jesus kann nicht wohl vor dem Monate October des Jahres 752 geboren sein. Wir haben oben schon, § 30, auf die grosse Wahrscheinlichkeit aufmerksam gemacht, dass der Census in Judaea stets auf Sabbath-Jahre verlegt wurde; fiel aber ein solcher auf das Jahr 752, so wird die Wahrscheinlichkeit zur Gewissheit; denn da Thischri 752 bis Thischri 753 ein Sabbath-Jahr war, erforderte die einfachste Staatsklugheit, nicht vor Anfang des Ruhejahres die immerhin störende, zeitraubende Operation zu beginnen. Im Jahr 752 fiel der 1. Thischri, also der Anfang des Sabbath-Jahres wahrscheinlich auf den 24. August. Vor diesem Datum trat Joseph seine Reise nicht an. Die Berechnung des Dienstes der Ephemerie Abia, § 42, weiset auch wirklich auf die Mitte des Monats October hin, so dass die Geburt nicht wohl früher aber füglich später gesetzt werden kann. Wir bleiben also nicht sehr fern von der uralten christlichen Tradition, welche den 25. December für den Geburtstag Jesu Christi angiebt. Jedenfalls können wir aber dieses Datum nicht als eine wahre Ueberlieferung ansehen, sondern müssen dasselbe auf ein astrologisches Motiv zurückführen. In den ersten christlichen Jahrhunderten galt der 25. December für den Tag der winterlichen Sonnenwende. Die Kirchenväter verwendeten die vier Cardinaltage des Jahres wie folgt:

1) Frühlingsnachtgleiche: Empfängniss Jesu (Mariä Verkündigung 25. März);
2) Sommerliche Sonnenwende: Geburt des Täufers (24. Juni);
3) Herbstnachtgleiche: Empfängniss Johannis (24. September);
4) Winterliche Sonnenwende: Geburt Jesu (25. December).

Es will sich nicht wohl annehmen lassen, dass die Vorsehung den astrologischen Träumereien durch eine derartige Veranstaltung das Wort geredet habe. Fiel die Darstellung im Tempel mit der auf Herodes Tod erfolgten Rückkehr von der Flucht nach Aegypten zusammen; so gehört sie nach dem 24. Januar; da sie aber etwa 40 Tage nach der Geburt statt hatte, so kann die Geburt Jesu den 14. December 752 frühestens statt gehabt haben, aber auch nachher, bis in die Nähe des 10. Januar, nach welchem Herodes Jerusalem verliess.

Es ziemte sich, die möglichen Folgerungen aus den gegebenen Praemissen anzugeben; da aber dieser Praemissen einige sehr unsicher sind, so ist auf die Folgerungen auch kein zu grosses Gewicht zu legen. Als sicheres Ergebniss bleibt uns, dass Jesus nach dem 1. Thischri 752 in der ersten Hälfte des Sabbath-Jahres geboren wurde.

§ 54. Das Jahr 752 R. ist das zweite vor dem ersten der Dionys. Aera. Da aber Dionysius den Geburtstag Jesu auf den 25 December verlegte, mag er die fünf restirenden Tage des Jahres nicht gezählt haben und das Jahr 753 für das Jahr Null, und 754 für das Jahr 1 nach Christi Geburt gesetzt haben. Somit hat es mit der Dionysischen Aera seine volle Richtigkeit. Die unmathematische, störende Unordnung in unserer Chronologie, in welcher dem Jahre vor 1 n. Chr. der Name 1 v. Chr. gegeben wird, darf dem Dionysius nicht zur Last gelegt werden, welcher wahrscheinlich zwischen 1 v. Chr. und 1 n. Chr. ein Jahr Null setzte, und das Jahr 1 n. Chr. anfing ein Jahr (und jene fünf Tage) nach dem Tage der Geburt.

IV. Geschichte der Jugend Jesu.

§ 55. Die Evangelien berichten nichts von Jesu Jugend, ausser dem Besuche des Passahfestes, als er zwölf Jahre alt, Luc. 2, 41 — 52. Nach dem Gesetze, 2. Mos. 23, 17 sollten alle Männer in Israel jährlich dreimal vor das Angesicht Jehova's zum Feste kommen, nemlich am Passahfeste, am Pfingstfeste und am Feste der Einsammlung im Ausgange des Jahres. Die Weiber und Kinder betreffend, ist im Gesetze nichts vorgeschrieben. Nach Hillel's Schule sollten die Weiber einmal, nemlich am Passah zum Feste kommen. Die Väter sollten ihre Söhne vom zwölften Jahre an, mit welchem sie „Söhne des Gesetzes“, בני התורה, wurden, mit sich führen. Dieser Sitte entspricht der Bericht des Evangelisten Lucas. Wie gross die Zahl der Passahgäste in jener Zeit war, lässt sich aus folgendem Berichte des Josephus, de Bello VI. 9, 3 schliessen, welcher sagt: „Die Passahlämmer wurden (am 14. Nisan) zwischen der 9ten und 11ten Stunde geopfert. Um jedes Lamm versammelten sich wenigstens 10, oft bis 20 Gäste; die Zahl der geopferten Lämmer war aber an 25,600.“ Daraus folgt, dass der Theilnehmer am Feste etwa drittehalb Millionen waren. Man schlage nun die Bewohnerschaft Jerusalem's noch so hoch an und bringe ein Bedeutendes auf Rechnung der Uebertreibung, so bleibt immer über eine Million Festgäste, welche von Aussen gekommen waren. Diese alle verliessen Jerusalem so ziemlich an einem und demselben Tage. Dass in einem solchen Menschen-Meere ein Kind, welches dazu absichtlich zurückblieb, verloren werden konnte, ohne dass desswegen den Eltern Saumseligkeit oder Gleichgültigkeit vorzuwerfen ist, hätte den Exegeten einleuchten sollen. Die Festgäste desselben Ortes und desselben Hauses, konnten in solchen Verhältnissen unmöglich schon in Jerusalem sich zusammenschaaren; sie fanden sich vielmehr am Abende an einem vorher bestimmten Lagerorte zusammen. Als dort die Eltern das Kind nicht fanden, kehrten sie zurück und suchten es während drei Tagen. Weder dieses Suchen, noch der mütterliche Vorwurf: „Kind, was hast du uns gethan? dein Vater und ich haben dich mit Schmerzen gesucht,“ giebt ein Recht, auf Gleichgültigkeit oder Saumseligkeit zu schliessen. Sie fanden das Kind im Heiligthume, ἐν τῷ ἱερῷ, das heisst in den Vorhöfen (nicht im Tempel); dort sass er in der Mitte der Lehrer. Das Sitzen war im Vorhofe Israels nicht gestattet; es ist also der Vorhof der Weiber oder der äussere sogenannte Vorhof der Heiden gemeint. Es ist nicht eben an eine Synagoge zu denken, deren sich übrigens mehrere auf dem Tempelberge befanden, sondern wohl an eines der Thore, welche zum Zwecke solcher Versammlungen, die Form einer Exedra hatten. — Diese Geschichte lehrt, dass Jesus als Kind schon das Bewusstsein seiner Gottessohnschaft hatte (Luc. 2, 49), aber zugleich, dass er naturgemäss die Entwicklungsstufen des Menschen durchlief und nicht als Kind schon ein vollkommener Mann am Geiste war; „er ging mit ihnen hinab und war ihnen unterthan, — und nahm zu an Weisheit und Alter (oder Gestalt?) und an Gnade bei Gott und bei den Menschen," (Luc. 2, 50—52.)

Diese Geschichte ist das Einzige, was uns über die Jugend Jesu überkommen ist. Dass er seine Jugend zu Nazareth verlebte, lässt sich mit Sicherheit aus dem Zunamen „der Nazaräer" oder „Nazarener" schliessen, welcher ihm blieb und sogar seiner Kirche überkam, und aus dem Namen „Vaterstadt", $\pi\alpha\tau\varrho\iota\varsigma$, Jesu, womit häufig Nazareth bezeichnet wird, z. B. Matth. 13, 54. 57. Marc. 6, 1 etc. Bedeutungsvoll für die Darstellung des Jugendlebens und der Familienverhältnisse ist der Marc. 6, 3 den Bewohnern von Nazareth in den Mund gelegte Ausruf: „Ist dieser (Jesus) nicht der Zimmermann, der Sohn Maria's, der Bruder des Jacobus, des Jose, des Juda und des Simon? und sind nicht seine Schwestern hier bei uns?" Bei Matthäus 13, 55 lautet dieser Ausruf: „Ist dieser nicht des Zimmermanns Sohn? sind nicht bei uns seine Brüder Jacobus, Joses, Simon und Judas und alle seine Schwestern?" Hieraus ergiebt sich, dass Joseph und auch Jesus ein Zimmermann war ($\tau\acute{\epsilon}\varkappa\tau\omega\nu$); dass er leibliche Brüder und Schwestern hatte, dass Joseph nicht mehr lebte, weil Marcus Jesum und seine Brüder Söhne Maria's nennt, und dass Jesus nicht vor seinem Auftreten in einer auswärtigen Rabbinenschule verweilt hat („woher kommt ihm dieses Alles?" Matth. 13, 56).

§ 56. Das, was uns durch zwei Evangelisten von der Kindheit, und durch einen einzigen von der Jugend Jesu berichtet wird, bildet die Vorgeschichte, welche den zwei andern Evangelisten, Marcus und Johannes, zu erzählen unnöthig schien. Die eigentliche Geschichte fängt bei allen (Matth. 3, 13. Marc. 1, 9. Luc. 3, 21. Joh. 1, 33) mit der Taufe des Herrn an. Das erste Auftreten und ein bedeutender Theil der nachfolgenden Begebenheiten hat die Ufer des See's Gennezareth zum Schauplatze. Diesen wichtigen Punkt unserer Erde, die Geburtsstätte des Christenthums, näher zu beschreiben, ist der Gegenstand des folgenden Abschnittes.

Dritter Abschnitt.

Der See Gennezareth und seine Umgebungen.

—

§ 57. Das eigentliche Land der Verheissung, welches sich dem mittelländischen Meere entlang ausbreitet, ist von dem transjordanischen Gebiete, dem ehemaligen Erbtheile der dritthalb Stämme, durch eine durchschnittlich 4 Stunden breite Thalebene geschieden, welche von den Quellen des Jordans bis an das rothe Meer von Nord gen Süd auf eine Länge von viertehalb Breitegraden sich erstreckt. Die obere nördliche Hälfte dieses Thales enthält das Jordanbette. Dieser Strom bildet in seinem Verlaufe drei See'n. Der oberste, nördlichste derselben heisst Bahr-el-Huleh, und trägt diesen Namen schon in den talmudischen Schriften (ימא הולתא; Jerus. Ketuboth in Ugolini Thes. XXX. p. 1091. Jerus. Kilaim fol. 31. 1. Bab. Baba-Bathra fol. 74. 2). Irrthümlich und im Widerspruche mit dem biblischen Texte, sowie mit den Angaben des Josephus und des Hieronymus, ist dieser See in den meisten Karten See Merom genannt. Nach kurzem Laufe bildet der dem Huleh ent-strömende Jordan den zweiten See, Meer von Tiberias oder See Genne-zareth; darauf, nach Verlauf von 24 Stunden Weges, bildet er den dritten See, das todte Meer genannt, welches keinen Abfluss hat. Vom todten Meere bis zum atlantischen Meerbusen setzt das Tiefthal auf eine Länge von etwa 50 Stunden fort; ja der besagte Meerbusen selbst ist eine Fortsetzung der dieses Thal bildenden Erdspalte. Das ganze Thal, vom See Gennezareth bis zum rothen Meere heisst im A. T. die Araba (הערבה, 5. Mos. 1, 1; 2, 8; 1, 19. Jos. 3, 16 etc.); heute kommt jedoch dieser Name nur dem südlich vom todten Meere gelegenen Theile des-selben zu; der Theil hingegen, welcher das Jordanbette enthält, heisst jetzt El-Ghor. Die das Tiefthal beiderseits verfolgenden Bergketten sind Felsenwände, welche den meist schroffen Abfall der Hochebenen diesseits und jenseits des Jordans bilden. Die oberste Quelle des Jordans, der Wadi Hasbani, bei Hasbeïa liegt 568 Mêtres über dem Meeresspiegel; die Banias-Quelle, welche die Alten für den eigentlichen Ursprung des Jordans halten, hat eine absolute Höhe von 383 Mêtres. Der Ursprung des kleinen Jordan zu Tell-el-Kadi, dem antiken Dan, liegt 185 Mêtres über der Meeresfläche. Der See Gennezareth schon liegt 189 Mêtres unter dem Spiegel des Meeres; die Depression des todten Meeres beträgt 392 Mêtres. Südwärts vom todten Meere steigt der Thalgrund der Araba wieder allmählig zu einer absoluten Höhe von 240 Mêtres, und senkt sich dann, bis er tiefer gelegen als der Meeresspiegel vom rothen Meere überfluthet wird. Die hier angegebenen Höhenmaasse sind diejenigen, welche der Herzog von Luynes während seiner Reise von 1864 bestimmt hat.

§ 58. Der See Gennezareth oder das Meer Tiberias, heute Bahr Tabarieh, im A. T. Meer von Chinnereth, wird vom Jordan gebildet und durchströmt. Seine Dimensionen sind von verschiedenen Reisenden sehr verschieden bestimmt worden. Seine Länge von Norden nach Süden scheint etwa 5 Stunden, die Breite 4 Stunden zu betragen. Er ist unter die seichten See'n zu zählen, da seine mittlere Tiefe nur 10 Fuss, die grösseste Tiefe nicht über 26 Fuss beträgt. Sein Wasser ist süss, hell und sehr fischreich. Auf der westlichen und der östlichen Seite des See's ziehen die Gebirgszüge hin, welche den Abfall der beiderseitigen Hochebenen bilden. Das galilaeische Gebirge erhebt sich etwa 450 Fuss, das gegenüberliegende, östliche, gaulonitische etwa 900 Fuss über den Spiegel des See's. In diesem letzteren ist der Hauran-Basalt, in jenem der Jurakalkstein vorherrschend.

§ 59. Tiberias, heute Tabarieh, ist gegenwärtig der einzige etwas bedeutende Ort an dem See, dessen Ufer im Zeitalter Jesu so reichlich bevölkert waren. Diese Stadt liegt am westlichen Ufer, etwa 2 Stunden vom Ausfluss des Jordans und 3 Stunden unterhalb des Einflusses dieses Stromes. Sie wird im N. T. nicht genannt; nur nennt Johannes (21, 1) den See „Meer von Tiberias". Sie wurde von dem Tetrarchen Herodes Antipas gegründet und nach dem Kaiser Tiberius benannt. Die Bevölkerung wurde theilweise durch Zwang, aus Heiden und Juden bestehend, zusammen gebracht. Der Ort, auf welchem Tiberias erbaut wurde, war vorher eine Gräberstätte (Josoph. Antiq. XVIII. 2, 3), daher unrein für die Juden. Nach Euseb's Chronicon wurde diese Stadt im 11ten Jahre der Regierung des Tiberius gegründet; sie war daher in den Tagen Jesu noch im Entstehen.

§ 60. Das schmale Seeufer, auf welchem Tiberias erbaut ist, erstreckt sich gleichmässig gen Süden bis an das untere Ende des See's. Eine halbe Stunde südwärts von Tiberias befinden sich die Thermen von Tiberias, heute Hammâm, bei den Talmudisten Hamatha, חמתא דטיבריא‎, חמת‎ oder „die warmen Quellen von Tiberias, מוי דמוקד דטבריה‎, (Jerus. Erubin fol. 23. 4. Midrasch Koheleth fol. 116. 2) genannt. Dieser Ort bietet uns einen wichtigen archaeologischen Haltpunkt, indem er identisch mit dem nach Jos. 19, 38 zu Naphthali gehörenden, gemeinschaftlich mit Rekath und Chinnereth genannten Hamath ist. Dieser Name bedeutet „Thermen" und muss um so mehr mit Hammâm eins sein, da dieser Ort von jeher als Heilquelle berühmt war; und da das antike Hamath nur am Ufer des See's kann gesucht werden, da die Schwesterstadt Chinnereth an demselben liegen musste, um dem See ihren Namen mittheilen zu können. Es sind noch deutliche Spuren vorhanden, welche beweisen, dass einst Tiberias sich bis Hammâm erstreckte.

Südwärts von den Thermen liegen zwei Ruinenstätten eine starke halbe Stunde von einander entfernt; die nördliche heisst Kades, die südliche Kerak. Dieser letzte Ort ist unstreitig das alte Tarichaea, eine Festung, welche nach Josephus (Vita 32) 30 Stadien von Tiberias, (Vita 18. de Bell. II. 21, 8. III. 10, 5) am See lag, mit welchem sie durch einen Kanal in Verbindung stand. (Vita 31: διώρυγα ποιήσας ἀπ' αὐτῆς (Ταριχέας) ἐπὶ τὴν λίμνην ἄγουσαν). Dieser Kanal ist heute noch bei Kerak zu sehn. In der Nachbarschaft dieser Stadt lag ein anderer, Sennabris, Σενναβρὶς, genannter Ort, welcher gleichfalls als 30 Stadien von Tiberias angegeben wird (de Bell. III. 9, 7). Da Josephus die Stadien immer in runden Zahlen von Zehnern angiebt, also der Entfernung Tarichaeas von Tiberias etwas zugezählt, derjenigen von Sennabris zu dieser Stadt etwas abgezogen werden kann, so wird es sehr wahrscheinlich, dass Sennabris mit Kades indentisch ist. In einer talmudischen Stelle, welche weiter unten besprochen werden soll, geschieht Meldung von zwei Gennesaroth oder Abtinoth, welche Bethjerach, oder besser Beth-Therach (בית תירה בי תירו ביתירה‎) und Zennabri (צינברי‎) heissen, welche somit Tarichaea und Sennabris sind.

§ 61. Magdala. Wenn man von Tiberias nordwärts wandert, so tritt bald das Felsgebirge so nahe an den See heran, dass am Ufer für die Strasse nicht mehr Raum ist, sondern dieselbe über einen Bergsattel ziehen muss. Da, wo sie auf der Nordseite des Hügels wieder an das Ufer herabsteigt, eine starke Stunde von Tiberias, liegt ein elendes arabisches Dorf, El Medschdel, in welchem sich der alte Name „Magdala" erhalten hat. Aus diesem Orte war mit der grössesten Wahrscheinlichkeit Maria Magdalena (Marc. 15, 40; 16, 1. Luc. 8, 1. Joh. 20, 1 etc.) Der Name Magdala selbst kommt nur Matth. 15, 39 vor, ist aber kritisch verdächtig und muss wohl dem Namen Magadan oder Magedan weichen. (Siehe unten § 73).

§ 62. Das Land Gennezareth ($\gamma \tilde{\eta}$ $\Gamma \varepsilon \nu \nu \eta \sigma \alpha \varrho \acute{\varepsilon} \tau$, oder nach einigen M. S. $\gamma \tilde{\eta}$ $\Gamma \varepsilon \nu \nu \eta \sigma \grave{\alpha} \varrho$ Matth. 14, 34; ניניסר בקעת bei den Talmudisten: $\Gamma \varepsilon \nu \nu \eta \sigma \alpha \varrho \acute{\iota} \tau \iota \varsigma$ bei Joseph.). Josephus, de Bello III. 10, 8 schildert dieses Land als eine am westlichen Ufer des See's gelegene, schöne, sehr fruchtbare, wohlbewässerte Ebene, welche 30 Stadien lang und 20 Stadien breit ist. Dieser Beschreibung entspricht die einzige, auf der Westseite des See's gelegene Ebene El Ghueir. Sie breitet sich nordwärts von Medschdel aus und ist etwa eine Stunde lang und von West gen Ost eine halbe Stunde breit und noch heute reichlich bewässert und fruchtbar. Auch in den Büchern der jüdischen Tradition wird das Land Gennesar öfters genannt, und vorzüglich wegen der Vortrefflichkeit seiner Früchte gepriesen. In Bab. Pesachim fol. 8, 2 heisst es: „Warum wurden die Früchte von Gennesar nicht zu Jerusalem feil geboten? damit nicht etwa die dahin auf das Fest kommenden sagen möchten: Wir sind nur gekommen, um Früchte von Gennesar zu kosten." In dem Segen Naphthali's, 5. Mos. 32, 23 ist von der diesem Stamme verheissenen Fülle des Segens die Rede. Die Rabbinen erklären diese „Fülle", indem sie sagen, es sei die Ebene Gennesar damit gemeint (Siphri, in Ugolini Thes. XV. p. 979). Daraus folgt zuerst, wie grosse Stücke man auf dieses Ländchen hielt, aber auch, was hier schon ausdrücklich hervorgehoben werden muss, dass das Land Naphthali, zu welchem dasselbe gehörte, sich am westlichen Ufer des See's ausbreitete.

§ 63. Capernaum. ($K \alpha \pi \varepsilon \varrho \nu \alpha o \acute{\nu} \mu$, oder nach der bessern M. S. $K \alpha \varphi \alpha \varrho \nu \alpha o \acute{\nu} \mu$, im Talmud נחום כפר, Nahumsdorf, wo, nach dem jüdischen Itinerar von Isaak Chelo, aus dem 14ten Jahrhundert s. Carmoly Itinéraire p. 259, das Grab Nahum's des Alten (Propheten?) sich befand.

In der Beschreibung des Landes Gennesar von Josephus, de Bello III. 10, 8 ist gesagt, „dass dieses Land von einer sehr starken Quelle bewässert wird, welche die Einheimischen Kapharnaum nennen ($\pi\eta\gamma\tilde{\eta}$ $\delta\iota\acute{a}\rho\delta\varepsilon\tau\alpha\iota$ $\gamma o\nu\iota\mu\omega\tau\acute{a}\tau\eta$, $K\alpha\varphi\alpha\rho\nu\alpha o\acute{v}\mu$ $\alpha\grave{v}\iota\grave{\eta}\nu$ $o\grave{\iota}$ $\grave{\varepsilon}\pi\iota\chi\acute{\omega}\rho\iota o\iota$ $\varkappa\alpha\lambda o\tilde{v}\sigma\iota$); dieselbe haben Einige für eine Ader des Nil gehalten, weil sie eine Art Fische hervorbringt, welche der Art Coracinus im See von Alexandrien sehr ähnlich sind." Dieser Name Caphar-Naum kam der Quelle von einem dabei liegenden Caphar oder Dorfe. Es lag somit nach Josephus ein Ort Kapharnaum genannt im Ländchen Gennesar. Im El-Ghueir befindet sich heute noch eine der Beschreibung entsprechende merkwürdige Quelle, Ain Medawarah, welche ein kreisförmiges, mit einer Mauer eingefasstes Behältniss oder Becken von etwa 100 Fuss Durchmesser bildet. Das Wasser ist etwa 2 Fuss tief, schön klar und süss, dabei quillt es mächtig hervor und fliesst mit Schnelligkeit in einem grossen Strom aus, um die Ebene zu bewässern. Zahlreiche kleine Fische ergötzen sich in dem Becken, (Robinson, Palest. III. S. 537). Diese Quelle liegt auf der Westseite des El Ghueir, eine halbe Stunde vom See. Wenn Capernaum in ihrer Nähe lag, so befand sich diese Stadt nicht unmittelbar am Seeufer, sondern etwas davon entfernt. Epiphanius, adv. haer. II., sagt aber auch wirklich, dass Kapernaum auf einige Entfernung vom Seeufer lag. Es versteht sich von selbst, dass diese Stadt, wenn auch eine halbe Stunde vom Ufer entfernt, noch immer den Namen $\pi\alpha\rho\alpha\vartheta\alpha\lambda\alpha\sigma\sigma\acute{\iota}\alpha$, Matth. 4, 13, haben konnte, um so mehr, da dieser Beiname nur zum Zwecke hat diese Stadt von einem andern, vom Meer entfernten Kapernaum zu unterscheiden, welches am Kischon, 6 Stunden von Caesarea entfernt lag, (Guil. Tyr. de Bello sacro X. 26). Ruinen einer Stadt sind bisher in der Nähe der Quelle nicht nachgewiesen worden, dieses beweist aber nichts gegen die ehemalige Existenz derselben an jenem von Erdbeben so häufig heimgesuchten Orte. So fand Schubert (Reisen III. S. 233) die Stadt Tiberias durch einen Erdstoss, welcher am 1. Januar 1837 sich ereignet hatte, von Grund aus zerstört. Dieses erklärt uns, wie Capernaum spurlos verschwinden konnte und, nach Matth. 11, 23 verschwinden sollte. Ist aber wirklich dieselbe frühe schon untergegangen, so ist auch wahrscheinlich, dass frühe schon das, am Nordende des See's gelegene Tell-Hum für Capernaum gehalten wurde. Auf Tell-Hum nemlich, und nicht auf den Ghueir scheint sich folgende Schilderung des Adamnanus (II. 25) zu beziehen: Quae (Capernaum) ut

Arculfus refert, qui eam de monte vicino prospexit, murum non habens, angusto inter montem et stagnum coarctata spatio, per illam maritimam oram longo tramite protenditur, montem ab aquilonari plaga, lacum vero ab australi habens, ab occasu in ortum extensa dirigitur. Bis heute noch halten viele biblischen Geographen Tell-Hum für Capernaum, obgleich diese Annahme der Angabe des Josephus schreiend widerspricht. Die Ursache davon liegt in einer irrigen Vorstellung von den Grenzen Naphthali's, welche im folgenden Paragraphen besprochen werden soll. Für die Lage von Capernaum im Lande Gennesar legen Hieronymus und die jüdischen Itinerare Zeugniss ab. Hieronymus, zu Esaja 9, 1 sagt: Lacum Genesareth, in cujus litore Capharnaum et Tiberias et Bethsaida et Chorazeim sitae sunt. In dieser Ordnung und Aufeinanderfolge konnten diese Städte nur genannt werden, wenn der den See besuchende Pilger als auf der Strasse von Nazareth und Tabor herabkommend gedacht wird. Diese antike Hauptstrasse führte von der galilaeischen Hochebene hinab in den El Ghueir in die Nähe der Medawarah-Quelle und von dort, in südöstlicher Richtung über Medschdel nach Tiberias, und von Medschdel am See hin gen Norden nach Bethsaida und Chorazin. Hatte sich Hieronymus Capernaum an der Stelle von Tell-Hum gedacht, so hätte er diese Städte unmöglich in dieser Ordnung aufzählen können. Auch die jüdischen Itinerare setzen Caphar-Nahum in das Ländchen Gennesar; nach dem oben schon citirten Isaak Chelo lag der Ort zwischen Arbela und Caphar-Anan. Zwischen diesen zwei noch heute unter ihrem alten Namen (Irbil und Kafr Anan) bekannten Orten liegt El-Ghueir, aber mit Nichten Tell-Hum. Samuël ben Simon aus dem 13ten Jahrhundert (Carmoly, Itin. p. 130) ging von Tiberias über Caphar-Hanuim nach Arbela; das heisst, er erstieg die Hochebene auf der soeben genannten Hauptstrasse, die durch El Ghueir zieht; dort lag somit Caphar-Hanuim, כפר הנוים, welches offenbar der Name Caphar-Nahum mit versetzten Buchstaben ist, חנום für נחום. Gegen diese Lage von Capernaum erklärt sich v. Raumer und viele Andere. Capernaum, sagen sie, lag an den Grenzen von Sebulon und Naphthali; das westliche Seeufer aber gehörte zu Sebulon und Naphthali konnte nur am Nordende den See berühren, wo Tell-Hum liegt; dort sei Capernaum zu suchen. Es liegt uns also ob, die Grenzen dieser zwei Stämme zu bestimmen.

§ 64. Die Grenzen Zabulon und Naphthaleim. Josephus, Antiq. V. 1, 22 sagt: die Zabuloniten erhielten zum Erbtheil das Land bei dem Carmel am Meere, welches sich bis Gennesaritis erstreckt, (Σαβουλωνῖται δὲ τὴν μέχρι Γεννησαρίτιδος καθήκουσαν δὲ περὶ Κάρμηλον καὶ θάλασσαν ἔλαχον). Dass zu τὴν καθήκουσαν müsse γῆν supplirt werden, versteht sich von selbst, dass aber eben so zu Γεννησαρίτιδος zu supliren sei γῆς und nicht λίμνης, fordert die grammatische Satzbildung. Der Satz sagt also: Die Sabuloniten erhielten das Land am Karmel und Meer, welches sich bis an das Land Gennesaritis nach Osten erstreckt. Gennesar ist offenbar der Name des Landes, denn er ist von נני סר, „die Gärten des Beckens“ gebildet und kann nur durch den Zusatz λίμνης auf den See übergetragen werden; wo dieser Zusatz fehlt muss der Name dem Lande gelten. Wenn aber Josephus das Stammgebiet von Sebulon nur bis an das Land Gennesaritis ausdehnt, so bleibt dieses Land und somit das Seeufer ausgeschlossen, und muss dem Stamme Naphthali zugeschrieben werden. Ganz übereinstimmend sagt Hieronymus, zu Ezech. 48: Naphthali in Galilaea usque ad Jordanem, ubi Tiberias, quae olim Chennereth. Es ist hier ohne Belang, ob mit Recht oder Unrecht Chennereth mit Tiberias identificirt wird; der in der biblischen Geographie so gründlich bewanderte Kirchenvater sagt jedenfalls, dass Tiberias zu Naphthali gehörte, dass also das Seeufer in dem Gebiete dieses Stammes lag. Dass die jüdische Tradition diese Ansicht theilt, haben wir schon oben, § 62 gesehn; indem sie die Fülle des Segens Naphthali's durch das Land Gennesar erklärt. Diese Tradition ist auch einstimmig der Meinung, dass die Jos. 19, 38 aufgezählten Städte dieses Stammes, Hamath, Rekath und Chinnereth an das westliche Seeufer gehören (Jerus. Megilla I. 1 in Ugolini Thes. XVIII. p. 815 u. a. m.). Und wirklich, wohin sonst wollte man Chinnereth, die Stadt, welche dem See den Namen gegeben hat, verlegen, wonicht an den See? wohin Hamath, wenn nicht nach Hammâm, den Thermen? Lagen sie aber an dessen Ufer, so gehörte das Westufer zu Naphthali, und nicht zu Sebulon. Wenn man ferner die Josua 19, 10 bis 16 gegebene Beschreibung Sebulon's prüft, so findet man nicht die geringste Spur, welche zu vermuthen erlaubte, dieser Stamm habe sich nach Osten bis an den Jordan oder den See erstreckt. Ganz anders verhält es sich mit Naphthali, dessen Gebiet Jos. 19, 32—39 beschrieben wird. Vers 33 heisst es: „Ihre Grenze ging von Heleph, von Elon zu

Zaananim und Adami ha Nekeb und Jabneel, und der Ausgang war am Jordan." Darauf heisst es V. 34: „Und die Grenze wendet sich gen Westen nach Asnoth-Thabor — —." Dieser letzte Ort war nothwendig in der Nähe des Berges Thabor. Da er westwärts von dem Berührungs-punkte der Grenze Naphthali's mit dem Jordan lag, so ist offenbar von dem ostwärts vom Thabor gelegenen Jordan die Rede, das heisst vom Jordan nicht oberhalb, sondern unterhalb des See's. Soviel ist also gewiss, dass Naphthali's Stammgebiet unterhalb des See's, dem Thabor gegenüber den Jordan berührte; daraus folgt aber nothwendig, dass das westliche Seeufer diesem Stamme gehörte. Prüfen wir jedoch die Grenze dieses Stammes näher. Sie fing mit Heleph an. Diesen Ort können wir als unbekannt dahingestellt sein lassen; es genügt zu wissen, dass er den nördlichen Anfang des Stammgebietes bezeichnet. Zaananim ist ein bekannter Ort, welcher nach Richt. 4, 11 nahe bei Kedes in Naph-thali lag. Adami findet sich wieder in Damûn, etwa 3 Stunden, O. S. O. von Acco, westlich von Cabul. Dass aber wirklich Adami in den Namen Damûn sich im Lauf der Zeiten umgestaltet habe, dafür bürgt Jerus. Megilla I. 1 (Ugolini Thes. XVIII. p. 847), wo ausdrücklich gesagt ist אדמי sei דמין. Naphthali bildete also von Heleph, d. i. vom Norden her einen schmalen Landstreifen am Westufer des oberen Jordans bis gen Kedes, wo die Grenze nach Westen abbog und bis in die Nähe von Acco sich erstreckte. Von dort zog die Grenze nach Jabneel. Orte dieses Namens waren zwei im Lande Israel; zuerst Jabneel in Juda Jos. 15, 11, später bei den Rabbinen Jabne, bei den Griechen Jamnia genannt, und dann Jabneel in Galilaea, bei Josephus gleichfalls Jamnia genannt (wie denn bei den Semiten die Laute von B und M oft in einander überfliessen). Nach Josephus Vita 37 und de Bello II. 20, 6 war Jamnia eine Stadt Obergalilaea's, welche mit Meroth und Achabara eine Gruppe bildete. Achabara findet sich wieder in Tell-Achbarah südlich von Safed, und Meroth in Meron, westlich von Safed; Jamnia-Jabneel war somit, wo nicht Safed selbst, was sehr wahrscheinlich, doch wenigstens in der Nähe. Naphthali besass demnach einen Strich Landes zwischen Kedes und Safed, welcher bis in die Nähe von Acco in den Westen drang. Von Jabneel (Safed) zog dann die Grenze südwärts bis an den untern Jordan, dem Thabor gegenüber, nachdem sie Lakum be-rührt hatte. Diesen Namen könnten wir als unbekannt dahingestellt sein lassen, weil die Richtung der Grenze ohne dies deutlich ist. Es scheint uns jedoch, dass dieser Name bis heute eine Spur hat zurückgelassen. Burckhardt (Reisen, S. 577) nennt Ard-el-Hamma eine Ebene, welche auf dem Bergrücken westwärts von Tiberias liegt. Sollte nicht vielleicht das Wort Ard-el-Lhamma sein? so wäre Lakum oder Lachum wiedergefunden. — Vom untern Jordan zog die Grenze westwärts nach Asnoth-Thabor, und (V. 34) von da nach Hukok, heute Jakuk, zwei Stunden südwärts von Safed. Durch diese vom Tabor nach Jakuk gezogene Linie wird das zu Naphthali gehörige schmale Ufergebiet von dem westwärts gelegenen Sebulon geschieden. Mit vollem Rechte heisst es nun V. 34: „Naphthali stösst an Sebulon gegen Mittag, an Asser gegen Westen und an Juda des Jordans gegen Osten." Denn wirklich bildet die von Lachum nach Safed gezogene Linie die Südgrenze Naphthali's und die Nordgrenze Sebulon's; der schmale Keil, welcher längs des Seeufers in den Süden dringt, kommt hier nicht in Betracht. Von Juda des Jordans soll weiter unten, § 68 gehandelt werden.

§ 65. Nun ist es uns möglich die vielbesprochene Stelle Matth. 4, 13—16 zu erläutern. Dort ist gesagt: „Jesus verliess Nazareth und siedelte über nach Capernaum, die dem Meere nahe liegt, an den Grenzen Zabulon und Nephthaleim; damit erfüllt würde, was Jesaja der Prophet (8, 23 bis 9, 1) sagt, der da spricht: Land Zabulon und Nephthaleim, den Weg des Meeres, jenseits des Jordans, Galilaea der Völker." — Hier ist offenbar gesagt, dass Capernaum auf der Grenze der zwei genannten Stämme lag und zugleich an der Meeresstrasse, welche aus Galilaea über den Jordan führt. Da der Prophet von zwei cisjordanischen Stämmen und von Galilaea redet, so müssen die Worte דרך הים עבר הירדן durch „Meeresweg, welcher über den Jordan führt" übersetzt werden. Nun zog aber die Hauptstrasse von Jerusalem nach Damaskus am Thabor vorbei in das Ländchen Gennesar hinab, und dann von Medschdel dem Ufer entlang bis zum Khan Minieh, wo sie das Ufer verliess, um die dem El Ghueir nördlich gelegene Hochebene zu erreichen und in gerader Linie bis an die Jakobsbrücke zu ziehen, wo sie über den Jordan führt. Es ist eines der Verdienste Van de Velde's, diese Strasse, die sich theilweise als Via romana ausweiset, ermittelt und verzeichnet zu haben. Diese Strasse, welche vom Thabor gen Norden zugleich die oben beschriebene Grenze der zwei Stämme bezeichnet, zog neben der Medawarah-Quelle vorbei, also durch das wahre Capernaum; Tell-Hum hingegen blieb bedeutend fern östlich von dieser Strasse liegen. Ja noch mehr, Robinson (III. 554 ff.) hat bewiesen, dass durch Tell-Hum, das vermeintliche Capernaum gar keine Küstenstrasse führen konnte.

§ 66. Bethsaïda. Vom Orte dieses Namens, auch Julias genannt, welcher auf der Ostseite des See's lag, wird weiter unten, § 71 die Rede sein. Hier handelt es sich um das diesseitige. Dass ein Ort dieses Namens auf dem Westufer lag, ergiebt sich aus Joh. 12, 21, wo gesagt ist, dass Philippus aus Bethsaïda Galilaea's war, Galilaea aber reichte nirgends auf die Ostseite des Jordans oder des See's hinüber. Derselbe Philippus aber war, nach Joh. 1, 45 von Bethsaïda, der Stadt des Andreas und Petrus. Der Ort war, wie schon der Name, welcher Fischhausen bedeutet, vermuthen lässt, am Ufer des See's gelegen (Matth. 4, 18) nicht weit von Capernaum entfernt (Matth. 8, 14, vergl. 8, 5, 18). Wie über Capernaum und Chorazin, so auch über Bethsaïda sprach der Herr das Wehe! aus (Matth. 11, 21—24; Luc. 10, 13—15). Die geographischen Fingerzeige der Evangelien sind zu unbestimmt, als dass daraus die Lage des Ortes könnte ermittelt werden, und in andern, weder heiligen noch profanen Schriften, kommt der Name nicht mehr vor. Diese Ortsbestimmung kann nur gewagt werden, wenn eine Spur des Namens sich bis auf die Gegenwart erhalten hat. Und dieses ist wirklich der Fall. Seetzen, (Reisen I. 344. Zach, Correspond. XVIII. 348. Ritter, Erdb. XV. 273) kam aus dem östlich vom See und obern Jordan gelegenen Dscholan (Gaulonitis) durch eine oberhalb des See's gelegene Jordan-Furth auf das westliche Seeufer, zu dem zerstörten Khan Batszaida, wo ein felsiger Kalkberg stand. Am Ufer war ein Steig in Felsen gehauen. Der Khan liegt 2 Stunden von Taberia, am nördlichen Anfang der Ebene von Tabaria (El Ghueir) und an einem Bache. Und wirklich verzeichnet er auf seiner Karte Batszaida an der NO-Ecke des El Ghueir, wo Robinson den Khan Minijeh setzt. Seit Seetzen hat kein Reisender mehr jenen Namen gehört. Desswegen ist man aber nicht berechtigt, diesen zuverlässigen Forscher des Irrthums anzuklagen. Es ist bekannt, dass seit dem Zeitalter Jesu die Bewohnerschaft des westlichen Seeufers von Grund aus eine andere wurde; wir dürfen uns daher nicht wundern, dass die jetzigen Bewohner manche Namen haben verloren gehen lassen und von Capernaum, Gennezareth, Bethsaïda u. s. w. keine Kunde mehr haben. Anders verhält es sich mit dem wilden, freien Bergstamme des Dscholan, welcher unver-

ändert den Jahrtausenden getrotzt hat. Dort müssen sich Ueberlieferungen erhalten haben, welche auf dem Westufer verschollen sind. Die
neueren Reisenden alle haben ihre Nachrichten über die Seegegend von
Leuten aus Tiberias oder El Ghueir erfahren, Seetzen allein hatte einen
Beduinen aus Dscholan zum Begleiter, und von diesem erfuhr er den
Namen Khan Batszaida, welcher uns deswegen vollkommen begründet
scheint.

§ 67. Chorazin. Der Ort ist nur Matth. 11, 21 und Luc. 10,
13 genannt, wo der Herr das Wehe ausspricht über Chorazin, Bethsaïda
und Capernaum, weil diese Städte, ohnerachtet der in ihnen geschehenen
Wunderthaten (δυνάμεις), nicht Busse gethan haben. Die Zusammenstellung mit Bethsaïda und Capernaum giebt über die Lage des Ortes
keinen näheren Aufschluss, als dass er in der Nähe des See's Gennezareth zu suchen sei. Die Bücher der jüdischen Tradition reden zu
mehreren Malen davon. In Bab. Menachoth (Ugolini Thes. XV. p. 392)
wird gesagt, dass der Ort Weitzen des zweiten Ranges lieferte; er heisst
dort Chorazaim, כרזיים. In Jerus. Baba Bathra fol. 15, 1 ist gemeldet,
dass die Heerden aus Juda bis nach Chorasin in Naphthali ge-
trieben wurden. Hier schreibt sich der Name: הורשין. Nordwärts von
Tell-Hum findet sich nach Van de Velde auf der Anhöhe eine Ruinenstätte Bir Kirâzeh, worin sich Chorazin wiederfindet. Nach Eusebius
im Onomasticon war Χωραζεῖν ein Städtchen Galilaea's ιβ′, d. i. 12
Mil. von Capernaum entfernt. Wenn Hieronymus in seiner Uebersetzung des Onomasticon anstatt ιβ′ nur II Mil. hat, so ist offenbar
ein Copistenversehn im Spiele, indem von der Zahl XII das Zeichen
X ausgelassen wurde. Die Entfernung von 12 Mil. oder 3 Stunden
entspricht vollkommen derjenigen von Ain Medawarah, dem wahren
Capernaum, bis Bir Kerazeh.

§ 68. Es ist schon bemerkt worden, dass bei Khan Minijeh oder
Khan Batszaida die Strasse das Seeufer verlässt und nordwärts auf das
Gebirge zieht, weil bei diesem der Berg so nahe an den See herantritt,
dass am Ufer kein Raum für sie übrig ist. Weiter nordwärts, da wo
das Ufer des See's von Westen gen Osten zieht, breitet sich von neuem
eine schmale Uferebene aus, an deren Rande die schon öfter genannten,
bedeutenden Ruinen von Tell-Hum liegen. Reland, v. Raumer u. a.
haben darin Capernaum finden wollen. Wir haben oben die Gründe
angegeben, welche uns diese Meinung verwerfen machen. De Sauley

hingegen meint Tell-Hum sei Julias-Bethsaïda. Die Unhaltbarkeit dieser Hypothese soll weiter unten, § 70, dargethan werden. Welchem antiken Orte aber entspricht diese Ruinenstätte? Uns scheint Alles dafür zu sprechen, dass es das alte Thella, Θελλᾶ, sei, wovon Josephus, de Bello III. 3, 1 sagt, dass es nahe beim Jordan lag und von einer (der östlichen) Seite die Breite von Obergalilaea bezeichnet, welche von Norden gen Süden zieht und im Norden bei Meroth anfängt, um im Süden bei Thella zu endigen. Offenbar erfüllt Tell-Hum die Bedingung, nicht nur der Lage, sondern auch der Form des Namens nach. Vorläufig bemerken wir, dass der Name nicht immer Tell-Hum geschrieben wird, sondern mehrere Reisende schreiben ihn Tell Hunn oder Tel-hhewn (Ritter, Erdk. XV. 337. De Saulcy. Vog. II. 199 etc.). Bekanntermeise bedeutet Tell einen Hügel; nun liegt aber die uns beschäftigende Ruinenstätte durchaus nicht auf einem Hügel, sondern auf dem niedern Seeufer. Wir schliessen daraus, dass die Sylbe Tel zur Wurzel des Namens gehört und Tellum, Tellun oder Telhewn zu schreiben ist, woraus dann die griechische Form Θελλᾶ entstanden ist. Möglich ist es immerhin, wie wir schon bemerkt haben, dass schon in der byzantinischen Zeit dieser Ort für das untergegangene Capernaum gehalten wurde und die Ruinen von den in Pseudo-Capernaum erbauten Kirchen herkommen.

§ 68. Juda des Jordans. Matth. 19, 1 lesen wir: „Jesus verliess Galilaea und ging in die Grenzen Judaea's jenseits des Jordans," ἦλθεν εἰς τὰ ὅρια τῆς Ἰουδαίας πέραν τοῦ Ἰορδάνου. Jenseits des Jordans konnten keine Grenzen Judaea's sein, weil das eigentliche Land dieses Namens cisjordanisch war. Es ist also hier von einem besonderen Gebiete die Rede, welches den Namen „Judaea jenseits des Jordans" trug. Diesem Namen sind wir schon § 64 begegnet. Nach Jos. 19, 34 stiess Naphthali an Sebulon gegen Mittag, an Asser gegen Westen, gegen Osten aber an Juda des Jordans, יהודה הירדן. Da nun die Grenzen des in Obergalilaea gelegenen Naphthali uns bekannt sind, so kann die Lage von Juda des Jordans keinem Zweifel unterliegen. Naphthali hatte den obern Jordan, den See Gennezareth und den untern Jordan bei seinem Austritt aus dem See zur Ostgrenze. Juda des Jordans ist somit der Dscholan, das alte Gaulonitis, und das neutestamentliche Judaea jenseits des Jordans ist dasselbe Gebiet.

Woher aber kam dem gaulonitischen Gebiete der Name Juda des Jordans? Reland sagt von dieser Frage: Maximus atque insolubilis fere nodus, qui plurimos interpretes torsit. Diese schwierige Frage hat v. Raumer (Palest. S. 233 ff.) auf das Befriedigendste gelöst. Wir theilen hier das Nothwendigste aus seiner Beweisführung mit. Nach 5. Mos. 3, 13. 14 gab Mose dem halben Stamme Manasse ganz Basan und den ganzen Strich Argob; Jaïr aber, der Sohn Manasse's nahm den ganzen Strich Argob, bis an die Grenzen Gessuri und Maachathi, und nannte Basan nach seinem Namen „Dörfer Jair" bis auf diesen Tag (vergl. 4. Mos. 32, 41. Jos. 13, 29. 30). Wo lagen nun Agob und die Dörfer Jair? Hieronymus antwortet im Onomasticon: Argob, Regio Og, regis Basan super Jordanem, und Avoth-Jair, qui locus nunc vocatur Golan. Die Dörfer Jair sind demnach Gaulonitis, der heutige Dscholan. Ebenso übersetzt Josephus, Antiq. VII. 2, 3, die 1. Kön. 4, 13 Gilead und Argob genannten Gegenden durch „Galaatidis und Gaulanitis bis zum Libanon." Der Strich Argob oder Dscholan zählte zu Manasse, weil Jair, ihr Besitzer, ein „Sohn Manasses" war, nach den oben an-geführten Stellen. Wie aber war er Manasses Sohn? Nach 1. Chron. 2, 3. 4. 21. 23 zeugte Juda den Perez, dieser den Hezron; Hezron be-schlief (ausser der Ehe) die Tochter Machir's des Vaters Gilead's, und sie gebar ihm Segub; Segub zeugte Jair. Dieser war somit von väter-licher Seite aus dem Stamme Juda, von mütterlicher Seite aus dem Stamme Manasse. Da aber, nach 4. Mos. 36, 7 „jeglicher anhangen soll an dem Stamme seines Vaters," so sagt Clericus mit Recht: Jair Manassita. Hic contra morem in triba materna mansit. Der Grund dieser Ausnahme von der Regel war die uneheliche Geburt Segub's, seines Vaters. Derselbe war Anfangs aus dem väterlichen Stamme ver-stossen, seine Nachkommen aber wurden legitimirt und in denselben wieder aufgenommen. Ein ähnliches Beispiel bietet Jephtha, Richt. 11, 1. 2. 7. 8. In der Zeit nun, wo Jair, wegen ausserehelicher Herkunft aus Juda verstossen war, zählte sein Land zu Manasse, nach der Legiti-mation seines Geschlechtes zählte er und sein Land, der Strich Argob, das ist Gaulonitis, zu Juda, und dieses Land bekam den Namen Juda des Jordans. Also verhielt es sich noch im Zeitalter Jesu; denn Jo-sephus, de Bello III. 3 giebt eine Beschreibung des ganzen heiligen Landes, bestehend aus Galilaea (III. 3, 1—2), Peraea (III. 3, 3), Samaria (III. 3, 4) und Judaea (III. 3, 5), welches letztere in 11 Toparchien getheilt war; ausserdem gehörte aber zu Judaea ($\varkappa\grave{\alpha}\pi\grave{\iota}\ \tau\alpha\acute{\upsilon}\tau\alpha\iota\varsigma$): Gaulonitis, Gamalitis, Batanaea und Trachonitis, Provinzen, welche auch zugleich zu Agrippa's Reich gehörten. Hier wird also ausdrücklich Gaulonitis mit zu Judaea gezählt. So erklärt sich, warum die Ostgrenze Naphthali's Juda des Jordans und später Judaea jenseits des Jordans hiess. Die südliche Grenze dieses Gebietes ist der dasselbe von der Decapolis trennende Wadi Fik.

§ 69. El Batîheh. Wilson (The Lands of the Bible II. 150) macht die Bemerkung, dass ihm die Analogie der drei kleinen Uferebenen am See Gennezareth auffiel: im Westen El Ghueir, im Süden Ard el Semakh, im Norden El Batiheh; denn sie stimmen völlig überein nach Gestalt, Boden, Ausdehnung und Productionen. El Batîheh ist ein dem Ghueir ähnliches Becken, welches sich auf der Ostseite des Jordans, beim Einflusse desselben in den See befindet. Robinson (III. 559 ff.) sagt, diese Ebene sei im Osten von den Bergen, welche den See einschliessen, begrenzt, und im Norden von ähnlichen, bedeutend hohen Bergen, welche höher hinauf bis an den Jordan herankommen. Sie ist ein völliges Flachland, und eine fruchtbarere Bodenstrecke kann man sich kaum denken. Man findet eine frappante Aehnlichkeit zwischen ihr und El Ghueir in Gestalt, Klima, Boden und Produkten; doch scheint die Batihah eher den Vorzug zu verdienen. Die ausserordentliche Fruchtbarkeit ist nicht nur dem schönen schwarzen Lehmboden, sondern auch dem Ueberfluss an Wasser zuzuschreiben. Nicht weniger als drei immerwährende Ströme tragen, ausser dem Jordan zu ihrer Bewässerung bei. Dieselben sind von Süden gen Norden sich folgend: Wadi es-Sanâm, Wadi ed-Daliheh, und Wadi es-Safa. In dieser Ebene (deren Namen Burckhardt Battykha schreibt) finden sich mehrere in den evangelischen Berichten genannte Ortschaften, worunter besonders Bethania jenseits des Jordans und Bethsaïda-Julias sich auszeichnen.

§ 70. Bethania jenseits des Jordans. Johannes 1, 28 wird der Ort, da Johannes taufte, und wo Jesus von ihm als der Messias bezeichnet wurde, Bethania jenseits des Jordans, $B\eta\vartheta\alpha\nu\acute{\iota}\alpha\ \pi\acute{\epsilon}\varrho\alpha\nu\ \tau o\tilde{\upsilon}\ \tilde{\iota}o\varrho\delta\acute{\alpha}\nu o\upsilon$ genannt. Denn dass dieses die ursprüngliche Leseart sei, ist wohl allgemein angenommen. Origenes stellte an Ort und Stelle Untersuchungen an und kam zur Ueberzeugung, es gebe kein Bethanien am Ostufer des Jordans, aber wohl ein Bethabara; durch ihn kam die Leseart $B\eta\vartheta\alpha\beta\alpha\varrho\grave{\alpha}$ in die Handschriften. Origenes aber hat nicht gefunden, weil er, durch die Tradition irre geleitet, Johannes Taufstätte am Ufer des unteren Jordans suchte. Als Seetzen (Reisen I. 313) aus der Gegend von Fik zurückkehrte, kam er, ehe er die Jordanfurth passirte, um auf das westliche Ufer zu gelangen, zum Dorfe Tellanije (oder Tellanihje, in Zach. Corresp. XVIII. 318). Der Ort, bei welchem Aloë wuchs, hatte eine schöne Lage; die liebliche Marschgegend bestand aus schwarzer Erde; er traf von da, bis zu der Jordanfurth mehrere Bäche an. Von der Jakobsbrücke an, sagt er S. 312, bis westwärts von Tellanihje fliesst der Jordan zwischen Basaltbergen im Grunde. Diese Beschreibung entspricht so vollkommen dem, was Robinson (III. 565) von der Lage des Ortes Et Tell sagt, dass kein Zweifel an der Identität von Et Tell und Tellanihje möglich ist, um so mehr, da die Karten beider Reisenden in dieser Beziehung vollkommen übereinstimmen. Et Tell ist, sagt Robinson, die grösseste aller Ruinen dieser Ebene El Batiheh. Der Tell erstreckt sich vom Fusse der nördlichen Berge südwärts, nahe bei dem Punkte, wo der Jordan aus demselben hervorkommt. Die Ruinen bedecken einen grossen Theil desselben und sind sehr umfangreich, bestehen aber, so weit es sich beobachten liess, gänzlich aus ungehauenen vulkanischen Steinen, ohne irgend eine deutliche Spur alter Architectur. Robinson und seine Begleiter, welche die Identität dieses Ortes mit Tellanihje Seetzens erkannten, konnten von demselben keinen andern Namen erfahren, als Et-Tell. Dieses beweiset aber nichts gegen die Richtigkeit der Angabe Seetzens, weil auch Pococke (II. 106) den Ort Telouy (ist wohl Telony zu lesen) nennt. Seetzen hatte, wie schon oben § 66 bemerkt worden ist, einen gaulonitischen Beduinen zum Führer, während Robinsons Gefährten nur mit den seit kurzem erst aus Aegypten eingewanderten Ghawarineh verkehrten. Bei den echten Urbewohnern des Dscholan allein kann eine echte Tradition die Umgebungen des See's betreffend, gesucht werden. Seetzen schöpfte aus der rechten Quelle. Seine Angabe ist um so zuverlässiger, da er mit dem gefundenen Namen nichts anzufangen wusste, also jedenfalls nicht durch unvorsichtiges Fragen eine irrthümliche Antwort veranlassen konnte. Er hielt den Ort, wie auch Robinson, für Bethsaïda-Julias, was aber ein Irrthum ist. Die Araber setzen öfters den Namen Tell, Hügel für das antike Beth; Tell Anihje ist Beth Anihje oder Bethania, der Ort jenseits des Jordans, da Johannes taufte; er liegt nahe bei der Jordanfurth, also in den Bedingungen des Textes; er ist ferner der einzig mögliche Ort des jenseitigen

Ufers, von welchem Jesus in einem Tage nach Kana in Galilaea gelangen konnte (Joh. 1, 44; 2, 1). Matth. 19, 1 heisst es: Jesus entfernte sich aus Galilaea und ging in die Grenzen Judaea's jenseits des Jordans. In der Parallelstelle Joh. 10, 40 steht aber: „Und Jesus ging wieder jen‑ seits des Jordans, an den Ort, wo zuerst Johannes taufte." Nun taufte aber Johannes zuerst zu Bethania jenseits des Jordans; der Ort lag somit in Judaea jenseits des Jordans, das ist im Dscholan, wo wirklich Tella‑ nihje liegt. An der Richtigkeit unserer Bestimmung kann also kein Zweifel sein.

§ 71. Bethsaïda-Julias. Josephus, Antiq. XVIII. 2, 1 berichtet, dass der Tetrarch Philippus (nicht lange nach dem Jahr 6 n. Chr.) Paneas bei den Quellen des Jordans erbaut und Caesarea genannt, zu‑ gleich auch Bethsaïda am See Gennezareth, früher ein Dorf, zum Range einer Stadt erhoben, mit vielen Einwohnern und Herrlichkeiten versehn, und ihr den Namen der Tochter Caesar's, Julia beigelegt habe. Nach de Bello II. 9, 1 lag die Stadt Julias in Unter-Gaulonitis. Julias gegen‑ über, $\mu\varepsilon\tau\grave{\alpha}$ $\pi\acute{o}\lambda\iota\nu$ $'\text{I}o\nu\lambda\iota\acute{\alpha}\delta\alpha$, durchschnitt der Jordan den See, (de Bello III. 10, 7). Diese Stadt bezeichnete die Westgrenze des Reiches Agrippa's, wie Arpha dessen Ostgrenze (Bell. III. 3, 5). Dass diese Stadt am Ufer des See's Gennezareth lag, bezeugt auch Plinius, H. N. V. 15: Jordanis amnis — — in lacum se fundit, quem plures Genesaram vocant, XVI m. passuum longitudinis, VI m. latitudinis, amoenis circumdatum oppidis: ab oriente Juliade et Hippo, a meridie Tarichaea ab occidente Tiberiade. Damit kein Zweifel an der transjordanischen Lage dieses Ortes übrig bleibe, so führen wir noch das Zeugniss des Hieronymus auf, welcher zu Matth. 16 sagt: Philippus — — ex nomine filiae ejus (Caesaris) Julia‑ dem trans Jordanem exstruxit. Wenn nun Ptolemaeus (Tab. IV. Asiae) Julias unter den Städten Galilaea's aufzählt, so muss diese Angabe als ein Irrthum angesehn werden. Auf diese Angabe allein aber stützt sich H. de Saulcy um die Existenz einer Stadt Julias auf der Ostseite des Jordans zu läugnen und somit auch ein transjordanisches Bethsaïda Julias mit Tell-Hum zu identificiren. Diese Hypothese ist allen Texten zuwider. Das transjordanische, gaulonitische Bethsaïda wird öfters im N. T. ge‑ nannt, besonders in der Geschichte der Speisung der 5000. Wo lag nun dieser Ort? Die grosse Mehrzahl der Geographen, Pococke, v. Rau‑ mer, Robinson u. a. m. verlegen Julias nach Et-Tell. Wir haben oben gesehn, dass diese Ruinenstätte vielmehr Bethania jenseits des Jordans

Caspari. Einleitung. 6

ist. Diese Lage widerspricht aber auch den oben citirten Autoritäten; denn El-Tell liegt nicht, wie Plinius von Julias sagt, auf der Ostseite des Sees und auch nicht wie Josephus will, unmittelbar am Einflusse des Jordans in den See. Seetzen verzeichnet auf seiner Karte ein „Schloss Szeida" südostwärts von der Mündung des Jordans, etwa da, wo die andern Karten Aradsch oder Mesadijeh haben. Wir haben oben schon gesagt, warum wir Seetzens Angaben, seines gaulonitischen Führers wegen, den Vorzug geben. Wir halten „Schloss Szeida" um so mehr für authentisch, da Seetzen von diesem Funde keinen Gebrauch macht, sondern Julias-Bethsaïda mit Tellanihje verbindet. Leider hilft Seetzens Text nicht nach. Robinson hatte sein Zelt, 10 Minuten nordwärts von der Mündung des Jordans in den See, aufgeschlagen (III. 559). Unterhalb des Zeltes, nahe bei dem See, setzten seine Gefährten (er selbst blieb krank zurück) über den Fluss und erreichten in 5 Minuten, in einer Richtung von S. 40° O. die Ruinen eines Dorfes, von mässiger Grösse, Namens El-Aradsch, welche gänzlich aus ungehauenen vulkanischen Steinen bestanden. Das einzige von Alterthum hier bemerkliche, war ein kleiner Sarcophag aus demselben Material. In derselben Richtung längs der Küste weitergehend, erreichten sie 20 Minuten nach dem Uebergang über den Jordan El Mesadijeh, ein Dorf in Ruinen. Diese Angaben beweisen, und de Bertou's Karte bestätigt es, dass Robinson auf seiner Karte den letztern nur etwa 15 Minuten von der Mündung entfernten Ort viel zu weit südwärts verzeichnet hat. El-Aradsch liegt etwas oberhalb der Mündung und Mesadijeh (de Bertou schreibt Maschadieh) derselben gegenüber. Dieser letzte Name, Mesadijeh, Maschadieh ist mit Szaida verwandt, und scheint eine Corruption dieses letztern zu sein. Diesen Ort halten wir für Bethsaïda-Julias. Am See, dessen nördlicher Theil besonders fischreich ist, und nicht am Jordan, muss „Fischhausen" gesucht werden. Mesadijeh oder Seetzen's Szeida, liegt auf der Ostseite des See's, dem Ausdruck Joseph's entsprechend (Bell. III. 10, 7): μετὰ πόλιν Ἰουλιάδα διεκτέμνει (ὁ Ἰορδάτης) τὴν Γεννησὰρ μέσην: „Julias gegenüber durchschneidet der Jordan den See Gennesar." Ein in der Nähe des Jordans aufgeschlagenes Lager konnte sehr wohl nur ein Stadium von diesem Julias entfernt sein (Jos. Vita 72). Es mag freilich auffallend erscheinen, dass von einer solchen Stadt nur unbedeutende Ruinen übrig geblieben sind. Zu bemerken ist jedoch, dass Robinson's Gefährten die einzigen Reisenden sind, welche diese Ruinen besucht haben; wie oberflächlich diese Forschungen aber waren, ergiebt sich aus dem Umstande, dass sie El Batiheh in Zeit von 3 Stunden in allen Richtungen durchkreuzt, nirgends aber sich aufgehalten haben. Es bleibt zukünftigen Reisenden aufbehalten, diese für die neutestamentliche Geschichte so bedeutungsvolle Gegend, gründlicher zu erforschen.

§ 72. Die Decapolis. Diese Gegend wird Matth. 4, 25. Marc. 5, 20; 7, 30 erwähnt. Die Decapolis war ein Bund heidnischer Städte, welche im israelitischen Gebiete lagen. Ueber die Natur ihrer gegenseitigen Verbindung, welche jedenfalls eine lose war, bleiben wir im Ungewissen, eben so wenig ist es möglich, mit Sicherheit zu bestimmen, welche Städte zu diesem Bunde zählten, indem die verschiedenen alten Geographen theilweise verschiedene Namen angeben. Ihre Zahl war wahrscheinlich nicht immer dieselbe und jedenfalls nicht immer auf Zehne beschränkt. Plinius H. N. V. 16 sagt, dass die Namen der einzelnen Städte der Decapolis verschieden angegeben werden, dass aber nach der gewöhnlichen Ansicht folgende Städte dazu gehörten: Damascus, Philadelphia, Raphana, Scythopolis, Gadara am Hieromax, Hippos, Dion, die wasserreiche Pella, Gelasa, Canatha. Ptolemaeus (V. 15. Tab. IV. Asiae, siehe Roland, Palest. 456) zählt als Städte der syrischen Decapolis (Κοίλης Συρίας Δεκαπόλεως πόλεις) folgende auf: Abila Lysanion, Saana, Ina, Damascus, Samulis, Abida, Hippos, Capitolias, Gadara, Adra, Scythopolis, Gerasa, Pella, Dion, Gadora, Philadelphia, Kanatha. Josephus giebt nirgends eine Aufzählung der zur Decapolis gehörigen Städte; er meldet aber einzeln, als zu diesem Bunde gehörig: Scythopolis (Bell. III. 9, 7), Philadelphia (III. 18, 1), Gadara und Hippos (Vita 65. 74). Einige der genannten Städte liegen zerstreut oder kleine Sondergruppen bildend, wie Abila, Damascus, Canatha; andere sind noch unbekannt, wie Saana, Ina, Samulis. Die andern bilden eine zusammenhängende, grosse Gruppe, welche an den beiden Ufern des Hieromax sich ausbreitet und das eigentliche Gebiet der Decapolis ausmachen. Diese sind Scythopolis, Hippos, Gadara, Adra, Raphana, Capitolias, Pella, Dion, Gerasa und Philadelphia, über welche hier ein Näheres mitzutheilen ist.

a) Scythopolis, die Einzige der Zehn - Städte, welche auf der Westseite des Jordans liegt. Im A. T. heisst sie Bethsean (Richt. 1, 27. LXX. Judith 3, 11. Jos. Antiq. XII. 8, 5) heute Beisan oder Bisan, etwa 1 Stunden südwärts von Tiberias, 2 Stunden westwärts vom Jordan, im

Ghor. Ihr Gebiet stiess an dasjenige von Gadara und von Hippos (Jos, Vita 9).

b) Hippos, bei den Talmudisten Susitha. Sie lag jenseits des Jordans (Jos. Vita 31), 30 Stadien von Tiberias (Vita 65), bei Apheka, dem heutigen Fik (Onomasticon, Art. Apheca). Dieses Fik liegt Tiberias gegenüber, auf der Hochebene, am obern Ende des Wadi Fik; ¾ Stunden westlich von diesem Orte, nahe bei dem See ist El-Hoessn (Burckhardt S. 438), welches Wort „Pferd" bedeutet. Hippos und Susitha haben dieselbe Bedeutung, daher wir auf die Identität des Ortes schliessen. Zwischen El-Hoessn und dem Südende des See's giebt Burckhardt (S. 437) eine Ruinenstätte: Tell-Hun an. Bei Ritter (Erdk. XV. 259) heisst der Ort: Kalaat El-Hum. Dieses Zusammentreffen von Susitha und El-Hun oder Hum ist zu auffallend, als dass wir es übersehen dürften. 1. Mos. 14, 5 heisst es: „Es kamen Cadorlaomer und die Könige, die mit ihm waren — und schlugen die Rephaïm zu Aschtharoth-Karnaim und die Susim zu Ham. Astharoth lag nordwärts vom Hieromax; in jenem Striche sind die Susim zu suchen; in demselben aber finden wir Susitha, welches den Susim und Hun, das an Ham erinnert, um so mehr, da die Targum Ham, הם, immer durch Hun, הון wiedergeben. Der Umstand, dass Susim: זוזים geschrieben ist, während Susitha sich סוסיתא schreibt, kann gegen die Identität nichts beweisen, da die Orthographie der Rabbinen willkürlich und regellos ist. So steht Jerus. Demai fol. 22. 4 in der Beschreibung der Zehntengrenzen סוסיתה und in der Wiederholung dieser Beschreibung in Tosaphtha Schbiith (Ugolini, Thes. XX. 223) steht ציצתה. Nach Jerus. Schbiith fol. 36, 3 war Susitha das Land Tob, Richt. 11, 3.

c) Gadara, die Hauptstadt des Landes der Gadarener, Γαδαρηνῶν, wovon Matth. 8, 28. Marc. 5, 1. Luc. 8, 26 die Rede ist, wenn je die Lesart richtig ist. Diese Stadt lag, nach Plinius am Hieromax (Gadara, Hieromace praefluente), gehörte zur Decapolis und war die Metropolis von Peraea (Jos. de Bello IV. 7, 3), von Tiberias 60 Stadien (Vita 65) oder 16 Mil. (Tab. Peuting) und von Scythopolis 16 Mil. (Itiner. hieros.) entfernt. So ziemlich diesen Angaben entsprechend, und daher allgemein für Gadara gehalten, ist die bedeutende Ruinenstätte Mkès (Seetzen, I. 368) oder Om-keis (Burckhardt 426). Der Ort liegt auf einem Berge auf der Südseite des Mandhur, des Hieromax der Griechen, des Jarmuch der Talmudisten. Das Thal dieses Flusses ist bei Mkès ein ungeheurer

Schlund, in welchem sich die berühmten Thermen von Gadara befinden. Nach Seetzen ist Mkès durch den Wadi El-Arab von einem anliegenden Bergrücken getrennt, auf welchem die grosse bewohnte Höhle Dschedur liegt. Dieser Name ist die moderne Form von Gedor oder Gadara.

d) Adraa, das alte Edrei, die Hauptstadt des Reiches Basan (4. Mos. 21, 33; 5. Mos. 1, 4; 3, 10. Jos. 12, 4), heute Draa oder Derâ, am obern Mandhur (Burckh. 385). Nach Tab. Peuting. ist Adraa von Bostra 24 Mil., von Capitolias 16 Mil., von Gadara 32 Mil. entfernt. Im Onomasticon ist die Entfernung von Bostra 25 Mil. angegeben. Diese Distanzen beweisen, dass die Verzeichnung aller dieser Orte in Robinson's und Van-de Velde's Karten unrichtig ist.

e) Raphana. Diese durch Plinius zur Decapolis gezählte Stadt ist sicherlich das 1. Macc. 5 gemeldete Raphon. Timotheus, heisst es dort, V. 37, lagerte sich vor Raphon, jenseits des Baches, d. h. des Mandhur, weil vorher V. 36, von Bosor, das ist Bostra, die Rede war. Judas ging über den Bach und schlug die Heiden, welche Timotheus befehligte. Diese flüchteten sich in den Tempel von Karnaïn, welchen die Juden verbrannten, sammt Allen, die darinnen waren, und sie zerstörten Karnaïm (V. 42 — 44). Raphon oder Raphana lag also in der Nähe von Karnaïm. Nun sagt Eusebius im Onomasticon: „Astaroth, alte Stadt des Königes Og in Basan, in welcher die Giganten (Rephaim) wohnten. Sie liegt 6 Mil. von Adar (Edrei), welche wiederum 25 Mil. von Bostra entfernt ist; weiter oben liegt Astaroth Karnaïm." Von Astaroth Karnaïm sagt er: „Das Land der Giganten, welche Kador-Laomer schlug. Bis heute sind zwei Dörfer dieses Namens in Batanaca und Batalua (?), von einander 9 Mil. entfernt, zwischen Adra und Abila." Nun liegt 6 Mil. von Adra das heutige Mezarib, und von diesem 9 Mil. entfernt Tel-Aschterch. Diese zwei Orte sind somit die zwei Asteroth, oder Städte der Giganten, das ist der Rephaim, wovon der einen der Name Raphon zukam, welcher nur eine spätere Form von Rephaim, רפאים, 1. Mos. 14, 5 ist. In Mezarib aber ist dieser Name enthalten, wenn man ihn Mezar-Rib oder Rif, schreibt, welcher Name „Grabmal der Rephaim" bedeutet.

f) Capitolias. Diese Stadt lag nach Tab. Peuting. zwischen Adraa und Gadara in der Mitte, von jeder dieser Städte 16 Mil. entfernt. Diese Entfernung von 16 Mil. von Capitolias nach Adraa und nach Gadara findet sich zweimal im Itiner. Antonini wiederholt. In der gegebenen

Entfernung zwischen diesen zwei Städten liegt aber die Ruinenstätte Bet-er-Râs; so weiset es Seetzens Karte und Text (I. 371) aus. Dieser Ort muss um so mehr Capitolias sein, da der heutige Name Domus Capitis bedeutet. v. Raumer (Pal. 246), in der irrigen Voraussetzung, dass die antike Strasse von Damascus nach Gadara über den Mandhur in der Nähe seines Austrittes aus dem Gebirge, wo er eine unübersteigbare Schlucht bildet, setzte, verlegt Capitolias nach Tseil bei Nava, weil nach Itiner. Antonini die Strasse von Damascus folgenden Verlauf hatte: Von Damascus nach Aere 32 Mil. von da nach Neve 30 Mil., von Neve nach Capitolias 36 Mil., von da nach Gadara 16 Mil. Aber er muss — und dadurch ist schon seine Hypothese gerichtet — die angegebene Distanz von 36 Mil. zwischen Neve und Capitolias in 6 Mil. verwandeln. Die Strasse von Damascus nach Gadara zog vielmehr bei Adraa über den Mandhur und dann in westlicher Richtung nach Gadara, auf dem Südufer des Mandhur hin. Auf dieser Südseite lag somit auch Capitolias.

g) **Philadelphia.** Es ist dieses der griechische Name von Rabbath-Ammon (5. Mos. 3, 11; 2. Sam. 11, 14 bis 12, 31), heute Amman mit grossartigen Ruinen, am Nahr Amman, d. i. am obern Jabok.

h) **Gerasa.** In dem A. T. kommt der Name nicht vor. Heute heisst der Ort noch immer Dscherasch, er liegt 15 Stunden nordwärts von Amman, und enthält bedeutende Ruinen. Einige M. S. haben Matth. 8, 28. Marc. 5, 1. Luc. 8, 26 die Leseart Γερασηνῶν, Gerasener für Gadarener und Gergesener, wie andere Handschriften haben. Wenn die Leseart richtig ist, so muss der Name Gerasener in dem allgemeinen Sinne von „Decapolitaner" genommen werden. Es ist möglich, dass in Jesu Zeitalter Gerasa die Metropolis der Decapolis war. Gerasa selbst ist etwa 20 Stunden vom See entfernt, dessen Ufer die Scene der Begebenheiten war, welche in den citirten Stellen der Evangelien berichtet werden.

i) **Dion.** Josephus, Ant. XIII. 15. 3 berichtet, dass Alexander Janaeus diese Stadt einnahm, und XIV. 4, 4, dass Pompejus die Städte Hippos, Scythopolis, Pella, Dion den ursprünglichen heidnischen Bewohnern zurückgab. Dion war sprüchwörtlich wegen ihres ungesunden Wassers (ἧς ὕδωρ νοσερὸν, Steph. Byz.). In einem Epigramme heisst es:

Νάμα τὸ Διηνὸν γλυκερὸν πότον, ἂν τὸ δὲ πίῃς
Παύσῃ μὲν δίψης, εὐθὺ δὲ καὶ βιοτοῦ.

Dion's Quelle ist süsser Trank, doch wenn du ihn trinkest,

Löscht sich für immer der Durst und auch das Leben sofort.

Nun copirte Burckhardt (399) zu Suf bei Dscherasch (Gerasa) ein Stück einer Inschrift, welche er an der Quelle Ain Keikebe, an einem zerbrochenen Steine im Wasser fand, und also lautet: ΔΙΩΝΤΟΙΑΡ. ΑΝΕΥΓΕΡΕΙΑΟΧ. — ΓΕΥΕΙ ΥΜΟΥ. Diese barbarisch-griechischen Worte sagen wohl: ΔΙΩΝ ΤΟ ΥΔΡον — ΑΝΕΥΓΕΡΕΙΑΟ ΓΕΥΕΙ ΩΜΟΥ. — „Das Wasser Dion befreit vom Alter und lässt dich zugleich (Kühlung und Tod) trinken."

Dion findet sich also wieder in Suf, einem NNW von Dscherasch und anderthalb Stunden von diesem Orte gelegenen Dorfe, und Ain Keikebe ist Dions giftige Quelle.

k) Pella. Diese Stadt ist dem christlichen Forscher nicht blos darum wichtig, weil ihre Lage das Gebiet der Zehn-Städte näher bestimmt, sondern auch, weil sie die Zufluchtsstätte der urchristlichen Gemeinde von Jerusalem, während der Belagerung und nach der Zerstörung der Mutterstadt war. Im Onomasticon lesen wir: Acmath, urbs quae cecidit in sortem Ruben. Sed nunc Amathus villa dicitur trans Jordanem in XXImo lapide Pellae ad meridiem. Amathus lag 21 Mil. südwärts von Pella. Jenseits des Jordans waren zwei Orte, welche den Namen Amath trugen, nemlich die Thermen von Gadara in der Mandhurschlucht, und eine Stadt dieses Namens, welche Josephus die vorzüglichste transjordanische Festung nennt (Bell. I. 4, 2. Antiq. XIII. 13, 5; conf. XIV. 5, 4; XVII. 10, 6. Bell. I. 8, 5). Dieser letzteren entspricht die Ruinenstätte Amata $\frac{3}{4}$ Stunden nordwärts vom Eintritt des Zerka oder Jabok in den Ghor. Dieser Ort ist in der citirten Stelle des Onomasticon gemeint; denn Pella bezeichnete nach de Bello III. 3, 3 die Nordgrenze Peraea's. Diese Provinz lag aber südwärts vom Mandhur. Pella konnte somit unmöglich 21 Mil. nordwärts von Amath in der Mandhurschlucht liegen. Ptolemaeus bestimmt die Lage Pella's also: Längegrad $67\frac{2}{3}$, Breite $31\frac{2}{3}$; Scythopolis liegt nach demselben Geographen: Länge $67\frac{1}{3}$, Breite $31\frac{1}{2}, \frac{1}{3}, \frac{1}{12}$; die Diagonale giebt eine Distanz von 30 Mil. von Scythopolis nach Pella. Wenn man nun einen Radius von 30 Mil. von Bisan aus und einen andern von 21 Mil. von Amata aus sich kreuzen lässt, so trifft man auf jeder guten Karte, derjenigen von Raumer zum Beispiel, auf Erbad oder Irbid. Erbad, oder ein nahe gelegener Ort ist somit Pella. Es heisst ferner im Onomasticon, im Artikel:

Arisoth: Jabis, trans Jordanem — a civitate Pella 6 Mil. distans. Und im Artikel Jabis: Jabis Galaad — — nunc autem est vicus trans Jordanem in sexto miliario civitatis Pellae, super montem, euntibus Gerasam. Jabes selbst ist bis jetzt nicht wieder aufgefunden worden, aber ein, Wadi Jabes, 4¾ Stunden nördlich von Amata erinnert noch an den Namen dieser Stadt, wo Saul und Jonathan begraben wurden. Weil dieselbe „auf dem Berge" lag, muss sie nothwendig am obern östlichen Anfange des Thales dieses Namens gesucht werden. Der Einwurf, dass dann Jabes zu weit von Bethscan wäre entfernt gewesen, als dass das 1. Sam. 31, 3 — 13 berichtete, hätte in einer Nacht geschehen können, ist ohne Grund, weil nach dem Texte nur die Hinreise in jener Nacht geschehen ist, und weil Josephus, Antiq. VI. 14, 8 die That als ein Wagestück besonders rüstiger Leute darstellt. Nach Seetzens Karte liegt wirklich Erbad etwa 6 Mil. nordwärts von dem obern, östlichen Anfange des Jabes - Thales, wo wir die Stadt dieses Namens suchen. Diese lag an der Strasse, welche Pella mit Gerasa vereinigte. Robinson, v. Raumer, Van-de Velde u. A. meinen Pella in Tabakat - Fuhil, 5 Stunden nordwärts von Amata wieder gefunden zu haben. Tabakat - Fuhil ist aber nicht 21 sondern 14 Mil. von Amata entfernt, und nicht 30 Mil. sondern 10 Mil. von Bethscan; ferner könnte dieser Ort nimmermehr die Nordgrenze von Peraea gewesen sein, wenn, wie es doch Josephus ausdrücklich behauptet, das einige Stunden nördlicher gelegene Gadara, die Metropolis von Peraea war. Auch haben besagte Geographen vergessen zu erklären, wie eine von Fuhil nach Gerasa ziehende Strasse über die Abgründe der dazwischen liegenden Wadi's setzte? — Stephanus byzantinus sagt, Pella habe früher Butis geheissen, Πέλλα — — ἡ Βοῦτις λεγομένη. Nun ist aber in Jerus. Aboda Zara von drei berühmten Marktstädten die Rede, welche sind: Gaza, Acco und Butnch, בוטני. Dass diese letzte Stadt aber Butis-Pella sei, wird durch Folgendes ausser Zweifel gesetzt. Seetzen (I. 394) sagt, dass der Landstrich zwischen dem Mandhur und dem Wadi Jabes El-Bothin heisse, ein Name, welcher mit Butnch und Butis übereinstimmt, und in welchem Irbid oder Erbad liegt; ferner sagt er, dass der Wadi, an dessen Rande Draa (Adraa) liegt, Wadi Middan heisse. Middan aber bedeutet „Markt" oder „Messe". Wilhelm von Tyrus (Gesta Dei. I. S13) beschreibt eine Expedition der Kreuzfahrer von Tiberias aus gegen Damascus. Das Heer zog durch die Cavea Rob, und kam an das Feld Medan, eine weite Ebene, mit freier

Aussicht. Diese Ebene ist vom Flusse Dan durchschnitten, welcher zwischen Tiberias und Scythopolis sich in den Jordan ergiesst. Dieser Fluss Dan ist offenbar der Mandhur; der Name verdankt seinen Ursprung einer falschen Etymologie, welche die Kreuzfahrer anwendeten, indem sie den Namen des Wadi Middan von Mé-Dan, „Wasser Dan" ableiteten. Die Ebene Medan ist Seetzens Bothin entsprechend. Derselbe Wilh. Tyrius beschreibt später (ibid. I. 895) eine zweite Expedition, welche von Tiberias ausging, und durch Cavea Rob, über die Ebene Medan nach Adratum (Adraa, Edrei) vordrang. Ueber die Lage kann somit kein Zweifel mehr sein, weil sie zwischen Tiberias und Edrei liegt, an dem Flusse, welcher zwischen Tiberias und Scythopolis in den Jordan mündet. Nun sagt Sanutus (Gesta Dei II. 247), dass in der Ebene Medan die Sarazenen jährlich eine besonders grossartige Messe abhielten. Dieses entspricht vollkommen den Anforderungen der oben angeführten talmudischen Stelle und der wahren Etymologie des Wortes Middan. Da er aber, wie sein Vorgänger, Wilh. Tyrius, das Wort von Mé-Dan ableitete, und wusste, dass das antike Dan oberhalb des Huleh-See's lag; so verlegte er irrthümlich die Scene der Messe der Sarazenen an das Ostufer des Huleh, und dorthin verzeichnen noch heute viele Karten, z. B. diejenige von Raumer eine Ebene Midan, während doch Wilh. Tyrius die Geographen eines bessern hätte belehren können. Der Markt hielt sich im El-Bothin, dem Batneh des Talmud, dem Boutis-Pella des Steph. Byzantinus. Handelt es sich nun darum, die Lage von Pella näher zu bestimmen, so muss vor Allem bemerkt werden, dass dieser Name nicht mehr sich vorfindet. Es ist bekannt, dass die meisten Benennungen, welche die Griechen und die Römer im Orient den Städten beilegten, wieder verschwanden und dem ursprünglichen Namen weichen mussten, und Pella ist ein macedonischer Name, welchen noch heute zu finden, wir gar nicht erwarten dürfen. Forschen wir aber in jenen Gegenden nach dem Namen Butis, so setzt uns der Ueberfluss in Verlegenheit. Seetzen fand in der Nähe von Irbid, im El-Bothin, Ain Beda, einen Bach, welcher ein tiefes Thal hinabfliesst und viele weissschäumende Wasserfälle bildet, und ein Dorf Beda (I. S. 383 f.). Aber der Name Irbid oder Erbad selbst scheint uns von עיר, Stadt und בד oder בט zu kommen; so dass der ursprüngliche Name עיר בט, Ir-Bat war = Boutis-Pella. Wenn Plinius nun Pellam, aquis divitem nennt, so muss bei Irbid der Wasserreichthum nachgewiesen werden. Es ist aber heute erwiesen, dass die grossartige Wasserleitung Kanatir-Firon an Irbid vorüberzog; möglich ist es auch, dass die Wasser von Ain Beda, welche heute unbenutzt in das Thal sich ergiessen, einst diese Stadt speiseten. Buckingham fand dort einen den Salomonischen Teichen von Etam vergleichbaren Wasserbehälter (Ritter, Erdk. XV. 1064).

1) Die im N. T. genannte Gegend der Zehn-Städte lag also auf den beiden Seiten des Mandhur und stiess an den See Gennezareth vom Wadi Semakh an, welcher die Südgrenze von Gaulonitis oder Juda des Jordans bildete, bis zum Südende des See's.

§ 73. Magadan. Die wunderbare Speisung der 4000 hatte jenseits des galiläischen Meeres statt gehabt, Matth. 15, 29. Nach Vollendung des Wunders stieg Jesus in das Schiff und ging in die Grenzen von Magadan, εἰς τὰ ὅρια Μαγαδάν, Matth. 15, 19. Der recipirte Text hat, anstatt dieses Namens, denjenigen von Magdala. Die Leseart Magadan erweiset sich aber als die richtige, weil sie in den Codd. Sinaïticus, B Vaticanus, D Cantabrigiensis und in den alten Uebersetzungen, nemlich der Peschito, syriaca hieros., Persica u. s. w. sich befindet. Es ist leicht begreiflich, wie an die Stelle des unbekannten Namens Magadan durch Conjectur der wohlbekannte Name Magdala in die Handschriften kam; unbegreiflich aber wäre es, wie dieser bekannte Name durch einen unbekannten ersetzt wurde. Magadan ist somit die richtige Leseart. Van-de Velde verzeichnet auf seiner Karte einen Wadi Madschideh westwärts von Bisan (dem alten Scythopolis), welcher von der Südseite des Gilboa-Gebirges, des heutigen Dschebel Fakua, in den Ghor hinabzieht. Am untern Theile dieses Wadi fand Schultz (Ritter, Erdk. XV. 436. 446) beträchtliche Ruinen von schwarzem Basaltgestein, welche den Namen Mudschiddaah tragen, oder, wie Van-de Velde schreibt, Khan Madschideh. Dieser Name kommt mit Magadan oder Magado (ܡܓܕܘ, in Peschito) überein. Die Gegend von Magadan, τὰ ὅρια Μαγαδάν, ist also das westliche Gebiet von Scythopolis oder die „Gegend der Zehn-Städte" diesseits des Jordans. Jesus hatte sich vor den Pharisäern zurückgezogen, zuerst in das phönizische Gebiet, dann ins transjordanische bei Julias, wo die zweite Speisung statt hatte. Von dort kehrte er nicht etwa in die Mitte seiner Feinde, nach Magdala zurück, sondern in das Scythopolitanische, nach Magadan (Matth. 15, 21. 29. 39).

§ 74. Dalmanutha. Da wo Matthäus sagt: Jesus ging in die Grenzen von Magadan, hat Marc. 8, 10: Er ging in die Gegend von

Dalmanutha, ἤλθεν εἰς τὰ μέρη Δαλμανουθά. Vier Stunden südwärts vom See Gennezareth auf dem Ostrande des Jordans liegt ein Dorf, dessen Namen Lynch: Delhemiyeh schreibt (Ritter, Erdk. XV. 712), ebenso auf Robinsons und Van-de Velde's Karten. Wenn wir von der Wurzel des Namens Dalmanutha die aramäische Endsilbe (gewöhnlich תא, oft aber auch נת, oder gedehnt: נתא־, ניתא־, נותא־) streichen, so bleibt als Name Dalma, welcher mit Delamiyeh übereinstimmt. Dieser Ort liegt aber, wie Magadan im decapolitanischen Ghor. Da nun Matthäus nicht sagt, dass Jesus in die Stadt Magadan, sondern in das Gebiet derselben sich begab und Marcus gleichfalls nicht den Ort, sondern die Gegend von Dalmanutha als Zufluchtsstätte Jesu nennt, so sind diese Evangelisten nicht im Widerspruche, um so mehr, da Jesus wohl dort, wie sonst seine Sitte war, nicht an einem Orte ansässig blieb, sondern die Gegend durchwanderte; sie sagen aus, er habe sich in den decapolitanischen Ghor begeben, wo er bald diesseits bald jenseits des Jordans, bei Madschideh und bei Delamiyeh sich aufhielt.

Vierter Abschnitt.

Das erste Jahr der Wirksamkeit Jesu, von seinem Auftreten bis zum Tode Johannes des Täufers. Jahr Rom's 781.

§ 75. Synopse der vier Evangelien. Ehe wir den Versuch machen, das Leben und Wirken Jesu Christi in Raum und Zeit geographisch und chronologisch darzustellen, müssen wir das gegenseitige Verhältniss der Quellen, aus welchen wir den geschichtlichen Stoff zu schöpfen haben, ins Klare bringen.

Das Marcus-Evangelium scheint uns mit Nichten ein magerer Auszug aus dem ersten und dem dritten Evangelium zu sein, wie es lange Zeit ist behauptet worden, sondern eine Original-Arbeit, welche Marcus, unter dem persönlichen Einfluss des Apostels Petrus verfasst hat, und welche die Wirksamkeit Jesu im letzten Jahre seines Lebens darstellt, insofern Petrus persönlich davon ein Augenzeuge war. Es ist ein für das Verständniss der evangelischen Geschichte verderblicher Irrthum, wenn von der Voraussetzung ausgegangen wird, alle Apostel seien die ganze Zeit der Wirksamkeit Jesu stets und überall von Anfang bis zu Ende die Begleiter des Herrn gewesen; dieses ist nur mit bedeutenden Ausnahmen vom letzten Jahre wahr, von der früheren Zeit aber durchaus nicht. Jeder der Apostel kehrte nach einiger, oft kurzer Zeit des Zusammenseins mit Jesu, wieder in seine Stadt und zu seinem bürgerlichen Berufe zurück. Petrus insbesondere folgte dem Herrn nach, wenn dieser in Galiläa war, und blieb in Bethsaïda, wenn Jesus nach Judaea zog; denn nach Jerusalem begleitete er ihn nur auf das letzte Passahfest. Da er nun seinem Begleiter und Gehülfen Marcus nur erzählte, was er gesehen und gehört hatte, so musste der Schauplatz, der von diesem Evangelisten aufgezeichneten Begebenheiten nothwendigerweise auf Galilaea sich beschränken. Sobald wir aber das Marcus-Evangelium für ein Originalwerk halten, können wir uns das Verhältniss desselben zum Matthäus-Evangelium nur durch die Voraussetzung erklären, dass der Verfasser dieses letzteren das Marcus-Evangelium als Grundlage und Rahmen annahm, in welchen er seine Sammlung der Reden Jesu fasste. Dieses konnte um so leichter geschehen, da Matthäus mit Petrus in gleicher Lage sich befand und wie dieser nur in Galilaea Jesu Nachfolger war. Der später folgende Lucas musste diese zwei Vorarbeiten, welche auf apostolischer Autorität ruheten, zur Grundlage seiner Arbeit nehmen, aber auch den für seinen gesammelten Stoff zu engen Rahmen, wo es Noth that, ausdehnen. Der Apostel Johannes dagegen war von Jerusalem, wo er bekannt war (Joh. 18, 15) und sein Haus hatte (Joh. 19, 27); er lernte Jesum kennen am See Gennezareth, begleitete ihn dann nach Jerusalem, und blieb und wohnte daselbst, Jesum nur begleitend, wenn derselbe in Judaea war. Hieraus erklärt sich vollkommen, warum die Erzählungen dieses Evangelisten, welcher nur berichtet, was er persönlich gesehen und gehört hatte, beinahe ausschliesslich Judaea zum Schauplatze haben. Das Leben Jesu bleibt einseitig und ein Stückwerk, wenn wir ausschliesslich, sei es an die Synoptiker, sei es an Johannes uns halten; ein harmonisches Ganzes gewinnen wir aber, wenn wir diese Quellen zusammenfliessen lassen. Es kommt vor Allem darauf an, sichere Verbindungspunkte zwischen denselben zu ermitteln. Die vier Evangelien stimmen darin überein, dass das öffentliche Auftreten Jesu durch die Taufe Johannis vermittelt wurde. Von da an geht jedes seinen Weg, bis sie wieder in dem Allen gemeinsamen Berichte von der wunderbaren Speisung zusammentreffen: Matth. 14, 13. Marc. 6, 31. Luc. 9, 10. Joh. 6, 1; von hier an treten sie wieder auseinander bis zur Leidensgeschichte des Herrn, welche sie alle gemeinschaftlich berichten. Diese gemeinschaftlichen Punkte der vier Evangelien bezeichnen zugleich wichtige chronologische Momente in der Geschichte Jesu. Durch Johannes (2, 13) erfahren wir, dass Jesu Auftreten kurz vor dem Passahfeste statt hatte; derselbe berichtet (6, 4), dass die Speisung der 5000 gleichfalls in die Zeit des Passahfestes fiel. Daraus folgt, dass die Begebenheiten zwischen der Taufe und der Speisung ein Jahr ausfüllen, und dass ein Jahr diese Speisung von der Kreuzigung des Herrn trennt.

Der gegenwärtige Abschnitt beschäftigt sich mit dem ersten Jahr der Wirksamkeit Jesu. Für den in demselben zu verarbeitenden Stoff bietet uns die Geschichte Johannes des Täufers einige die Synopse vermittelnde Haltpunkte an. Alles was die zwei ersten Evangelien von Jesu nach der Versuchung erzählen, also Alles, was auf Matth. 4, 12. Marc. 1, 11 folgt, begab sich nach der Gefangennehmung des Täufers; und von Matth. 4, 1. Marc. 6, 16 an sind Begebenheiten berichtet, welche nach des Täufers Hinrichtung statt hatten. Johannes dagegen hebt seine Erzählung früher an; denn nach 3, 22 — 36 war der Täufer noch frei; Joh. 5, 35. 36 hingegen redet Jesus von ihm, als einem der „war", dessen Wirksamkeit abgethan war, entweder durch die Gefangenschaft oder in Folge der schon geschehenen Hinrichtung; daraus folgt, dass alles vor Joh. 5, 1 Berichtete vor Matth. 14, 1 und Marc. 6, 16 einzuschalten ist. Im Evangelium des Lucas wird 3, 1 — 21 die ganze Geschichte des Täufers abgethan, daher im späteren Contexte von der Gefangennehmung nicht Meldung geschieht, jedoch wird sie 7, 24 vorausgesetzt. Wie Vieles von dem Luc. 4, 13 bis 7, 24 Erzählten der Zeit der Gefangenschaft des Täufers vorangeht, soll später besprochen werden. Luc. 9, 7 ist die Hinrichtung desselben vorausgesetzt, also das Nachfolgende gehört der Zeit nach dessen Tode an. Das erste Jahr der Wirksamkeit Jesu begreift demnach folgende synoptischen Rubriken:

1) Von dem Auftreten Johannes des Täufers bis zur Taufe Jesu. Matth. 3, 1—17. Marc. 1, 1—11. Luc. 3, 1 - 22. Joh. 1, 33.

2) Von der Taufe Jesu bis zu seinem öffentlichen Auftreten. Matth. 4, 1—11. Marc. 1, 12. 13. Luc. 4, 1—13. Joh. 1, 19—28.

3) Vom öffentlichen Auftreten Jesu bis zur Gefangennehmung des Täufers. Joh. 1, 29 bis 5, 1. Luc. 4, 14 bis 7, 24?

4) Von der Gefangennehmung bis zum Tode des Täufers. Matth. 4, 12 bis 13, 58. Marc. 1, 14 bis 6, 15. Luc. 7, 24 bis 9, 7. Joh. 5?

5) Vom Tode des Täufers bis zur Speisung der 5000. Matth. 14, 1 bis 13. Marc. 6, 16—31. Luc. 9, 7—12. Joh. 5, 1—17.

I. Die Taufe Jesu.

§ 76. Dass Johannes der Täufer am Anfang des Jahres 2 vor Aera Dionys. 752 R. geboren wurde, und dass Kirbel-el-Jehud im Wadi Bettir sein Geburtsort sei, ist oben, § 40 — 42 als wahrscheinlich dargethan worden. Ueber seine Kindheit und Jugend berichtet Luc. 1, 8: „Das Kind nahm zu am Geiste und erstarkte, er hielt sich auf in den Wüsten bis auf den Tag, da er Israel gezeigt wurde." Diese Wüsten werden nicht näher bezeichnet. Es ist bekannt, dass die Mönchstradition einen bestimmten Ort des jüdischen Landes „die Wüste Johannis" nennt, mit der Weisung, dass dieses die Einsamkeit sei, in welcher der Täufer seine Jugend verlebte. Diese sogenannte Wüste liegt bei Ain Karim, etwa zwei Stunden westwärts von Jerusalem und ist eine der schönsten und fruchtbarsten Culturgegenden Judaea's (Ritter, Erdk. XVI. 513. 515). Dadurch ist freilich diese Tradition gerichtet. Sie verdient aber Beachtung, weil sie in dieselben Gegenden den Geburtsort des Täufers und seines Vaters Zacharia's Wohnhaus verlegt; denn diese dem Johannes gewidmete Gegend liegt dessen wirklichem Geburtsort Kirbet-el-Jehud im Wadi Bettîr, nahe.

§ 77. Das öffentliche Auftreten Johannis und Jesu fiel in das 15te Regierungsjahr des Tiberius (Luc. 3, 1), das ist, in den Anfang des Jahres 28 n. Chr. (siehe § 32). Die Art dieses Auftretens, sowie der Schauplatz desselben wird Luc. 3, 23 also beschrieben: „Es erging das Wort Gottes an Johannes Zacharia's Sohn in der Wüste, und er ging in die ganze Umgegend des Jordans, predigend die Taufe der Busse zur Vergebung der Sünden." Da es heisst: „er ging in die ganze Umgegend des Jordan", so folgt daraus, dass Lucas nicht den Ort des ersten Auftretens, sondern den ganzen Schauplatz aller öffentlichen Thätigkeit des Täufers zu bezeichnen die Absicht hatte. Johannes verliess wirklich bis zu seiner Gefangennehmung das Jordangebiet nicht mehr und taufte in demselben; wenn auch nicht immer im Jordan, bald an diesem, bald an jenem Orte des Ghor. Wo aber trat er zuerst auf? Nach dem Evangelium Johannis geschahe es zu Bethania, jenseits des Jordans, in der „Judaea jenseits des Jordans" genannten Provinz Gaulonitis (Joh. 1, 28; 10, 40, vergl. Matth. 19, 1; siehe § 70). Den Ort des ersten Auftretens giebt Matth. 3, 1 also an: „Es geschahe, dass Johannes taufte in der Wüste Judaea's, $\dot{\varepsilon}\nu \tau\tilde{\wp} \dot{\varepsilon}\varrho\dot{\eta}\mu\wp \tau\tilde{\eta}\varsigma$ 'Iovδαίας, und predigte und sagte: Thut Busse — —." Diese Wüste Judaea's ist unmöglich die im A. T. „Wüste Juda" genannte Gegend, oder der östliche Abhang des Gebirges Juda, sowohl weil in dieser Wüste das Wasser fehlt, als auch, weil sie nur mit dem Todten Meere, nirgends aber mit dem Jordan, in welchem Johannes taufte (3, 6), in Verbindung steht.

Diese Wüste Judaea's ist nichts Anderes als Judaea jenseits des Jordans,
oder Gaulonitis, mit einem Worte: Bethania. Der Name „Wüste" kam
dieser Provinz mit vollem Rechte zu, da der Dscholan kein Cultur- sondern Weide-Land ist. Wird ja sogar das herrliche Culturbecken El Ba-
tihjeh, Matth. 11, 15 „die Wüste" genannt! Johannes und Matthäus
stimmen also in dieser Beziehung völlig mit einander überein, und die
allgemeinen Ausdrücke des Marcus (1, 4: Johannes taufte in der Wüste)
und Lucas (3, 3: „in der ganzen Umgegend des Jordans"), schliessen
jenes Bethania jedenfalls nicht aus. In Bethania fing Johannes sein
Wirken an. Für sein Taufgeschäfte war dieses unstreitig der beste Ort.
Der obere Jordan, ehe er in den See sich ergiesst, hat einen ruhigen
Lauf, ist ziemlich seicht und der niedrigen Ufer wegen leicht zugänglich.
Der untere Jordan hingegen strömt mit reissender Gewalt in einem den
Ghor der Länge nach durchziehenden, tiefen, mit Wald und Gesträuch
gefüllten Thale, in welchem der Strom sein gäheufriges Bette sich ge-
graben hat. Dadurch ist dieser untere Jordan in der Regel unzugänglich. Nur an den drei Furthen ist er annahbar. Die erste derselben
befindet sich unterhalb der Einmündung des Mandhur in den Jordan;
die zweite oberhalb (nicht unterhalb, wie Van-de Velde meint; s. Ritter,
Erdk. XV. 718. 1035) der Mündung des Jabok, Damich-Furth genannt,
und die dritte in der Gegend von Jericho. Die erste ist für Johannis
Taufort unmöglich, weil sie in rein heidnischem Gebiete lag; die letzte
ist im Winter der Strömung wegen so gefährlich, dass jährlich dort sich
badende Pilger den Tod finden, und in den anderen Jahreszeiten der
tropischen Hitze wegen, den Bewohnern der jüdischen Hochebene unzugänglich. Die mittlere Furth, Ed-Damich, durch welche die Strasse von
Nablus nach Es-Szalt zieht, und wahrscheinlich das Bethabara ist, welches Origenes anstatt Bethania in den Text des Evangeliums Johannis
gebracht hat, bietet dieselbige gefährliche Flusstiefe und Strömung (Ritter,
Erdk. XV. 449) und dasselbe tropische Klima dar. Dass unter solchen
Verhältnissen Johannes irgendwo am unteren Jordan getauft habe, ist
also im höchsten Grade unwahrscheinlich. Ja noch mehr, die jüdische
Tradition erklärt geradezu den unteren Jordan für Lustrationsbäder unrein, weil seine Wasser gemischt sind (Mischna Para VIII. 10). In der
angeführten Stelle ist freilich der Jordan im Allgemeinen und nicht der
untere Jordan genannt; aber nach Tosaphtha Berachoth VII. 2 ist ausdrücklich gesagt, dass der Name Jordan nur dem unteren Theile des

Stromes zukomme, was freilich ein Irrthum ist, woraus sich jedoch jene Tradition erklärt. Hätte nun Johannes in diesem unreinen Theile des Flusses getauft, so wäre es von den Pharisäern und Sanhedristen gerügt worden; davon ist aber keine Spur Joh. 1, 19 ff. zu finden, und nach Matth. 3, 7 liessen sogar die Pharisäer sich taufen. Bethania jenseits des Jordans dagegen war in jeder Beziehung als Taufort zweckmässig und lag, mehr denn jede andere Furth, im eigentlichen israelitischen Lande zwischen Naphthali und Juda des Jordans.

§ 78. Die Aufgabe Johannis war: die Predigt der Busse, die Taufe zur Vergebung der Sünden, die Ankündigung des Kommens des Messias und die Bezeichnung der Person desselben. Dieses letztere war sogar seine Hauptmission (Matth. 3, 2. 3. Marc. 1, 2. 3—7. Luc. 3, 4. 16). Es ist nicht denkbar, dass die Erfüllung dieser Hauptmission Jahre lang auf sich warten liess. Der Taufe Jesu, durch welche er als der da kommen sollte, geoffenbart wurde, musste nur soviel Zeit vorhergehen, als nöthig war, dass Johannes und sein Wirken im Lande bekannt wurde und dass das Volk ihm zuströmte; dazu war aber ein Monat völlig zureichend. Das Synedrium von Jerusalem, welches alle geistigen Bewegungen im Lande so sorgsam überwachte, hat gewiss nicht mehrere Monate gewartet, bis es über des Täufers Thun und Absichten eine Untersuchung anstellte. Wenn nun, wie es aus Joh. 1, 19. 26 erhellt, die Abgeordneten von Jerusalem erst nach der Taufe Jesu zu Johannes kamen, so muss diese Taufe in die erste Zeit der Thätigkeit des Täufers fallen.

§ 79. Die Taufe Jesu, und die dabei obwaltenden Umstände sind von allen vier Evangelisten übereinstimmend berichtet (Matth. 3, 13 bis 17. Marc. 1, 9—12. Luc. 3, 21. 22. Joh. 1, 32—34, ipsissima verba des Täufers). Als Jesus das erste mal, nach Joh. 1, auftrat, belehrte Johannes seine Jünger über dessen Taufe und die dabei obwaltenden Umstände. Daraus folgt, dass von den jetzt den Täufer umgebenden Personen Niemand bei jener Taufe war gegenwärtig gewesen; dass somit zwischen der Taufe und dem Auftreten Jesu in Bethania, eine geraume Zeit verflossen war; welches aber diese Zeit war, und wo unterdessen Jesus verweilt hatte? darüber schweigt das vierte Evangelium; die Synoptiker aber geben in beiden Beziehungen Auskunft. Sie sagen (Matth. 4, 1—11. Marc. 1, 12. 13. Luc. 4, 1—13) dass Jesus vierzig Tage in der Wüste verweilte, fastete und vom Teufel versucht ward. Warum hat der Evangelist Johannes diese Geschichte verschwiegen? Die moderne Kritik meint, Johannes konnte die Versuchungsgeschichte nicht erzählen, weil sie mit seiner Christus-Idee im Widerspruche ist. Viel einfacher, natürlicher und ehrbarer erklärt sich dieses Schweigen durch den offenbar bei Johannes obwaltenden Grundsatz, nur zu berichten, was er mit eigenen Augen geschn und mit eigenen Ohren gehört hat.

§ 80. Die Synoptiker sagen nicht, in welcher Wüste die Versuchung statt hatte; darum sind alle Hypothesen darüber ein gewagtes Spiel. Sollen wir dennoch eine Vermuthung aussprechen, so sagen wir: Von Bethania am Jordan wurde Jesus von dem Geiste in die Wüste geführt (Marc. 1, 12); zu Bethania erschien er zum ersten male wieder unter den Menschen; die Wüste mochte also die gaulonitische gewesen sein, eine Gegend, welche, wie wir oben gesehen haben, schlechthin die Wüste hiess. Die christliche Tradition, von welcher schon Arculfus (L. II. C. 11, um 670 n. Chr.) Kenntniss hat, giebt als den Ort des vierzigtägigen Fastens in der Wüste den Quarantania-Berg an, welcher bei Jericho liegt. Diese Meinung ist eine Folge jener andern, welche Jesum bei Jericho getauft werden lässt, und fällt mit derselben.

Es kann uns nicht in den Sinn kommen, gewisse Exegeten zu begleiten, welche den Berg aufsuchen, von dessen Höhe der Versucher dem Herrn alle Reiche der Welt zeigte (Matth. 4, 8. Luc. 4, 5). Wir bemerken nur, dass in dem anderen Versuchungsacte weder Matth. 1, 5 noch Luc. 1, 9 es heisst: Der Teufel führte ihn auf die Zinne des Tempels, sondern es heisst, er führte ihn auf die Zinne oder Höhe des Heiligthums, ἐπὶ τὸ πτερύγιον τοῦ ἱεροῦ. Es ist das Dach der königlichen Halle gemeint, welche die Südseite des äusseren Vorhofes begrenzte, und das Kidronthal in schwindelnder Höhe überragte (Jos. Antiq. XV. 11, 5).

II. Das erste Auftreten Jesu.

§ 81. Die Beschreibung des ersten Auftretens Jesu, Joh. 1, 28 ff. macht gewiss auf jeden unbefangenen Leser den Eindruck, dass hier der Bericht eines Augenzeugen vorliege, dessen Gedächtnisse und Gemüthe die für das ganze Leben wichtige Scene sich unauslöschlich eingeprägt hatte. Diese Praegnanz der Darstellung, diese die einzelnen Personen mit Namen nennende, die Tagesstunde und sonst unbedeutende

Nebenumstände nicht vergessende Erzählung, zwingt zur Annahme, dass der Erzählende dies Alles selbst gesehen und gehört hat. An dem Tage nach demjenigen, an welchem die Abgeordneten von Jerusalem dem Täufer über sein Thun befragt hatten, sahe dieser Jesum kommen, und zeugete: Dieser ist das Lamm Gottes (1, 29 – 34). „Tages darauf", also am ersten Tage nach Jesu Auftreten, am zweiten nach der Untersuchung der Sanhedristen, „um die zehnte Stunde" (1 Uhr Abends), schlossen sich ihm die ersten Jünger an, nemlich Andreas und der niemals mit Namen Genannte, also Johannes, und durch ihre Vermittlung Simon Petrus (1, 35 — 43). Des anderen Tages, am zweiten nach Jesu Auftreten, als der Herr sich anschickte, nach Galilaea zu gehn, berief er Philippus zu seiner Nachfolge, und dieser brachte Nathanael zum Herrn (1, 45 ff.). Am dritten Tage ging Jesus nach Kana — — (2, 1). Weil Jesus Tages zuvor im Begriffe war, nach Galilaea zu gehn, so ist anzunehmen, dass er es vollführte, und nicht in Bethania übernachtete. Er ging somit wahrscheinlich noch mit seinen Jüngern nach Bethsaïda, der Stadt des Andreas, Petrus und Philippus (1, 44). Dort auch scheint die Zusammenkunft Jesu mit Nathanael statt gehabt zu haben; denn wäre es zu Bethania geschehn, so hätte Nathanael das Zeugniss von Jesu, dass er der Christ sei, aus dem Munde des Täufers gehört, und Nathanael und Philippus hätten nicht sprechen können, wie sie nach 1, 45. 46 thaten. „Am dritten Tage ging Jesus nach Kana Galilaea's." Der Terminus a quo ist der Tag, da Johannes den Herrn kennen gelernt hatte, und nicht der Tag der Abgeordneten von Jerusalem; denn Jenes und nicht Dieses war Epoche machend im Leben des Apostels.

§ 82. Kana Galilaea's. Auf dem Plateau westwärts vom See Gennezareth breitet sich zwischen Hattin und Sepphoris die ansehnliche Ebene El Battof aus. Am Fusse der die Nordseite derselben begrenzenden Hügelreihe, etwa 5 Stunden vom See, 3 Stunden nordwärts von Nazareth liegt die Kana-el-Dschalil genannte Ruinenstätte. Auf der Südseite derselben Ebene, eine gute Stunde von Nazareth, liegt Kefr Kenna. Die heutige Tradition hält diesen letzten Ort für das neutestamentliche Kana; sie muss aber vor dem noch heute bestehenden alten Namen zurückweichen. Schon die arabische Uebersetzung des N. T. giebt Κανᾶ τῆς Γαλιλαίας durch Kana-el-Dschalil. Die Tradition scheint von jeher zwischen diesen zwei Orten geschwankt zu haben. Saewulf (1103 n. Chr.) steht sicher auf der Seite von Kana-el-Dschalil. Er sagt: „Von Nazareth ist Chana Galilaeas, wo der Herr auf der Hochzeit Wasser in Wein verwandelte, 6 Miliarien entfernt (seine Miliarien sind grösser als die römischen; denn er sagt, dass vom Thabor an den See auch 6 Mil. seien, während die Distanz 13 Mil. röm. beträgt) gen Norden, an einem Berge gelegen; es ist dort nichts mehr als ein Monasterium, Architriclin genannt. Zwischen Nazareth und Galilaea (so nennt er abgekürzt Kana Galilaea) in der Mitte, liegt ein Kastell Roma (Tell Rûmah). Adrichomius (16. Jahrh.) sagt, Cana habe einen Berg im Norden, und eine breite, schöne, fruchtbare Ebene im Süden. Auch diese Beschreibung bezieht sich auf Kana-el-Dschalil. (Ueber diesen Ort sehe man Robinson, Pal. III. 411 ff. und Schultz, in Zeitschr. der deutsch. morgenl. Gesellsch. III. 50). Kana Galilaea's war die Stadt Nathanaels, Joh. 21, 2. Dieses mag wohl die Veranlassung des ersten Besuches Jesu daselbst (Joh. 2, 1) gewesen sein. Ein zweiter Besuch ist Joh. 1, 46 berichtet. (Siehe auch Sepp, architecton. Stud. S. 202).

§ 83. Kam Jesus, wie gewöhnlich angenommen wird, unmittelbar von Bethania jenseits des Jordans in einem Tage nach Kana, so hatte er eine Reise von acht Stunden Wegs; kam er von Bethsaïda am Westufer des See's, so waren es sechs Stunden. Es muss hiemit einleuchten, wie wichtig für das Verständniss der evangelischen Geschichte dieses Aussenwerk, die biblische Geographie ist; denn durch die richtige Bestimmung der Lage von Bethania und Kana werden gewichtige Einwürfe gegen die Autentie des Johannesevangelium gründlich beseitigt. Schenkel, in seinem Charakterbilde Jesu, gründet theilweise den Schluss, dieses Evangelium könne nicht einen Augenzeugen zum Verfasser haben, auf die Aussage desselben, Jesus sei in einem Tage vom Orte, da Johannes am Jordan taufte, nach Kana gereiset. Freilich, wenn dieser Taufort in der Gegend von Jericho vorausgesetzt wird, hatte der Herr einen Weg von etwa 30 Stunden zurück zu legen, um nach Kana zu gelangen, mehr denn drei Tagereisen.

Das Wunder, welches Jesus zu Kana verrichtete, dass er Wasser in Wein verwandelte, und die dabei obwaltenden Umstände geben zu archäologischen, aber weder zu topographischen noch zu chronologischen Untersuchungen Veranlassung.

§ 84. „Nach diesem ging Jesus hinab nach Capernaum, er und seine Mutter und seine Brüder und seine Jünger, und blieb dort nicht viele Tage. Und es war nahe das Passah der Juden, und Jesus ging hinauf gen Jerusalem." (Joh, 2, 12—14). Diese Stelle bietet uns einen sicheren chronologischen Haltpunkt in der Geschichte Jesu Christi. Das Jahr seines öffentlichen Auftretens war das Jahr 28 Aera Dionys. 781 R. (§ 33). In diesem Jahre fiel der 15. Nisan auf den 30. März (§ 37); er hätte auch auf den 29. April fallen können, wenn dieses Jahr ein Schaltjahr gewesen wäre; da es aber ein Sabbath-Jahr war, konnte die Einschaltung nicht statt haben. Die Zeit, welche Jesus brauchte, um von Capernaum aus auf den 14. Nisan in Jerusalem zu sein, die wenigen Tage (οὐ πολλὰς ἡμέρας), welche er in Capernaum verweilte, und die Reise von Bethania nach Kana, nehmen zusammen etwa 14 Tage in Anspruch. Wir können also mit ziemlicher Gewissheit aussagen:

dass Jesus von Johannes getauft wurde um den 1. Februar;

dass er 40 Tage später wieder nach Bethania kam, am 12. März;

dass er nach Kana kam den 15. März;

nach Capernaum den 17. März;

nach Jerusalem den 29. März (14. Nisan).

Der Anfang der Thätigkeit des Täufers ist etwa einen Monat vor der Taufe Jesu, also etwa auf den 1. Januar 781 zu setzen.

Die Art, wie der Evangelist die Reise Jesu nach Capernaum berichtet, nemlich, dass es in Gemeinschaft mit seiner ganzen Familie geschah, berechtigt uns zu vermuthen, dass hier die eigentliche Uebersiedelung nach Capernaum gemeint sei. Dieselbe wird freilich Matth. 4, 12—17 in die Zeit nach der Gefangennehmung Johannis verlegt. Aber dieser Evangelist, welcher überhaupt seinen Bericht über die Thätigkeit Jesu erst mit der Epoche dieser Gefangennehmung anfängt, konnte die wenigen Tage, welche er vorher schon, nach Joh. 2, 12, zu Capernaum wohnte, unbeachtet lassen, und die Uebersiedelung mit dem ersten längeren Aufenthalte Jesu in dieser Stadt anheben.

III. Das erste Passah, 30. März 781 R.

§ 84. Der erste Act, womit Jesus in Jerusalem auftrat, war die Reinigung des Heiligthums, (Joh. 2, 14—17). „Er fand im Heiligthume sitzen, die da Ochsen, Schaafe und Tauben feil hatten und die Wechsler. Und er machte eine Geissel aus Stricken und trieb sie alle zum Heiligthume hinaus sammt den Schaafen und Ochsen, und verschüttete den Wechslern das Geld und stiess die Tische um, und sprach zu denen, welche die Tauben feil hatten: Traget das von dannen, und machet nicht meines Vaters Haus zum Kaufhaus." Im Zeitalter Jesu hatten die Juden römisches und herodianisches Geld, welches zu heiligen Zwecken nicht verwendet werden durfte; es waren desswegen Wechsler, welche das cursirende Geld in Tempelmünze umsetzten. Jeder erwachsene Israelit sollte einen halben Schekel jährlich an den Tempel entrichten; die dazu bestimmte Zeit war der Monat Adar. In Mischna Schekalim I. 3 lesen wir nun: „Am 15. Adar setzten sich die Wechsler an ihre Tische in der Stadt, am 25sten aber setzten sie sich in das Heiligthum." Da nun am Passahfest gleichfalls Gaben an Geld entrichtet und in die 13 Gotteskasten gelegt wurde, so mochte dieselbe Sitte oder Unsitte aufgekommen sein. An den grossen Festen hatte ein Tempelmarkt statt, wozu der Heidenvorhof diente. Die Verkäufer, wie die Wechsler drängten sich aber in den Vorhof Israels (vergl. Matth. 21, 12: τὸ ἱερὸν τοῦ Θεοῦ) von dort, dem Orte, welcher ebensowohl wie der Tempel selbst „Haus Gottes" (Joh. 2, 16: τὸν οἶκον τοῦ πατρός) hiess, vertrieb Jesus die Verkäufer und Wechsler. Dieselbige, oder eine ähnliche Thatsache berichten die Synoptiker bei Gelegenheit des Osterfestes, an welchem Jesus gekreuzigt wurde (Matth. 21, 12—16. Marc. 11, 15 bis 18. Luc. 19, 45—48. Hier sind nun drei Fälle möglich: entweder hat der Herr die Reinigung des Heiligthums zweimal vollbracht, oder er hat sie nur einmal, am Anfang seiner Wirksamkeit, oder endlich nur einmal, aber am Ende derselben vorgenommen. Für die Wiederholung lassen sich nicht unwichtige Gründe anführen. Die Reinigung des Heiligthums war ein symbolischer Act, durch welchen der Herr das, was er wollte und erstrebte, sichtbar darstellte; sie war also am ersten Anfange seines Auftretens völlig an ihrem Orte; ebenso sehr aber auch am Ende seines Wirkens. Durch die Wiederholung bedeutete er: „Was ich vor zwei Jahren gewollt, das will ich noch." Matthäus und Marcus berichten nichts von einem Zwiegespräche zwischen Jesu und den Juden, aber Lucas kennt ein solches, und nach ihm antwortete der Herr denselben etwas ganz Anderes, 20, 3, denn nach Joh. 2, 19. Auffallend ist es freilich, dass Johannes von einem Heiligthumreinigungsacte vor dem letzten Passah, wovon er doch hätte müssen ein Augenzeuge sein, nichts sagt. Dass das Joh. 2, 14 — 20 nothwendigerweise dem ersten Passah angehöre und nicht dem letzten, ergiebt sich aus der chronologischen Angabe 2, 20; dass also Johannes diese Erzählung blos versetzt habe, kann nicht zugegeben werden. Es ist eher möglich, dass die Synoptiker, die ja eigentlich nur die Geschichte des letzten Lebensjahres Jesu erzählen, der Vollständigkeit des Berichtes wegen, mehreres in früheren Jahren zu Jerusalem Geschehenes bei der Gelegenheit des einzigen von ihnen berichteten Auftretens Jesu im Heiligthum, in der Zeit des letzten Passah, nachgetragen haben. Dafür scheint der Umstand zu sprechen, dass nach Matth. 21, 15 ff. die Juden nur an dem feierlichen Einzuge, aber nicht an dem Acte der Reinigung Anstoss nahmen. Dem sei nun wie ihm wolle, so muss dieser Act am ersten Osterfeste, wie ihn Johannes erzählt, beibehalten werden.

§ 85. An jenem ersten Passahfeste hatte Jesus das 3, 1 — 21 berichtete Gespräch mit Nicodemus statt. Es ist unsere Aufgabe nicht, den Inhalt dieses Gespräches zu erläutern. Völlig ohne Grund haben gewisse Ausleger der Meinung gehuldigt, Jesus sei bei dieser Gelegenheit mit Nicodemus völlig allein gewesen und dann die naive Frage aufgeworfen, woher wohl Johannes dies Alles erfahren habe? Es lässt sich gar nicht einsehen, warum Johannes, in dessen Hause ganz wahrscheinlich das Erzählte vorfiel, demselben nicht beigewohnt haben solle? Wir müssen an dem Grundsatze festhalten, Johannes berichte nur, was er gesehen und gehört hat. Weil er sie nicht persönlich gesehen, berichtet er z. B. die Himmelfahrt nicht, bei welcher nur „galilaeische Männer" gegenwärtig waren. Im ganzen Evangelium Johannis kommt nur ein Bericht vor, welcher nicht scheint aus eigener Anschauung hervorgegangen zu sein, nemlich das Gespräch Jesu mit Pilatus (Joh. 18, 33 ff.), und auch in diesem Falle ist es nicht absolut unmöglich, dass Johannes dasselbe selbst hörte. In das Praetorium durften auch die Juden treten, sie wollten aber nicht, damit sie nicht unrein würden; ein Johannes aber, dem an seinem Herrn mehr lag, als an levitischer Reinigkeit, kann es wohl gethan haben.

§ 86. „Nachdem ging Jesus und seine Jünger in das jüdische Land und verweilte dort und taufte. Johannes aber taufte zu Aenon bei Salcim — — denn Johannes war noch nicht in das Gefängniss geworfen," (Joh. 3, 22 — 24). Welche waren diese Jünger? Es ist eine ungegründete, willkürliche Meinung, hier schon an den Apostelkreis denken zu wollen. Jünger Jesu waren alle, welche sich ihm anschlossen, deren Manche später wieder abfielen (6, 60. 64). Dass Petrus, welcher vor seiner eigentlichen apostolischen Berufung, welche ein Jahr später

an den Ufern des See's statt hatte, und welcher als die Hauptquelle des
Evangeliums des Markus zu betrachten ist, damals nicht gegenwärtig
war, obwohl er schon ein Jünger war, sondern in Bethsaïda wohl seinem
Fischerberufe oblag, sind wir berechtiget, aus dem Schweigen der Synoptiker über Jesu Wirken in dieser Zeit, wie auch aus dem Schweigen
Johannis die Namen der Jünger betreffend, zu schliessen, während derselbe Evangelist später Petrum und die andern Apostel meistens mit
Namen nennt, auch wo sie nicht nur mithandelnd, sondern blos gegenwärtig waren. Während seines ersten Aufenthaltes in Judaea, waren
wohl mehr oder weniger ausschliesslich blos judaeische Jünger, welche
ihn mit Johanne und vielleicht Nathanael (weil Jesus darauf nach Kana,
der Stadt dieses letztern ging) begleiteten. Dieser Aufenthalt Jesu in
Judaea beschränkte sich nicht blos auf den Festbesuch und die daraus
folgenden Her- und Hin-Reisen; sondern „er verweilte dort", διέτριβε.
Die Dauer dieses Aufenthaltes scheint uns aus Joh. 4, 35 gefolgert
werden zu können. Bei Sychar, im Augenblicke, wo er Judaea verlassen
hatte, sprach Jesus das Wort: „siehe, das Land ist weiss zur Ernte."
Bei Sychar fällt die Ernte gegen Ende Mai; Jesus hatte somit den Monat
April und einen Theil des Monats Mai in Judaea sich aufgehalten. Es
ist wohl wahr, dass jenes Wort Jesu im Sinne eines Gleichnisses gesprochen ward; aber seine Gleichnisse waren in der Regel der gegenwärtigen Anschauung entnommen. Die Anführung des Sprichwortes:
„Noch vier Monate, und es ist die Ernte" wurden entweder in der
Saatzeit oder in der Erntezeit gesprochen. Wir schliessen auf dies letztere aus des Herrn Wort: „sehet das Feld ist schon weiss zur Ernte."
Die Ursache der Entfernung Jesu aus Judaea ist 4, 1 angegeben: „Da
der Herr vernahm, dass es den Pharisäern bekannt worden war, dass
er, Jesus, mehr Jünger machte, denn Johannes, verliess er Judaea."
Damals war Johannes noch frei; aber seine Gefangenschaft und sein
Tod liessen nicht mehr lange auf sich warten, denn schon Joh. 5, 35
redet Jesus von ihm als Einem, der „war".

§ 87. Aenon bei Saleim. „Johannes aber taufte zu Aenon,
nahe bei Saleim, weil daselbst viel Wasser war; dorthin kamen sie zu
ihm und wurden getauft; denn Johannes war damals noch nicht in das
Gefängniss geworfen," (Joh. 3, 23. 24). Wo lag dieser, wie es scheint
letzte Taufort Johannis? Im Onomasticon heisst es im Artikel Salem,
dass 8 Mil. von Scythopolis im Felde (das heisst, im Gegensatze zum

Berglande: in der grossen Jordanebene, dem Ghor) ein Dorf liege, welches Salumias heisst, und dem neutestamentlichen Saleim entspricht. Hieronymus in Epistola LXXIII. sagt: Oppidum est juxta Scythopolin, quod usque hodie appellatur Salem. Von Aenon heisst es im Onomasticon: „Bis heute zeigt man 8 Mil. mittagwärts von Scythopolis diesen Ort bei Salem und dem Jordan." In der angegebenen Richtung und Entfernung von Bisan, an der Mündung des Wadi Khusneh in dem Ghor, verzeichnet Van-de-Velde eine Quelle Schech Salim, welche unsern Ort zu bezeichnen scheint; denn in der Nähe finden sich Bîr (Brunnen), Ain Beda und andere Wasser, deren eines Enon war.

§ 88. „Jesus verliess Judaea und kehrte wieder nach Galilaea zurück. Er musste aber durch Samaria reisen. Er kommt in eine Stadt Samaria's, genannt Sychar, nahe bei dem Orte, welchen Jakob seinem Sohne Joseph gegeben hatte; dort war Jakobs Quelle." (Joh. 4, 1—6).

Samaria, die Stadt, im Hebräischen Schomron, war seit Omri Hauptstadt des Reiches Israel und trug ihren Namen, bis auf Herodes des Grossen Zeit, welcher sie erneuerte und Augustus zu Ehren Sebaste nannte (dieser Name ist die griechische Uebersetzung von Augusta). Dieser Name blieb ihr bis auf den heutigen Tag, wo sie Sebastieh heisst. Der Name Samaria, Σαμάρεια, ging auf die Landschaft über, in welcher hauptsächlich das Volk wohnte, welches der Secte der Samariter zugethan war. (Jos. Antiq. XIII. 2, 3. Luc. 17, 11. Apostelg. 1, 8; 8, 1; 9, 31; 15, 3). Diese Secte wohnte hauptsächlich zu Sichem, dem heutigen Nablûs, am Fusse des Garizim, auf welchem einst der Samaritanische Tempel stand, und nach der Zerstörung desselben durch Johannes Hyrkan (Antiq. XIII. 9, 1) fortfuhr, der heilige Berg derselben zu sein bis auf den heutigen Tag. Der Name Samaria ist nicht nur Joh. 4, 5, sondern auch Vers 7 die Landschaft und nicht die Stadt bezeichnend. Diese Landschaft bestand hauptsächlich in dem Thale von Sichem, welches von West gen Ost streichend, zwischen dem südlich gelegenen Garizim und dem nördlich gelegenen Ebal liegt. In diesem wasserreichen und fruchtbaren Thale lag die Stadt Sichem schon in Jacobs Zeiten (1. Mos. 33, 18; 34, 2; 37, 12 ff.). Diese Stadt war eine Zeitlang Residenz des Königs Jerobeam (1. Kön. 12, 25). Johannes Hyrkan zerstörte sie, sammt dem Tempel auf Garizim. Im Zeitalter Jesu erscheint sie in der Geschichte unter dem Namen Neapolis, welcher ihr in der abgekürzten Form von Nablûs bis heute geblieben ist. Seit der Zerstörung des Tempels war der ehemalige Standort desselben, eine geebnete Felsenfläche der Cultusort der samaritanischen Secte, heute noch wie im Zeitalter Jesu. (Ueber diesen Betort siehe Robinson Pal. III. 319. 310 ff., besonders aber De Sauley, Voyage autour de la mer morte II. p. 407 und Plan).

Unterhalb Nablus erweitert sich das Thal durch das Zurücktreten der Berge Ebal und Garizim und läuft, am östlichen Ende dieser Berge, in das Wadi-el-Mochna genannte, von Süden gen Norden sich erstreckende Thal, aus.

§ 89. Der Jakobsbrunnen. Als Jakob aus Mesopotamien nach Salem, der Stadt Sichem's kam, lagerte er sich vor der Stadt, und kaufte von den Söhnen Hemor's, des Vaters Sichem's, das Stück Landes, auf welchem er sein Zelt aufgeschlagen hatte (1. Mos. 33, 19). In dem Stücke Feldes, welches Jakob gekauft hatte von den Söhnen Hemor's wurde nach der Rückkehr aus Aegypten Joseph's Leichnam bestattet. Aus diesen Stellen hat man folgern wollen, dass Sichem, wo Joseph begraben wurde und Salem, wo das Feld lag, eine und dieselbe Stadt waren. Vielmehr wird aber das Feld der Söhne Hemor's bald als bei Salem, bald als bei Sichem liegend, bezeichnet, weil es zwischen diesen beiden Städten mitten inne lag. Jakobs Feld liegt an der Ausmündung des Sichemthales in das Mochnathal, 20 Minuten von Nablûs. Das ostwärts vom Mochnathale sich erhebende Gebirge trägt auf seinem Rücken, $\frac{3}{4}$ Stunden etwa von Nablûs, $\frac{1}{2}$ Stunde vom Jakobsbrunnen, den heute Salim genannten Ort, welcher dem antiken Salem entspricht. In diesem Jakobs-Felde in der Ausmündung des Sichemthales, dem Ebal näher als dem Garizim, auf der Nordseite der Strasse liegt das Grab Josephs, dessen Autentie zu bezweifeln kein Grund ist. In demselben Felde, 300 bis 400 Schritte südwärts liegt Ain-el-Belad, der Jakobsbrunnen, 20 Minuten östlich von Nablûs. Er ist, nach Quaresimus (II. 801) 105, nach Wilson (The Land of the Bible II. 53) 75 Fuss tief, mit 15 Fuss Wasser und 9 Fuss im Durchmesser. Er ist oben mit rohen Steinen bedeckt. Im Brunnen selbst sind Spuren einer ehemaligen christlichen Kapelle und eines Altars." Jesus nun, ermüdet von der Reise, setzte sich an den Brunnen; es war aber um die sechste Stunde," (Joh. 4, 6).

§ 90. Sychar. Herr Rosen hat in der Zeitschrift der deutschen morgenl. Gesellsch. 1860. II. 334 ff. von Nablus und den nächsten Umgebungen eine Beschreibung und einen Plan gegeben, welche wir zuverlässig als Führer annehmen können. Demzufolge ist 8 Minuten nordwärts von Josephs Grab, also 10—12 Minuten vom Jakobsbrunnen ein Dorf, welches El-Askar heisst, ein Name, in welchem sich derjenige von Sychar erhalten hat. Etwa 150 Schritte weiter gegen Norden ist eine Quelle Ain-el-Askar, welche aus einem merkwürdigen Baue kommt, aus einem in den Fuss des Ebal führenden, aus grossen, wohlgeglätteten Steinen angelegten 6 Fuss hohen, gewölbten Gange, und ergiesst sich dann gleich in einen mit Quadersteinen eingefassten Teich. Die Existenz dieses Ortes und Namens ist übrigens durch andere Reisende hinreichend verbürgt. Walcott (Biblioth. sacra 1843. I. 74) sagt: „Askar und Belad, zwei kleine Dörfer liegen da, wo sich das Thal von Nablûs gegen Morgen öffnet, Askar auf der Nordseite des Thals, Belad auf der Südseite." Viele bliblischen Geographen haben behauptet, dass in der uns beschäftigenden Stelle des Evangeliums Johannis, Sichar als identisch mit Sichem zu nehmen sei. Es ist wahr, dass in einigen M. S. für Συχάρ oder Σιχάρ der Name Συχέμ steht; jedoch wird ziemlich allgemein anerkannt, dass diese letztere Lescart eine exegetische Conjectur sei. Der Zweifel an der Sonder-Existenz Sychars, ruht theils auf geographischer Unkenntniss, theils auf Missverstand einiger Stellen aus den Kirchenvätern. Hieronymus, in Epithaph. Paulae sagt von dieser Pilgerin: transivit Sichem (non ut plerique errantes legunt: Sichar), quae nunc Neapolis appellatur. Diese Stelle hat man so erklärt, als läugne Hieronymus die Sonderexistenz Sichar's. Dies ist aber unrichtig; er will sagen, dass nach seiner (sehr individuellen) Ansicht, im Evangelium Johannis (4, 5 ff.) Sichem die rechte Lescart sei. Euseb im Onomasticon sagt: „Sychar, vor Neapolis, neben dem Acker, welchen Jakob seinem Sohne Joseph gab, wo unser Herr und Erlöser, nach dem Evangelium Johannis, am Brunnen mit dem samaritanischen Weibe sprach und wo jetzt eine Kirche errichtet ist." Im Itiner. Antonini heisst es, dass eine Mil. von Neapolis ein Ort Namens Sechar sei. Der Name kommt auch in der jüdischen Tradition vor: Machoth X. 2 wird gemeldet, dass in einem besonderen Ausnahms- und Nothfalle man die zwei Pfingstbrode von Ain Sychar (בקעת עין סובר) bezogen habe. Im Zeitalter Jesu war Palestina wohl zehnmal mehr bevölkert als heute, und daher aller Grund vorhanden, anzunehmen, dass Sychar, welches heute ein kleines Dörfchen ist, damals aber eine Stadt war (Joh. 4, 5), sich bedeutend weiter gegen Süden erstreckte und somit ein Theil derselben dem Jakobsbrunnen näher

lag als der Quelle Ain-el-Askar und dass daher die Bewohner dieses südlichen Stadttheiles am Jakobsbrunnen ihren Wasserbedarf sich holten,
um so mehr, da diesem Wasser ein besonderer Werth zugeschrieben wurde
(Joh. 4, 12). Dagegen bliebe es unerklärlich, wie ein Weib in der
Mittagshitze (4, 6) aus dem Quellen- und Wasser-reichen, eine halbe
Stunde entfernten Sichem oder Nablus, an diesen Brunnen gekommen
wäre, um Wasser zu schöpfen. Sychar ist demnach nicht Sichem, sondern El-Askar.

§ 91. In dem Gespräche Jesu mit der Samariterin, dessen dog-
matische Bedeutung wir nicht zu besprechen haben, kommen mehrere
topographische und chronologische Andeutungen vor, welche wir hervorheben müssen. Joh. 4, 11 ist gesagt, dass der Brunnen tief war; 4, 20,
dass derselbe im Angesichte des Garizim war, wo die Samaritaner ihre
Anbetungsstätte hatten. In dem Gespräche mit den Jüngern sagt der
Herr 4, 35: „Sagt ihr nicht (sprüchwörtlich): es sind noch vier Monate
und die Ernte ist da? Siehe, ich sage euch, erhebet eure Augen, sehet
die Gegend, sie ist schon weiss zur Ernte." Diese Worte scheinen uns
folgenden Sinn zu haben: „Zur Zeit der Aussaat tröstet sich der Ackers-
mann mit dem Gedanken: Vier Monate Geduld, und die Ernte ist da.
Nun seht ihr seine Hoffnung erfüllt, die Saat ist reif. Bei geistiger
Aussaat aber hat man gewöhnlich keine so sichere Hoffnung, dass die
Saat schnell ihre Frucht reift; und dennoch, sehet, vor wenigen Augen-
blicken habe ich gesäet, indem ich zu jenem Weibe Worte des Lebens
sprach, und schon ist die Ernte reif." Der Herr wies über die zur
Ernte reifen Felder, auf die aus Sychar zu ihm strömende Volksmenge
(4, 40), welche seine Ernte war. Ist diese Erklärung richtig, so muss
Jesus gegen Ende Mai, der Erntezeit in jener Gegend, am Jakobsbrunnen
gewesen sein. Es wäre wohl auch möglich, vorauszusetzen, Jesus sei in
der Saatzeit zu Sychar gewesen. In diesem Falle aber träte eine chronologische Schwierigkeit hervor, welche uns nicht erlaubt, diese Hypothese
anzunehmen. Jesus reisete von Sychar nach Galilaea und kam auf das
Versöhnungsfest (siehe § 94) wieder nach Jerusalem. Da dieses Fest
vor der Saatzeit gefeiert wird, so müsste dasjenige, das Jesus besucht
hat, nicht das Versöhnungsfest des Jahres 781 R., sondern des Jahres
782 gewesen sein; die öffentliche Wirksamkeit Jesu hätte somit nicht 2,
sondern 3 Jahre gewährt, die Chronologie des Johannes stimmte nicht
mehr mit derjenigen des Lucas überein, und was das Auffallendste wäre:

wir hätten ein ganzes Jahr der Thätigkeit Jesu, von dem uns nichts durch die Evangelien berichtet wäre. Wir müssen darum annehmen, dass der Herr in der Erntezeit nach Sychar kam.

§ 92. Nach zwei Tagen Aufenthaltes in Sychar „ging Jesus nach Galilaea. Er selbst, Jesus zeugete, dass ein Prophet nicht geehrt wird in seiner eigenen Vaterstadt ($\ell\nu$ $\tau\tilde{\eta}$ $i\delta i\alpha$ $\pi\alpha\tau\varrho i\delta\iota$). Da er nun nach Galilaea kam, nahmen ihn die Galiläer auf, da sie alles gesehn hatten, was Jesus zu Jerusalem an dem Feste gethan hatte, weil sie selbst das Fest besucht hatten. Er ging nun wieder nach Kana Galilaea's —", (Joh. 4, 43—46).

Hier hört Johannes auf, unsere einzige Quelle zu sein. Vergleichen wir nemlich Luc. 4, 14 — 30 mit Joh. 4, 43 — 45, so stellt sich eine auffallende Aehnlichkeit der beiden Berichte heraus: Jesus kehrte nach Galilaea zurück, wohin ihm das Gerücht vorangeeilt war, (Luc. 4, 14. 15. Joh. 4, 43. 45); er bezeugte, dass ein Prophet nichts gelte in seiner Vaterstadt, (Luc. 4, 24. Joh. 4, 44) nur wird bei Lucas diese Aussage motivirt, durch den Empfang, welchen die Leute von Nazareth ihrem Landsmanne bereiteten (4, 16 — 30). Es ist wohl wahr, dass der Bericht des Lucas unmittelbar auf die Versuchungsgeschichte folgt (4, 1 bis 13); aber 4, 16 heisst es: „Er ging in die Synagoge am Sabbattage, nach seiner Gewohnheit, und stand auf zu lesen; ferner 4, 23: ihr werdet sagen: Wie Grosses haben wir vernommen, das zu Capernaum geschehen ist, thu' es auch hier in deiner Vaterstadt." Dieses setzet offenbar eine schon früher begonnene öffentliche Thätigkeit Jesu voraus; so dass nothwendig zwischen diesen Geschichten und der Versuchung eine Lücke im dritten Evangelium muss angenommen werden, welche das vierte durch das bisher berichtete theilweise ausfüllt.

IV. Jesu zweiter Aufenthalt in Galilaea.
Sommer des Jahres 781.

§ 93. Johannes, wie wir gesehen haben, berichtet, dass Jesus, als er von Sychar nach Galilaea kam, nicht in seiner Vaterstadt sich niederliess, sondern nach Kana sich begab. Dort machte er den Sohn des von Capernaum gekommenen Königischen gesund (4, 46—54). Hier hört der Bericht dieses Evangelisten über die damalige Wirksamkeit Jesu in

Galilaea auf; denn im Folgenden finden wir den Herrn wieder zu Jerusalem. Die Ursache dieses kurzen Abbrechens war wohl einfach die
Rückkehr Johannis nach Jerusalem. Er hatte, mit andern Jüngern
(1, 27) dem Herrn das Geleite bis Galilaea gegeben, und hatte vor
jenen schon das Vorrecht genossen, stets in Jesu Nähe zu verweilen.
Denn wir müssen uns wohl denken, dass, während jene Jünger fort-
gegangen waren, Speise zu kaufen, er selbst am Jakobsbrunnen geblieben
war und das Gespräch Jesu mit der Samariterin gehört hatte. Die galilaeischen Jünger, Andreas, Simon und andere waren nicht mit Jesu auf
das erste Passah nach Jerusalem gegangen, sondern hatten zu Hause
ihrem Gewerbe obgelegen. Johannes kehrte nun in derselben Absicht
nach Jerusalem zurück.

§ 94. Da, wo Johannes abbricht, erzählt nun Luc. 4, 31 ff. fort,
und berichtet, das Jesus sich nach Capernaum begab, wo er am Sabbath
in der Synagoge lehrte (4, 31. 32) und daselbst einen Besessenen heilte
(4, 33 — 37). An demselben Tage „stand er auf aus der Schule" und
kam in Simons Haus, wo er dessen Schwiegermutter vom Fieber heilete
(4, 38. 39). Demnach wäre Simon's Haus zu Capernaum gewesen,
während Joh. 1, 44 Bethsaïda die Sadt Simon's heisst. Sind hier die
zwei Evangelisten mit einander im Widerspruche? Wir denken es nicht,
sondern es scheint, dass Bethsaïda nicht eine Gemeinde für sich war,
sondern ein Theil, eine am See gelegene Vorstadt von Capernaum, der
Fischerhafen dieser Stadt. Solche Majumas oder Hafen der Seestädte
gab es viele in Palestina, z. B. in Gaza. Hieraus erklärt sich, wie
weder bei Josephus, noch in der jüdischen Tradition, noch anderswo von
diesem Bethsaïda Meldung geschieht; es zählte eben zu Capernaum.
Mit Sicherheit kann man nur von dem Evangelium Johannis sagen, dass
es diesen Ort nennt. Die Synoptiker reden wohl öfters von einer Stadt
dieses Namens, aber es ist immer das transjordanische Julias gemeint.
Die einzige, möglicherweise hieher zu ziehende Stelle wäre Matth. 11,
21. Luc. 10, 13, wo der Herr das Wehe ausspricht über Bethsaïda.
Da aber das Wehe dadurch motivirt ist, dass in diesem Orte grosse
Wunder geschehen sind, die Synoptiker aber kein einziges Wunder,
welches daselbst geschehen wäre, berichten; da sie dagegen deren von
Bethsaïda jenseits des Jordans erzählen; so ist es möglich, sogar wahr-
scheinlich, dass das Wehe Bethsaïda-Julias gilt. Den Synoptikern war
Bethsaïda ein integrirender Theil von Capernaum, „das Fischhaus" dieser

Stadt; für sie wohnte Simon der Fischer zu Capernaum, während Johannes näherbestimmend, dessen Haus nach Bethsaïda verlegt.

§ 95. Nach der Heilung der Schwiegermutter Simon's wurde Jesus so sehr von Hülfesuchenden bestürmt, dass er sich an einen Wüstenort begab (Luc. 4, 40—42); aber auch dort fand ihn das Volk, und sie hielten ihn, dass er sie nicht verliesse. „Er aber sprach zu ihnen: Ich muss das Reich Gottes auch den andern Städten verkündigen, denn dazu bin ich gesandt. Und er predigte in den Synagogen Judaea's, (Luc. 4, 43. 44). In allen Ausgaben des N. T. steht hier ἦν κηρύσσων ἐν ταῖς συναγωγαῖς τῆς Γαλιλαίας. Diese Leseart hat auch die grosse Mehrzahl der M. S. für sich. Die zwei ältesten Handschriften aber weichen davon ab. Codex C regius hat ἐν ταῖς συναγωγαῖς τῆς Ἰουδαίας; der Codex Sinaïticus: εἰς τὰς συναγωγὰς τῆς Ἰουδαίας; ebenso die koptische Uebersetzung. Soll nun aus inneren Gründen entschieden werden, welches die ursprüngliche Leseart sei, so muss zugestanden werden, dass an die Stelle von Ἰουδαίας leicht Γαλιλαίας konnte gesetzt werden; denn Jesus war in Galilaea als er diese Worte sprach, und unmittelbar darauf, Luc. 5, 1 finden wir ihn noch, oder wieder, in Galilaea; eine dazwischen liegende Meldung von Judaea musste so auffallend scheinen, dass das Wort als Schreibfehler angesehen und durch „Galilaea" ersetzt wurde. Umgekehrt aber liesse sich gar nicht erklären, wie in einem Satze, worin vorher und nachher Jesus am See erscheint, der Name Galilaea durch denjenigen von Judaea hätte können verdrängt werden? Auf die ältesten Codices und Uebersetzungen, sowie auf gewichtige innere Gründe gestützt, halten wir die Leseart: τῆς Ἰουδαίας für die richtige. Da nun Lucas eine Reise nach Judaea angiebt, so schliesst sich Joh. 5, 1, wo wir Jesum wieder zu Jerusalem finden, unmittelbar an. Der Aufenthalt Jesu am See, Luc. 4, 31—43, war jedenfalls nur von kurzer Dauer; etwa von zwei oder drei Tagen. Der Aufenthalt in Judaea war dagegen bedeutend lange dauernd. Lucas berichtet nur: Er predigte in ihren Synagogen; es war somit keiner von seinen galilaeischen Gewährsmännern mit dem Herrn auf diesem Zuge, und Johannes sah ihn erst zu Jerusalem am Versöhnungsfeste. Welche Städte Jesus auf dieser Reise in Judaea berührt hat, bleibt uns für immer unbekannt.

V. Jesus auf dem Versöhnungsfeste zu Jerusalem.

10. Thischri (5. September) 781 R.

§ 96. „Darnach war ein Fest der Juden und Jesus ging hinauf gen Jerusalem" (Joh. 5, 1). Welches Fest ist hier gemeint? Wenn im Texte stände ἦν ἡ ἑορτή, „das Fest", so wäre das Laubhüttenfest gemeint, welches bei den Rabbinen (z. B. Mischna Schekalim III. 1) schlechthin הֶחָג, „das Fest" heisst; aber es fehlt der Artikel; alle Cod. haben ἦν ἑορτή. Sollte nun aber Johannes, von dessen chronologischer Praecision wir schon so viele Boweise haben, und deren noch mehre finden werden, hier das Fest ganz unbestimmt gelassen haben? das ist schwer zu glauben. Manche Exegeten haben eine nähere Bestimmung desselben darin finden wollen, dass es „ein Fest der Juden" genannt wird, und dasselbe als ein nachexilisches betrachtet, welches nicht mosaischer und israelitischer, sondern speciell jüdischer Institution war, wie das Tempelweih- und das Purimfest. Aber der Schluss ist ohne Haltung, da Johannes, 6, 4 auch das Passah, und 7, 2 das Laubhüttenfest ἑορτή τῶν Ἰουδαίων nennt. Wir denken den Beweis zu liefern, dass das Versöhnungsfest gemeint sei; dann wäre ἑορτή im Sinne von „Festzeit", „Festmonat" zu nehmen, dies war der Monat Thischri. Auf den 10ten dieses Monates sollten die Israeliten zum Versöhnungsfeste, לִפְנֵי, im Angesichte Jehovah's, d. h. im Heiligthume erscheinen, und ebenso am 15ten des Monats, am Laubhütten, welche 8 Tage lang währte, so dass der Festaufenthalt zu Jerusalem 11 Tage beanspruchte. Auf das Versöhnungsfest kommen wir durch einen Eliminationsprozess, wodurch alle andern Feste ausgeschlossen werden. Die Mehrzahl der Exegeten rathen auf das Purimfest, welches am 15. Adar, einen Monat vor Passah begangen wurde. Es ist dieses ein Fest der Erinnerung an die Befreiung der Juden von der Verfolgung Haman's und an die blutige Rache der Juden an ihren Feinden. Die Feier desselben bestand im pflichtmässigen Lesen der Megilla, d. i. des Buches Esther; darauf war es Pflicht für jeden Juden, ausgelassen lustig zu sein; er sollte schreien: „Verflucht Haman, gesegnet Mardochai", trinken und schreien, bis er nicht mehr wusste, was er schrie, und: Gesegnet Haman, verflucht Mardochai lallte (Jerus. Taanith fol. 63. 3). Da der Arme auch lustig sein sollte, war auf diesen Tag das Almosengeben besonders befohlen. Unter allen Festen der Juden war Purim das einzige, das nicht im Tempel gefeiert wurde, sondern daheim. Auf ein solches Rache-, Fluch- und Sauffest, an welchem keine Fastgäste anzutreffen waren, wäre Jesus nach Jerusalem gereist? und hätte die heilige Stadt verlassen, um während des Passah am See Gennezareth zu weilen (6, 4)? — Andere haben das Fest, wovon sichs handelt, für ein Passah gehalten. Dies ist aber unmöglich; weil im nächsten Capitel wieder ein Passah, und zwar ein bevorstehendes gemeldet ist; es wäre dann ein ganzes volles Jahr des Lebens Jesu so thatenlos geblieben, dass Johannes auch nicht ein Wort darüber zu berichten wusste? Das Pfingstfest ist gleichfalls unmöglich, so wohl dasjenige von 781 als 782 R. Dieses letztere nicht, weil dann ein ganzes thatenloses Jahr zwischen Joh. 5 u. 6 läge; jenes nicht, weil um die Pfingstzeit Jesus nach Cap. 5 zu Sychar war. Ausser dem Festmonat Thischri war nur noch ein Fest ausser den schon genannten, nemlich das Tempelweihfest, welches 25. Kislev 7 Tage lang gefeiert wurde. Hätte Johannes dieses Fest gemeint, so wäre nicht zu begreifen, warum er es nicht auch hier, wie er Cap. 10, 22 thut, mit Namen nannte. Dieses Fest hatte im Winter statt, der in Jerusalem bedeutend kalt ist. Wie lässt sich da ein Gedränge badelustiger Kranker erklären, wie sie Joh. 5, 7 zeigt? Es bleibt somit nur der Festmonat Thischri übrig. Hätte nun Johannes das Laubhüttenfest gemeint, so hätte er es, wie er 7, 2 thut, mit Namen genannt. Er hatte also das Versöhnungsfest vor Augen, dessen Namen er nicht nennt, weil die Juden die Gewohnheit hatten, es nicht mit Namen zu nennen, sondern durch den Namen „der Tag“, יומא, zu bezeichnen.

§ 97. Während dieses Festes, an einem Sabbathe, hatte die Heilung des Menschen, welcher 38 Jahre krank gewesen war, am Teiche Bethesda statt (Joh. 5, 2 — 9). Dieses veranlasste den ersten heftigen, feindlichen Aufstand der Juden gegen ihn. Bei dieser Gelegenheit berief sich Jesus auf das Zeugniss des Täufers, von dem er 5, 35 sagt: Ἐκεῖνος ἦν ὁ λύχνος ὁ καιόμενος καὶ φαίνων. „Er war ein sich selbst verzehrendes (καιόμενος, nicht καίων) und (den andern) leuchtendes Licht.“ Jesus redet hier von Johannes als einem der war, ἦν. Er war somit vom Schauplatze abgetreten, gefangen oder todt. „Johannes, indem er den andern leuchtete, verzehrte sich selbst,“ das heisst, er war ein hellleuchtender, aber schnell sich verzehrender Meteor, welcher nicht Jahre lang thätig gewesen, sondern im Januar des Jahres 781 auftrat, und im

September schon verschwunden war. Seine Wirksamkeit hatte etwa 8 Monate gewährt.

§ 98. Der Teich Bethesda. Joh. 5, 2: „Zu Jerusalem ist bei dem Schaafthore ein Teich, auf ebräisch Bethesda genannt, welcher fünf Hallen hat." Dieser Name Bethesda, welcher „Haus der Barmherzigkeit" bedeutet, kommt sonst nirgends mehr vor. Die Lage dieses Teiches lässt sich aber durch die Bemerkung bestimmen, dass er bei dem Schaafthore lag; denn dass zu ἐπὶ τῇ προβατικῇ nicht κολυμβήθρα, sondern πύλη zu suppliciren sei, wird wohl allgemein anerkannt. Nehem. 12, 39 ist gesagt, dass der zweite Weihe-Chor „über das Thor Ephraim und über das Fischthor, den Thurm Hananeel, den Thurm Mea bis an das Schaafthor zog, und sie blieben stehen am Thore ha-Matara, und so standen beide Chöre am Hause Gottes." Die Thürme Hananeel und Mea gehörten zu der Befestigung der später durch die Antonia ersetzten Birah; das Schaafthor lag somit ostwärts von der Antonia, in der nördlichen Einfassungsmauer des heiligen Berges. Dort aber liegt der heute Birket Israïn genannte Teich, welchen die neuere Tradition für Bethesda hält. Sie kann recht haben. Jedoch wäre nach einer älteren Tradition (siehe Robinson II. 137) eher der jetzt ganz verschüttete Teich bei der Annakirche, nordwärts von Birket Israïn, der Bethesda-Teich gewesen, was weniger wahrscheinlich ist, weil dort das Schaafthor nicht kann gesucht werden. Diese beiden Teiche sind in der dritten, durch Agrippa erbauten Mauer begriffen, und lagen somit in den Tagen Jesu ausserhalb der Stadtmauer; aber in der Zeit, da Johannes sein Evangelium schrieb, bestand die dritte Mauer schon, und somit konnte er sagen, dass Bethesda in Jerusalem lag. (Siehe die Beilage: Topographie von Jerusalem).

Fünfter Abschnitt.

Das zweite Jahr der Wirksamkeit Jesu Christi.

§ 99. Nach dem Aufenthalte Jesu zu Jerusalem während des anonymen Festes, in welchem wir das Versöhnungsfest vermuthet haben, zeigt ihn uns Johannes 6, 1 ff. in Galilaea und gleich darauf, wie wir durch die Synoptiker wissen, jenseits des See's, wo er, kurz vor dem Passah des Jahres 782 das Wunder der Speisung der 5000 verrichtete. Dieses Wunder wird übereinstimmend von allen vier Evangelisten erzählt: Matth. 4, 13. Marc. 6, 30. Luc. 9, 10 und Joh. 6, 2. Diese Thatsache bietet uns somit einen sichern, chronologischen Haltpunkt, wodurch die evangelische Synopse vermittelt wird. Johannes berichtet wenig von dem, was am Seeufer vor der wunderbaren Speisung sich begeben hat; er sagt nur: „Es folgte Jesu eine grosse Menge nach, weil sie die Wunder gesehen, welche er an den Kranken gethan hatte," 6, 2; woraus wenigstens folgt, dass die Speisung nicht unmittelbar nach Jesu Ankunft in Galilaea sich zutrug, sondern dass vorher wunderbare Heilungen durch den Herrn waren verrichtet worden. Welches die Thaten und Wunder waren, berichtet er nicht, wahrscheinlich, weil er nicht persönlich gegenwärtig war. Diese Lücke füllen die Synoptiker.

Wir haben oben, § 92. 93 gezeigt, das Luc. 4, 14—44 parallel mit Joh. 4, 43 — 46 läuft, und dem anonymen Feste vorangeht. Das von Lucas in dieser Stelle Berichtete, wird aber auch, theilweise freilich in anderer Zeitfolge, durch Matthäus und Marcus erzählt. Wir können daher annehmen, dass alle drei Synoptiker die Geschichte Jesu mit dessen Aufenthalt in Galilaea vor dem anonymen Feste beginnen. Ihre Berichte sind folgende:

8 *

Jesus in Nazareth übel aufgenommen. Joh. 4, 44. Luc. 4, 14—30. Matth. 13, 53—58. Marc. 6, 1—8.

Jesus in Capernaum, Heilung des Dämonischen. Luc. 4, 31—37. Marc. 1, 21—28.

Heilung der Schwiegermutter Petri. Luc. 4, 38—41. Matth. 8, 14 bis 16. Marc. 1, 29—31.

Wanderung Jesu; er predigt in den Synagogen Judaea's. Luc. 4, 42 bis 44, in den Synagogen Galilaea's. Matth. 8, 14—17? Marc. 1, 35—39. (Reise auf das Fest Joh. 5, 1).

Matthäus und Marcus berichten, dass Alles, was sie von Jesu Wirksamkeit erzählen, nach der Gefangennehmung des Täufers vorgefallen sei. Wir werden weiter unten darthun, dass wirklich diese Gefangennehmung während des Aufenthaltes Jesu zu Kana Joh. 4, 46 eintraf.

Die Ankunft des Herrn in Galilaea nach dem anonymen Feste hebt mit Luc. 5, 1 dem wunderbaren Fischzug Petri und der Berufung der drei (vier) ersten Apostel an. Die nächste chronologisch bestimmbare Thatsache ist das am zweitersten Sabbath vorgefallene Aehrenraufen der Jünger Jesu, Luc. 6, 1, dann ferner die Speisung der 5000. Nach dieser letzteren Begebenheit berichtet das Evangelium Johannis noch vier unterschiedene Anwesenheiten in Judaea, nemlich am Laubhüttenfeste (7, 1 ff.), am Feste der Tempelweihe (10, 22); zu Bethanien, wo er Lazarus auferweckte (11, 17), und endlich am letzten Osterfeste (12, 12). Ganz damit übereinstimmend ist Lucas, welcher 9, 28 eine Reise nach Jerusalem meldet: 10, 38 zeigt ihn uns zu Bethanien; 13, 22 neue Ankündigung einer Reise nach Jerusalem, und endlich 18, 31 die letzte Reise über Jericho auf das Passahfest. Wir gewinnen somit die synoptischen Punkte: Joh. 7, 1 = Luc. 9, 28. Joh. 10, 22 = Luc. 10, 38. Joh. 11, 17 = Luc. 13, 22. Joh. 12, 12 = Luc. 18, 31. Von diesen Reisen gehören die zwei letzten in das Jahr 783, die zwei ersten aber ins Jahr 782, also in den gegenwärtigen Abschnitt.

§ 100. Vertheilung des geschichtlichen Stoffes bis zur Speisung der 5000.

A. Succession der Begebenheiten bei Matthäus.

4, 13—17: Uebersiedelung Jesu nach Capernaum.

4, 18—22: Berufung der Apostel Petrus und Andreas, Jacobus und Johannes.

4, 23—25: Jesus zieht umher in Galilaea.

5, 1—7, 29: Die Bergpredigt.

8, 1—4: Heilung des Aussätzigen am Fusse des Berges.

8, 5—13: Zu Capernaum, Heilung des Knechtes des Centurio.

8, 14. 15: Heilung der Schwiegermutter Petri.

8, 16. 17: Am Abende ein Besessener geheilt.

8, 18—34: Fahrt über das Meer. Sturm. Gergesener.

9, 1—8: Rückkehr in „seine Stadt". Heilung des Gichtbrüchigen.

9, 9—13: Berufung des Matthäus.

9, 14—17: Gespräch mit den Jüngern Johannis wegen des Fastens.

9, 18—26: Heilung der Blutflüssigen. Erweckung der Tochter des Jairus.

9, 27—31: Heilung zweier Blinden, und

9, 32—34: Heilung des Stummen.

9, 35—38: Jesus zieht durch Städte und Dörfer.

10, 1—42: Berufung der Zwölfe.

11, 1: Jesus zieht umher in ihren Städten.

11, 2—19: Johannis Botschaft an Jesum.

11, 20—30: Die drei Wehe.

12, 1—8: Das Achrenraufen am Sabbath.

12, 9—14: Heilung des Menschen mit der verdorrten Hand an demselben Sabbath.

12, 15—21: Jesus weicht vor den feindlichen Pharisäern.

12, 22—45: Der stumme Blinde geheilt. Zeichen Jonä.

12, 46—50: Wer seine Mutter und seine Brüder sind?

13, 1—35: Jesus predigt aus dem Schiffe. Gleichnisse: Vom Saamen in verschiedenem Boden. Vom Unkraut im Acker. Vom Senfkorn. Vom Sauerteig.

13, 36—52: Jesus kehrt nach Hause zurück. Auslegung des Gleichnisses vom Unkraut. Die köstliche Perle.

13, 53—58: Jesus findet keinen Glauben in seiner Vaterstadt.

14, 1—12: Tod Johannes des Täufers.

14, 13: Speisung der 5000.

B. Succession der Begebenheiten nach Marcus.

1, 14. 15: Jesus kommt nach Galilaea.

1, 16—20: Berufung von Simon und Andreas, Jacobus und Johannes.

1, 21—27: Sie gehen nach Capernaum. Am Sabbath in der Synagoge: Heilung des Besessenen.

1, 28—31: An demselben Tage Heilung der Schwiegermutter Petri.

1, 35—37: Am Morgen begiebt sich Jesus an eine wüste Stätte.

1, 38. 39: Umzug in ganz Galilaea.

1, 40—45: Heilung des Aussätzigen. Jesus zieht sich abermals in
die Wüste zurück.

2, 1—12: Nach etlichen Tagen kommt er nach Capernaum. Heilung
des Gichtbrüchigen.

2, 13—17: Er geht hinaus ans Meer. Berufung Levi's.

2, 18—22: Ueber das Fasten der Johannesjünger.

2, 23—28: Das Achrenraufen am Sabbath.

3, 1—6: An demselben Tage. Heilung der verdorrten Hand. Die
Pharisäer und die Herodianer berathen sich, ihn zu tödten.

3, 7—12: Jesus entweicht auf's Meer. Heilungen.

3, 13—19: Anordnung des Apostolates der Zwölfe.

3, 20—30: Rückkehr nach Hause. Ob er die Teufel durch Belzebub
austreibe?

3, 31—35: Wer ihm Mutter und Brüder seien?

4, 1—34: Predigt aus dem Schiffe. Vom Saamen auf verschiedenem
Boden. Vom Licht unter dem Scheffel. Gedeihen der Saat ohne
Zuthun. Vom Senfkorn.

4, 35—41: Fahrt über den See. Sturm.

5, 1—20: Jesus im Gadarener Lande.

5, 21—43: Rückkehr. Heilung der Blutflüssigen. Erweckung der
Tochter Jairi.

6, 1—6: Jesus besucht Nazareth.

6, 6: Durchwanderung der Dörfer im Umkreis (scil. von Nazareth).

6, 7—13: Aussendung der Zwölfe.

6, 14—29: Johannes des Täufers Tod.

6, 30—34: Ueberfahrt über den See.

6, 35: Die Speisung der 5000.

C. Succession der Begebenheiten nach Lucas, nebst den Parallelen.
Nachdem Jesus in den Synagogen Judaea's gepredigt hatte, in welche Um-
reise das anonyme Fest fällt, kam er nach Galilaea zurück. Luc. 4, 14—44.

5, 1—11: Der wunderbare Fischzug. Berufung des Petrus, des Jacobus und des Johannes. Matth. 4, 18—22. Marc. 1, 16—20.

5, 12—14: Heilung des Aussätzigen, da er in „einer" Stadt war. Matth. 8, 1—4. Marc. 1, 40—45.

5, 15—26: Heilung des Gichtbrüchigen. Matth. 9, 1—8. Marc. 2, 1—12.

5, 27—39: Berufung des Levi. Matth. 9, 9—17. Marc. 2, 13—17.

6, 1—5: Das Aehrenraufen am zweitersten Sabbath. Matth. 12, 1—8. Marc. 2, 23—28.

6, 6—11: Heilung der verdorrten Hand. Matth. 12, 9—14. Marc. 3, 1—6.

6, 12—19: Wahl der zwölf Apostel. Matth. 10, 2—4. Marc. 6, 7—13.

6, 20—29: Die Bergpredigt. Matth. 5, 1—7, 29.

7, 1—11: Zu Capernaum der Knecht des Centurio geheilt. Matth. 8, 5—13.

7, 12—17: Auferweckung des Jünglings von Nain.

7, 18—35: Gesandtschaft des Täufers. Matth. 11, 2—19.

7, 36—50: Die Sünderin salbt Jesu Füsse.

8, 1—3: Die Jüngerinnen Jesu.

8, 4—18: Das Gleichniss vom Saamen auf verschiedenem Boden. Matth. 13, 1—23. Marc. 4, 1—25.

8, 19—21: Jesu Mutter und Brüder. Matth. 12, 46—50. Marc. 3, 31—35.

8, 22—39: Der Sturm auf dem See. Heilung des Dämonischen in der Gegend der Gadarener. Matth. 8, 18—34. Marc. 4, 35—5, 20.

8, 40—56: Heilung der Blutflüssigen. Erweckung der Tochter Jairi. Matth. 9, 1. 18—26. Marc. 5, 21—43.

9, 1—6: Erste Aussendung der Apostel. Matth. 10, 1—42. Marc. 6, 7—13.

9, 7—9: Des Täufers Tod. Matth. 14, 1—12. Marc. 6, 14—29.

9, 10: Speisung der 5000. Matth. 4, 19. Marc. 6, 30. Joh. 6, 1.

§ 101. Matthäus und Marcus haben den geschichtlichen Stoff in derselben Folge; anders ist es bei Lucas. Dieser Evangelist versetzt nach der Geschichte vom Aehrenraufen eine Reihe von Thatsachen, welche die zwei ersten Evangelisten vor besagte Geschichte setzen; nemlich die Gesandtschaft des Täufers, den Sturm auf dem See mit der Heilung des Dämonischen, die Erweckung der Tochter Jairi, die Aussendung der Apostel, welche Matthäus vor, Marcus aber nach dem Aehrenraufen hat. Dazu erzählt er zwei Geschichten, welche die zwei ersten Evangelisten nicht haben, und welche er sämmtlich auf die Geschichte vom Aehrenlesen folgen lässt, nemlich: die Auferweckung des Jünglings von Nain und die Salbung der Füsse Jesu. Die Frage ist nun zu erforschen, auf welcher Seite die Succession der Thatsachen chronologisch ist. Bei Marcus findet sich, vor den zwei andern Synoptikern, die bestimmtere Angabe des Ortes und der Aufeinanderfolge der Tage, welche Matthäus und Lucas oft durch unbestimmte Ausdrücke bezeichnen. Wir nehmen daher die Zeitfolge des Marcus als die richtige an.

I. Von Jesu Ankunft in Galilaea bis zum zweitersten Sabbath.

§ 102. Der zweiterste Sabbath. So nennt Lucas den Sabbath, an welchem das Aehrenraufen statt hatte. Diese Geschichte fiel jedenfalls am Anfang des Monats Nisan im Jahr 782 R. vor. Die später erfolgte Speisung der 5000 hatte kurz vor dem 15. Nisan statt, um so mehr fällt das Aehrenraufen vor das Osterfest. Reife Gerstenähren kann man im Ghueir schon Anfangs April, aber nicht früher finden. Jedoch kann der betreffende Tag noch näher bestimmt werden. Luc. 6, 1 wird gesagt, dass die Jünger Aehren raufeten am zweitersten Sabbath, ἐν σαββάτῳ δευτεροπρώτῳ. Es giebt wenig Ausdrücke im N. T., welchen so verschiedenartige Erklärungen zu Theil worden sind, wie diesem. Wir lassen dieselben dahingestellt und geben einfach unsere, nicht auf leeren Hypothesen ruhende Erklärung ab. Wir haben oben, § 11, eine Stelle aus der „Predigt Petri" citirt, worin gesagt ist, dass die Juden, wenn der Mond nicht scheint, den „sogenannten ersten Sabbath", σαββάτον τὸν λεγόμενον πρῶτον nicht halten, und auch die Neomenie nicht. So übertrieben und unrichtig auch der durch diese apocryphe Schrift den Juden gemachte Vorwurf sein mag; so haben wir als gewisse Thatsache, dass die Juden einen „sogenannten ersten Sabbath" σαββάτον πρῶτον feierten, welcher der Neomenie, das heisst dem ersten Tag des neuen Monats, voranging und damit in Verbindung stand. Nun haben wir oben, § 14, bemerkt, dass die von Jerusalem entfernten Juden stets in der Ungewissheit waren, ob der zu Ende gekommene Monat 29 oder 30 Tage habe, ob der erste des neuen Monates dem 30sten oder 31sten Tage des alten Monates entspreche. Sie feierten daher beide als Festtage oder Sabbathe; der erste dieser Tage hiess, wie wir aus der Predigt Petri erfahren, σαββάτον πρῶτον, der zweite musste somit σαββάτον δευτεροπρώτον heissen. War nun im Jahr 782 R. der Adar von 29 Tagen, so war der 1. Nisan „der erste Sabbath" und der 2. Nisan „der zweiterste Sabbath"; war im Gegentheil jener Adar von 30 Tagen, so war „der erste Sabbath", der 30. Adar, und „der zweiterste" der 1. Nisan. Es ist unmöglich heute zu bestimmen, ob jener Adar 29 oder

30 Tage hatte; immerhin irren wir jedenfalls nur um einen Tag, wenn wir den 1. Nisan, welcher im Jahr 782 auf den 4. April fiel, für den zweitersten Sabbath erklären.

§ 103. Die Gefangenschaft Johannes des Täufers. Der Tetrarch Herodes liess Johannes ins Gefängniss setzen, weil er gesagt hatte, es sei nicht recht, dass er Herodias, seines Bruders Philippi Weib habe, Matth. 14, 3. 4. Marc. 6, 17. 48. Luc. 3, 19. 20. Josephus Antiq. XVIII. 5, 2 sagt: „Herodes liess Johannes den Täufer tödten, welcher ein rechtschaffener Mann war, der diejenigen Juden, die sich der Tugend beflissen, unter sich gerecht und gegen Gott fromm waren, antrieb, zur Taufe zu kommen. — Da nun die Leute von allen Seiten ihm zuströmten und durch seine Rede hingerissen wurden, fürchtete Herodes, er möge seinen Einfluss auf die Leute zu einem Aufstande missbrauchen, da sie seinen Eingebungen in Allem zu folgen geneigt schienen. Er hielt desswegen für rathsam, ihn, ehe er eine Neuerung vornähme, wegzuräumen. — — In Folge dieses Verdachtes des Herodes wurde er gebunden, nach Machaerus gesandt und dort getödtet.“ Machaerus war eine Festung jenseits des Jordans, oder besser, jenseits des Todten Meeres; heute heisst der Ort Mkaur und liegt auf dem, Attarûs genannten hohen Berge am Südufer des Wadi Zerka Maïn. — Die Zeit, wo Johannes ins Gefängniss gelegt wurde, lässt sich nicht mehr genau bestimmen. Soviel ist gewiss, dass er nach dem Passah des Jahres 781 R. noch frei war und am Versöhnungsfeste desselben Jahres schon gefangen, wenn nemlich: woran nicht wohl zu zweifeln ist, das anonyme Fest, auf welchem Jesus von Johannes redete, als einem, der war (Joh. 5, 35), das Versöhnungsfest ist. Zwischen diesen zwei Daten wurde Johannes ins Gefängniss gelegt. Nehmen wir nun an, dass das Ereigniss statt hatte, während Jesus zu Kana Galilaeas war (Joh. 4, 45), wohin er im Laufe des Monats Mai, in der Erntezeit kam, so haben Matthäus und Marcus recht, Alles was sie berichten, von der Gefangenschaft des Täufers zu datiren. In die, dem anonymen Feste vorhergehende Zeit gehört, wie wir gesehen haben, Luc. 4, 14 — 44, und somit auch das Matth. 4, 12—17 und Marc. 1, 14 ff. Die Vermuthung liegt nahe, dass Jesus, welcher zu Kana sich aufhielt, durch die Nachricht, dass Johannes gefangen sei, veranlasst wurde, am See Gennezareth, das heisst in einem weiteren Kreise aufzutreten und in Capernaum sich niederzulassen.

§ 104. **Herodes der Tetrarch**, der Mörder Johannes des Täufers, war ein Sohn Herodes des Grossen und der Malthace. Nach dem Tode seines Vaters wurde er Tetrarch von Galilaea und Peraea (Joseph. Antiq. XVII. 8, 1; 11, 4). Seine erste Gattin war die Tochter des Königs von Petra, Aretas. Er entführte Herodias, das Weib seines Bruders Herodes (so nennt ihn Josephus, Antiq. XVIII. 5, 1; bei Matth. 14, 3 heisst er Philippus. Wahrscheinlich hiess er Herodes Philippus, wie der Tetrarch von Galilaea und Peraea Herodes Antipas hiess). Die Tochter des Aretas flüchtete sich zu ihrem Vater, welcher später desswegen Herodes mit Krieg überzog. Johannes der Täufer hatte zu Herodes gesagt: Es ist nicht recht, dass du deines Bruders Weib habest. Dieses war die Ursache seiner Gefangennehmung. Dieser Herodes Antipas war der Gründer der Stadt Tiberias, welche noch in den Tagen der Wirksamkeit Jesu im Entstehen war. Doch scheint Herodes damals schon in dieser Stadt residirt zu haben, wodurch sich erklärt, warum Jesus, welcher diesem Fürsten auswich, nie nach Tiberias kam. Das Verhältniss des Herrn zu Herodes wird Luc. 9, 7 ff. 13, 31 ff. Marc. 8, 15 berührt.

§ 105. Nichts würde uns hindern, das Auftreten Jesu am See in das Spätjahr des Jahres 781 zu verlegen; da der Täufer damals jedenfalls schon im Gefängniss war, wenn uns die Synoptiker mehr, als wirklich geschieht, von des Herrn damaligen Werken erzählten. Aber das vor dem zweitersten Sabbath Geschehene ist in zu grossem numerischen Abstande von dem, was über die folgenden 11 Tage erzählt wird, als dass wir die erste Thatsache, den w u n d e r b a r e n F i s c h z u g früher als Anfangs des Jahres 782 uns denken könnten. Der Ort, wo dieser Fischzug geschah, wird nicht mit Namen genannt; es kann aber keinem Zweifel unterliegen, dass es Bethsaïda, die Stadt Petri war, der Fischerhafen von Capernaum, der heutige Khan Betszeida oder Minich. Die Folge dieses Zuges war die Berufung des Petrus, Jacobus und Johannes nach Lucas, und auch des Andreas, nach den andern Synoptikern. Diese Berufung zum Apostelamte ist nicht mit der Joh. 1, 37 ff. beschriebenen Berufung zur Jüngerschaft, welche gerade ein Jahr früher vorfiel, zu verwechseln. Die Art, wie hier bei den Synoptikern die Söhne Zebedäi, Jacobus und Johannes eingeführt werden, könnte auffallen. Zebedäus und seine Söhne waren Bürger von Jerusalem, wo sie ihr Haus und ihre Verhältnisse hatten, und hier sollte es scheinen, sie seien, wie Petrus und Andreas, Bewohner von Bethsaïda gewesen. Hier geben die Bücher der jüdischen Tradition Aufschluss. In Bab. Baba Kama fol. 80. 2, wird ausdrücklich gesagt, dass eine der Praerogativen des Landes Israel war, dass jeder Israelite, wo er auch sonst wohnen mochte, die Fischerei am Meere von Tiberias treiben durfte. Von diesem Rechte machten natürlich manche Bürger von Jerusalem Gebrauch, besonders auf das Passahfest hin, wo es darauf ankam, die heilige Stadt mit Lebensmitteln für anderthalb Millionen von Pilgern zu versehen. Denken wir uns Zebedaeus als einen solchen Bürger von Jerusalem, welcher mit Simon und Andreas die Fischerei betrieben, so sind alle Schwierigkeiten und Anstoss gehoben. Dieses Geschäfte scheint besonders im Februar und März mit Eifer betrieben worden zu sein; denn auf diese Zeit fanden wir im Jahr 781 Johannes und Jacobus in Gemeinschaft des Simon und Andreas an den Ufer des See's, und nun ebenso im Jahr 782. Wahrscheinlich war Nathanael, der Mann von Kana in ähnlichen Geschäften zu Bethsaïda, als er Jesu Jünger wurde (§ 81).

Wenn es in Folge der Berufung heisst: Sie verliessen Alles und folgten ihm nach, so ergiebt sich daraus, dass vorher diese Nachfolge im engeren Sinne noch nicht statt hatte, obwohl seit einem Jahre schon diese Männer mit Jesu in Verbindung standen, eine Verbindung und Bekanntschaft, welche auch die Synoptiker voraussetzen, weil sie, besonders die zwei Ersten, das unmittelbare Folge-Leisten auf die Berufung nicht motiviren. War bisher die Verbindung dieser Männer mit Jesu noch keine stetige, so dürfen wir uns nicht wundern, dass sie nicht mit Jesu zu Jerusalem waren, und Johannes der Jerusalemite allein von dem dort Geschehenen berichten konnte. Aber auch für die folgende Zeit war die Nachfolge der Jünger noch keine stetige im strengeren Sinne; wir werden noch öfters die Abwesenheit des Einen oder des Andern der Apostel nachweisen.

Marc. 1, 21 bringt in unmittelbare Verbindung mit der Berufung jener Viere die Heilung eines Dämonischen in der Schule zu Capernaum, er sagt: sie folgten ihm nach und gingen gen Capernaum, und sogleich (καὶ εὐθέως), am Sabbath ging er in die Synagoge, wo er die Heilung vornahm. Lucas verlegt diese Thatsache früher (4, 31, siehe § 94); wir können nicht entscheiden, auf welcher Seite die richtige Zeitfolge sich findet. Ebenso verhält es sich mit der Heilung der Schwiegermutter Petri. Sie hatte an demselben Tage statt, wie die

Heilung des Dämonischen, (Marc. 8, 14. Luc. 4, 38), so dass ihr dieselbe chronologische Unsicherheit anhaftet. Hier meldet Marc. 1, 38. 39 einen Zug Jesu durch Galilaea, welcher mit demjenigen nach Judaea, welchen Luc. 4, 42 berichtet, eins ist. Die bei Marcus sich findende unangefochtene Leseart „Galilaea" wurde aus harmonischen Gründen an die Stelle des „Judaea" bei Lucas substituirt.

Nach Lucas war das erste nach der Rückkehr aus Judaea (vom anonymen Feste) verrichtete Wunder Jesu, die Heilung des Aussätzigen; wo dieselbe geschah, lässt sich nicht ermitteln. Nach Matthäus 8, 1 geschah sie nach der Bergpredigt, ehe denn Jesus nach Capernaum kam. Dass sie nicht zu Capernaum geschahe, meldet auch Marc. 1, 4; 2, 1. Nach Luc. 5, 12 geschah es „in einer der Städte", ἐν μιᾷ τῶν πόλεων.

Die Heilung des Gichtbrüchigen hatte nach Marc. 2, 1 zu Capernaum statt, etliche Tage nach der Heilung des Aussätzigen (vergl. Luc. 5, 16. 17). Der Ort war ohne Zweifel Capernaum, obwohl es nirgends bestimmt gesagt wird. An demselben Tage (Luc. 5, 27) da Jesus von Capernaum dem Meere zuging (Marc. 2, 13) hatte die Berufung Levi's statt. Der Zoll lag somit am Meere, das heisst zu Bethsaïda, wahrscheinlich in Beziehung auf die Fischerei, die wohl nicht zollfrei war. An demselben Tage gab Jesus sein Urtheil ab über das Fasten der Jünger Johannis (Matth. 9, 14—17. Marc. 2, 18—22. Luc. 5, 33—38). Darauf, aber ohne bestimmten zeitlichen Zusammenhang mit dem vorigen, wird die Geschichte vom Aehrenraufen erzählt.

II. Vom zweitersten Sabbath bis zum Sturm auf dem Meere.

§ 106. Den zweitersten Sabbath haben wir oben auf den 1. Nisan, d. i. den 4. April 782 bestimmt. Marcus und Lucas melden unmittelbar nach der Geschichte von dem an diesem zweitersten Sabbath geschehenen Aehrenraufen, die an einem Sabbathe in der Synagoge von Capernaum geschehene Heilung des Menschen mit der verdorrten Hand, bei Matthäus ist eine andere Zusammenstellung der Thatsachen. Marc. 3, 1 ist der Uebergang vom Aehrenraufen zur besagten Heilung vermittelt durch die Worte: „Und er ging nochmals in die Synagoge; und daselbst war ein Mensch, welcher eine verdorrte Hand hatte, und sie lauerten auf ihn, ob er ihn am Sabbath heilen würde." Nach diesem

Evangelisten hatte somit diese Thatsache an demselben Sabbathe statt, an welchem die Jünger Aehren gerauft hatten. An diesem Tage wollten die schon erbitterten Pharisäer es zur Entscheidung kommen lassen, wie Jesus sich zu der pharisäischen Sabbathtradition verhalte; er hatte seinen Jüngern eine Sache erlaubt, welche ihnen für eine den Sabbath schändende Arbeit galt; nun wollten sie sehen — denn durch sie war wohl die Gegenwart des Kranken veranstaltet worden — ob Jesus selbst einen Act sich erlauben werde, welcher nach ihrer Tradition eine Arbeit war. Dass aber das Heilen eines Kranken wirklich als Sabbath schändende Arbeit angesehen wurde, ergiebt sich aus Jerus. Berachoth III. 1, wo erzählt wird, dass Rabbi Meïr, der Lehrer Rabbi Jehuda's des Heiligen, diese zu strenge Vorschrift insofern zu mildern vorschlug, dass in Zukunft Oel und Wein als Heilmittel dürften am Sabbath angewendet werden. Die durch den Herrn vollbrachte Heilung vollendete nun den Bruch mit der pharisäischen Parthei (Marc. 6, 3).

Luc. 6, 6 vermittelt den Zusammenhang zwischen dem Aehrenraufen und dieser Heilung durch die Worte: $\dot{\varepsilon}\gamma\dot{\varepsilon}\nu\varepsilon\tau o$ $\delta\dot{\varepsilon}$ $\varkappa\alpha\dot{\iota}$ $\dot{\varepsilon}\nu$ $\dot{\varepsilon}\tau\dot{\varepsilon}\rho\omega$ $\sigma\alpha\beta\beta\dot{\alpha}\tau\omega$ $\varepsilon\dot{\iota}\sigma\varepsilon\lambda\vartheta\varepsilon\tilde{\iota}\nu$ $\alpha\dot{\upsilon}\tau\dot{o}\nu$ $\varkappa.$ $\tau.$ $\lambda.$ Uebersetzen wir: „es begab sich, dass an einem andern Sabbathe er in die Synagoge ging," so stimmt Lucas nicht mit Marcus. Mann kann aber auch übersetzen: „es geschahe an dem noch übrigen Theile des Sabbaths, dass Jesus in die Schule ging." Das Ausraufen der Aehren hatte statt gehabt am 4. April Abends als der zweiterste Sabbath angebrochen war, an demselben Sabbathe, aber am folgenden Tage, dem 5. April, ging Jesus nochmals in die Synagoge und heilte die verdorrte Hand. Wie die Pharisäer einen entscheidenden Schritt thaten, so Jesus. Er verliess Capernaum, begab sich an das Meer, und darauf auf einen Berg, wo er das Apostolat der Zwölfe anordnete (Marc. 3, 7—19. Luc. 6, 12—16).

§ 107. Die Bergpredigt. Nach Lucas ordnete der Herr die Zwölfe auf dem Berge, da es Tag ward (6, 13); er ging dann hinab mit ihnen, stand auf einem ebenen Platze, $\dot{\varepsilon}\pi\dot{\iota}$ $\tau\dot{o}\pi o\nu$ $\pi\varepsilon\delta\iota\nu o\tilde{\upsilon}$, (6, 17) wo er zur versammelten grossen Volksmenge die Rede 17, 20—49 sprach. Diese Bergpredigt stellt der Reden sammelnde Evangelist Matthäus an die Spitze seines Evangeliums, als das Programm des Reiches Gottes; sie kann aber nimmermehr als der erste öffentliche Act Jesu angenommen werden; denn jedenfalls musste eine Reihe von Thaten vorausgegangen sein, damit die Volksmenge, wovon Matth. 4, 25 die Rede ist, konnte aus allen genannten Landen, Galilaea, Decapolis, Jerusalem, Judaea, Peraea, sich zusammenfinden. Das Matth. 1, 18—23 gesagte, ist dazu nicht zureichend. Wir halten daher dafür, dass Lucas dieser Predigt den rechten chronologischen Ort anweiset.

Eine uralte, schon von Hieronymus (Ep. 11 ad Marcell. T. IV p. 552. ed. Mart.) vertretene Tradition, gegen welche sich nichts Vernünftiges einwenden lässt, verlegt den von den in der Bergpredigt enthaltenen Seligsprechungen, „Berg der Seligkeiten," Mons beatitutinum, genannten Ort, an die Karûn Hattin. Dieser mit zwei Höckern oder Hörnern versehene Berg liegt auf der Hochebene, welche westwärts vom See sich ausdehnt. Er liegt etwa anderthalb Stunden SW. von Ain Medavarah, oder Capernaum. An seinem Fusse breitet sich die Ebene von Hattin aus. Dort war das Volk versammelt, zu welchem Jesus herabstieg und die Predigt, die er ihm hielt, wurde nichts destoweniger auf dem Berge gesprochen, zu welchem man aus dem Lande Gennesar bedeutend aufsteigen muss. Das, was manche Geographen, z. B. v. Raumer (Pal. S. 37) diese Tradition verwerfen macht, ist die ungeschickte Verlegung von Capernaum nach Tell-Hum, und der Unschick der Mönche, welche zugleich denselben Berg als den Ort der Speisung der 5000 angeben, welcher jenseits des See's gesucht werden muss. Dass eine uralte Tradition der Christen an Karûn Hattin haftet, beweiset der Umstand, dass bei den Arabern einige auf diesem Berge befindlichen Felsenblöcke Hedschar Nasâra, d. i. Steine der Christen (oder Christi des Nazareners?) tragen. Robinson (Pal. III. 452 ff.), von Süden kommend, erstieg das östliche Horn des Tell-Hattin und sagt: „Von dieser Seite gesehen, ist der Tell oder Berg nur ein niedriger Rücken von etwa 30 bis 40 Fuss Höhe, und von Ost nach West keine 10 Minuten lang. An seinem östlichen Ende ist eine hohe Spitze, etwa 60 Fuss über der Ebene, und an dem westlichen Ende eine andere von geringerer Höhe; diese geben dem Rücken in einiger Entfernung das Ansehn eines Sattels und führen den Namen Karûn Hattin. Aber das Eigenthümliche dieses Rückens ist, wie man erst bei Erreichung der Höhe desselben gewahr wird, dass er längs der äussersten Grenzen der grossen südlichen Ebene (von Lubieh) liegt, wo diese sich auf einmal durch eine jähe Abstufung nach der niedrigern Ebene von Hattin absenkt, von welcher letzteren die nördliche Seite des Tell nicht viel weniger als 100 Fuss sehr steil emporsteigt. Unten liegt im Norden das Dorf Hattin, und nach N. und NO. bildet ein zweiter ähnlicher Abfall die Stufe zum Niveau des See's. Der Gipfel des östlichen Horns ist eine kleine, runde Ebene; und der des niedrigern Rückens zwischen den beiden Hörnern ist auch zu einer Ebene abgeflacht."

§ 108. „Nachdem er alle diese Worte zu den Ohren des Volkes vollendet hatte, ging er nach Capernaum" heisst es Luc. 7, 1, wo er den Knecht des Centurio heilete (7, 2—10). Dieses Wunderwerk, welches Marcus nicht erzählt hat, wird bei Matthäus (8, 5—13) als nach dem Zurückkommen des Herrn vom Berge zu Capernaum geschehen, berichtet. Ein Beweis mehr, dass die Bergpredigt, wie sie Matthäus berichtet und die Rede Jesu bei Luc. 6, 20 ff. eins und dasselbe sind. Hier schaltet Luc. 7, 12—17 die Geschichte der Auferweckung des Jünglings zu Nain ein, welche sich an die Wanderung Jesu, „da er umherzog in ihren Städten", Matth. 11, 1 anschliessen lässt. Matthäus hat unmittelbar vorher die Bestellung des Apostolates der Zwölfe beschrieben, wie Lucas, nur mit Auslassung der Bergpredigt, welche schon Matth. 5 ff. war mitgetheilt worden. „Am folgenden Tage, heisst es Luc. 7, 11, also am Tage nach der Bergpredigt und Heilung des Knechtes des Centurio, ging Jesus in eine Stadt, genannt Nain;" an den Thoren dieser Stadt erweckte er den Jüngling (7, 11—17).

§ 109. Nain. Dieser Ort, der heute noch den antiken Namen trägt, liegt in der Ebene Esdrelon, am nördlichen Fusse des Dschebel ed-Dehi, südwärts vom Berge Thabor, etwa 8 Stunden von Capernaum. Da die Esdrelon-Ebene, ohne bedeutende Senkung, in den Ghor bei Bisan übergeht, so ist vorauszusetzen, dass vom Ghor her Jesus nach Nain ging, in dem er auf einem Schiffe an das südliche Ende des See's gelangte. Diese also verstandene Reise fordert nicht mehr als zwei Tage.

§ 110. Die Gesandtschaft des Täufers. Johannes sandte seiner Jünger zween zu Jesu, und fragte: Bist du, der da kommen soll, oder sollen wir eines andern warten? Diese Thatsache wird durch Matthäus (11, 2—19) und Lucas (7, 18—35) berichtet. Wann? und wo? ist sie geschehn? Lucas lässt uns im Zweifel, ob diese Gesandtschaft ihn in den Gegenden von Nain getroffen, oder zu Capernaum, wo das 7, 36 Berichtete muss vorgefallen sein. Matthäus lässt uns auf Capernaum schliessen. Lucas versetzt diese Geschichte nach dem zweitersten Sabbath, Matthäus dagegen früher. Vom zweitersten Sabbatho bis zur Speisung der 5000 sind 12 bis 13 Tage, wovon das bisher

Berichtete etwa 7 bis 8 in Anspruch nimmt. Johannis Tod fällt aber zwei bis drei Tage vor die Speisung, das wäre etwa auf den Tag, da Johannis Jünger bei Jesu waren, welche somit ihren Meister bei ihrer Rückkehr nicht mehr lebend getroffen hätten. Der durch Matthäus der Sendung dieser Botschaft angewiesene Ort scheint uns daher der richtige zu sein. Lucas verlegte wohl diese Geschichte nach der Erweckung des Jünglings zu Nain, damit das Wort des Herrn: „die Todten stehen auf" Luc. 7, 22 auf eine Thatsache sich stütze.

§ 111. Nach der Geschichte von Johannis Gesandtschaft, wahrscheinlich am Abende desselben Tages, berichtet Luc. 7, 36 ff., dass Jesus bei einem Pharisäer, Simon, zu Tische war, dort salbete ihm die Sünderin die Füsse, und erzählte der Herr das Gleichniss von den zwei begnadigten Schuldnern. Diese Geschichte haben Matthäus und Marcus nicht.*) Dafür lesen wir bei Matth. 12, 22 die Geschichte eines durch den Herrn geheilten Dämonischen, welcher blind und stumm war. Die Pharisäer äusserten, er treibe die Teufel aus durch der Teufel Obersten. In der Widerlegung redete der Herr von der Sünde wider den heiligen Geist. Da die Schriftgelehrten und Pharisäer ein Zeichen forderten, verheisst ihnen der Herr das Zeichen Jonä. „Da er noch also zum Volke redete, siehe, da standen seine Mutter und seine Brüder draussen, die wollten mit ihm reden. — Er aber reckte die Hand aus über seine Jünger und sprach: Siehe da: das ist meine Mutter und meine Brüder," (Matth. 12, 46—50). Bei Marc. 3, 20 ff. findet sich auch, aber anders motivirt, der Vorwurf, dass er die Teufel durch Beelzebub austreibe und Jesu Erwiederung, so wie das Wort vom Zeichen Jonä und die Ankunft seiner Mutter und seiner Brüder. Diese Erzählung, die Mutter und Brüder betreffend, findet sich bei Luc. 8, 21 ff.

---

*) Es sei denn, dass die hier durch Lucas eingereihte Erzählung mit der Salbung Jesu zu Bethanien Matth. 26, 6 ff. Marc. 14, 3—9. Joh. 12, 1 ff. parallel ist. Für den Parallelismus spricht die Identität der Thatsache, der Umstand, dass bei den drei Synoptikern der Wirth, an dessen Tische der Herr lag, Simon heisst, und dass Lucas von der Salbung zu Bethanien keine Meldung thut. Neben dieser Verwandtschaft zwischen den Berichten sind aber auch bedeutende Differenzen. Bei Lucas werden Jesu nur die Füsse, bei den zwei andern Synoptikern das Haupt gesalbt; dort liegt der Accent auf der Sündhaftigkeit des Weibes, hier auf dem Urtheil der Jünger über die Verschwendung etc. Es ist daher möglich, dass Lucas eine ganz andere, in Galiläa vorgefallene Thatsache berichtet.

aber nach der Parabel vom Saamen und unmittelbar vor der Fahrt über den See. Die zwei ersten Evangelisten, nachdem sie die Rede berichtet, wo der Herr sagt, wer ihm Mutter und Brüder seien, sagen: „An demselbigen Tage ging Jesus aus dem Hause und setzte sich an das Meer (Matth. 13, 1) und er trat in ein Schiff, das Volk aber stand am Ufer, und er redete zu ihnen in Gleichnissen." Die Gleichnisse, welche Marc. 4, 1—33 mittheilt, sind: Vom Saamen auf verschiedenem Boden. Vom Gedeihen der Saat ohne Menschen Zuthun, und vom Senfkorn. Dieselben hat auch Matth. 13, 1—35, ausgenommen dasjenige vom Gedeihen der Saat, welches durch die Parabel vom Unkraut im Acker ersetzt wird, wozu diejenigen vom Schatz im Acker, von der köstlichen Perle, vom Netze, damit man allerlei Gattung fängt, kommen. Matthäus lässt darauf den Herrn nach Capernaum und nach Nazareth gehen (13, 36. 53—58). Bei Marcus dagegen folgt unmittelbar auf die Parabeln die Fahrt über den See, welche die Speisung der 5000 zur Folge hatte, während bei Lucas die Fahrt in der Gadarener Land auf die Worte Mutter und Brüder betreffend, folgt.

§ 112. Die erste Fahrt über den See. Sie wird gleichmässig von allen drei Synoptikern erzählt (Matth. 8, 18—34. Marc. 4, 35 bis 5, 20. Luc. 8, 22—39). Jesus fuhr vom westlichen Ufer (Bethsaïda) aus, über den See. Während der Ueberfahrt beängstigte die Jünger ein Sturm, welchen der Herr beschwichtigte. In dem jenseitigen Gergesener- oder Gadarener- oder Gerasener-Gebiet heilte er einen Dämonischen (nach Matthäus waren's zwei). Wann hatte diese erste Fahrt über den See statt? Nach Matthäus gehört sie in eine bedeutend frühere Zeit, jedenfalls vor den zweitersten Sabbath, vielleicht vor das anonyme Fest, weil sie kurz nach der Heilung der Schwiegermutter Petri berichtet wird. Nach Marcus und Lucas ging sie nur wenige Tage der Speisung der 5000 voran. Da überhaupt diese zwei letzten Evangelisten strenger, als Matthäus die Zeitfolge zu beobachten pflegen, so nehmen wir ihre Ordnung für die richtige an. Was den Ort anbetrifft, so mag schwer zu entscheiden sein, welcher der drei Lesearten der Vorzug gehöre, ob Χώρα Γεργεσηνῶν, Γαδαρηνῶν, oder Γερασηνῶν. Der Name Gergesa ist in der Geographie völlig unbekannt, Gerasa kann zur Zeit Jesu, als etwaige Metropolis der Decapolis in dem allgemeinen Sinne von Regio decapolitana auch das östliche Seeufer mitbegriffen haben (siehe § 72 b.). Dieselbe Bemerkung gilt für Gadara deren

Stadtgebiet übrigens unmittelbar an den See herantrat (siehe § 72 c.). Wenn der Name der Gegend zweifelhaft ist, so ist es die Gegend selber nicht. Dass sie zur Decapolis gehörte, ergiebt sich aus Marc. 5, 20 vergl. Luc. 8, 39. Zu diesem Gebiete aber zählte der zwischen dem Wadi Semakh und dem südlichen Ende des See's gelegene Theil des östlichen Seeufers (siehe § 11, 1.), wie es auch Luc. 8, 27 heisst, dass die besagte Gegend Galilaea gegenüber (ἀντιπέρα) liege. Jesus heilte den Dämonischen dadurch, dass er zuliess, dass der Dämon in eine Heerde Säue fuhr, welche sich über den Abgrund, κατὰ τοῦ κρημνοῦ, ins Meer stürzten (Luc. 8, 33). Es geschahe dieses an einem Orte, wo das östliche Gebirge unmittelbar an den See herantritt; dieses scheint besonders in der Gegend von Adveriban der Fall zu sein.

§ 113. Jesu Aufenthalt in dem decapolitanischen Seegebiete war von kurzer Dauer (Matth. 8, 34. Marc. 5, 17. Luc. 8, 37). Als er am westlichen Ufer (zu Bethsaïda) landete, wartete viel Volks auf ihn, darunter Jairus, dessen Tochter er vom Tode erweckte, offenbar zu Capernaum. Unterwegs wurde das blutflüssige Weib durch die Berührung des Saumes seines Kleides geheilt. Darauf folgte, nach Marc. 6, 1, eine Reise Jesu nach Nazareth. Auch Matth. 13, 54 verlegt diese Reise kurz vor die Speisung der 5000. Lucas meldet diese Reise nicht, es sei denn, dass sie mit der 4, 16 berichteten identisch sei. Dieser Evangelist berichtet unmittelbar nach der Erweckung der Tochter Jairi eine erste Aussendung der Apostel (9, 1 ff.); „und, heisst es 9, 6, sie gingen und durchwanderten die Dörfer, τὰς κώμας, überall evangelisirend und Wunder thuend." Es ist somit hier von keiner grösseren Reise und längeren Abwesenheit die Rede, sondern von einer Wanderung durch die Dörfer des westlichen Seegebietes, die wohl nicht mehr als einen Tag beansprucht.

§ 114. Die nun folgende nächste Thatsache ist die Speisung der 5000. Ueberschauen wir nun den geschichtlichen Stoff, welchen die drei Synoptiker zwischen der Geschichte vom Aehrenraufen und dieser Speisung anhäufen, so müssen wir für unmöglich erklären, dass dieses Alles in dem kurzen Zeitraum von etwa 14 Tagen (1. bis 14. Nisan) unterzubringen sei; wir müssen annehmen, dass die Berichterstatter keine streng-chronologische Ordnung befolgten. Der Versuch, das Datum jeder einzelnen Geschichte festzustellen, muss also als ' ein unausführbares Unternehmen, hinterbleiben. Es genüge an der allgemeinen Feststellung der Zeit; und diese können wir wohl als gewonnen und begründet ansehen.

III. Die Speisung der Fünftausend.

§ 115. Die nächste Veranlassung zu der zweiten Fahrt Jesu über den See war der Tod Johannes des Täufers. Herodes nemlich, welcher Johannes hatte enthaupten lassen, meinte, als er von Jesu Thaten hörte, jener sei der von den Todten auferstandene Täufer (Matth. 14, 1. Marc. 6, 14. Luc. 9, 7). Jesus, diesem Tyrannen zu entgehen, begab sich daher auf das Ostufer des See's, (Matth. 14, 13). Bei dieser Gelegenheit berichten die Synoptiker Art und Ursache der Hinrichtung des Vorläufers Christi. Der Ort der Hinrichtung war, nach Josephus die Feste Machärus auf der Ostseite des Todten Meeres (siehe § 103). Die Evangelisten nennen den Ort nicht; nichts hindert also die Aussage des jüdischen Geschichtschreibers für wahr anzunehmen. Die Zeit der Hinrichtung des Täufers lässt sich nach den evangelischen Berichten sehr nahe bestimmen. Nach Luc. 7, 18 lebte Johannes noch etwa acht Tage nach dem zweitersten Sabbath; er war todt als Jesus, etwa am 12. Nisan, nach Bethsaida-Julias fuhr, also mag die Hinrichtung zwischen den 12. und 16. April 782 R. zu verlegen sein. Einige Chronologen, unter andern Wieseler (Syn. 293 ff.) haben versucht, diesen Tag noch näher aus der Aussage Matth. 14, 6. Marc. 6, 21 zu bestimmen, dass die Enthauptung befohlen wurde, da Herodes seine γενεςία feierte. Dieser Ausdruck kann den Geburtstag oder den Tag des Regierungsantrittes bezeichnen. Bedeutet er den Geburtstag, so hilft uns diese Angabe nichts, da unbekannt ist, an welchem Tage Herodes Antipas geboren wurde; bedeutet er den Tag des Regierungsantrittes, so ist die Frage, ob Herodes denselben von der Ernennung durch Kaiser Augustus an, oder vom Todestage seines Vaters, Herodes des Grossen rechnete. Wieseler nimmt dieses Letztere an; wir können aber keineswegs dieser Ansicht beipflichten, da Herodes nicht durch Erbrecht oder das väterliche Testament Tetrarch war; im Gegentheil, Herodes hatte diesen und die andern Söhne förmlich durch sein Testament enterbt und dem Archelaus sein ganzes Königreich vermacht. Dieses Testament wurde umgestossen, und Augustus ernannte Antipas zum Tetrarchen, (Joseph. Antiq. XVII. 8, 1; 11, 4). Der Tag der Ernennung durch den Kaiser ist aber unbekannt; jedenfalls aber nicht im Monat April. Der einzige chronologische Gewinn aus dieser γενεςία, wäre die Bestimmung des Geburtsmonats Herodis, woran Niemand gelegen ist. Um das Todesjahr

9 *

des Täufers anderweitig zu ermitteln, hat man Joseph. Antiq. XVIII. 5, 2
verwendet. Dort ist gesagt, dass die Juden die Niederlage, welche Aretas,
König von Patra dem Herodes zufügte, als eine Strafe Gottes ansahen
für den Mord Johannes des Täufers. Diese Niederlage erlitt Herodes
kurz vor dem Tode des Kaisers Tiberius, im Jahre 36 n. Chr. Daraus
folgt aber durchaus nicht, dass der Täufer nicht im Jahre 29 n. Chr.
782 R., sondern im Jahre 36 getödtet worden sei. Ein 7 Jahre nach
der Missethat erduldetes Unglück konnte immer noch als Strafe für die
Missethat angesehen werden.

§ 116. „Jesus fuhr abermals jenseits des Meeres von Galilaea
(Joh. 6, 1), zu einer Stadt, die Bethsaïda heisst, (Luc. 9, 10), und es
folgte ihm eine grosse Menge Volkes, es war aber nahe das Passah, der
Juden Fest (Joh. 6, 2—4). Daselbst, an einem wüsten Orte (Marc. 6, 35),
wo viel Gras war (Joh. 6, 10), speisete er 5000 Mann mit fünf Broden
und zwei Fischen (Matth. 14, 19. Marc. 6, 39. Luc. 9, 14. Joh. 6, 10).
Was die Zeit anbelangt, in welcher dieses Wunder geschahe, so wird
es nicht gewagt sein, den 12. oder 13. Nisan für den betreffenden Tag
zu halten. Dass Bethsaïda jenseits des Jordans, auch Julias genannt,
hier gemeint sei, und mit dem Schloss Szeida identisch sei, ist oben
§ 71 dargethan.

Da nun Jesus merkte, dass sie ihn haschen wollten, ihn zum Könige zu machen, begab er sich auf einen Berg allein, zu beten; die
Jünger aber fuhren hinüber, als es schon Nacht war; sie hatten, als sie
in der Mitte des See's waren, mit widerwärtigem Winde zu kämpfen
(Matth. 14, 24. Marc. 6, 47). Um die vierte Nachtwache (Matth. 14,
25), als sie etwa 25 Stadien weit gefahren waren (Joh. 6, 19), sahen
sie Jesum auf dem Meere wandelnd zu ihnen kommen. Sie nahmen ihn
in das Schiff, und alsobald war das Schiff am Lande, auf das sie zu-
fuhren (Joh. 6, 21). Das Land, wo sie hinfuhren, war Capernaum
(Joh. 6, 17), dort also, im Hafen Capernaums, zu Bethsaïda landeten sie.
Matthäus aber sagt (14, 34), eben so wie Marcus (6, 53), dass sie im
Lande Gennezareth landeten. Es muss also Capernaum, wie wir es bestimmt haben, im Lande Gennesar, im El-Ghueir, gelegen sein. Die Annahme von Tell-Hum für die Stadt des Herrn würde Johannes mit den
Synoptikern in Widerspruch bringen. Ein Beweis mehr für die Richtigkeit unserer Bestimmung der Lage von Capernaum (§ 63). Der Bericht
des Johannes scheint von demjenigen der Synoptiker in sofern abzu-

weichen, dass nach diesen Letzteren die Begegnung der Schiffenden mit Jesu
in der Mitte des Meeres statt hatte, während jener aussagt, dass sie, sobald Jesus in das Schiff aufgenommen war, auch landeten. Der
Widerspruch jedoch ist nur scheinbar. Als sie mitten im See waren,
oder bestimmter noch mit Johannes, als sie von den 40 Stadien der
Breite des See's (Joseph. Bell. III. 10, 7) 25 Stadien durchfahren hatten,
wurden sie den auf dem Meere wandelnden, aber nicht sogleich erkannten
Herrn gewahr; als sie ihn endlich erkannten und ins Schiff nahmen,
waren sie an das Ufer gekommen. Auch hier hätten wir wieder einen
Beweis, dass Capernaum nicht Tell-Hum ist. Von Bethsaïda nach Tell-
Hum ist kaum die Hälfte der Totalbreite des See's, also etwa 20 Stadien; so hätten sie, nachdem sie in dieser Richtung 25 Stadien durch-
laufen hatten, nicht mehr auf der hohen See sein können.

§ 117. Am Tage nach der Speisung hielt, nach Joh. 6, 22—59,
Jesus jene Rede vom Essen seines Fleisches und Trinken seines Blutes
in der Synagoge zu Capernaum. Sie wurde ein kritischer Wendepunkt
in der Nachfolge Jesu, da von da an Viele sich zurückzogen (Joh. 6,
60 ff.). Hier scheint uns der Ort zu sein, die Frage zu erörtern, warum
der Evangelist Johannes bei der Beschreibung des letzten Mahles, die
Einsetzung des heil. Abendmahls nicht meldet. Dass die hier uns beschäftigende Rede ein theilweiser Ersatz für dieses Stillschweigen sei,
ist schon öfters ausgesprochen worden, und gewiss mit vollem Rechte;
aber man ist, scheint es uns, auf halbem Wege stehen geblieben. Ein
Mahl dieser Art, von welchem das Abendmahl am Vorabende des Todes
des Herrn nur eine etwas modificirte Fortsetzung war, scheint schon
in der Passahzeit des Jahres 782, welche Jesus am Ufer des See's
Gennezareth verbrachte, angeordnet zu sein. Bedenkt man die oft
wiederkehrende Aeusserung in den Evangelien: „Sie erkannten ihn an
der Art, wie er das Brod brach (Luc. 24, 30. 31. Joh. 21, 13 vergl.
Luc. 22, 19. Marc. 6, 41; 8, 6 u. s. w.), sowie die stets wiederkehrende Formel: „Er nahm das Brod, dankete, brach es, gab es den Jüngern," welche, wie bei der Einsetzung, so auch bei der Speisung der
5000 und derjenigen der 4000 vorkommt, so liegt der Gedanke nahe,
dass dieses Alles sacramentliche Mahlzeiten waren, wozu die Rede Joh.
6, 22 ff. den Commentar bilden. Schon in der Osterzeit 782 hatte der
Herr sein Passamahl, wo nicht schon dem mosaischen substituirt, doch
neben demselben angeordnet und seine Jünger durch jede Mahlzeit, die

er ihnen spendete, in seine persönliche Lebensgemeinschaft hineingezogen und befestigt. Ein solcher Schritt aus der bisherigen blossen Verkündigung des kommenden Gottesreiches zum thatsächlichen Ergreifen der Nachfolger, musste die Unentschiedenen zurückschrecken, die wahren Gläubigen dagegen entschieden fördern, wie es Joh. 6, 60 ff. geschildert ist. Die blossen Worte konnten das nicht bewirken, es muss eine durchgreifende That hinzugekommen sein. Die sogenannte Einsetzung des heil. Abendmahls war somit nur insofern eine Einsetzung, als etwas schon Bestehendes mit neuen Gedanken bereichert und zum Fortbestehen nach des Herrn Tode bestimmt wurde. Da aber dem Apostel Johannes dieses Neuhinzugekommene virtualiter schon in jedem bisher von dem Herrn gesegneten und gespendeten Mahle seit dem Passah an dem See mitgegeben war, so war ihm auch das letzte Mahl nichts Anderes, denn jedes bisher Genossene, nemlich ein Sacrament der Lebensgemeinschaft des Herrn. Diese Rede Jesu ist nur im Evangelium Johannis mitgetheilt, aber die Wirkungen, welche sie hervorgebracht, nemlich der Abfall der Einen, das freudige Bekennen der Andern, mit einem Worte, die Krisis ist gleichzeitig Luc. 9, 19—27 und Matth. 14, 33 angedeutet.

IV. Synopsis der auf die Speisung der 5000 folgenden Ereignisse des Jahres 782 R.

§ 118. Bis zur Speisung der 5000 bildete das Evangelium des Lucas, durch seine häufigeren Berührungspunkte mit den Johannäischen Berichten einerseits und mit den Berichten der zwei ersten Synoptiker anderseits, ein sicheres, die Synopse vermittelndes Element; dieses ist aber leider fernerhin, was die Begebenheiten des Jahres 782 betrifft, in viel geringerem Grade der Fall; die drei Synoptiker sind mit chronologischen und topographischen Angaben karg. Nichtsdestoweniger lässt sich mit einiger Sicherheit ein Geschichtsrahmen ermitteln, wozu folgende hieher gehörige Inhalts-Anzeige der vier Evangelien verhelfen soll.

Joh. 7, 1—9). Jesus bleibt nach der Speisung der 5000 bis zum Laubhüttenfeste in Galilaea (14. Nisan bis 10. Thischri 782 R.).

7, 10—10, 21. Jesus zu Jerusalem während des Laubhüttenfestes. Heilung des Blindgebornen. (Thischri bis ?)

10, 22—39. Jesus zu Jerusalem während des Festes der Tempelweihe. (25. Kislev).

10, 40—42. Jesus zieht hin jenseits des Jordans, da Johannes zuerst getauft hatte und bleibt allda.

11, 1. Auferweckung des Lazarus. Diese gehört ins Jahr 783.

Matthäus. Marcus:

15, 1—20. 7, 1—23. Unmittelbar nach der Rückkehr von der Speisung der 5000 hat Jesus ein Gespräch mit Schriftgelehrten und Pharisäern von Jerusalem über das Händewaschen.

15, 21—28. 7, 24—30. Reise Jesu in die Gegend von Tyrus und Sidon.

15, 29—31. 8, 1—9. Er kommt zurück an das galilaeische Meer, in das Gebiet der Decapolis.

15, 32—38. 8, 10—12. Speisung der 4000.

15, 39—16, 12. 8, 13—22. Fahrt nach Magadan (Dalmanutha).

(16, 15—12?). 8, 13—22. Fahrt nach Bethsaïda (Julias?)

16, 13—28. 8, 27—9, 1. Reise nach Cäsarea Philippi.

17, 1—21. 9, 2—29. Verklärung Jesu.

17, 22. 23. 9, 30—32. Reise durch Galilaea.

17, 24—18, 35. 9, 33—50. Jesus zu Capernaum. Zinsgroschen.

19, 1. 10, 1. Jesus in Judaea jenseits des Jordans.

Lucas.

9, 18—27. Jesus fragt seine Jünger: Wer sagen die Leute, dass ich sei? (cf. Matth. 16, 13 und Marc. 8, 27).

9, 28—50. Reise gen Jerusalem durch der Samariter Land.

10, 1—37. Zweite Aussendung der Jünger. Wehe über Chorazin etc.

10, 38—42. Jesus zu Bethanien. Maria und Martha.

11, 1—36. Lehre vom Gebet. Heilung des Stummen.

21, 37—54. Jesus bei einem Pharisäer zu Tische.

12, 1—13, 30. Reden und Thaten.

13, 31—33. Jesus vor Herodes gewarnt. „Es thut's nicht, dass ein Prophet umkomme, ausser zu Jerusalem."

14, 1—17, 10. Jesus ist Gast im Hause eines Archonten der Pharisäer, heilt eine Wassersüchtige. Gleichnisse.

17, 11—18, 30. Reise nach Jerusalem, mitten durch Samaria und Galilaea. Die zehn Aussätzigen.

18, 31. Die letzte Reise nach Jerusalem über Jericho.

Zwischen dem Tempelweihfeste und der Auferweckung des Lazarus, also von Ende 782 bis Anfangs 783 verweilte, nach Johannes, Jesus jenseits des Jordans, an dem Orte, da Johannes zuerst taufte, das heisst zu oder bei Bethanien in Judaea jenseits des Jordans; dahin begab sich aber Jesus, nach Matth. 19, 1. Marc. 10, 1; wir haben also hier eine synchronistische Angabe, dergemäss alles Matth. 19, 1 Vorhergehende in das Jahr 782 gehört. Lucas giebt diese Reise nach Juda des Jordans nicht an; darum ist dessen Synopse mit Johannes auf anderm Wege zu ermitteln. Nach der Speisung der 5000 weiss Johannes von drei Reisen Jesu nach Judaea; den Zug auf das Laubhüttenfest, die Ankunft zu Bethanien zur Auferweckung des Lazarus, und die Reise von Ephrem zum verhängnissvollen Passah. Zweifelhaft ist, ob nicht eine vierte Reise vorauszusetzen ist. Blieb Jesus zu Jerusalem vom Laubhüttenfeste bis zum Feste der Tempelweihe? Darüber finden wir Joh. 10, 21. 22 keine Auskunft. Bei Lucas finden wir 9, 51 Meldung von einer Reise nach Jerusalem: 10, 38 von einem Aufenthalte in Bethanien; 17, 11 von einer Reise nach Jerusalem „mitten durch Samaria und Galilaea", das heisst nothwendig der diese zwei Provinzen sondernden Grenze entlang, sonst müsste es heissen: mitten durch Galilaea und Samaria; dieses aber war der Weg Jesu von Ephrem durch den Ghor nach Jericho, um endlich über Bethanien den letzten Einzug zu Jerusalem zu halten. Vor diesem Zuge zwischen Samaria und Galilaea hin ist 14, 1 von einem Mahle die Rede, welches Jesus in dem Hause eines Archonten der Pharisäer empfing; solche Archonten, Mitglieder des Synedrium's, sind in der Umgegend von Jerusalem, vielleicht zu Bethanien zu suchen. Es handelt sich also hier um den kurzen Aufenthalt Jesu zu Bethanien bei Gelegenheit der Erweckung des Lazarus. Vorher, 13, 31 lesen wir von einer Warnung, die an Jesum erging, wegen der ihm von Seiten des Herodes drohenden Gefahr. Diese Zustände entsprechen vollkommen denjenigen, welche die Flucht Jesu an den Ort, wo Johannes zuerst taufte, voraussetzen lässt, (Joh. 10, 40. Matth. 19, 1); woraus folgt, dass Luc. 9, 18—13, 30, mit Joh. 7, 1—10, 40 und mit Matth. 15, 1 bis 19, 1, sowie mit Marc. 7, 1—10, 1 synchronistisch ist. Die Reise nach Jerusalem und der Aufenthalt in Bethanien, Luc. 9, 51—10, 42 ist gleichzeitig mit dem Aufenthalte Jesu zu Jerusalem während des Laubhütten- und das Tempelweihfestes, (Joh. 7, 1—10, 39), während dessen Jesus die Nächte am Oelberge (8, 1), also wohl zu Bethanien zubrachte.

Daraus ergiebt sich folgende Zeitfolge des geschichtlichen Stoffes:

I. Aufenthalt Jesu in Galilaea, von der Speisung der 5000 bis zum Laubhüttenfeste. Joh. 7, 1. 2.

a) Reise Jesu in die Gegend von Tyrus und Sidon. Matth. 15. 1—28. Marc. 7, 1—30.

b) Rückkehr an den See, ins Gebiet der Decapolis. Matth. 15, 29—31. Marc. 8, 1—9.

c) Speisung der 4000 und Fahrt nach Dalmanutha (Magadan). Matth. 15, 32—16, 12. Marc. 8, 10—22.

d) Fahrt nach Bethsaïda (Julias?), (Matth. 16, 5—12). Marc. 8, 23—26.

e) Reise nach Caesarea-Philippi. Matth. 16, 13—28. Marc. 8, 27—9, 1.

f) Verklärung Jesu. Matth. 17, 1—21. Marc. 9, 2—29. Luc. 9, 28—50.

II. Reise Jesu auf das Laubhüttenfest.

a) Er verliess Galilaea später als seine Brüder. Joh. 7, 3—10.

b) Er nahm seinen Weg durch Samaria. Luc. 9, 51—62.

c) Zweite Aussendung der Jünger, Wehe über die drei Seestädte. Luc. 10, 1—37.

III. Jesus auf dem Laubhüttenfeste zu Jerusalem.

a) Mitten im Feste tritt er im Heiligthume auf und lehrt. Joh. 7, 14—36.

b) Am letzten Tage des Festes tritt Jesus abermals daselbst auf. Joh. 7, 37—53.

c) Er zieht sich an den Oelberg, nach Bethanien zurück. Joh. 8, 1. Luc. 10, 38—42.

d) Begebniss mit der Ehebrecherin im Heiligthume. Joh. 8, 1—11.

e) Reden Jesu. Joh. 8, 12—59.

f) Heilung des Blindgebornen. Teich Siloa. Joh. 9, 1—10. 21.

IV. Jesus auf dem Feste der Tempelweihe.

a) (Fällt zwischen dieses und das vorige Fest eine Reise Jesu?)

b) Jesus lehrt in der Halle Salomo's. Joh. 10, 22—42.

V. Reise Jesu nach Judaea jenseits des Jordans. Joh. 10, 40. Matth. 19, 1. Luc. 11, 1?

V. Reise Jesu in die Grenzen von Tyrus und Sidon.

§ 119. Nach der Speisung der 5000 hatte Jesus ein Gespräch mit Schriftgelehrten und Pharisäern, welche von Jerusalem (nach Capernaum) gekommen waren, und ihn zu Rede stellten, darum, dass seine Jünger mit ungewaschenen Händen assen. Die Art, wie der Herr ihnen antwortete, ärgerte sie (Matth. 15, 12); darum „entwich Jesus, und begab sich in die Grenzen von Tyrus und Sidon", wo er die kranke Tochter des kananaeischen Weibes gesund machte. Zur Zeit Jesu Christi erstreckte sich das Gebiet von Tyrus und Sidon im Norden von Galilaea vom mittelländischen Meere bis an den Jordan (Joseph de Bello III. 3, 1). Es lässt sich nicht bestimmen, in welcher Gegend des phönizischen Gebietes Jesus sich aufhielt; wahrscheinlich in der Nähe des Jordans. Dass er in die Nähe der Stadt Tyrus und Sidon selbst gekommen sei, ist nicht wohl anzunehmen.

VI. Speisung der 4000.

§ 120. Aus dem phönizischen Gebiete kam Jesus an das galilaeische Meer (Matth. 15, 29) mitten in die Grenzen der Decapolis (Marc. 7, 31). Daselbst heilte er einen Tauben, welcher schwer redete (Marc. 7, 32 ff.). In jenen Tagen, da sehr viel Volkes bei ihm war (Marc. 8, 1), da er auf einem Berge war (Matth. 15, 29), speisete er 4000 Mann mit sieben Broden und wenigen Fischen. Der Ort, wo Jesus dieses Wunder verrichtete, wird nicht näher bestimmt; jedenfalls aber war er südlicher gelegen als der Ort der Speisung der 5000, weil er in der Mitte der Grenze der Decapolis lag, also südwärts vom Wadi Semakh, der Nordgrenze der Decapolis (§ 72, l.). Nach der Speisung trat Jesus in das Schiff und kam in die Gegenden von Magadan, heisst es Matth. 15, 39. Bei Marcus heisst es: „er schiffte in die Gegend von Dalmanutha (8, 10). Wir haben § 73 nachgewiesen, dass bei Matthäus nicht Magdala, sondern Magadan die rechte Lesart ist. Der Ort findet sich wieder in Mudschiddah, westwärts von Beisan. Dieser Ort musste einst eine Art Grenzmarke zwischen dem zur Decapolis gehörigen scythopolitanischen Gebiete, Galilaea und Samaria gebildet haben. Der Ort lag somit besonders günstig für Jesum, welcher Feinden auszuweichen hatte. Dalmanutha (siehe § 74) ist identisch mit Delhemiyeh, auf dem Ostufer des

Jordans, etwa 4 Stunden unterhalb des See's gelegen. Der Ort gehörte gleichfalls ins Decapolitanische. Wahrscheinlich begab sich Jesus zuerst nach Dalmanutha und dann nach Magadan.

VII. Reise Jesu nach Caesarea Philippi.

§ 121. Nach Marc. 8, 11 traf Jesus zu Damanutha Pharisäer, welche ein Zeichen von ihm forderten; darum trat Jesus wieder in das Schiff (8, 13 ff.). Während der Fahrt warnte sie Jesus vor dem Sauerteige der Pharisäer und Herodis. Es wäre möglich, dass diese Fahrt Jesum auf das westliche Ufer brachte, von wo er Magadan gewann. Jedoch ist die Art, wie Jesus von der Speisung der 4000 spricht (8, 20. 21), eine Erinnerung an etwas seit einiger Zeit Geschehenes, und nicht an eine an demselben Tage erlebte Sache. Nach einiger Zeit des Aufenthaltes im decapolitanischen Ghor, trat Jesus, beunruhigt durch die Pharisäer, in das Schiff — etwa bei dem heidnischen Tarichaea? — und fuhr nach Bethsaïda,*) (Marc. 8, 22). Es scheint hier das jenseitige Bethsaïda-Julias gemeint zu sein; zuerst, weil die Synoptiker das westliche Bethsaïda nie nennen, sondern als integrirenden Theil von Capernaum behandeln; dann aber auch, weil in dieser Zeit Jesus augenscheinlich das westliche Ufer seiner Feinde, der Pharisäer und Herodes wegen, vermied. Zu Bethsaïda heilte er einen Blinden (Marc. 8, 22 ff.) und begab sich dann in die Gegend von Caesarea Philippi. Bei Matthäus ist die Fahrt nach Bethsaïda und die Heilung des Blinden nicht gemeldet, sondern unmittelbar nach dem Aufenthalte zu Magadan, der Zug nach Caesarea Philippi.

§ 122. Caesarea Philippi. Die Quellen des Jordans entspringen am SW-Fusse des Hermon, einer Grotte, welche im Alterthume dem Pan geweiht war und Paneion genannt wurde. Darüber erbaute Herodes der Grosse einen Tempel dem Kaiser Augustus zu Ehren (Joseph. Antiq. XV. 10, 3). Sein Sohn Philippus, in dessen Tetrarchie der Ort gehörte (Luc. 3, 1), verschönerte und vergrösserte die neben dem Paneion gelegene frühere Stadt Paneas (bei den Rabbinen Pamias, פמיים, heute Banias) genannte Stadt, und legte ihr den Namen Caesarea bei. Um dieselbe von dem an der Küste des mittelländischen Meeres, südwärts vom Carmel gelegenen Caesarea Palestina zu unterscheiden, wird ihr

---

*) Einige Codd. haben Βηϑανίαν!

gewöhnlich der Name des Gründers derselben beigefügt. Die Bevölkerung war heidnisch, aber es wohnten auch Juden daselbst, (Jos. Vita 13). Diese Stadt liegt 9 bis 10 Stunden nordwärts vom See Gennezareth, in der reizendsten Gegend Palestina's. Sie war, weil in heidnischem Gebiete und unter der Botmässigkeit des friedlichen Philippus gelegen, eine sichere Zufluchtsstätte für Jesum und seine Jünger. Die sehr alte christliche Legende (Glycas, Ann. IV. cf. Reland, Pal. 922) erzählt, dass das blutflüssige Weib, welches durch die Berührung des Saumes des Kleides Jesu geheilt worden war, eine Heidin von Caesarea Philippi gewesen; sie habe aus Dankbarkeit eine Statue Jesu machen und vor ihrem Hause aufstellen lassen. Der gottlose Julian liess sie umwerfen und sein eigen Bild an die Stelle setzen; jedoch ein Blitzstrahl zerschlug dieses letztere. Die Statue Jesu wurde durch die Christen in eine Kirche gebracht; an dieser Statue wuchs ein Kraut, welches alle Krankheiten heilte. Diese Sage beweiset jedenfalls, dass sehr frühzeitig eine christliche Kirche hier blühete.

§ 123. In dieser Gegend von Caesarea, nach Marc. 8, 27 auf dem Wege dahin, fragte der Herr die Jünger, wer die Leute sagten und wer sie sagten, dass er seie; worauf Petrus bekannte: Du bist Christus des lebendigen Gottes Sohn (Matth. 16, 13—28. Marc. 8, 27—37). Sechs Tage darauf hatte die Verklärung statt, welche Matth. 17, 1 ff. und auch Luc. 9, 28 ff. erzählt wird. Dieser Evangelist sagt, dass sie acht Tage nach dem Bekenntniss Petri statt gehabt habe. Dieser Evangelische berichtet nichts von Jesu Reise in das Tyro-Sidonische, von der Speisung der 4000 und von der Reise nach Caesarea; so dass es den Anschein hat, das Bekenntniss Petri habe unmittelbar nach der Speisung der 5000 in der Seegegend statt gehabt und 8 Tage nach besagter Speisung, die Verklärung. Diese Ansicht hat für sich, dass auf diese Weise das Bekenntniss Petri bei Luc. 9, 20 und bei Joh. 6, 68 gleichzeitig ist. Jedoch trägt das durch die zwei ersten Synoptiker zwischen der Speisung der 5000 und der Verklärung Berichtete, so deutlich den Charakter der chronologischen Succession, dass wir uns nicht weigern können, sie für gegründet anzusehen. Zur Einschaltung des Ausgelassenen bietet Luc. 9, 18 den Ort durch die laxe Formel an: καὶ ἐγένετο ἐν τῷ εἶναι αὐτὸν προσευχόμενον, „es begab sich einmal, da er betete — —." Dieses Beten kann bald, aber ebensowohl auch geraume Zeit nach der Speisung der 5000 gedacht werden.

VIII. Die Verklärung.

§ 124. „Jesus nahm zu sich Petrus, Jacobus und Johannes, und führte sie auf einen hohen Berg besonders und allein, und wurde verklärt vor ihnen —", (Matth. 17, 1—13. Marc. 9, 2 — 13. Luc. 9, 28 — 36). Unter den auserwählten Jüngern, welche Zeugen dieser Thatsache waren, ist auch Johannes genannt; wie kommt es, dass dieser Apostel diese Begebenheit nicht in seinem Evangelium berichtet? Johannes berichtet nur was er selbst gesehen hat; er berichtet aber nicht Alles, was er selbst gesehen hat (Joh. 20, 30), sondern nur dasjenige, was den Glauben begründen konnte, Jesus sei der Christ, der Sohn Gottes (ibid), und das, wodurch dessen Herrlichkeit offenbar wurde. Die Verklärung aber konnte nicht wohl als ein Beweis für diesen Zweck verwendet werden, theils weil sie von Dreien nur gesehen wurde, besonders aber, weil das Schauen der Jünger kein objectiv Physisches, sondern eine innere Vision war. Dieses ergiebt sich aus dem Ausdrucke ὤφϑησαν αὐτοῖς, so zu sagen: „es erzeigten sich ihnen Mose und Elias", Matth. 17, 3 (Marc. 9, 4: ὤφϑη αὐτοῖς —); besonders aber aus der Aussage des Marc. 9, 6, dass Petrus nicht wusste, was er sagte, und die Aussage des Luc. 9, 32: „Sie (die drei Jünger) waren beschwert vom Schlafe." Solche innere Offenbarungs-Visionen in Traum- und Schlaf-Zuständen kommen im N. T. öfters vor: Matth. 2, 12. 13. 19. Apostelg. 10, 10. 11. 2. Cor. 12, 2. 3 etc. Es wäre ein grosser Fehler, diesen Thatsachen ihren subjectiven Charakter nehmen zu wollen, welchen offenbar die Schrift ihnen beilegt; es kommt im Gegentheil viel darauf an, zwischen solchen subjectiven Erfahrungen und denjenigen Wundern, welchen die h. Schrift einen objectiven Charakter deutlich und bestimmt zuerkennt, wohl zu unterscheiden. Wenn die Apologeten Subjectives mit Objectivem vermischen, wird der subversiven Kritik das Recht zugestanden ein Gleiches zu thun und alles subjectiv-innerlich und geistig zu verflüchtigen. Innere geistige Erlebnisse der Art, wie die Verklärung, war für die Jünger eine erquickende, tröstende Kraft; aber als Beweismittel sind sie nicht zu gebrauchen und werden sie auch nicht gebraucht. Johannes konnte und sollte somit die Verklärung, als zu seinem Zwecke nicht dienlich, ungemeldet lassen.

§ 125. Welches war der hohe Berg, auf welchem die Verklärung statt hatte? Aus Matthäus und Marcus könnte man schliessen, er sei in der Gegend von Caesarea Philippi zu suchen. Nach Lucas, welcher die drei Reisen ins heidnische Gebiet ganz übergeht, wäre eher an einen Berg in der Nähe von Capernaum zu denken. Auch in den zwei ersten Synoptikern sind Andeutungen, welche einen Berg in Galilaea vermuthen lassen. Eine Volksmenge, wie sie hier erscheint (Matth. 17, 14. Marc. 9, 14. Luc. 9, 37), ist doch nicht wohl bis Caesarea mit Jesu gezogen? Da die Evangelien den Berg weder mit Namen nennen, noch näher bezeichnen, so ist und bleibt es ein undankbares Unternehmen, ihn ausfindig machen zu wollen. Eine uralte, schon durch Hieronymus und Cyrill von Jerusalem vertretene Tradition hält den Thabor für den Berg der Verklärung. Hieronymus in Epitaphio Paulae, sagt: Scandebat (Paula) montem Tabor, in quo transfiguratus est Dominus. Jedenfalls kann die Verklärung nicht, wie doch die Tradition will, auf der Thaborspitze stattgehabt haben, da dort in Jesu Zeit eine Stadt Atabyrion (Polybius) oder Itabyrion (Joseph.) lag, was den Bedingungen des Textes, dem Besonders- und Alleinsein, widerspricht. Diesen Berg, wäre er der Schauplatz der Transfiguration gewesen, hätten sicherlich die Evangelisten nicht unterlassen, mit Namen zu nennen. — Als Jesus mit den drei Aposteln vom Berge herabkam (Matth. 17, 14 ff. Marc. 9, 14 ff. Luc. 9, 37 $\dot{\epsilon}v$ $\tau\tilde{\eta}$ $\dot{\epsilon}\xi\tilde{\eta}\varsigma$ $\dot{\eta}\mu\dot{\epsilon}\varrho\alpha$, am folgenden Nachttag im jüdischen Sinn, also an demselben Tage, nach Sonnenuntergang) heilte er den besessenen Jüngling, und gleich darauf machte er eine Wanderung durch Galilaea (Matth. 17, 22. Marc. 9, 30), welche durch die damit verbundene Rede Jesu von seinem bevorstehenden Tode an Luc. 9, 51 sich anschliesst, wo eine Reise nach Jerusalem angekündigt wird. Zwischen dem Passah, an welchem Jesus die Speisung der 5000 vornahm und dem Laubhüttenfeste liegen volle sechs Monate; über diese lange Zeit wüssten wir nahezu nichts, wenn wir auf die Evangelien von Lucas und Johannes beschränkt wären; aber die zwei ersten Synoptiker füllen die Lücke genügend aus; diese Zeit über hielt sich Jesus theilweise in Galilaea, hauptsächlich aber in heidnischen Ländern auf, weil die Pharisäer und Herodes „auf ihn lauerten, dass sie ihn umbrächten".

IX. Reise Jesu zum Laubhüttenfeste nach Jerusalem.

§ 126. Jesus Brüder, welche nicht an ihn glaubten, forderten ihn auf, da nahe war das Fest der Laubhütten, sich der Welt zu offenbaren. Jesus antwortete ihnen: Meine Zeit ist noch nicht da. — — Gehet ihr auf dieses Fest, ich aber gehe nicht hinauf auf dieses Fest. — Er blieb in Galilaea. Als seine Brüder hinaufgegangen waren, ging er auch auf das Fest, aber im Verborgenen (Joh. 7, 2—10). Man hat die Art, wie Jesus seinen Brüdern antwortete, als das Gesetz der Wahrhaftigkeit verletzend, bezeichnet. Man müsste freilich einem solchen Urtheile beipflichten, wenn Jesus auf das Fest gegangen wäre, wovon er gesagt hatte: Ich gehe nicht hinauf auf dieses Fest. Dem war aber nicht also. Die Juden, welche von ferne her auf das Laubhüttenfest nach Jerusalem pilgerten, richteten sich natürlicherweise ein, auf den Versöhnungstag, welcher am 10. Thischri, 5 Tage vor dem Laubhüttenfeste, begangen wurde, zu Jerusalem zu sein; theils um dieses Festes selbst willen, theils weil für die von Ferne kommenden der hochheilige Versöhnungs-Sabbath, an welchem das strengste Fasten unter Strafe der Ausrottung befohlen war, auf der Festreise höchst störend sein musste. Auf dieses Fest, εἰς τὴν ἑορτὴν ταύτην, wollte Jesus nicht nach Jerusalem, und ging nicht hin, und sagte es gewiss seinen Brüdern auf eine Weise, dass sie verstanden, es sei eben der erste Theil der Festzeit,- der Versöhnungstag gemeint. Wir haben oben § 96 schon gezeigt, dass die Festzeit des Thischri als ein Festganzes galt. Jesus reisete aus Galilaea der Art fort, dass er in des Festes Mitte, das heisst am dritten oder vierten Tage des Laubhüttenfestes in das Heiligthum treten konnte (Joh. 7, 14). Der Weg, welchen er nahm, wird uns durch Lucas bekannt gemacht, welcher 9, 51. 52 sagt: „Es geschahe aber, über dem sich Erfüllen der Tage, da er sollte weggenommen werden, da richtete er sein Antlitz nach Jerusalem zu gehen; indem sie wanderten, gingen sie in ein Dorf der Samariter, dass sie ihm das Mahl bereiteten; sie nahmen ihn aber nicht auf — —". Der Ausgangspunkt war unstreitig Capernaum, denn dort wohnten seine Brüder, mit welchen er vorhin wegen der Festreise gesprochen hatte. Von dem Ufer des See's konnten drei Wege nach Jerusalem eingeschlagen werden; der eine ging von Capernaum über die westliche Hochebene, am Thabor vorbei, über Nazareth, durch die Ebene Esdrelon und durch Samaria auf der judaischen Hochebene hin. Dieses ist heute noch die gewöhnliche Strasse. Eine zweite zog von Capernaum der Seeküste entlang in den Ghor, dann durch die Esdrelon-Ebene, an Nain vorbei in das Land der Samariter, wo sie mit der vorigen Strasse sich vereinigte. Die dritte blieb im Ghor bis Jericho und dann das Gebirge hinan über die Steige Adumim, nach Bethania und dann

den Oelberg hinab. Die biblischen Geographen, welche diese zwei letzten
Pilgerstrassen nicht kennen, sagen gewöhnlich, dass von Capernaum zwei
Strassen nach Jerusalem führten; die eine, (unsere erste) durch Samaria,
die andere durch den Ghor auf der Ostseite des Jordans, nach Jericho.
Von dieser Strasse ist in der Geschichte keine Spur. Man behauptet,
Jesus habe sie auf seinem letzten Zuge nach Jerusalem verfolgt; wir
werden sehen, dass dieses ein Irrthum ist. Die kürzeste und gewöhn-
lichste Strasse war die erste, welche auch Jesus verfolgte, als er auf das
Laubhüttenfest zog. Sie war oft unsicher durch die Feindschaft der
Samariter, welche blutige Scenen herbeiführen konnte (Joseph. Antiq.
XX. 6, 1). Auch Jesus wurde diesesmal ungastlich durch die Samariter
behandelt; darum meinten Jacobus und Johannes, es sei der Fall, über
sie Feuer vom Himmel zu erbeten; so dass der Herr sie strafend daran
erinnern musste, wessen Geistes Kinder sie sind (Luc. 9, 53—56).

§ 127. Das Laubhüttenfest war, nach dem Gesetze 3. Mos.
23, 33 — 44 eines der drei Feste, welches das persönliche Erscheinen
vor dem Angesichte Jehova's im Heiligthume fordert. Es wurde im
siebenten Monate Thischri begangen, fünf Tage nach dem Versöhnungsfeste; es fing am 15ten des Monates an und währte 8 Tage. Während
dieser acht Tage sollten die Israeliten, zum Andenken an das Wohnen
der Väter in Zelten in der Wüste, in Laubhütten wohnen. Der erste
und der achte Tag hatten Sabbathsrang (3. Mos. 23, 10). Nach dem
Exile war dieses Fest das beliebteste und grösseste von allen ($\dot{\varepsilon}o\varrho\tau\tilde{\omega}\nu$
$\mu\varepsilon\gamma\acute{\iota}\sigma\tau\eta$, Philo opp. II. 286. Joseph. Antiq. VIII. 4, 1; XV. 3, 8). Im
Heiligthum war der Brandopferaltar mit grünen Zweigen umhängt; die
Festgäste trugen das Lulab (Palmblatt?) und einen Zweig mit Zitronen
in den Händen. Bei Gelegenheit des Morgenopfers hatte die dem Hüttenfeste eigenthümliche Wasserlibation statt. Ein Priester füllte ein gol-
denes Gefäss an der Quelle Siloa, trat durch das Wasserthor in das
Heiligthum ein und goss es an den Fuss des Altars (Mischna Sucea IV.
5. 9. 10). Diese, den nachexilischen Juden eigenthümliche Praxis war
aber nicht allgemein als gültig anerkannt. Die Sadducäer missbilligten
sie (Jerus. Schbiith fol. 33, 2). Es geschah einmal, dass ein saddu-
cäischer Hohepriester (es war Alexander Janaeus) das Libationswasser,
anstatt an den Altar, auf seine eigenen Füsse schüttete. Dadurch entstand ein Aufruhr; die Festgäste steinigten ihn mit den Zitronen, die
sie in den Händen trugen. Ueber diesem Sturm verlor der Altar eines

seiner Hörner (Mischna Succa VI. 9. Bab. Joma fol. 39, 1. Bab. Rosch haschanna fol. 16, 1; fol. 48, 1). Am Abende dieser Festtage wurde das Heiligthum mittelst Fackeln, welche im Weibervorhofe auf 50 Ellen hohen Leuchtern brannten, so glänzend erleuchtet, dass ganz Jerusalem mit Licht übergossen ward (Succa V. 2. 9. Jerus. Succa fol. 55. 2. Bab. Succa fol. 52. 2); die Leviten standen auf den 15 Stufen des Thores, welches aus dem Vorhofe der Weiber in den Vorhof Israels führte, und sangen unter musikalischer Begleitung, die sogenannten Stufenpsalmen (Ps. 120 — 134); unterdessen führten die Weisen und Honoratioren von Jerusalem im Weibervorhofe einen Fackeltanz auf, welchen die Weiber, von den Männern abgesondert, von einem besonderen Gerüste herab schaueten (Succa V. 2 — 4). Rabban Simeon ben Gamaliel zeichnete sich in diesem Tanze durch die Fertigkeit aus, womit er acht Fackeln in die Luft warf und wieder auffing, ohne je eine fallen zu lassen (Tosaphtha Succa IV. 2). Kurz, „wer die Freude des Schöpfhauses, בית השואבה, so nannte man diese Festfeier), nicht gesehen hat, weiss nicht was Freude ist" (ibid). — Ob Jesus, wie manche Exegeten meinen, in den Worten Joh. 7, 37 eine Anspielung auf die Wasserlibation machte, lassen wir unentschieden. Wir erinnern nur daran, dass das Libationswasser nicht getrunken, sondern ausgegossen wurde, und Jesus sagt: „Wer da dürstet, der komme und trinke." Diese Worte sprach Jesus „am letzten der Tage des Festes, der der herrlichste war (Joh. 7, 37). Es ist schon gesagt worden, dass der achte Tag Sabbathrang hatte. Er bildete ein besonderes Fest für sich (Succa V. 6), heischte besonders das persönliche Erscheinen vor dem Angesichte Jehova's und trug den Namen „Versammlung", עצרת, 3. Mos. 23, 36.

§ 128. Dieser Aufenthalt Jesu enthüllte die entschiedene, bisher mehr verdeckte Feindschaft der Hierarchen und der Pharisäer. Es ist bekannt, dass das Synedrium Jesum eines dreifachen Verbrechens beschuldigte: der Feindschaft gegen die heilige Stätte, der Verführung des Volkes, und dass er sich selbst für Gott, oder Gottes Sohn erklärt (Marc. 14, 58. 61. Joh. 19, 7. 12). Die erste Anklage beruhete auf Verdrehung des Wortes, das er am ersten Osterfeste gesprochen (Joh. 2, 19), wo er gesagt haben soll: ich will den Tempel abbrechen und in drei Tagen wieder aufbauen. Von dort her schreibt sich die Feindschaft der Hierarchen. Die Feindschaft der Pharisäer entwickelte sich nicht so schnell; indessen tauchte sie schon am anonymen Feste auf, da Jesus an einem

Sabbath einen Kranken am Teiche Bethesda heilte (Joh. 5, 16) und er für einen Verächter des Sabbaths erklärt wurde (Joh. 7, 20—25). Durch das Essen mit ungewaschenen Händen kam seine Nichtachtung der Satzungen der Väter an den Tag (Marc. 7, 1 ff.). Aber zur offenen, des Herrn Tod verlangenden Feindschaft kam es auf dem Laubhüttenfeste, wo er für ein Verführer des Volkes erklärt wurde (Joh. 7, 12. 32. 44. 59). Später erst, Joh. 10, 33 kommt die Anklage hinzu, dass er sich selbst für Gott erkläre. Das Volk war im Zwiespalt, sie wüssten nicht, was sie aus Jesu machen sollten; doch war die Menge mehr für ihn als gegen ihn und harrete gespannt seiner Ankunft auf das Fest (Joh. 7, 11 ff.). Die Reise Jesu nach Jerusalem, welche Luc. 9, 51 gemeldet ist, und uns scheint diesen Zug auf das Hüttenfest zu bezeichnen, wird durch die Worte angekündigt: „Es geschahe, da die Tage sich füllten, da er sollte weggenommen werden", ἐγένετο ἐν τῷ συμπληροῦσθαι τὰς ἡμέρας τῆς ἀναλήψεως αὐτοῦ. Wir haben oben in der Einleitung schon erklärt, wie sie zu verstehen sind. Hier können wir noch hinzusetzen, dass diese Reise wirklich eine verhängnissvolle, die Entscheidung vorbereitende war; weil die Feindschaft der Juden auf den Gipfelpunkt gesteigert wurde durch Jesu Aufenthalt zu Jerusalem am Hüttenfeste.

§ 129. Am Ende des achten Festtages ging Jesus an den Oelberg (Joh. 8, 1), dabei ist wahrscheinlich an Bethanien zu denken. In diese Zeit könnte Luc. 10, 38 ff. gehören; doch ist es, wie wir später zeigen werden, wahrscheinlicher, dass dieser Aufenthalt zu Bethanien in die Zeit des Festes der Tempelweihe gehört. Als Tages darauf Jesus wieder in das Heiligthum kam, hatte die Geschichte von der Ehebrecherin statt (Joh. 8, 3 ff.). Ob diese Geschichte wirklich durch Johannes selbst seinem Evangelium einverleibt worden ist, ist eine Frage der Kritik, welche wir nicht zu erledigen haben; wenn sie aber authentisch ist, so bleibt uns der Ort im Heiligthume zu ermitteln, wo die Scene statt hatte. In Mischna Sota I. 5 lesen wir, dass die des Ehebruches beschuldigten Weiber am Nikanor-Thore gerichtet wurden, und insbesondere die Gerichtsprobe zu bestehen hatten, welche im Trinken des aus der Asche der verbrannten rothen Kuh bereiteten bittern Wassers bestand. Dort wohl sollte Jesus über das angeklagte Weib Gericht halten. Das Nikanor-Thor, auch das Morgen-Thor, das korinthische, das schöne genannt, führte aus dem Heidenvorhofe in den Vorhof der Weiber von Osten her, und lag dem grossen Thore, welches mittelst der 15 Stufen den Vorhof der

Weiber mit dem Vorhofe Israels in Verbindung setzte, gegenüber, so dass man vom Nikanor-Thore durch das offene grosse Thor den Anblick des Altars und des Tempels hatte. Dass das Nikanor-Thor dem Weibervorhof angehörte, ergiebt sich schon aus dem dort gehaltenen Gerichte über Ehebrecherinnen; denn die Weiber durften nicht in den Vorhof Israels treten. Dass es gen Osten lag ist in Mischna Middoth I. 4; II. 6 zweimal gesagt. Dass es identisch war mit dem korinthischen Thore, welches Josephus, de Bello V. 5, 2 beschreibt, ergiebt sich aus Middoth II. 2, wo gesagt ist, das Nikanor-Thor sei von Erz gewesen, während alle andern Thore des Heiligthums vergoldet waren. Das übrigens Jesus damals im Weibervorhofe war, lässt sich nicht nur aus dem Umstande ableiten, dass überhaupt am Laubhüttenfeste die Festlichkeiten alle in demselben statt hatten, sondern auch aus Joh. 8, 20, wo es heisst, dass Jesus am Gotteskasten im Heiligthume damals lehrete. Nach Mischna Schekalim VI. 1 und 6 befand sich der Gotteskasten, mit seinen 13 Almosenstöcken im Vorhofe der Weiber, und Josephus, de Bello V. 5, 2 sagt in der Beschreibung des Weiberhofs, dass die Hallen, welche denselben von drei Seiten umgaben, dem Schatze ($\gamma\alpha\zeta o\varphi v\lambda\alpha\varkappa i\alpha$) gegenüber lagen. Dieser befand sich somit an der vierten westlichen Seite, welche den Weibervorhof vom Vorhofe Israels schied. Die Geschichte von der Ehebrecherin hatte statt am ersten Tage nach dem Tage der Versammlung.

§ 130. Nach diesem Feste, an einem Sabbathe heilte Jesus den Blindgebornen, welchem er mit Speichel gemachten Koth auf die Augen schmierte und ihm im Teiche Siloa sich zu waschen befahl (Joh. 9, 1 ff.). Der Teich Siloa liegt im unteren Tyropoeon-Thale, welches den Tempelberg von dem sogenannten Berg Zion trennt, einige Minuten südwärts von der Stadt Jerusalem. Es ist derselbe ein kleiner, tiefer, oblonger, 18 Fuss breiter Wasserbehälter, welcher aus einem einige Fuss höher liegenden, kleineren, in Felsen ausgehauenen, 5—6 Fuss breiten Becken Wasser erhält. In dieses letztere Becken ergiesst sich die Quelle Siloa, heute Ain Silvâu, welche der Quelle der Jungfrau, vermittelst eines 1750 F. langen, in den Felsen gehauenen, von NO. nach SW. verlaufenden unterirdischen Ganges zum Abflusse dient (Robinson Pal. II. 150 ff.). Im Zeitalter Jesu erstreckte sich die Stadtmauer bis an die Quelle Siloa (Joseph. de Bello V. 4, 4). Zu dem Festungswesen in der Nähe der Quelle gehörte wohl der Thurm Siloa, wovon Luc. 13, 4 die Rede ist.

X. Jesus auf dem Feste der Tempelweihe zu Jerusalem.

§ 131. Das Fest der Tempelweihe, τὰ ἐγκαίνια wurde vom 25. Kislev an acht Tage gefeiert zum Andenken an die Wiederherstellung des Tempel-Cultus durch Judas Maccabäus (1. Macc. 4, 45 ff.). Die Festfeier bestand, neben den besondern Opfern, in einer glänzenden Beleuchtung des Heiligthums und sämmtlicher Häuser Jerusalems (Bab. Schabbath fol. 21, 2. Antiq. XII. 7, 7), daher der griechische Name des Festes: ἐγκαινίων ἑορτή oder φῶτα, während der hebräische Name יום חנוכה, Einweihungstag bedeutet. Die Veranlassung dieser Beleuchtung ist nicht bekannt. Die jüdische Tradition fabelt in dieser Beziehung, dass, als die Juden in das durch die Heiden entweihte Heiligthum kamen, um es zu reinigen und den Cultus wieder herzustellen, sie für das heilige Licht kein reines Oel fanden, ausser einer einzigen Flasche, welche das Siegel des Hohepriesters trug. In der gewöhnlichen Ordnung hätte dieses Oel nur den Bedarf eines Tages geliefert; aber durch ein Wunder war es für sieben Tage hinreichend. Daher das Lichtfest, (Megillath Taanith. IX. 25. Kislev). Nach der Schule Schammai steckte man zur Beleuchtung am ersten Tage 8 Lampen an, am zweiten 7, und so jeden Tag eine weniger. Nach der Schule Hillels wurden umgekehrt am ersten Tage 1, am zweiten 2, und so steigend am achten Tage 8 Lampen angesteckt (ibid.).

§ 132. Unmittelbar nach den Verhandlungen, welche die kurz nach dem Laubhüttenfeste an einem Sabbathe geschehene Heilung des Blindgebornen, veranlasst hatten, berichtet Joh. 10, 22 von Jesu Thun am Feste der Tempelweihe. Wo hielt sich Jesus während den sechs Monaten auf, welche zwischen diesen Festen lagen? Das Evangelium Johannes giebt darüber keinen Bescheid. Dass Jesus diese ganze Zeit zu Jerusalem verbracht habe, ist nicht wohl denkbar, zuerst weil ein so langer Aufenthalt an demselben Orte nicht in des Herrn Art war, besonders aber weil die zu so hohem Grade gestiegene Feindschaft der Obersten der Juden ein sechsmonatliches ruhiges Bleiben in ihrer Nähe unmöglich machte. Wir haben schon bemerkt, dass die Reise nach Jerusalem durch Samaria (Luc. 9, 51) mit derjenigen auf das Laubhüttenfest zusammenfällt, und dass das bald darauf, 10, 38 erwähnte Erscheinen Jesu zu Bethanien am Besten mit dem Aufenthalte Jesu zu Jerusalem während des Tempelweihfestes in Verbindung zu bringen ist.

Nun berichtet aber Luc, 10, 1 — 37 eine zweite Aussendung von 70 Jüngern mit einer Rede des Herrn, in welcher das Wehe über Chorazin, Bethsaïda und Capernaum ausgesprochen wird. Anerkannt muss wohl werden, dass es wahrscheinlicher ist, Jesus habe, wie Lucas berichtet, gegen das Ende seines Wirkens das Wehe über jene drei Städte gesprochen, als am Anfang desselben, wie es Matth. 11, 20 vermuthen liesse, wenn wir annehmen wollten, dass Matthäus die Rede Jesu in rein chronologischer Ordnung aufführe. Wenn aber Jesus bei Gelegenheit der neuen Aussendung der Jünger über jene Städte das Wehe gesprochen hat, so werden wir wohl annehmen müssen, dass die Worte nicht etwa zu Jerusalem, sondern Angesichts der apostrophirten Städte ausgerufen wurden. Daraus folgt, dass zwischen den zwei genannten Festen Jesus am Ufer des See's war, und dort die Aussendung anordnete.

§ 133. „Es war aber das Fest der Tempelweihe zu Jerusalem, und es war Winter, und Jesus wandelte in der Halle Salomo's — —" (Joh. 10, 22). Die Halle Salomo's betreffend, verweisen wir auf die Beilage: Die Topographie von Jerusalem, 20, wo nachgewiesen wird, dass dieselbe die heute noch bestehende unterirdische Halle unter der Aksa-Moschee ist.

Sechster Abschnitt.

Das dritte und letzte Jahr der Wirksamkeit Jesu. Das J. 783 R.

I. Synopse des geschichtlichen Stoffes.

§ 131. A. Evangelium Johannis.

Nach dem Tempelweihefeste begab sich Jesus jenseits des Jordans, an den Ort, wo Johannes zuerst taufte, und blieb allda. Joh. 10, 40 — 42.

Er kommt nach Bethanien, wo er Lazarum von den Todten erwecket. 11, 1 — 45.

In Folge dieser That beschliesst das Synedrium Jesu Tod. 11, 46—53.

Jesus zieht sich zurück an einen der Wüste nahe gelegenen Ort Ephraim, und verweilt daselbst mit seinen Jüngern. 11, 54—57.

Sechs Tage vor dem Passah kommt Jesus nach Bethanien, wo ihn Maria salbet. 12, 1—8.

Am folgenden Tage zieht er triumphirend nach Jerusalem. 12, 9—50.

Das Abendmahl. 13, 1 — 14, 31.

Jesus geht an den Oelberg. 15, 1 — 17, 26.

Er wird gefangen genommen, vor Annas und Kaiphas geführt und verurtheilt. 18, 1 — 19, 16.

Kreuzigung. 19, 16—30.

Kreuzabnahme und Bestattung. 19, 31 — 42.

Auferstehung. 20 bis Ende.

B. Evangelium Lucä.

Nach dem Aufenthalte in Bethanien lehrt Jesus „an einem Orte" seine Jünger beten. Luc. 11, 1 — 13.

Heilung eines Dämonisch-Stummen, und andere Thaten und Reden. 11, 14—13, 21.

Er geht durch Städte und Dörfer und nimmt seinen Weg gen Jerusalem. 13, 22—30.

Er wird vor Herodes gewarnt; er sagt: es thuts nicht, dass ein Prophet umkomme ausser Jerusalem. 13, 31—35.

Thaten und Reden. 14, 1—17, 10.

Er reiset gen Jerusalem mitten durch Samaria und Galilaea. Die 10 Aussätzigen. 17, 11—19. Reden 17, 11—18, 30.

Jesus kündigt seinen Jüngern an, dass es nach Jerusalem gehe zur Vollendung. 18, 31—34.

Er kommt nach Jericho. 18, 35—19, 27.

Er geht nach Jerusalem über Bethphage und Bethanien. 19, 28. 29.

Der triumphirende Einzug in Jerusalem. 19, 30—44.

Reinigung des Heiligthums. 19, 45—46.

Er lehrt „täglich" (oder „des Tages?" καθ' ἡμέραν) im Heiligthume. 19, 47—21, 37.

Des Nachts aber verweilte er am Oelberge. 19, 38.

Judas Verrath. 22, 1—6.

Das Abendmahl. 22, 7—38.

Gethsemane. 22, 39—46.

Gefangennehmung. 22, 47—53.

Jesus vor dem Hohepriester. 22, 54—71.

Jesus vor Pilatus. 23, 1—25.

Kreuzigung. 23, 26—49.

Bestattung. 23, 50—56.

Auferstehung. 24, 1—49.

Himmelfahrt. 24, 50—53.

C. Evangelium Matthäi.

Jesus zu Capernaum. Der Zinsgroschen. Matth. 17, 24—18, 35.

Er kommt in die Grenzen Judaea's jenseits des Jordan's. 19, 1.

Er zieht hinauf gen Jerusalem zur Erfüllung, über Jericho und Bethphage. 20, 18—21, 1.

Feierlicher Einzug zu Jerusalem. 21, 1—11.

Reinigung des Heiligthums. 21, 12—17.

Er geht nach Bethanien. 21, 17 — 22.

Er kehrt in das Heiligthum zurück. 21, 23 — 24, 1.

Er geht auf den Oelberg. 21, 1 — 26, 1.

Zwei Tage vor Ostern. Der Hohepriester und Aeltesten Beschluss. Jesus zu Bethanien im Hause Simons des Aussätzigen. Salbung. 26, 1 — 13.

Judas Verrath. 21, 14 — 16.

Am ersten Tag der süssen Brode hält er das Abendmahl. 21, 17—30.

Die Nacht am Oelberg, Gefangennehmung Jesu. 21, 31 — 57.

Jesus vor den Hohepriestern. 26, 57 — 75.

Jesus wird am Morgen vor Pilatus geführt. 27, 1 — 31.

Kreuzigung. 27, 31 — 56.

Bestattung. 27, 57 — 66.

Auferstehung. 28, 1 — 20.

D. Evangelium Marci.

Jesus geht in Gegenden Judaea's und jenseits des Jordans. 10, 1—31.

Sie sind auf dem Wege hinaufzugehn nach Jerusalem. 10, 32—45.

Sie kamen gen Jericho. 10, 46—52.

Von Bethphage und Bethanien am Oelberg aus, hielt der Herr seinen Einzug zu Jerusalem. 11, 1—15.

Reinigung des Heiligthums. 11, 15 — 18.

Abends geht er hinaus vor die Stadt. 11, 19.

Morgens kehrt Jesus in das Heiligthum zurück. 11, 20 — 12, 41.

Er geht aus dem Heiligthum weg. Eschatologische Rede. 13, 1—37.

Zwei Tage vor Ostern, den Tagen der süssen Brode, halten die Hohepriester Gericht. Jesus wird zu Bethanien im Hause Simons des Aussätzigen gesalbt. 14, 1—9.

Judas Verrath. 14, 10 — 11.

Am ersten Tage der süssen Brode, da man das Passah opferte, hält er das Abendmahl. 14, 12—26.

Er geht an den Oelberg. 14, 26 — 43.

Gefangennehmung. 14, 43 — 52.

Jesus vor dem Hohepriester. 14, 53 — 72.

Jesus vor Pilatus. 15, 1 — 20.

Kreuzigung. 15, 20 — 41.

Bestattung am Rüsttag. 15, 42 — 47.

Auferstehung. 16, 1 — 18.

Himmelfahrt. 16, 19 — 20.

§ 135. Die durch Johannes gemeldete Reise an den Ort, da Johannes zuerst taufte, also nach Bethania jenseits des Jordans wird durch Matthäus mit den Worten angegeben: Er ging in die Gegenden Judaea's jenseits des Jordans; denn in dem Lande dieses Namens lag Johannis erster Taufort. Bei Marcus heisst es: Er ging in die Gegenden Judaea's und jenseits des Jordans. Dieser Evangelist giebt also zwei Reisen Jesu an: die erste, den Zug auf das Tempelweihefest bedeutende, nach Judaea, und von dort her die zweite, jenseits des Jordans. Die zwei ersten Synoptiker ergänzen sich somit gegenseitig, und also ergänzt stimmen sie mit Johannes überein. Bei Matthäus und Marcus fliessen dem Anscheine nach die zwei Reisen in eine zusammen, nemlich der Zug nach Bethanien und dann die letzte Ankunft über Jericho. Hier aber tritt Lucas wieder vermittelnd ein. Die Reise auf Jerusalem zu (Luc. 13, 22) ist die Reise Jesu nach Bethanien zur Erweckung des Lazarus; der durch Johannes bezeugte Aufenthalt zu Ephraim ist bei Lucas ein Aufenthalt in der Grenzlinie zwischen Samaria und Galilaea; auf dieser Grenzlinie hin zog dann Jesus hinab in den Ghor, wo er auf der Westseite des Jordans hinab nach Jericho kam. Die drei Synoptiker melden nun übereinstimmend den Zug von Jericho nach Bethphage-Bethanien, wo, nach Joh. 12, 1 das Mahl statt hatte, an welchem Jesus gesalbt wurde, und dann der Einzug nach Jerusalem statt hatte (Joh. 12, 9). Die Synoptiker setzen die Salbung nach dem Einzuge. Von hier an ist es leicht die Berichte der vier Evangelien in Uebereinstimmung zu bringen.

II. Jesus hält sich in Judaea jenseits des Jordans auf.

§ 136. Von dem Tempelweihefeste zog sich Jesus an den Ort zurück, da Johannes zuerst taufte, und er blieb allda (Joh. 10, 40—42). Dieser Ort war Bethania, das heutige Tell-Anihje (siehe § 70) im El Batihieh. Dieses gehörte aber zu Judaea jenseits des Jordans, welches die alte Gaulonitis, den heutigen Dscholan bedeutet (siehe §. 68). Doch scheint Jesus vorübergehend zu Capernaum eingekehrt zu sein, wo die Geschichte, den Zinsgroschen betreffend, vorfiel (Matth. 17, 24 ff.). Nach 2. Mos. 30, 13 sollte jeder Israelite jährlich einen halben Silber-Schekel an das Heiligthum entrichten (cf. 2. Cor. 24, 6). Diese Verpflichtung

bestand noch in voller Kraft nach dem Exil (Joseph., Bell. VII. 6, 6).
Die zur Ablieferung der Steuer in das Heiligthum bestimmte Zeit, war,
nach Mischna Schekalim II. 4 die Zeit vom 15. bis zum 25. Adar. Da
die eingesammelten Summen gemeinden- und provinzenweise abgeliefert
wurden, so musste das Eintreiben des Didrachm, soviel machte nemlich
der halbe Schekel aus, spätestens am Anfang des Monates Adar besorgt
werden. Das Matth. 17, 24 Berichtete trug sich somit am Anfang des
Monates Adar oder schon im Laufe des Monates Schebat zu. Nach
Johannes verweilte wirklich Jesus in jener Gegend vom Ende des Kislev
an, während der Monate Tebeth und Schebat, bis Anfangs Adar. Dass
aber in dieser Geschichte nicht, wie Wieseler meint, von der an die
bürgerliche Obrigkeit zu entrichtenden Kopfsteuer, sondern von der Tempelsteuer die Rede ist, folgt zuerst aus dem Umstande, dass Petrus gefragt
wurde, ob Jesus die Ditrachmen zu bezahlen pflege oder nicht; denn
die Kopfsteuer war keine freiwillige, während in den Zeiten Jesu die
Tempelsteuer insofern facultativ war, dass keine Zwangsmittel gegen
den Sich-weigernden angewendet wurden, wie denn die Sadducäer sie
verweigerten. Dass die Gottessteuer gemeint sei, geht auch aus dem
Grunde hervor, welchen Jesum angiebt, um zu beweisen, dass er sie
nicht schuldig sei, nemlich weil er „ein Sohn" ist, nemlich Gottes- und
nicht etwa Herodis — oder des Kaisers — Sohn (Matth. 17, 25). Einen
sichern chronologischen Haltpunkt bietet uns diese Geschichte nicht,
theils weil die Zeit des Einsammelns des Tempelgroschens unbestimmt
ist, theils auch, weil die chronologische Ordnung der Berichte zweifelhaft ist. Unmittelbar nach dieser Erzählung lesen wir bei Matthäus
den Streit der Jünger über die Frage, wer unter ihnen der Grösseste
sei, ein Streit, welcher nach Marcus (9, 33) und Lucas (9, 46) einer
früheren Zeit angehört.

III. Die Auferweckung des Lazarus.

§ 137. Als Jesus mit seinen Jüngern in Judaea jenseits des Jordans war, liessen ihm die Schwestern des Lazarus sagen, ihr Bruder sei
krank. Jesus, nach zwei Tagen ferneren Verweilens an jenem Orte,
kündigte seinen Jüngern an, Lazarus sei gestorben, und offenbarte ihnen
seinen Entschluss, nach Bethanien zu gehen. Welche Apostel waren
seine Begleiter auf dieser Reise? Dass Johannes, und auch Thomas

(Joh. 11, 16) dazu gehörten, ist gewiss, aber eben so gewiss auch, dass
Petrus nicht dazu gehörte, weil sein Berichterstatter Marcus diese Auferweckung des Lazarus nicht erzählt. Ueberhaupt hat es das Ansehn,
als wäre diese Reise mit geringer Begleitung, ohne Aufsehn und in Eile
vollbracht worden. Wir haben schon gesagt, dass Luc. 13, 22 auf diese
Reise zu deuten ist, wo es heisst: Er ging durch Städte und Dörfer,
lehrend und gen Jerusalem gehend. Es ist freilich wahr, dass er bei
dieser Gelegenheit nicht nach Jerusalem selber kam; aber eine Reise
nach Bethanien, welches nur 15 Stadien von dieser Stadt entfernt war
(Joh. 11, 17) konnte sehr wohl eine Reise nach Jerusalem genannt
werden. Die Luc. 13, 31 ff. dem Herrn gewordene Warnung, zu fliehen,
weil Herodes ihm nach dem Leben trachte, veranlasste die Antwort des
Herrn, dass ein Prophet nur zu Jerusalem getödtet werde, und eine
Anklage gegen Jerusalem, welche in die damalige Lage der Dinge vollkommen sich schickt (siehe Joh. 10, 39; 11. 8. 16). Die Auferweckung
des Lazarus ist Joh. 11, 17—44 sehr eingehend berichtet, und auf eine
Art, die jeden unbefangenen Leser zum Geständniss bringen muss, dass
wir hier die Erzählung eines Augenzeugen vor uns haben. Dass Jesus
früher schon Lazarus und seine Schwestern kannte, geht mit Sicherheit
aus dem ganzen Berichte hervor, besonders aber aus den Worten der
Botschaft, Joh. 11, 3: Herr, siehe, der, den du liebest, ist krank.
Bei Johannes ist jedoch von diesem Freundschaftsverhältnisse keine Meldung; dagegen redet Lucas (10, 38 ff.) davon in einer Erzählung, welche
mit dem Aufenthalte Jesu zu Jerusalem während des Festes der Tempelweihe gleichzeitig zu sein scheint.

§ 138. Die Kunde von dem zu Bethanien verrichteten Wunder-
werke veranlasste die Feinde Jesu zu einem entschiedenen Schritte. Das
Synedrium wurde versammelt und das Todesurtheil über Jesum ausgesprochen (Joh. 11, 47—54); und da er sich ihren Händen entzog, so
wurde der Befehl ertheilt, dass, wer seinen Aufenthaltsort wisse, verpflichtet sei, es anzuzeigen, damit er gefangen genommen würde (11, 57).
Man hat als ein Argument gegen die Autentie des Evangelium Johannis
geltend gemacht, dass, was einem Augenzeugen nicht hätte begegnen
können, im vierten Evangelium vergessen worden ist, das über Jesum
ergangene Gericht des Synedriums zu berichten; und wirklich ist 18,
12—25 nicht ein Gericht beschrieben; man hat aber vergessen, dass
das Urtheil schon längst gefällt war, und die ganze Bedeutung der da-

maligen Sitzung des Synedriums blos war, den auf seinen Befehl genommenen, schon verurtheilten Jesus in Empfang zu nehmen, und zur Vollziehung des Urtheils der römischen Gewalt zu überliefern. Das hier Gesagte findet in dem Folgenden seine volle Bestätigung.

Die Bücher der jüdischen Tradition enthalten über Jesum so viele gehässige und schmähliche Fabeln, dass Alles in Bausch und Bogen verworfen und den talmudischen Berichten über den Herrn alle geschichtliche Bedeutung abgeläugnet wurde. Es findet sich aber in diesen Schriften eine Stelle, welcher ein echt geschichtlicher Charakter zuerkannt werden muss. In Mischna Sanhedrin VI. 1 ist gesagt, dass, wenn Jemand durch das Synedrium zum Tode verurtheilt wurde, ein öffentlicher Ausrufer das Urtheil verkündigte, damit Zeugen zu Gunsten des Verurtheilten Zeit und Gelegenheit hätten, sich anzumelden. Als Beispiel dieses Verfahrens wird nun in Bab. Sanhedrin fol. 43, 1 ein der Baraitho, einem Supplement des Mischna-Codex entnommene Stelle citirt, welche also lautet: „Jesus wurde gekreuzigt (eigentlich gehängt) am Rüsttage des Passah. Ein öffentlicher Ausrufer ging wegen ihm während 40 Tagen aus (verkündigend): Einer, der gesteinigt werden soll, weil er Israel bezaubert, verführt und zum Schisma verleitet hat. Wer etwas zu seiner Rechtfertigung vorbringen kann, der komme und zeuge für ihn. Es fand sich aber für ihn keine Rechtfertigung; da kreuzigten sie ihn am Rüsttage des Passah." והתניא בערב פסח תלאוהו ‎לישו והכרון יוצא לפניו מ׳ יום יוצא ליסקל על שכישף והיסית והידית את ‎ישראל כל מי שיודע לו זכות יבא וילמד עליו ולא מצאו לו זכות ותלאוהו ‎(בערב פסח:)

Zum Verständniss dieser Stelle ist zu bemerken, dass, nach Jerus. Sanhedrin VI. 7 die Leichname der Gesteinigten sollten aufgehängt werden bis an den Abend; das Aufhängen war somit ein jüdischer Brauch; die Rabbinen aber brauchen das diesen Actus bezeichnende Wort תלא auch durchweg für das Kreuzigen. Herr Renan, in seinem Leben Jesu folgert aus der citirten Stelle, die jüdische Tradition behaupte, Jesus sei gesteinigt worden. Das sagt aber der Text nicht; derselbe behauptet vielmehr, Jesus sei wohl zur Steinigung verurtheilt worden, aber die Execution bestand nicht in der Steinigung, sondern in dem Aufhängen, d. i. in der Kreuzigung, wie es im Texte zweimal ausgesagt wird. Wenn aber das Synedrium Jesum zur Steinigung verurtheilte, wie kommt es, dass er, dem Urtheile zuwider, gekreuzigt wurde? Hierüber giebt uns abermals die jüdische Tradition selbst bestimmten Bescheid. In Jerus. Sanhedrin I. 1 ist gesagt, dass das Synedrium vierzig Jahre vor der Zerstörung des Tempels der Befugniss, die Todesstrafe zu verhängen, beraubt wurde. Das Wort, welches Joh. 18, 31 den Juden in den Mund gelegt wird: „Wir dürfen Niemand tödten", ist also durch den Talmud selbst bezeugt. Jesus wurde 40 Jahre vor der Zerstörung des Tempels gekreuzigt; damals schon (denn 40 ist bei den Rabbinen eine beliebte runde Zahl) konnte das Synedrium nicht mehr das Todesurtheil vollstrecken, sondern musste die Vollstreckung von dem römischen Landpfleger begehren, welcher die ausgesprochene Strafe der Steinigung in die Kreuzigung verwandelte. Zwischen der Verurtheilung und der Vollstreckung des Urtheils lagen, nach unserem Texte, 40 Tage, während welchen der Ausrufer in Bezug auf Jesum (לפניו) das Urtheil publicirte und die Leute, welche zu Gunsten des Verurtheilten etwas vorzubringen hatten, sich zu melden aufforderte. Damit stimmt aber das Evangelium Johannis, welches aussagt, das Synedrium habe das Todesurtheil über Jesum unmittelbar nach der Auferweckung des Lazarus ausgesprochen, so dass zwischen der Verurtheilung und der Execution der Aufenthalt Jesu zu Ephraim lag. Dass die Evangelisten, und ins Besondere Johannes nichts von der Function des Ausrufers melden, beweiset nichts gegen die Sache; denn da Johannes nur berichtet, was er selbst gehört und gesehn, und da er während der betreffenden Zeit nicht zu Jerusalem, sondern mit Jesu in der Wüste war, so kannte er diese Thatsache nicht durch eigene Anschauung. Dass aber wirklich das Urtheil des hohen Rathes veröffentlicht wurde, liegt deutlich in der Aussage Joh. 11, 54, dass Jesus nicht mehr öffentlich unter den Juden wandeln konnte, und 11, 57, dass die Hohepriester ein Gebot ergehen liessen (wahrscheinlich durch den öffentlichen Ausrufer), anzuzeigen, wo Jesus sich aufhalte, damit man seiner sich bemächtigen könne. Daraus folgt, dass die Versammlung des hohen Rathes in der Nacht vor der Kreuzigung des Herrn nicht eine eigentliche Gerichtssitzung war, sondern dem letzten Zeugenverhöre gewidmet war. Wir werden später zeigen, dass auch die Aussage des talmudischen Textes, Jesus sei (nicht am Passahtag selbst, sondern) am Rüsttag des Passah, das ist am 14. Nisan, gekreuzigt worden, vollkommen wahr ist. Wir haben somit in der citirten Stelle, ein höchst wichtiges, echt geschichtliches Zeugniss. Die in diesem Texte gemeldeten 40 Tage darf

man nicht urgiren; denn es ist bekannt, dass bei den Semiten 40 eine
runde Zahl war und noch ist, welche „viel" bedeutet. Jedoch ist es
nicht unmöglich, sie hier im eigentlichen Sinne zu nehmen. Das Urtheil wurde am 11. Nisan vollstreckt, wäre somit am 5. Adar gefällt
worden; Jesus wäre somit am 2. Adar von Bethania jenseits des Jordans
abgereiset, und konnte noch in der Seegegend sein, als man den halben
Silberschekel dort einsammelte. Mit Sicherheit können wir annehmen,
Jesus sei etwa einen Monat zu Ephrem in der Wüste gewesen.

IV. Jesu Aufenthalt zu Ephraim,

§ 139. „Von nun an wandelte Jesus nicht mehr öffentlich unter
den Juden, sondern er ging von dort weg in den Ort nahe bei der
Wüste, genannt Ephraim ('Εφραίμ), und verweilte dort mit seinen Jüngern" (Joh. 11, 54). Die unmittelbar darauf folgenden Worte: „es war
aber nahe das Passah", gehören nicht zu diesem Satze, sondern zu dem
folgenden, und bezeichnen nicht den Anfang, sondern das Ende des
„Verweilens" zu Ephraim, welches, wie wir so eben bemerkt haben,
wohl auf einen Monat kann angeschlagen werden, wenn nicht auf volle
40 Tage. Die Bedeutung dieser Reise ist deutlich angegeben: Jesus
entzog sich den Nachstellungen der Hierarchen und des Synedriums,
welches ihn zum Tode verurtheilt hatte und nun trachtete, seiner hab-
haft zu werden. Was den Namen des Ortes anbelangt, wohin Jesus
sich zurückzog, so wird er in der Recepta 'Εφραίμ geschrieben, in einigen Codd. heisst er 'Εφρέμ, in anderen 'Εφραίμ. Eusebius im Onomasticon hält diesen Ort für identisch mit Ephron, das 8 Mil. von
Aelia (nordwärts?) gelegen war. Hieronymus dagegen sagt verbessernd
Ephron und somit Ephraim sei 20 Mil. nördlich von Jerusalem gelegen.
Wir zweifeln aber überhaupt an der Identität von Ephron und Ephrem.
Ephron und das mit ihm genannte Bethel (2. Chron. 13, 19. Joseph.
de Bello IV. 9, 9) zählte zu Judaea und war zu nahe bei Jerusalem
und zu unmittelbar unter dem Einflusse der Machthaber dieser Stadt,
um Jesu eine sichere Zufluchtsstätte gewähren zu können; nur ein
Grenzgebiet auf samaritanischem Boden konnte diesen Zweck erfüllen.
Im samaritanischen Gebiete, etwa 15 Stunden nordwärts von Jerusalem,
zwei Stunden NO. von Nablûs, auf der Strasse nach Beisan, liegt ein
von Schultz besuchter Ort El-Faria oder El-Farah, am Anfange eines

Wadi, welcher in den Ghor hinabzieht, und Wadi El-Faria oder El-Farah heisst; mit dem hebräischen Artikel wäre es Ha-pharah; möglich auch, dass der ursprüngliche Name Ephram von den Arabern ist in El-Pharah umgewandelt worden. In jener Gegend haben wir jedenfalls die Zufluchtsstätte Jesu zu suchen, da hieher der Bericht des Lucas gehört (17, 11 ff.); wo es heisst: Es geschahe, da Jesus nach Jerusalem ging, zog er διὰ μέσου Σαμαρείας καὶ Γαλιλαίας, das heisst „auf der Grenzlinie zwischen Samaria und Galilaea hin,“ und nicht, wie gewöhnlich übersetzt wird: „mitten durch Samaria und Galilaea“, denn der Weg, welcher zuerst durch Samaria und dann durch Galilaea geht, führt nicht nach Jerusalem, sondern immer weiter von dieser Stadt weg, es hätte geschrieben werden müssen: „mitten durch Galilaea und Samaria.“ Ginaea, das heutige Dschenin, war die nördliche Grenzstadt Samaria's (Joseph. de Bello III. 3, 4), also die Südgrenze Galilaea's; dorthin begab sich Jesus um der Grenze entlang in den Ghor und von dort nach Jericho zu reisen. Auf diesem Wege, auf der Grenze zwischen Samaria und Galilaea, heilete der Herr die zehn Aussätzigen (Luc. 17, 12—19). Die Reden und Thaten (Luc. 17, 20—18, 34) fielen auf dem Wege vor; darunter ist besonders hervorzuheben, die Ankündigung seines bevorstehenden Todes und seiner Auferstehung (18, 31—34).

V. Die letzte Reise Jesu nach Jerusalem.

§ 110. Nach den drei Synoptikern kam Jesus auf seiner letzten Reise nach Jerusalem durch Jericho (Matth. 20, 29. Marc. 10, 46. Luc. 18, 35). Auf welchem Wege kam Jesus in diese Stadt? Es wird ziemlich allgemein angenommen, Jesus sei auf dem Ostufer des Jordans von der Seegegend bis Jericho gegenüber hinabgezogen, habe dann den Jordan überschritten, und sei so nach Jericho gekommen. Dies Alles ist aber eine reine Hypothese; es findet sich auch nicht die geringste Andeutung davon in den Texten; ja noch mehr, das allgemeine Stillschweigen derselben eine Ueberschreitung des Jordans betreffend, macht eine solche Voraussetzung im höchsten Grade unwahrscheinlich. Jesus zog, nachdem er Ephrem verlassen, der Grenze zwischen Samaria und Galilaea entlang in den Ghor, verfolgte dann abwärts die durch die Tabula Peutingeriana beschriebene Strasse von Scythopolis nach Jericho, auf der Westseite des Jordans. Der Weg auf der Ostseite dieses Stroms wäre durch das Gebiet Herodis, des Tetrarchen von Galilaea und Peraea gegangen, welches Jesus zu vermeiden alle Ursache hatte (Luc. 13, 31); während er auf dem viel kürzeren diesseitigen Wege mit einer ihn schützenden Caravane von Festgästen zog.

§ 141. Jericho. In der Gegend, wo der Jordan in das todte Meer sich ergiesst, bildet der Ghor auf der Westseite des Flusses die wohl bewässerte und von Natur sehr fruchtbare Oase von Jericho. In derselben befindet sich heute ein elendes Dorf, Riha genannt. Dieser Name erinnert an denjenigen von Jericho; das Dorf bezeichnet aber nicht die Stätte der alten Stadt; diese letztere lag an der Elisa-Quelle, eine halbe Stunde nordwärts von Riha. Die Stadt Jericho in Jesu Zeiten scheint übrigens nicht genau die Stelle der gleichnamigen, durch Josua zerstörten Stadt eingenommen zu haben. Wichtig ist in dieser Beziehung die Bemerkung Euseb's im Onomasticon, dass die Stadt Jericho, welche der Herr besucht hat, in der Zeit der Belagerung Jerusalems durch die Römer, wegen der Treulosigkeit ihrer Bewohner zerstört worden sei; dass, dieselbe zu ersetzen, die dritte Stadt erbaut wurde, welche in Euseb's Zeiten bestand, „auch werden, setzt er hinzu, bis auf diesen Tag die Spuren der zwei älteren Städte gezeigt." Die Oase Jericho's war im Zeitalter Jesu wegen ihrer Balsam- und Dattelpalmen-Cultur weltberühmt; sie hat durch den Schutz der umliegenden Berge, besonders aber durch ihre Depression unter dem Meeresspiegel, welcher sich auf mehr als 1000 Fuss beläuft, ein wahrhaft tropisches Clima und erzeugt tropische Gewächse.

Zu Jericho, vor seinem Eintritte in die Stadt, nach Luc. 18, 35, nach seinem Auszug aus derselben, nach Matth. 20, 29. Marc. 10, 46, heilte Jesus den Blinden, und kehrte bei dem Zöllner Zachäus ein (Luc. 19, 1—10).

§ 142. Um von Jericho nach Jerusalem zu gelangen, muss der Wanderer die Gebirgswand ersteigen, welche die judäische Hochebene stützt und von Westen her den Ghor begrenzt. Die zu ersteigende Höhe beträgt gegen 3500 Fuss; denn Jerusalem liegt 3700 Fuss und die Oase von Jericho nur 200 Fuss über der Fläche des todten Meeres. Der Weg führt durch eine traurige kalkstein- und kreidefelsige Wüste, und beträgt etwa 6 Stunden. Diese Strasse ist noch und war von jeher durch Räuber und Wegelagerer unsicher und besonders die Steige Adumim deswegen berüchtigt (Luc. 10, 30 ff.). Von der Hochebene, auf welche dieser Weg führt, ist Jerusalem durch das Thal Josaphat, den obern, von N. gen S. verlaufenden Theil des Kidron, getrennt. Der westliche Abhang der Hochebene, Jerusalem gegenüber, heisst der Oelberg. Derselbe erhebt sich über das Thal Josaphat als lang gestreckte, von N. gen S. sich ausdehnende Felsenwand. Auf seinen Höhen nimmt er sanftere Formen an, als an seinem Fusse; in senkrecht abfallenden Kalkstein-Bänken und- Schichten erhebt er sich terrassenförmig zu seinen drei plateauartigen, etwas höhern, jedoch flachen, Hauptkuppen, welche nur um etwa 200 Fuss die höchsten Theile Jerusalems überragen. Die absolute Höhe des Oelbergs ist 2500 Fuss; dem Stephansthore gegenüber erhebt er sich 600 Fuss über den Kidron. Noch eine ziemliche Zahl von Olivenbäumen, von denen er seinen Namen trägt, schmückt heute diesen Berg, und an seinem Westfusse ist die älteste Gruppe ihrer Veteranen im Garten von Gethsemane als heiliger Pilgerort weltbekannt. Ein grosser Theil des Berges ist mit flachen Aeckern besetzt; selbst der höchste Gipfel wird mit dem Pfluge überzogen und mit Gerste besäet. Die südlichste dieser drei Kuppen ist unter dem Namen „Berg des Aergernisses" bekannt, in Bezug auf die 1. Kön. 11, 7 berichtete Abgötterei Salomo's. Die nördlichste heisst Viri Galilaei; die mittlere und zugleich höchste trägt die Himmelfahrts - Capelle. Auf der östlichen Seite dieser letzten Kuppe liegt das arabische Dorf El-Azirieh oder besser wohl El-Lazirieh, d. h. Lazarus. Es ist schon bemerkt worden, dass die Araber mehreren antiken Ortschaften den Namen eines ihnen angehörigen berühmten Mannes beigelegt haben. So nennen sie Hebron: El-Khalil, d. i. Abraham, Rama Samuels: Nebi Samuil, so auch nennen sie Bethanien nach Lazarus El-Lazirich. Der Ort entspricht wirklich allen Anforderungen der biblischen Texte; er liegt eine halbe Stunde von Jerusalem, den 15 Stadien, Joh. 11, 18 entsprechend. Von El-Azirich ist Jerusalem nicht sichtbar, da der Hügel der Himmelfahrts-Capelle dazwischen liegt. Der Wanderer gewinnt erst eine Aussicht über die Stadt, wenn er die Hälfte des Weges zurückgelegt, den Himmelfahrtshügel umgangen hat und an den Abhang des Oelberges angekommen ist. So gewann auch, nach Luc. 19, 36. 41, Jesus den Anblick der Stadt bedeutend spät nach dem Abzuge von Bethanien.

§ 143. Bethphage. In dem Berichte des Matthäus wird Bethanien nicht genannt, sondern 21, 1 gesagt, dass Jesus, da er von Jericho herauf nahe zu Jerusalem gekommen war, nach Bethphage kam, von dort sandte er seiner Jünger zwoen, u. s. w. Marc. 11, 1 dagegen, und Luc. 19, 29 heisst es: „Da er nach Bethphage und Bethanien gekommen war, *εἰς Βηϑφαγὴ καὶ Βηϑανίαν*, sandte er zwei Jünger u. s. w." Wäre Bethphage ein Dorf gewesen, so hätte dasselbe östlich von Bethanien seine Lage gehabt, weil es vor diesem letzteren Dorfe genannt wird. Jesus macht mit seinem Zuge einen Halt, um das Herbeibringen des Esels, auf welchem er reiten sollte, abzuwarten; dieser Halt- und Ruhepunkt war Bethphage und Bethanien. Wie konnte Jesus zugleich in zwei Dörfern warten? Auffallend muss es gleichfalls vorkommen, dass die älteren und neueren biblischen Geographen, so wie die Tradition mit Sicherheit und übereinstimmend die Lage Bethaniens zu bezeichnen wissen, in Bezug auf Bethphage aber unsicher und sich gegenseitig widersprechend sind. Alle Schwierigkeiten verschwinden aber, sobald wir unter Bethphage nicht ein Dorf, sondern ein ganzes Gebiet, nemlich den Oelberg von Jerusalems Ostmauer bis Bethanien, verstehen; und dass dem wirklich also ist, lässt sich aus den Büchern der jüdischen Tradition mit Gewissheit beweisen. Wenn auf das Passahfest Millionen von Pilgern nach Jerusalem kamen, so fand offenbar nur ein verhältnissmässig kleiner Theil derselben ihr Unterkommen in der Stadt; die grosse Mehrzahl lagerten ausserhalb der Stadt, wo sie zugleich ihre Opfermahle bereiten mussten; da dieses aber nach dem Gesetze „im Lager", das ist, nach den späteren Begriffen, zu Jerusalem geschehen sollte, so wurde das ostwärts von Jerusalem gelegene Gebiet, der Kidron und der Oelberg „geheiligt", das heisst zum integrirenden Theil „des Lagers" erklärt, wo alles Heilige, welches zu Jerusalem verrichtet werden sollte, erlaubt und gültig war. Dieses Supplement der heiligen Stadt heisst bei den Rabbinen Bethphage בית פגי. In diesem Sinne ist die oft wiederholte Aeusserung zu verstehen: Bethphage ist ausser der Mauer; da es aber unmittelbar an den heiligen Berg sich anlehnt, so ist das daselbst bereitete Brod heilig (Bab. Pesachim fol. 63. 2. Menachoth VII. 6; II. 2. Tosaphtha Menachoth II. 2. Siphri, in Ugolini Thes. XV. p. 399). Da Bethphage der ganze zum „Lager" geheiligte Oelberg ist, so konnten die Evangelisten mit Recht sagen, dass Jesus ankam zu Bethphage und Bethanien; denn es heisst dann, er kam in das Bethphage genannte Gebiet, und in den besondern Ort dieses Gebietes, welcher Bethanien heisst.

§ 144. Das was uns die jüdische Tradition über Bethphage und Bethanien berichtet, giebt wichtige Aufschlüsse über die Geschichte des Synedrium's im Zeitalter Jesu. Die pharisäischen Talmudisten machen öfters den Sadducäern den Vorwurf, in der Anwendung der Todesstrafen blutdürstig und grausam gewesen zu sein. So heisst es in Bab. Sanhedrin fol. 14, 2 und in Bab. Sota fol. 45. 1, das Synedrium von Bethphage habe diejenigen Aeltesten, das heisst, Mitglieder des hohen Rathes, welche den Beschlüssen der Majorität sich widersetzten, zum Tode verurtheilt. Was ist unter diesem sadducäischen Synedrium zu Bethphage zu verstehen? Nach Bab. Rosch haschanna fol. 31, 1 und Bab. Sanhedrin (Ugolini Thes. XXV. 589) hatte ursprünglich das Synedrium seinen Sitz im Leschkath ha-Gasith auf der Südseite des Vorhofs Israels; aber 40 Jahre vor der Zerstörung des Tempels emigrirte dieser oberste Gerichtshof und wanderte nach Hanioth, und später von da nach Jerusalem (in die Stadt, aber nicht in das Heiligthum) dann nach Jabne (zur Zeit der Zerstörung Jerusalems) u. s. w., bis er endlich nach Tiberias kam. Ferner lesen wir in Bab. Baba Mezia fol. 88. 1: „Hanioth, חניות, der Ort der Hanan-Söhne, בני חנן, wurde vor dem Untergange des Tempels zerstört; und warum wurde Hanioth zu Héno, חניות של הינו, zerstört? Weil sie (nemlich die Bené Hanan) zu Hanioth ihre Beschlüsse auf das Gesetz allein (mit Vernachlässigung der Ueberlieferung der Väter) gründeten." Das Synedrium zu Hanioth, dessen Mitglieder des Sitzungortes wegen Bene Hanan hiessen, war also Sadducäisch wie dasjenige von Bethphage am Oelberge. Hanioth aber lag gleichfalls auf dem Oelberge (Jerus. Taanith IV. 8, fol. 69, 2). Daraus folgt, dass das Synedrium von Hanioth und von Bethphage dasselbe ist und Hanioth oder Hanio ist nichts Anderes, als Beth-hania, Bethanien. Wir bemerken, dass die Orthographie dieses Namens bei den Talmudisten im höchsten Grade schwankend ist. Dem oben angeführten הניות של הינו entsprechend, lesen wir in Bab. Pesachim fol. 53, 1: הינו, in Bab. Erubin fol. 28, 1: בית יוני in Tosaphtha Trumoth VII. 6: בית אוני. Die natürlichste Etymologie scheint uns ein zusammengezogenes בית חניות, d. i. בית חני zu sein. Das Wort חניות bezeichnet Schoppen oder Zelte, welche die Kaufleute in den Messen und auf den Märkten aufschlagen. Dass diese Art Zelte auf dem Lagerplatze der Festgäste zu finden waren, versteht sich von selbst. Ihr Hauptort war Bethanien.

§ 115. Wir haben oben § 138 eine talmudische Stelle citirt, welche aussagt, das Synedrium sei 40 Jahre vor der Zerstörung des Tempels des Rechtes beraubt worden, die Todesstrafe zu verhängen; im obigen Citate ist gesagt, dass 40 Jahre vor der Zerstörung des Tempels das Synedrium von Leschkath Hagasith nach Bethanien emigrirte; diese Emigration und jener Verlust eines Rechtes, welches nach den Talmudisten mit dem Sitzungsorte Leschkath Hagasith stand und fiel, sind somit eine und dieselbe Begebenheit. Später, wahrscheinlich nach kurzem Aufenthalte zu Bethanien in Bethphage zog der hohe Rath nach Jerusalem, wo er wirklich in der uns gegenwärtig beschäftigenden Zeit des Lebens Jesu seine Sitzungen hielt (Joh. 18, 13. Matth. 26, 57. 58. Marc. 14, 53. Luc. 22, 54). Die Zahl 40 ist, wie schon gesagt, nicht buchstäblich zu nehmen. Das Synedrium war im Jahr 783, also 40 Jahre vor der Zerstörung Jerusalems, schon in dieser Stadt; der Aufenthalt in Bethanien fällt also etwas früher. Es scheint, dass zu Bethanien-Bethphage der hohe Rath ausschliesslich sadduciäisch war; zu Jerusalem war er aus Sadducäern und Pharisäern zusammengesetzt (Apostelg. 1, 1 ff.; 5, 17. 21. 34. 40), kurz vor der Zerstörung des Tempels wurde er rein Pharisäisch durch den Einfluss des Rabban Johanan Ben Zacchai (Megellath Taanith, 27. Marcheschwan). Sollte dieser Johanan Ben Zacchai, der Nasi des Synedriums nicht der „Hohepriester" Anna sein? Wir haben schon bemerkt, dass im N. T. der Vorsitzer des hohen Rathes Hohepriester genannt wird, Johanan, יוחנן ist Hanan, הנן, mit dem praefixen Gottesnamen. Merkwürdig ist in dieser Beziehung folgende Stelle aus Bab. Toma fol. 39. 2: „Vierzig Jahre vor der Zerstörung des Tempels (also im Todesjahre Jesu!) — öffneten sich von selbst die Thüren des Tempels. Johanan Ben Zacchai schalt sie und sprach: Tempel warum thuest du dich selbst auf? Daraus sehe ich, dass dein Ende nahe ist, denn es steht geschrieben (Zacharia 11, 1): Thue deine Thüren auf Libnan, dass das Feuer deine Cedern zerstöre." Erinnert nicht dieses Sichselbstaufthun der Thüren des Tempels im Todesjahre Jesu an Matth. 27, 51: „Der Vorhang des Tempels zerriss, von oben bis unten aus in zwei Stücke?"

VI. Die Art das Passah zu feiern im Zeitalter Jesu.

§ 147. Das Verständniss der Leidensgeschichte, auch in chronologischer Beziehung, hängt in hohem Grade von der richtigen Einsicht iu die jüdische Passahordnung ab. Im Gesetze, 2. Mos. 12, 1—18 ist befohlen: „Der Monat Abib (Nisan) sei euch der erste Monat. Am zehnten dieses Monats nehme ein Jeglicher ein Lamm für ein Haus — fehllos, ein männliches Lamm, einjährig. Am vierzehnten Tage dieses Monats sollen sie es schlachten, die ganze versammelte Gemeinde Israels, zwischen den zwei Abenden (בין הערבים), und sollt das Fleisch essen in jener Nacht, gebraten am Feuer, und Mazoth (ungesäuertes Brod) sollt ihr essen in Bitterem. — — Sieben Tage sollt ihr Mazoth essen; auch am Anfangstage sollt ihr den Sauerteig wegthun aus euern Häusern. — — Am ersten Tage und am siebenten Tage soll heilige Versammlung sein; keine Arbeit soll gethan werden, ausser der Bereitung des Essens. Im ersten Monate am 14ten Tage des Monats, am Abend (בערב) sollt ihr Mazoth essen bis zum 21sten am Abend." Diese Passahordnung ist mit einigen Varianten 3. Mos. 23, 5—14; 4. Mos. 28, 16 bis 25; 5. Mos. 16, 1—8 wiederholt. Im Ganzen ist dieselbe deutlich; die einzelnen exegetischen und harmonistischen Schwierigkeiten können wir dahingestellt sein lassen, da uns bloss daran liegt, zu sehen, wie die Juden im Zeitalter Jesu sie verstanden und ausgeübt haben.

§ 148. Der 14. Nisan wird in den talmudischen Schriften durch den stehenden Ausdruck ערב הפסח, „Abend des Passah" bezeichnet, in demselben Sinne, wie ערב השבת die dem Sabbathe vorangehende jüdische sechste Feria bezeichnet. Im N. T. heisst der 14. Nisan παρασκευὴ τοῦ πάσχα, was Luther sehr richtig mit „Rüsttag" übersetzt. Am Abende dieses 14ten, das heisst am Anfang desselben, da der jüdische Tag mit dem Abende anfängt und „Abend und Morgen" den Tag ausmachen (1. Mos. 1, 5), fing man an Mazoth zu essen (2. Mos. 12, 18). Es konnte auch nicht anders sein, da in der Nacht des 14. Nisan, bei Licht aller Sauerteig musste entfernt werden (Mischna Pesachim I—III). Dieser Rüsttag, der 14. Nisan, war ebensowohl wie der Passahtag oder der 15te, ein Festtag, und wie „der Tag der Versammlung", oder der 21ste (Jerus. Chagiga III. 7: ערב הפסח כפסח יום טבה כעצרת); nur war die Praxis etwas verschieden je nach den Provinzen. In Judaea war das Arbeiten am Rüsttage erlaubt bis zum Anbruche des Morgens, in Galilaea galt der ganze Tag, Abend, Nacht und Morgen als Feiertag, (ביהודה היו עושין מלאכה בערבי פסחים עד חצות ובגליל לא היו עושין כל עיקר. Pesachim IV. 5). Neben dem Wegthun des Sauerteiges und dem Anfang des Mazoth-Essens war die

Hauptangelegenheit des 14. Nisan das Opfer des Passahlammes im Heiligthume. Dieses Opfern des Lammes bestand aber nicht, wie manche
Exegeten behaupten, im Essen desselben, sondern im Schlachten desselben im Heiligthume. Dieses sollte geschehen בין העברים, „zwischen
den zwei Abenden". Wir haben nicht zu untersuchen, welche Bedeutung dieser Ausdruck in den mosaischen Schriften habe, sondern bloss,
wie man ihn im Zeitalter Jesu verstand. Das Thamid oder Abendopfer
sollte nach 2. Mos. 29, 38. 39; 12, 6; 4. Mos. 28, 3. 4, zwischen den
zwei Abenden dargebracht werden. Nun lesen wir in Mischna Pesachim
V. 1: Thamid wurde geschlachtet um die halbneunte Stunde und geopfert um die halbzehnte. Am Rüsttag des Passah wurde es geschlachtet
um die halbachte und geopfert um die halbneunte Stunde. — Fiel aber
der Rüsttag des Passah auf einen Sabbath, so wurde Thamid geschlachtet
um die halbsiebente und geopfert um die halbachte Stunde, darauf das
Passah (תמיד נשחט בשמונה ומחצי וקרב בתשעה ומחצי בערבי פסחים
נשחט בשבע ומחצי וקרב בשמנה ומחצי בין בחול בין בשבת הלערב
פסח להיות בערב שבת נשחט בשש ומחצי וקרב בשבע ומחצי והפסה
אחריו:) Hiemit ist die Bedeutung des Ausdruckes „zwischen den zwei
Abenden" erklärt; es ist die Zeit, in welcher beides, das Thamid und
das Passah geopfert wurde, also zwischen der halbsiebenten und zwölften
Stunde, oder von halb ein Uhr Nachmittags bis sechs Uhr Abends oder
vielmehr bis Sonnenuntergang. Am 14. Nisan, wenn er nicht mit einem
Sabbath zusammenfiel, wurde das Abendopfer geschlachtet um halb
zwei Uhr, dargebracht um halb drei Uhr, und dann, etwa halb vier
Uhr wurde das Passah zu schlachten angefangen. Das Opfer des Passah
bestand im Verbrennen des Fettes und im Ausgiessen des Blutes des
Lammes am Fusse des Brandopferaltars. Josephus de Bello VI. 9, 3
sagt, dass das Passahlamm geopfert oder geschlachtet wurde zwischen
der 9ten und 11ten Stunde, also zwischen 3 und 5 Uhr Abends. Darauf
wurde das Lamm abgezogen, zubereitet und gebraten.

§ 149. Der 15. Nisan war ein „Versammlungstag" wie der 21ste,
und trug den Namen Sabbath, welches auch der Wochentag sein mochte,
auf welchen er fiel (3. Mos. 23, 6. 7. 11). In der Nacht, mit welcher
derselbe anfing, wurde das Osterlamm gegessen. Dass dies ein Nachtessen war und sein musste, ergiebt sich aus 2. Mos. 12, 8. 10; es hatte
somit nicht schon am 14. Nisan statt, welcher mit Sonnenuntergang zu
Ende ging; dies wäre auch materiell unmöglich gewesen, da das Braten

eines ganzen Lammes, welches erst um 5 Uhr geschlachtet worden war, vor Ende des Nachttags unmöglich vollendet sein konnte. Es ist somit ein Irrthum, wenn behauptet wird, das Osterlamm sei am Ende des 14. Nisan verzehrt worden. Der 15. Nisan wurde streng als Sabbath gefeiert, die nachfolgenden Tage vom 16ten bis zum 20. Nisan waren Werktage, nur war an ihnen der Genuss des Gesäuerten untersagt. Am 16ten hatte jedoch die besondere Feier des Erntens und Darbringens der Ostergarbe statt (2. Mos. 23, 10 ff. Joseph. Antiq. III. 10, 5). Die Gerstengarbe wurde unmittelbar mit Sonnenuntergang, also am Anfang des 16. Nisan durch Abgeordnete des Synedriums eingesammelt. Dazu wurde in der Regel ein Acker in der Nähe von Jerusalem im Kidronthale bestimmt, weil in diesem Thale, das rasch sich zum tropischen Ghor hinabsenkt, das Getraide bedeutend früher, als im übrigen Palestina reif wird (Tosaphtha Menachoth X. 10). Die Darbringung hatte zur Zeit des Morgenopfers statt, und eröffnete die Ernte des Jahrs. Nach diesem 16. Nisan wurde das Pfingstfest bestimmt, welches 7 Wochen später fiel, also 50 Tage später als der 15. Nisan, auf denselben Wochentag. War z. B. der 15te ein Sabbath, wie dieses im Jahr 30 n. Chr. der Fall war, so war der Pfingsttag auch ein Sabbath (siehe 3. Mos. 23, 15 ff. Joseph. Antiq. III. 10, 6). Der 21. Nisan war wieder ein „Versammlungstag“, welcher Sabbathrang hatte und das Fest der Mazoth beschloss.

§ 150. In der neujüdischen Kalenderordnung, in welcher der Neumond, und somit der 1. Nisan nicht mehr durch die sichtbare Phase, sondern durch astronomische Berechnung bestimmt wird, aber auch willkürlich verschoben werden kann, wird der 1. Nisan der Art festgesetzt, dass der 15te nie auf Feria 2. 4 und 6 fällt, das heisst, auf keinen Montag, Mittwoch und Freitag im jüdischen Sinne. Dass aber diese Beschränkung in der altjüdischen Zeit nicht bestand, sondern dass damals, also auch im Zeitalter Jesu, das Passah auf jeden Wochentag fallen konnte, lässt sich aus dem Talmud mit Sicherheit nachweisen. In Mischna Pesachim VII. 10, ist gesagt, dass man die Ueberbleibsel, Knochen u. s. w. des Osterlammes am 16. Nisan verbrannte; fiel aber dieser 16te auf einen Sabbath, so hatte das Verbrennen den 17ten statt. Daraus folgt, dass der 16te konnte Feria 7, also der 15te Feria 6, oder ein Freitag sein. Ebenso wird in Mischna Chagiga II. 4 der Fall besprochen, wo der Tag der Pfingsten auf einen Sabbath fällt; da

aber dieser Festtag auf denselben Wochentag fällt, wie der 16. Nisan,
so musste dieser im gegebenen Falle auch ein Samstag, also der 11te
ein Freitag sein. Wir hätten diesen Umstand unbeachtet lassen können,
wenn nicht einige Erklärer ihre These, der 15. Nisan sei im Todesjahre Jesu nicht ein Freitag, wie man gewönlich annimmt, sondern ein
Sabbath gewesen, auch dadurch begründen wollen, dass überhaupt der
15. Nisan kein Freitag sein durfte. Wir vertheidigen dieselbe These,
dass im Todesjahre Jesu der Passahtag auf einen Sabbath fiel; es lag
uns desswegen ob, zu sagen, warum wir von diesem Argumente keinen
Gebrauch machen; es lässt sich dasselbe nicht für das Zeitalter Jesu
Christi benutzen.

VII. Die Leidenszeit Jesu nach den einzelnen Evangelisten.

§ 151. Die Leidenszeit nach dem Evangelium Johannis.
Die alles Andere beherrschende und bedingende Frage ist diese: An
welchem jüdischen Wochen- und Monatstage wurde Christus gekreuzigt?
Joh. 19, 14 nun ist gesagt, dass der Tag, an welchem Jesus gekreuzigt
worden war, der Rüsttag des Passah war, $\mathring{\eta}\nu$ $\delta\grave{\varepsilon}$ $\pi\alpha\varrho\alpha\sigma\varkappa\varepsilon\nu\mathring{\eta}$ $\tauo\bar{\upsilon}$ $\pi\acute{\alpha}\sigma\chi\alpha$.
Dass damit der rabbinische הפסח ערב, der 11. Nisan gemeint sei, kann
keine Kunst wegexegetisiren. Wenn dem Evangelisten nicht der Vorwurf gemacht werden soll, Ausdrücke zu brauchen, welche den Leser
in Irrthum führen müssen, so muss angenommen werden, dass er Jesu
Kreuzigungstag auf den 14. Nisan verlegt. Zu demselben Schlusse führt
nothwendig Joh. 18, 28, wo es heisst: Sie (die Juden) führten Jesum
von Kaipha in das Praetorium; sie selber aber gingen nicht hinein in
das Praetorium, damit sie nicht unrein würden, sondern das Passah
essen könnten, $\mathring{\iota}\nu\alpha$ $\mu\mathring{\eta}$ $\mu\iota\alpha\nu\vartheta\bar{\omega}\sigma\iota\nu$, $\mathring{\alpha}\lambda\lambda'$ $\mathring{\iota}\nu\alpha$ $\varphi\acute{\alpha}\gamma\omega\sigma\iota$ $\tauò$ $\pi\acute{\alpha}\sigma\chi\alpha$. Dass
das „Passahessen" nicht nothwendig von dem Genusse des Osterlammes
verstanden werden müsse, geben wir zu, postuliren es sogar; dass es
aber das Essen des Osterlammes bezeichnen könne, muss gleichfalls
zugegeben werden. Die Mazoth waren ein Passahessen im eigentlichen
Sinne; dieses war aber nicht an die levitische Reinheit gebunden, denn
auch Unreine durften, ja mussten ungesäuertes Brod an diesen Tagen
geniessen, anderes Brod war Jedermann unter Strafe der Ausrottung
verboten; die Juden meinen aber in der angeführten Stelle ein Osteressen, welches nur den Reinen erlaubt war; das konnte nur das Oster-

lamm sein. Einige Exegeten haben behauptet, es sei das festliche Dankopfer, Chagiga, gemeint, und das darauf folgende Opfermahl. 5. Mos. 16, 16. 17 ist gesagt: „Dreimal des Jahrs soll aus dir alles Männliche erscheinen vor dem Angesichte Jehova's, deines Gottes, am Orte, welchen ich erwählen werde: nemlich am Feste der Mazoth, am Feste der Pfingsten und am Hüttenfeste. Es soll aber Niemand leer vor Jehova erscheinen, je nachdem seine Hand geben kann, und je nach dem Segen, welchen Jehova einem Jeglichen gegeben hat." Dieses „Nichtleerkommen" verstanden die Juden im Sinne eines Dankopfers und des darauf folgenden Opfermahls, welches sie Chagiga nannten. Dasselbe wurde in der Regel am 15. Nisan dargebracht, durfte aber auch am 14ten gleichzeitig mit dem Passahlamme geopfert werden (Mischna Pesachim VI. 3. 4) aber (ibid VI. 4) das Opferfleisch desselben konnte zwei Tage und eine Nacht aufbewahrt werden. Da nun der Eintritt in ein heidnisches Haus nur bis am Abende verunreinigte, wäre für die Juden immer noch Zeit gewesen das Opfermahl einen Tag später zu geniessen, wenn sie in das Praetorium getreten wären. Der Hauptgrund aber, warum wir das Essen, für welches sie sich rein erhalten wollten, nicht für Chagiga halten können, ist, dass diesem Opfer aller specielle Ostercharakter fehlt, da es an allen Festen dargebracht werden konnte und am Pfingst- und Hüttenfest dargebracht werden musste; der Ausdruck: „das Passah essen" kommt ihm somit nicht mit Recht zu. Die Juden betraten das Praetorium nicht, um das Osterlamm in der bevorstehenden, den 15. Nisan beginnenden Nacht essen zu können; der Tag, an welchem sie solche Vorsicht gebrauchten, war somit der 14. Nisan, an diesem Tage wurde Jesus gekreuzigt.

§ 152. Nach Johannes wurde Jesus gerichtet (18, 29), gekreuzigt (19, 14) und begraben (19, 31. 42) am 14. Nisan. Was nun ferner den Wochentag anbelangt, so muss er Feria 6, ein Freitag gewesen sein, da, nach 20, 1 Jesus an einem Sonntage, τῇ μιᾷ τῶν σαββάτων, auferstand, nachdem er über den Sabbath, der gross (19, 31), also beides, ein Wochensabbath und der grosse Ostertag war, im Grabe gelegen, und am Ende des Rüsttags bestattet worden war (19, 42). Im Jahr 30 aer. dion. 783 R. war wirklich der 15. Nisan ein Sabbath (§ 17), und somit der 14. Feria VI. ein Freitag. Das Evangelium Johannes ist somit in vollkommener Uebereinstimmung mit der jüdischen

Tradition, welche sagt, dass Jesus sei am Rüsttage des Passah, בערב הפסח, gekreuzigt worden (§ 138).

§ 153. Es versteht sich eigentlich von selbst, dass, wenn Jesus am 14. Nisan gekreuzigt wurde, das Mahl, das er schliesslich mit seinen Jüngern hielt, auch am 14. Nisan statt hatte; jedoch lässt sich diese Thatsache unmittelbar beweisen. Joh. 13, 1. 2 ist gesagt: „Vor dem Feste des Passah — — da das Mahl zu Ende war, — — stand Jesus von demselben auf — —", (πρὸ δὲ τῆς ἑορτῆς τοῦ πάσχα — — καὶ δείπνου γενομένου). Das Passahfest wurde am 15ten gefeiert; vor dem Feste des Passah, war somit am 14ten. Dass dieses Mahl bei Nacht statt hatte, ergiebt sich aus 13, 30. Diese Nacht, in welcher dann nach dem Mahle Jesus zu Gethsemane war, gehörte zum 14. Nisan, welcher mit Sonnenuntergang angefangen hatte, dessen Anfang also zu unserem Donnerstage gehört. Der Complexus der jüdischen Nachttage jener Festzeit mit unsern mit Mitternacht anhebenden Tagen wird durch folgendes Schema deutlich:

Julianischer Tag.		Jüdischer Nachttag.	
6. April Donnerstag.	Mitternacht bis Morgen	13. Nisan	
	Vormittag	Feria V.	
	Nachmittag		
	Abend bis Mitternacht		Das Abendmahl. Anfang der Mazoth.
7. April Freitag.	Mitternacht bis Morgen	14. Nisan	Gethsemane. Wegthun des Sauerteigs.
	Vormittag	Feria VI.	Gericht
	Nachmittag		Kreuzigung Opfer des u.Begräbniss Passahlammes.
	Abend bis Mitternacht		Osterlammessen.
8. April Samstag.	Mitternacht bis Morgen	15. Nisan	Jesus im Grabe Das Passah.
	Vormittag	Sabbath.	
	Nachmittag		
	Abend bis Mitternacht		Jesus im Grabe. Ernte der Garbe.
9. April Sonntag.	Mitternacht bis Morgen	16. Nisan	Jesu Auferstehung.
	Vormittag	Feria I.	
	Nachmittag		
	Abend bis Mitternacht		

§ 154. Jeder unbefangene Leser ist gewiss durch das bisher Gesagte völlig überzeugt, dass Johannes die Kreuzigung Jesu auf den Rüsttag des Passah, oder den 14. Nisan verlegt, und nicht auf den 15ten den grossen Passahtag. Eines ferneren Beweises bedarf es nicht. Indess können wir zum Ueberflusse noch die Stelle Joh. 13, 29 anführen. Nach dem Mahle, da es Nacht war (13, 30) hatte Jesus zu Judas gesagt: Was du thun willst, da thue bald. — „Etliche meinten, dieweil Judas den Beutel hatte, Jesus spräche zu ihm: Kaufe, was uns Noth ist auf das Fest." — Das Fest ist der 15. Nisan. Wäre nun Jesus am 15ten gekreuzigt worden, so wäre das Mahl an demselben Nachttage geschehen; am 15. Nisan aber, dem grossen Sabbathe, war kein „kaufen" möglich; dieses musste schon am 14ten besorgt werden. Jesus sprach somit die citirten Worte am 14. Nisan, am Anfange des Nachttages, in dessen zweiter Hälfte die Kreuzigung statt hatte.

Wenn nun dennoch viele Interpreten den Beweis zu liefern versucht haben, Johannes lasse Christum am 15. Nisan gekreuzigt werden, so geschieht es aus harmonistischen Gründen: sie suchen die Berichte Johannis in Einklang zu bringen mit den Synoptikern, welchen man zumuthet, den Todestag des Herrn auf das grosse Passah selbst, den 15. Nisan verlegt zu haben. Davon nun im Folgenden.

§ 155. Die Leidenszeit nach Lucas. Luc. 22, 7. 8 lesen wir: „Es kam heran der Tag der ungesäuerten Brode, an welchem das Passah sollte geopfert werden. Da sandte Jesus Petrum und Johannes, sagend: Gehet, bereitet uns das Passah, dass wir essen." Wir lassen es für den Augenblick dahingestellt sein, was dieses Passahmahl war, uns damit begnügend zu sagen, dass es das Essen des Osterlammes nicht absolut sein muss, weil eben von keinem Lamme Meldung geschieht. Der Tag der süssen Brode, da man das Passah opfern sollte, das heisst das Lamm schlachten, sein Blut an den Altar giessen und sein Fett verbrennen, war der 14. Nisan, und nur erst der 15te war der Tag des Essens. Lucas sagt ausdrücklich, dass, als Jesus das Essen bestellte, der Tag der süssen Brode und des Passahopferns noch nicht angebrochen war; dieser Tag kam nur erst heran, $\check{\eta}\lambda\vartheta\varepsilon$ $\delta\grave{\varepsilon}$ $\acute{\eta}$ $\acute{\eta}\mu\varepsilon\varrho\alpha$. Jesus bestellte somit das Essen am Ende des 13. Nisan, damit es mit Sonnenuntergang, d. i. mit Anfang des 14ten bereit wäre. Der Befehl erging an die Jünger Donnerstag den 6. April Nachmittags; das Essen hatte an demselben Datum, am Donnerstage nach Sonnenuntergang, somit schon am 14. Nisan, der jüdischen Feria VI statt. Hätte, wie man gewöhnlich annimmt, Jesus den Befehl am Ende des 14. Nisan gegeben, so dass das Mahl am Anfang des 15ten gehalten wurde, so hätte Lucas nicht sagen können: es kam der Tag, in welchem man Passah opferte, er hätte sagen müssen: der Tag, da man Passah opferte, war seinem Ende nahe; denn in jener Nachmittagstunde wäre das Opfern wo nicht zu Ende, doch wenigstens im vollen Zuge gewesen.

§ 156. Wäre das Mahl, welches Jesus mit seinen Jüngern hielt, das Essen des Osterlamm's gewesen, so hätte Jesus proleptisch und gegen die Regel das Osterlamm am Anfang des 14. Nisan gegessen; denn zu dieser Zeit hatte auch nach Lucas das Essen statt. Dann müsste erklärt werden, wie die Jünger Jesu durch die Priester berechtigt wurden, proleptisch und gegen das Gesetz im Heiligthume einen Tag früher als Andere ihr Lamm zu schlachten? Wäre aber dieses wirklich der Fall gewesen, dass Jesus am 14. Nisan schon das Osterlamm gegessen hätte, so würde daraus folgen, dass er auch am 14ten gekreuzigt wurde. Denn nach dem Essen sprach Jesus zu Petrus: „Petrus! ich sage dir, der Hahn wird heute, σήμερον, nicht krähen, ehe du dreimal geleugnet hast, mich zu kennen" (22, 34); daraus folgt, dass Petri Verleugnung an demselben Nachttage verfiel, an welchem das Mahl genommen wurde. — Eine andere Stelle, Luc. 23, 36 beweiset, dass der Todestag des Herrn unmöglich der 15. Nisan sein konnte; es heisst dort, dass Simon der Kyreniier, vom Acker kam, ἀπ' ἀγροῦ, als man ihn zwang, Jesu das Kreuz zu tragen. Von einem Manne, welcher von einem Sabbath-Spaziergang heimkommt, sagt man nicht, dass er vom Acker komme; dieser Ausdruck sagt vielmehr, dass er von der Feldarbeit zurückkehrte. Feldarbeit aber erlaubte sich Niemand an dem grossen Sabbathe des Passah, wohl aber, wo es die Noth erforderte, am Rüsttage.

§ 157. Als Jesus am Kreuze verschieden war, bestattete Joseph von Arimathia den Leichnam und es war der Rüsttag und der Sabbath nahete heran" (23, 51). Der Name „Rüsttag", παρασκευή, kann den Tag vor dem Passah und auch den Tag vor dem Wochensabbath bezeichnen. In diesem letzteren Sinne, als Rüsttag des Wochensabbaths, fassen ihn diejenigen Interpreten, welche annehmen, Jesus sei am 15. Nisan, einem Freitage gekreuzigt worden. Wem müsste es aber nicht anstössig vorkommen, dass der grösseste und heiligste Festsabbath des ganzen Jahres, der Passahtag hier schlechthin nur der Rüsttag des Sabbaths heisst, wie der erste beste andere Freitag? Der 15. Nisan war im Gegentheil so ausnehmend heilig, dass der Wochensabbath ihm zum

Rüsttag dienen konnte. Wenn der 15. Nisan auf die jüdische Feria I. fiel, und somit der 14. Nisan ein Sabbath war, so war es erlaubt, diesen letzteren zu brechen, insofern die Zurüstungen auf das Fest es forderten (Mischna Pesachim III. 6; VI. 1. Jerus. Pesachim fol. 33. 1); daraus folgt, dass das Passah heiliger war als der Wochensabbath, und somit nicht diesem als Rüsttag dienen konnte. Die Paraskeue bei Lucas bedeutet also, wie wir es schon bei Johannes gefunden haben, den Rüsttag der Ostern, den 14. Nisan. Daraus folgt, dass nach Lucas Jesus das Abendmahl am Anfang des 14. Nisan, Donnerstag nach Sonnenuntergang gehalten, dass er an demselben jüdischen Nachttage, dem 14. Nisan aber nach unserer Weise am Freitage gerichtet, gekreuzigt und begraben wurde; unterdessen brach der Sabbath, Freitags mit Sonnenuntergang, an, welcher Nachttag zugleich der Wochensabbath, Feria VII. und der grosse Ostersabbath war; über denselben hielten sie sich ruhig, nach dem Gesetze (23, 56); am Sonntage darauf, $\tau\tilde{\eta}$ $\delta\grave{\epsilon}$ $\mu\iota\tilde{\alpha}$ $\tau\tilde{\omega}\nu$ $\sigma\alpha\beta\beta\acute{\alpha}\tau\omega\nu$, erstand Jesus aus dem Grabe (24, 1). Die Chronologie des Lucas stimmt also vollkommen mit derjenigen des Johannes überein.

§ 158. Das Passahmahl. Dass das „Passahessen" das Essen des Osterlammes bedeuten könne, ist ausser Zweifel, und beweiset sich aus Joh. 18, 28. Dass es aber nicht ausschliesslich diese Bedeutung haben müsse, haben wir hier nun darzuthun. Dass das letzte Abendmahl, wie es Johannes berichtet, nicht das Osterlamm war, ist einleuchtend. Wäre nun das bei Lucas beschriebene, das Osterlamm des 15. Nisan gewesen, so müsste ein offenbarer Widerspruch zwischen diesen zwei Evangelisten angenommen werden. Die Meinung aber, Lucas bezeichne den 15. Nisan als den Tag des Mahls und der Kreuzigung, gründet sich einzig und allein darauf, dass der Evangelist dieses Mahl „das Passah" nennt, denn die anderen chronologischen Andeutungen desselben weisen, wie wir gesehn haben, auf den 14. Nisan. Wenn Lucas irgendwo ausdrücklich sagte, dass bei diesem Mahle das Lamm gegessen wurde, so wären wir gebunden; aber das Wort „Lamm" kommt bei ihm gar nicht vor. Er hat 22, 14—23 dieses Mahl ins Einzeln gehend und sorgfältig beschrieben: Jesus gab den Jüngern den Kelch zu trinken (22, 17. 18), dann das Brod zu essen (22, 19), welches sein Leib, und (22, 20) den Kelch des Neuen Testamentes zu trinken, welcher sein Blut; aber von einem Lamm keine Spur. Wenn irgendwo, so muss hier das Argumentum e silentio gültig sein: Lucas redet nicht vom Osterlamm, darum war es auch nicht das Essen des Osterlamms. Was war nun aber dieses Passahmahl? Hier kann allein die jüdische Tradition uns Auskunft geben. Das Passahmahl der Juden wird ins Einzelne gehend beschrieben in Mischna Pesachim X. Dieser Tractat hat uns zu belehren, worin das Passahessen bestand und wann es begangen wurde. Es fing dasselbe damit an, dass das Familienhaupt den ersten Becher Wein umgehen liess (X. 2), darauf das Essen (X. 3). Darauf folgte ein zweiter Becher (X. 4): Der Sohn befragte den Vater über die Bedeutung des Festes, und der Vater belehrte ihn darüber (X. 5. 6). Das grosse Hallel (Ps. 113—118) wurde angestimmt; darauf der dritte Becher gereicht, welcher nach den Rabbinen der Segenskelch (בסא דברבה, cf. 1. Cor. 10, 26) hiess (X. 7). Das Hallel wurde fortgesungen und nach Abschluss desselben der vierte Becher gereicht (X. 7), wodurch das Mahl beschlossen ward. Das, was bei dieser Gelegenheit gegessen wurde, wird X. 3 aufgezählt, wo es heisst: „Sie legen ihm (dem Familienhaupte) Lattig vor zum Eintauchen, bis der Nachtisch kommt. Es wird ihm vorgesetzt: Ungesäuertes Brod, Lattig und süsser Brei und die zwei gekochten Gerichte. — Rabbi Elieser bar Zadok sagt: Mazoth! und im Heiligthum legen sie ihm den Leichnam des Passah vor" (הביאו לפניו מטבל בחזרת עד שמגיע לפרפרת הפת הביאו לפניו מצה וחזרת וחרוסת ושני תבשילין אף על פי שאין חרוסת מצוה . רבי אליעזר בר צדוק אומר מצות ובמקדש היו מביאים לפניו גופו של פסח:). Der Leichnam des Passah ist das Osterlamm. In dem ganzen weitläufigen Berichte der Mischna über das Passahmahl geschicht hier die einzige Meldung vom Lamme. Die Bemerkung des R. Elieser hat offenbar zum Zwecke, zu sagen: Bei dem Osteressen sind die Mazoth das Obligatorische; dazu kommt ferner als obligatorisch, aber nur für Diejenigen, welche im Heiligthume das Fest begehen, das Essen des Lammes. Die Mischna beschreibt somit das Passahmahl, wie es durch alle Israeliten ohne Unterschied gehalten wurde. Nicht nur zu Jerusalem wurde Passah gegessen, sondern in jeder israelitischen Familie, wo sie auch wohnen mochte, und dieses Mahl hatte zum obligatorischen Elemente die Mazoth. Dieses Mahl setzt nicht die persönliche Gegenwart im Heiligthume voraus; ja noch mehr, es postulirt nicht das Bestehen des Heiligthums. Es wurde gehalten und wird immer noch gehalten in der Verbannung und in der Zeit, da weder Tempel, noch Altar, noch Opfer war. Zur Zeit aber, da das Heiligthum bestand, wurde es ebenso gehalten durch alle Israeliten, welche nicht im Heiligthume erscheinen konnten, durften, oder wollten. Es ist somit ein Irrthum, wenn behauptet wird φαγεῖν τὸ πάσχα bedeute nothwendig das Essen des Osterlammes; die älteste jüdische Tradition lehrt bestimmt das Gegentheil; das mit Feierlichkeit in jedem israelitischen Hause gehaltene Mazothmahl war ein φαγεῖν τὸ πάσχα. Nun frägt sich ferner, wann dieses Mahl gehalten wurde. Pesachim X. heisst es 1: „An den Abenden des Passah isst man erst um die Zeit des Mincha-Gebetes, wenn die Dunkelheit eingebrochen ist: dann essen sie in Israel das Brod der Trübsal." Was ist unter „den Abenden des Passah," ערבי פסחים, zu verstehen? Ist der Ausdruck synonym mit ערא הפסח, so bedeutet er den 14. Nisan, den Tag der Paraskeue; er kann aber auch den Abend bedeuten, womit der 15. Nisan anfängt. Im ersten Falle wäre gesagt, dass die Juden das Passahmahl, welches sie zu Hause hielten, am Anfange des Rüsttages hielten; im zweiten Falle würde es dem 15. Nisan zufallen. Wir lassen diese philologische Untersuchung auf sich beruhen, weil sie für unseren Zweck keine Wichtigkeit hat. Wurde das Passahmahl in der Regel am 14. Nisan gehalten, so fällt das letzte Abendmahl des Herrn damit zusammen; wurde es aber in der Regel am 15ten gehalten, so war des Herrn Mahl, das am 14ten gehalten wurde, eine Anticipation, welche für das Passahlamm nicht möglich war, aber für das Mazothessen, wo hinreichende Gründe da waren, leicht statt haben konnte; solchen Grund aber giebt der Herr Luc. 22, 16 an: „Mich hat aber herzlich verlangt, dieses Passah mit euch zu essen, ehe denn ich sterbe." Die Anticipation des Mazothmahles bot keine Schwierigkeit dar, weil dasselbe nicht, wie es mit dem Lamme wäre der Fall gewesen, von einem priesterlichen Act im Heiligthume abhängig war, sondern von dem Willen des Hausvaters allein abhing. Der 14. Nisan war ja immerhin der Tag der Mazoth. Es will uns jedoch scheinen, dass diese Anticipation nicht nothwendig vorausgesetzt werden muss. Das besprochene ערבי פסחים scheint uns in der ganz gewöhnlichen Bedeutung von ערב הפסח, Rüsttag, zu stehen. Gleich in der Nacht, mit welcher der 14. Nisan anfing, wurde das gesäuerte Brod vertilgt, und aller Sauerteig weggethan; das Abendessen am Anfange dieses Nachttages wurde daher nothwendig mit Mazoth genossen. Nun liegt es aber in der Natur der Sache, dass der erste Genuss dieser Festspeise mit einer gewissen Feierlichkeit verbunden war, welche eben die in der Mischna beschriebene ist. Lucas sagt ebenso wenig als Johannes, dass das Abendmahl in dem

Genusse des Passahlammes bestand; sobald die irrige Vorstellung, dass nur das Essen des Lammes darunter verstanden werden könne, beseitigt ist, ist für diese Hypothese nicht der mindeste Grund in seinem Berichte. Ja, noch mehr; wenn jenes Mahl das Osterlamm gewesen wäre, so müsste es in Verwunderung setzen, dass der Evangelist, der in so viele Einzelnheiten in der Beschreibung eingeht, mit keinem Worte von der Hauptsache Meldung thut, weder vom Kaufen, noch vom Schlachten, noch vom Opfern, noch vom Essen des Lammes. Denn dass, wo Luther „das Osterlamm" setzt, steht bekanntlich im Texte nur πάσχα.

§ 159. Die Leidenszeit nach Marcus. „In zwei Tagen war das Passah, das Fest der ungesäuerten Brode, und die Hohepriester und die Schriftgelehrten trachteten, wie sie ihn griffen und tödteten. Sie sagten aber: Nicht am Feste, es möchte sonst ein Aufruhr im Volke entstehen." (Marc. 14, 1. 2). Wäre dieses Begehren der Hohepriester: „nicht am Feste", nicht in Erfüllung gegangen, sondern Jesus am 15. Nisan gefangen genommen worden, so lässt sich garnicht einsehen, warum Marcus eines solchen nichtigen Entschlusses Erwähnung thut; er hätte ihn entweder übergangen, oder von seiner Nichterfüllung Meldung gethan. Ist er aber, was der Evangelist offenbar sagen will, in Erfüllung gegangen, ist Jesus nicht am grossen Ostertage, am 15. Nisan gefangen genommen worden, so ist er auch nicht an diesem Tage gekreuzigt worden; denn auch nach Marcus wurde Jesus an demselben Nachttage, wo er gefangen ward, auch gekreuzigt. Diese Stelle des Marcus schliesst somit bestimmt den 15. Nisan als Tag der Kreuzigung aus. Damals, zwei Tage vor Passah, also am 13. Nisan, war Jesus in Bethanien, wo er, nach diesem Evangelisten, gesalbt wurde. Darauf, also an demselben Nachttage ging Judas Ischarioth zu den Hohepriestern, Jesum zu verrathen „und er gab sich Mühe, wie er zur rechten Zeit ihn verriethe". Zur rechten Zeit, εὐκαίρως, heisst offenbar, in dem vom hohen Rathe gewollten Zeitraum, „nicht auf das Fest".

§ 160. „Am ersten Tage der ungesäuerten Brode, an welchem sie das Passah opferten, traten die Jünger zu Jesu, sagend: Wo willst du, dass wir dir bereiten, dass du das Passah essest?" — (Marc. 14, 12). Dass hier nicht vom Genusse des Osterlammes am 15. Nisan kann die Rede sein, beweisen jene Worte: „nicht am Feste." Dass Jesus nicht proleptisch, vor der Zeit, am 14. Nisan schon das Osterlamm gegessen habe, gehet daraus hervor, dass der Gedanke an das Passahmahl nicht etwa dem Herrn kam, welcher seinen baldigen Tod voraussahe, sondern den Jüngern; denn diese fragten den Herrn, nicht ob — denn das verstand sich von selbst, sondern wo sie es ihm bereiten sollten? Dass auch hier, wie bei Lucas, nur das oben (§ 158) beschriebene erste Essen der Mazoth am Abend oder Anfang des 14. Nisan am Orte ist, wird keines weiteren Beweises bedürfen. Auch Marcus stellt das letzte Mahl als ein Nachtessen dar (14, 17), auch er beschreibt das Mahl ohne des Lammes Erwähnung zu thun (14, 18 ff.); auch er sagt, Simon der Kyrenäer sei „vom Acker gekommen" (15, 21); auch er nennt den Tag der Kreuzigung „den Rüsttag oder Vorsabbath" (15, 42) und lässt auch nicht durch die geringste Spur vermuthen, der Tag, an welchem der Herr gekreuzigt wurde, sei ein heiliges Fest der Juden gewesen; auch er lässt Jesum an einem Sonntage auferstehn (16, 1). Auch dieser Evangelist stimmt also mit Johannes und Lucas, indem er das Mahl und die Kreuzigung auf den 14. Nisan verlegt.

§ 160. Die Leidenszeit nach Matthäus. Die Erzählung der Geschichte der Leidenswoche tritt bei Matthäus mit weniger Bestimmtheit hervor, als bei den zwei andern Synoptikern; aber seine Angaben stimmen mit denselben völlig überein. Matthäus theilt, wie Marcus, den Beschluss des hohen Rathes mit, Jesus gefangen zu nehmen; dieser Beschluss wurde zwei Tage vor Ostern gefasst und ordnet an, dass es „nicht auf das Fest" geschehe (26, 2 — 4). Judas verpflichtet sich des Herrn Aufenthalt „zur rechten Zeit" zu verrathen (26, 14), wodurch der 15. Nisan als Tag der Verhaftung ausgeschlossen wird. Der Bericht über das Abendmahl (26, 17) und die Aussage des Herrn, Petrus werde ihn „in dieser Nacht" verrathen (26, 34), stimmt mit Marcus überein, und beweiset, dass der Nachttag des Mahls und der Kreuzigung derselbe ist. Dass der Tag der Kreuzigung der Rüsttag war, ist 27, 62 gesagt, und dass der Tag der Auferstehung ein Sonntag war, lehrt 28, 1. Dass die παρασκευή den Rüsttag auf Ostern und nicht einfach den Rüsttag des Wochensabbaths bezeichne, geht besonders deutlich aus 27, 62 hervor; dort ist gesagt: „Am folgenden Tage, welcher auf die Paraskeue folgte, kamen die Hohepriester zu Pilatus." Wenn dieser folgende Tag ein gemeiner Sabbath gewesen wäre, so hätte sicherlich Matthäus ihn nicht durch diesen sonderbaren Ausdruck bezeichnet; die Paraskeue, von welcher ausgehend er den folgenden Tag bezeichnet, musste einen ausgezeichneten, nicht mit jedem Freitag wiederkehrenden Charakter haben, das heisst, er musste die Paraskeue auf den Ostertag, ja ein Festtag für sich gewesen sein. Nach Matthäus war der Auferstehungstag ein Sonntag, der Tag, da Jesus im Grabe ruhte, ein Sabbath, der Tag der Kreuzigung der Rüsttag auf Ostern, also der 15. Nisan eben der Sabbath der Grabesruhe.

§ 161. Sobald die Schwierigkeit mit dem Passahessen gehoben ist, und anerkannt ist, dass dasselbe nicht das Essen des Osterlammes ist, sondern das feierliche Mazothmahl, welches in jedem jüdischen Hause am Abend, das ist am Anfang des 11. Nisan gehalten wurde, sobald ist auch der anscheinende Widerspruch der Synoptiker mit Johannes, und jedes einzelnen Synoptikers mit sich selbst, völlig gehoben. Wir sagen, der Widerspruch jedes einzelnen Synoptikers mit sich selbst; denn hätten sie das Abendmahl für das Essen des Osterlammes, welches nur am Anfang des 15. Nisan genossen werden durfte, gehalten, so wäre Jesu Gefangennehmung „auf das Fest" gefallen, im Widerspruche mit dem Worte „nicht auf das Fest", mit der Aussage, dass Judas „zur rechten", gewollten Zeit den Herrn verrieth, und mit der Aussage, dass Simon von Kyrene „vom Acker" kam. Nach allen vier Evangelien war der Todestag des Herrn der Rüsttag, der 11. Nisan, ein Freitag. Hiermit stimmt vollkommen die Berechnung des Ostermondes, nach welcher im Jahr 30 n. Chr. der 15. Nisan auf einen Sabbath fiel, und die Aussage der jüdischen Tradition, welche den Rüsttag des Passah als den Tag der Kreuzigung angiebt. Wir dürfen es nicht unbeachtet lassen, dass die Bücher der altjüdischen Tradition uns in diesen Stücken einen dreifachen, sehr wichtigen Dienst geleistet haben, indem sie einerseits den Tag der Kreuzigung angiebt und auf den Rüsttag des Passah verlegt, indem sie ferner aussagt, die Verurtheilung Jesu sei 40 Tage vor der Kreuzigung ausgesprochen worden, und endlich, indem sie das Passahmahl uns hat kennen gelehrt. Es soll einleuchten, dass die mit vernünftiger Kritik getriebenen talmudischen Studien für die Erklärung des N. T. eine reiche Ausbeute geben können. Freilich, wenn man sich, wie wir oben gezeigt haben, selbst eine Binde auf die Augen bindet, und durch parenthetische Einschaltungen den Sinn verfälscht und verkehrt, können sie kein Licht schaffen.

Ein Grund, warum die Exegeten mit Zähigkeit an dem 15. Nisan als Todestag des Herrn hangen, ist die occidentale christliche Tradition; dieser entgegen steht aber die kleinasiatische, welche den 11. Nisan als den Tag der Kreuzigung lehrt. Diese Traditionen sollen im folgenden Kapitel besprochen werden.

VIII. Die Leidenszeit Christi nach der christlichen Ueberlieferung.

§ 162. Eusebius, in seiner Kirchengeschichte, V. 24, berichtet nach Irenaeus: „Anicet (Bischof vom Rom von 165 bis 175) vermochte es nicht den Polikarp (Bischof von Smyrna) dahin zu bewegen, das Passah nicht mehr am 14ten des Monats zu feiern, eine Feier, welche Polykarp darauf gründete, dass er nach Johannes, dem Jünger des Herrn, und nach den andern Aposteln, mit welchen er verkehrt, es immer so gehalten habe." (Οὔτε γὰρ Ἀνίκητος τὸν Πολύκαρπον πεῖσαι ἐδύνατο μὴ τηρεῖν (σελήνης τὴν τεσσαρεςκαιδεκάτην), ἄτε μετὰ Ἰωάν-νου τοῦ μαθητοῦ τοῦ κυρίου ἡμῶν καὶ τῶν λοιπῶν ἀποστόλων, οἷς συνεδιέτριψεν, ἀεὶ τετηρηκότα). Mit diesem Factum ist der erste Anfang des so verwickelten und langwierigen Ostergezänkes gegeben. Die Christen des Occidentes feierten das Osterfest so, dass der Todestag des Herrn immer an einem Freitage und die Auferstehung am Sonntage begangen wurde, weil nach den Evangelien die gefeierten Begebenheiten auf besagte Wochentage sich zutrugen. Die kleinasiatischen Kirchen hingegen legten den Accent nicht auf den Wochentag, sondern auf das Monddatum, welches bei den Juden die Passahfeier betimmte. Das Eigenthümliche der kleinasiatischen Osterfeier bestand im Passahmahl, welches sie am 14. Nisan hielten. Die angeführte Stelle lehrt uns im Polycarpus den Stellvertreter des kleinasiatischen Ritus kennen, und giebt zugleich den Grund an, worauf er ihn stützte, nemlich auf eine echtapostolische, unmittelbare Ueberlieferung.

§ 163. Bauer und seine Schule urtheilen nun also aus diesem Texte: „Johannes hat den Polycarp gelehrt, Jesus habe das Passahmahl am 14. Nisan gehalten; daraus folgt, dass, nach Johannes, Jesus am 15. Nisan gekreuzigt wurde. Das vierte Evangelium aber lehrt, dass Jesus am Rüsttag vor dem Passah, also am 14. Nisan gekreuzigt wurde; es ist also Johannis mündliche Lehre und das demselben Johannes zu-geschriebene vierte Evangelium mit einander im Widerspruch. Da aber die echte Johannäische Tradition durch Polykarp verbürgt ist, so kann das vierte Evangelium, welches dieser Tradition widerspricht, nicht den-selben Johannes, den Jünger des Herrn, zum Verfasser haben." Wie solcher baare Unsinn von gescheuten und gelehrten Leuten aufgestellt und behauptet und für Hunderte eine Ursache werden konnte, am Evangelium Johannes irre zu werden, ist uns ein wahres Räthsel. Die kritische Schule hat den Umstand unbeachtet gelassen, dass die Kleinasiaten, wie die Monate, so auch die Tage nach jüdischer Weise zählten, und zählen mussten, sobald sie die Passahzeit auf jüdische Art und mit den Juden bestimmten. Wenn nun Johannes mündlich gelehrt hat, Jesus habe das Passahmahl am 11. Nisan gehalten, so hat er auch zugleich mündlich lehren müssen, dass Jesus an demselben 11. Nisan gekreuzigt wurde, denn das nach Sonnenuntergang gehaltene Nachtmahl hatte nothwendigerweise an demselben Nachttage, wie die Kreuzigung statt; es geschah Beides, das Mahl wie die Kreuzigung an derselben jüdischen Feria, obwohl an zwei verschiedenen Daten, wenn der Tag mit Mitternacht angefangen wird. Johannes hatte also den Polykarp mündlich gelehrt, wie das vierte Evangelium schriftlich lehrt, dass Jesus an der Paraskeue, am 14. Nisan das Mahl gehalten, und dass er gegen das Ende desselben Nachttages gekreuzigt worden sei. Es steht somit nichts im Wege, denselben Johannes für die Quelle der besprochenen mündlichen Ueberlieferung und für den Verfasser des vierten Evangeliums zu halten.

§ 161. An der Spitze des Chronicon Paschale findet sich anstatt der Einleitung ein Auszug aus Schriften der Kirchenväter der ersten Jahrhunderte über das Passah. Voran steht ein Auszug aus Petrus, Bischof von Alexandrien und Märtyrer, zum Beweise, dass ohne Widerrede die Hebräer bis zur Zerstörung Jerusalems die Ordnung hatten, dass das Passah mit dem 14ten des ersten Mondmonates anfing. (Πέτρου Ἐπισκόπου Ἀλεξανδρείας καὶ Μάρτυρος, ὅτι ἀπλανῶς ἔταξαν οἱ Ἑβραῖοι τὴν ιδ´ τοῦ α´ μηνὸς τῆς σελήνης, ἕως τῆς ἁλώσεως τῶν Ἱεροσολύμων). Dieser Petrus, welcher im Jahr 311 den Märtyrertod erlitt, und somit der zweiten Hälfte des dritten Jahrhunderts angehört, sagt (pag. 2, Edit. du Frêne): „Daher schrieb von Rechts wegen das Gesetz (bei den Hebräern) vor, dass das Passah gehalten würde nach der Frühlingsnachtgleiche am 14ten des ersten Mondmonates, welches auch der Wochentag sein mochte." (Ὅθεν καλῶς νενομοθέτηται ἀπὸ τῆς ἐαρινῆς ἰσημερίας, εἰς ὁποίαν δ᾽ ἂν ἑβδομάδα ἐμπέσῃ ἡ τεσσαρακαιδεκάτη τοῦ πρώτου μηνός, ἐν αὐτῇ ἐπιτελεῖν τὸ Πάσχα). Diese Stelle bestätigt die oben, § 10, dargestellte jüdische Kalender-

Ordnung. Darauf (pag. 4) sagt Petrus von Alexandrien: Jesus hielt mit
dem Volke das gesetzliche und vorbildliche Passah vor seiner Predigt,
indem er das typische Lamm ass. — — Nach der Predigt (d. i. da
seine Zeit zu wirken abgelaufen war, am letzten Osterfeste), ass er
nicht das Lamm, vielmehr litt er selbst als das wahrhaftige Lamm am
Osterfeste, wie der Theologe und Evangelist Johannes in seinem Evangelium lehrt. — — An jenem Tage, an welchem die Juden am Abende
wollten das Passah essen, wurde unser Herr gekreuzigt. Denn Christus
wurde für uns als das Passahlamm geopfert, und nicht, wie einige aus
Unwissenheit meinen, wurde er das Passahlamm essend überliefert (zur
Kreuzigung). — In der Zeit nun, in welcher unser Herr am Fleische
für uns litt, — ass er nicht das gesetzliche Passah, vielmehr, wie er
selbst sagte, wurde er als das wahrhaftige Lamm für uns geopfert am
Feste des vorbildlichen Passah, am Rüsttage, dem vierzehnten des ersten
Mondmonats." (Καὶ αὐτὸς σὺν τῷ λαῷ ἐν τοῖς ἔτεσι τοῖς πρὸ τοῦ κηρύγ-
ματος, καὶ τοῖς ἐν τῷ κηρύγματι, τὸ νομικὸν καὶ σκιῶδες Πάσχα ἐπετέ-
λεσεν, ἐςθίων τὸν τυπικὸν ἀμνόν ... ἐπεὶ δὲ ἐκήρξεν οὐκ ἔφαγε τὸν
ἀμνόν, ἀλλ᾽ αὐτὸς ἔπαθεν ὡς ἀληθινὸς ἀμνὸς ἐν τῇ τοῦ Πάσχα ἑορτῇ,
καθὼς διδάσκει ὁ Θεολόγος καὶ Εὐαγγελιστὴς Ἰωάννης — — Ἐν
αὐτῇ οὖν τῇ ἡμέρα, ἐν ᾗ ἔμελλον οἱ Ἰουδαῖοι πρὸς ἑσπέραν ἐσθίειν
τὸ Πάσχα, ἐσταυρώθη ὁ Κύριος ἡμῶν· Καὶ γὰρ τὸ Πάσχα ἡμῶν
ὑπὲρ ἡμῶν ἐτύθη Χριστός, καὶ οὐχ ὡς τινές ἀμαθεία φερόμενοι δια-
βεβαιοῦνται, ὡς φαγὼν τὸ Πάσχα παρεδόθη. — Ἐν ᾧ οὖν καιρῷ
ἔπαθεν ὑπὲρ ἡμῶν κατὰ σάρκα ὁ Κύριος ἡμῶν — — τὸ κατὰ νόμον
οὐκ ἔφαγε Πάσχα, ἀλλ᾽ ὡς ἔφην αὐτὸς ὡς ἀληθὴς ἀμνὸς ἐτύθη ὑπὲρ
ἡμῶν ἐν τῇ τοῦ σκιώδους Πάσχα ἑορτῇ ἐν ἡμέρα Παρασκευῇ τῇ ιδ᾽
τοῦ πρώτου μηνὸς τῆς σελήνης. Aus dieser Stelle folgt unwider-
sprechlich, dass die apostolischen Väter Aegyptens, mit den Kleinasiaten
übereinstimmend, lehrten, Jesus sei am Rüsttage, am 14. Nisan gekreuzigt, und das Abendmahl sei nicht das Essen des Osterlamm's gewesen.

Als Einleitung giebt ferner das Chronicon paschale Auszüge aus
Hippolytus, Märtyrer der Gottseligkeit, Bischof des Portus genannten,
nahe bei Rom gelegenen Ortes, welcher in seiner Schrift gegen alle
Häresien wörtlich also sagt: „Ich sehe nun, was des Streites Grund ist.
Er (der Irrende) sagt: Damals, an dem Tage, an welchem er auch starb,
hielt Jesus das Passah (Osterlammmahl); darum ziemt es mir zu thun,
wie der Herr gethan hat. Er irrt aber, da er nicht weiss, dass Jesus

in jener Zeit, da er litt, das gesetzliche Passahlamm nicht ass, denn er selbst war das zuvorverkündigte und an dem dazu bestimmten Tage vollendete Passahlamm. (Ἱππόλυτος — — ἔγραψεν ἐπὶ λέξεως οὕτως Ὁρῶ μὲν οὖν ὅ,τι φιλονεικίας τὸ ἔργον. Λέγει γὰρ οὕτως· Ἐποίησε τὸ Πάσχα ὁ Χριστὸς τότε τῇ ἡμέρα καὶ ἔπαθε· διὸ κἀμὲ δεῖ ὃν τρόπον ὁ Κύριος ἐποίησεν, οὕτω ποιεῖν. Πεπλάνηται δὲ μὴ γι- νώσκων, ὅτι τῷ καιρῷ ἔπασχεν ὁ Χριστὸς οὐκ ἔφαγε τὸ κατὰ νόμον Πάσχα· οὗτος γὰρ ἦν τὸ Πάσχα τὸ προκεκηρυγμένον καὶ τελειού- μενον τῇ ὡρισμένῃ ἡμέρα. ibid. p. 5). In diesem Hippolytus, welcher am Ende des zweiten und am Anfange des dritten Jahrhunderts lebte, haben wir somit einen italienischen Zeugen, welcher mit den Klein- asiaten und den Aegyptern übereinstimmend lehrt, dass Christus am letzten Abendmahl nicht das Passahlamm ass, sondern dass er am Tage, an welchem das Passahlamm geopfert wurde, also am 11. Nisan, selbst als das Passahlamm geopfert wurde. — Wir lesen im Chronicon paschale weiter: „Ferner hat derselbe Hippolytus im ersten Buche seiner Schrift vom heiligen Passah also gesagt: — — Er (Christus), der gesagt hat: „Ich esse das Passahlamm nicht mehr," hat offenbar sein Mahl ge- halten vor dem Passahlamm; er ass nicht Passah, sondern litt; denn es war zu solchem Essen nicht die Zeit." (Πρόδηλον ὅτι ὁ πάλαι προ- ειπὼν· Ὅτι οὐκ ἔτι φάγομαι τὸ Πάσχα, εἰκότως τὸ μὲν δεῖπνον ἐδείπνησε πρὸ τοῦ Πάσχα, τὸ δὲ Πάσχα οὐκ ἔφαγεν, ἀλλ᾽ ἔπαθεν· οὐ δὲ γὰρ καιρὸς ἦν τῆς βρώσεως αὐτοῦ· ibid).

Nach diesem citirt das Chronicon paschale (pag. 5), zum Beweise, dass der Herr, als er litt, das typische Passah nicht ass, den Apolli- naris, Bischof von Hierapolis, welcher in der zweiten Hälfte des zweiten Jahrhunderts lebte: Apollinarius — welcher den apostolischen Zeiten nahe stand, lehrte dasselbe im Buche vom Passah, wo er sagt: „Einige streiten aus Unwissenheit über diese Dinge, und sagen, dass der Herr am 14ten das Lamm gegessen habe mit seinen Jüngern, und dass er am grossen Tage der ungesäuerten Brode litt; und berufen sich auf Mat- thäus, von welchem sie sagen, dass er ihre Ansicht vertritt. Daher ist ihre Meinung dem Gesetze widersprechend und die Evangelien scheinen ihnen entgegen zu sein." Ferner hat derselbe (Apollinaris) in demselben Buche Folgendes geschrieben: Der 14te des wahren Passah des Herrn ist das grosse Opfer, der Sohn Gottes anstatt des Lammes, der Gebun- dene, welcher den Starken band, der Gerichtete, ein Richter der Leben-

digen und der Todten, der in die Hände der Sünder zur Kreuzigung
übergebene, der zu den Hörnern des Einhorns erhobene, der in die
heilige Seite gestochen ward, der aus seiner Seite ferner die zwei Rei-
nigungsmittel, Wasser und Blut, Wort und Geist fliessen liess, der im
Grabe war am Tage des Passah, nachdem ein Stein war auf das Grab
gelegt worden. (Καὶ Ἀπολιναρίος — — ὁ ἐγγὺς τῶν Ἀποστολικῶν
χρόνων γεγονὼς ἐν τῷ περὶ τοῦ Πάσχα λόγῳ τὰ παραπλήσια ἐδίδαξε,
λέγων οὕτως· Εἰσὶ τοίννν οἳ δι᾽ ἄγνοιαν φιλονεικοῦσι περὶ τούτων,
— — καὶ λέγουσιν, ὅτι τῇ ιδ᾽ τὸ πρόβατον μετὰ τῶν μαθητῶν
ἔφαγεν ὁ κύριος, τῇδε μεγάλη ἡμέρᾳ τῶν Ἀζύμων αὐτὸς ἔπαθε· καὶ
διηγοῦνται Ματθαῖον οὕτω λέγειν ὡς νενοήκασιν· ὅθεν ἀσυμφώνως
τε νόμῳ ἡ νόησις, αὐτῶν, καὶ στασιάζειν δοκεῖ κατ᾽ αὐτοῦς τὰ
Εὐαγγέλια. Καὶ πάλιν ὁ αὐτὸς ἐν τῷ αὐτῷ λόγῳ γέγραφεν οὕτως·
Ἡ ιδ᾽ τοῦ ἀληθινοῦ τοῦ Κυρίου Πάσχα, ἡ θυσία μεγάλη, ὁ ἀντὶ τοῦ
ἀμνοῦ Παῖς Θεοῦ, ὁ δεθεὶς, ὁ δήσας τὸν ἰσχυρὸν, καὶ ὁ κριθεὶς
κριτὴς ζώντων καὶ νεκρῶν, καὶ ὁ παραδοθεὶς εἰς χεῖρας ἀμαρτωλῶν,
ἵνα σταυρωθῇ, ὁ ὑψωθεὶς ἐπὶ κεράτων μονοκέρωτος, καὶ ὁ τὴν ἁγίαν
πλευρὰν ἐκκεντηθεὶς, ὁ ἐκχέας ἐκ τῆς πλευρᾶς αὐτοῦ τὰ δύο πάλιν
καθάρσια, ὕδωρ καὶ αἷμα, λόγον καὶ πνεῦμα, καὶ ὁ ταφεὶς ἐν ἡμέρᾳ
τῇ τοῦ Πάσχα, ἐπιτεθέντος τῷ μνήματι τοῦ λίθου). Nach Apollinaris war somit der 14. Nisan der Tag, da Jesus gekreuzigt wurde.
Der Irrthum, den er an den Gegnern rügt, ist nicht etwa, dass sie das
Abendmahl am 14. Statt haben lassen, denn dieses Datum ist das richtige, sondern, dass sie behaupten, dieses Mahl sei das Osterlamm gewesen, was er nicht zugiebt, und, was er gleichfalls bestreitet, dass
Jesus am grossen Tage der Ungesäuerten, das ist am 15. Nisan gekreuzigt sei; denn an diesem Tage ruhete er im Grabe.

Das Chronicon paschale pag. 5 führt endlich Clemens Alexandrinus,
aus der Mitte des zweiten Jahrhunderts als Zeugen mit folgenden Worten
an: „Aber auch Klemes der heilige Priester der Kirche von Alexandrien,
ein Mann des frühen Alterthums, welcher nicht ferne von den apostolischen Zeiten geboren wurde, schreibt Gleichlautendes im Buche vom
Passah, wie folgt: „In den früheren Zeiten ass Jesus, wenn er das
Passah beging, das geopferte (Osterlamm) mit den Juden; da er aber
verkündigte, dass er selbst das Passah, das Lamm Gottes sei, welches
wie ein Schaaf zur Schlachtbank geführt wird, so lehrte er zugleich
seine Jünger das Geheimniss des Vorbildes am 13. Nisan, an welchem

Tage sie ihn auch fragten: „Wo willst du, dass wir dir das Passahessen bereiten?" An ebendemselben Tage hatte auch die Heiligung des Ungesäuerten und die Vorzurüstung zum Feste statt. Daher Johannes auch schreibt, dass die Jünger vorbereitet seien, dass ihnen vom Herrn die Füsse gewaschen würden. Unser Heiland litt aber am folgenden Tage, als das durch die Juden geopferte Passahlamm. Nach Anderm schreibt er ferner: Nachher, am 14ten, dem Tage, an welchem er auch litt, führten ihn frühe Morgens die Hohepriester und Schriftgelehrten zu Pilatus, gingen aber selbst nicht in das Praetorium, damit sie nicht unrein würden, sondern nachfolgend am Abende das Passahlamm essen möchten." (Ἀλλὰ καὶ Κλήμης ὁ ὁσιώτατος τῆς Ἀλεξανδρέων ἐκκλησίας γεγονὼς ἱερεύς, ἀνὴρ ἀρχαιότατος, καὶ οὐ μακρὰν τῶν Ἀποστολικῶν γενόμενος χρόνων, ἐν τῷ περὶ τοῦ Πάσχα λόγῳ τὰ παραπλήσια διδάσκει, γράφων οὕτω· Τοῖς μὲν οὖν παρεληλυθόσιν ἔτεσι τὸ θυόμενον πρὸς Ἰουδαίων ἤσθιεν, ἑορτάζων ὁ Κύριος Πάσχα· ἐπεὶ δὲ ἐκήρυξεν αὐτὸς ὢν τὸ Πάσχα ὁ ἀμνὸς τοῦ Θεοῦ, ὡς πρόβατον ἐπὶ σφαγὴν ἀγόμενος, αὐτίκα ἐδίδαξε μὲν τοὺς μαθητὰς τοῦ τύπου τὸ μυστήριον τῇ ιγ' ἐν ᾗ καὶ πυνθάνονται αὐτοῦ· Ποῦ θέλεις ἑτοιμάσωμέν σοι τὸ Πάσχα φαγεῖν; Ταύτη οὖν τῇ ἡμέρᾳ καὶ ὁ ἁγιασμὸς τῶν Ἀζύμων καὶ ἡ προετοιμασία τῆς ἑορτῆς ἐγένετο. Ὅθεν ὁ Ἰωάννης ἐν ταύτη τῇ ἡμέρᾳ εἰκότως ὡς ἂν προετοιμαζομένους ἤδη ἀπονίψασθαι τοὺς πόδας πρὸς τοῦ Κυρίου τοὺς μαθητὰς ἀναγάγει. Πέπονθε δὲ τῇ ἐπιούσῃ ὁ Σωτὴρ ἡμῶν, αὐτὸς ὢν τὸ Πάσχα, καλλιερηθεὶς ὑπὸ Ἰουδαίων. Καὶ μετὰ ἕτερα· Ἀκολούθως ἄρα τῇ ιδ', ὅτε καὶ ἔπαθεν, ἕωθεν αὐτὸν οἱ Ἀρχιερεῖς καὶ οἱ Γραμματεῖς τῷ Πιλάτῳ προσάγοντες οὐκ εἰσῆλθον εἰς τὸ πραιτώριον, ἵνα μὴ μιανθῶσιν, ἀλλ' ἀκωλύτως ἑσπέρας τὸ Πάσχα φάγωσι). Die von Clemens aufgestellte Zeitfolge ist folgende: Vor dem Passah am 13. Nisan, Donnerstags vor Sonnenuntergang fragten die Jünger den Herrn, wo sie ihm das Passahmahl bereiten sollten, welches in der sobald folgenden Nacht des 14. Nisan sollte genossen werden. Die Jünger nemlich waren vorbereitet, und wussten, dass in diesem Jahre der Herr nicht werde das typische Osterlamm essen, sondern selbst als Lamm geopfert werden. Dass sie darauf vorbereitet waren, ergiebt sich, meint Clemens, daraus, dass Johannes sie als auf das Fusswaschen vorbereitete, reine darstellt (Joh. 13, 10). Diese Chronologie ist vollkommen richtig. Da das Mahl unmittelbar mit Anfang des 14. Nisan genossen werden sollte, so musste die Bereitung

desselben Tages zuvor, das heisst am 13. Nisan, Donnerstags vor Sonnenuntergang stattbaben, somit auch die Frage der Jünger. Clemens nennt
mit Recht diesen 13. Nisan den Vorrüsttag, den Rüsttag auf den Rüsttag,
welcher letzte ja schon mit dem Essen des Ungesäuerten anfing. Das
Mahl, das Fusswaschen, die Kreuzigung verlegt ferner Clemens auf den
14ten, d. i. Donnerstag Abends und Freitag.

Ob die nachfolgende, im Chron. pasch. pag. 6 sich findende Stelle
noch zum Citate. aus Clemens Schrift gehört oder das Schlussurtheil des
Verfassers der Chronik ist, können wir nicht entscheiden. Jedenfalls
resumirt sie vollkommen das Bishergesagte. Sie lautet also: „In der
Zeit also, in welcher der Herr litte, ass er das gesetzliche, vorbildliche
Lamm n i c h t, sondern er selbst, als das wahrhaftige Lamm wurde für
uns geopfert am Rüsttage, dem 14ten des ersten Mondmonats." (Ὅτι μὲν
οὖν ἐν ᾧ καιρῷ πέπονθεν ὁ Κύριος ἡμῶν καὶ Σωτήρ, οὐκ ἔφαγε τὸν
νομικὸν καὶ σκιώδη ἀμνὸν, ἀλλ' αὐτὸς ὡς ἀληθὴς ἀμνὸς ἐτύθη ἡπὲρ
ἡμῶν ἐν ἡμέρᾳ Παρασκευῇ τῇ ιδ' τοῦ πρώτου μηνὸς τῇ σελήνης).

Es war nothwendig dem Leser diese Texte in extenso vorzulegen,
da sie bisher theilweise übersehen, meistens zerrissen und zusammen-
hanglos citirt, falsch erklärt und misshandelt worden sind. Nach Prüfung derselben muss einleuchten, dass, wenn der Passahstreit der ersten
Jahrhunderte im Dunkel geblieben ist, die neueren Interpreten allein die
Schuld davon tragen. Dass es dem also sich verhalte, kann man in
jeder Kirchengeschichte und in jedem Commentare über die Passions-
geschichte zu vollem Genüge sehn. Der ganze Osterstreit bestand darin,
zu entscheiden, ob Jesus, ehe er gekreuzigt wurde, das Osterlamm ass
oder nicht, und ob er am 14ten oder am 15ten gekreuzigt wurde, an
der Paraskeue oder am grossen Ostertage. Dieser Streit, in welchem
Diejenigen Recht hatten, welche den 14ten als den Tag der Kreuzigung
erklärten, wurde durch das Concil von Nicaea (Chron. pasch. pag. 6 ff.)
dadurch beseitigt, dass beschlossen wurde, das christliche Osterfest habe
zum Schluss und Culminationspunkt den Tag der Auferstehung, den
16. Nisan, den Tag der Garbe; und da derselbe ein Sonntag war, sollte
es in Zukunft auch ein Sonntag sein. Da nun der jüdische Modus nicht
mehr zur Bestimmung dieses Tages dienen konnte und sollte, wurde der
neunzehnjährige Ostercyclus festgestellt (ibid. pag. 11).

Die ursprüngliche christliche Tradition lehrte somit, dass Jesus das
Mahl hielt am 14. Nisan, in der Nacht des Donnerstages; dass er an

demselben jüdischen Nachttage, aber nach occidentalischer Rechnung am Freitage, in der Zeit, da das Passahlamm geschlachtet wurde, gekreuzigt wurde, und dass Tages darauf, Samstags, das grosse Passahfest war.

Die rechtverstandene christliche Tradition lehrt also, wie alle Evangelien und wie jüdische Tradition, dass Jesus am 11. Nisan, einem Freitage, gekreuzigt wurde. Wenn nachher in dem ärgerlichen Ostergezänke eine andere Meinung auftauchte und den Sieg davon trug, so geht uns das nichts an.

IX. Synopse der Leidensgeschichte.

§ 165. Durch die Bestimmung des Todestages Jesu auf den 11. Nisan Feria 6, das ist den 6. bis 7. April des Jahres 30 n. Chr. 783 R. haben wir eine Grundlage für die Chronologie der einzelnen Thatsachen der Passionswoche gewonnen, welche nun synoptisch zusammenzustellen sind. Die bisher gewonnene Ansicht von dem Evangelium Johannis, als dem Berichte eines Augenzeugen, zwingt uns, die Angaben dieses Buches als Grundlage der Synopse zu nehmen. „Sechs Tage vor dem Passah (also am 9. Nisan) kam Jesus nach Bethanien, wo Lazarus war, der todt gewesen war, welchen er hatte von den Todten auferwecket, (Joh. 12, 1). Aus den Synoptikern, (Matth. 21, 1. Marc. 11, 1. Luc. 19, 29) wissen wir, dass er dahin von Jericho heraufgekommen war. Der Bericht der Synoptiker liesse vermuthen, dass Jesus zu Bethanien nur so lange verweilte, bis die Jünger den Esel gebracht hatten, auf welchem er unverzüglich nach Jerusalem ritt. Johannes belehrt uns, dass der Herr zu Bethanien vorher übernachtete. Der 9. Nisan war ein Sonntag; Jesus war somit den Sabbath über zu Jericho im Hause des Zachäus geblieben und hatte am 9. Nisan, d. i. am 1. April die Reise nach Bethanien gemacht. Dort wurde ihm ein (Abend-)Mahl bereitet, während dessen Maria ihn salbte (Joh. 12, 2 — 8); dieses geschah also am 10. Nisan, nach Sonnenuntergang des 1. April. Am folgenden Tage, dem 10. Nisan, aber dem 2. April, einem Montage, hielt Jesus seinen feierlichen Einzug in Jerusalem (Joh. 12, 12); dieses geschah 5 Tage vor dem Passah. Johannes berichtet nichts über die folgenden Tage bis zum Tage vor dem Passah, wo das Abendmahl statt hatte. In der Zwischenzeit, scheint es, lebte Jesus mehr in der Zurückgezogenheit zu Bethanien; denn, heisst es Joh. 12, 37: „Jesus ging und verbarg sich vor ihnen."

Die Synoptiker geben dieselben Thatsachen an, wie Johannes, aber in umgekehrter Ordnung, zuerst den Einzug in Jerusalem, dann die Salbung. Der mit Joh. 12, 12 parallele Einzug ist beschrieben Matth. 21, 1 ff. Marc. 11, 1 ff. Luc. 19, 29 ff., nach demselben kehrte Jesus nach Bethanien zurück, wo er übernachtete. Da am andern Morgen, also wenn wir der aus dem vierten Evangelium gewonnenen Zeitordnung folgen, am Dienstag, dem 3. April, er mit seinen Jüngern nach Jerusalem zurückkehrte, verfluchte er den Feigenbaum, welcher keine Frucht hatte (Matth. 21, 17 — 19. Marc. 11, 11 — 13), an diesem Tage, berichtet Marcus (11, 15) reinigte Jesus das Heiligthum von den Käufern und Verkäufern; nach Matthäus geschahe dieses vor der Verfluchung des Feigenbaumes. Diese Reinigung des Tempels berichten alle drei Synoptiker (Matth. 21, 12. Marc. 11, 15. Luc. 19, 45) mit dem Unterschiede, dass Matthäus und Lucas sie unmittelbar mit dem Einzuge in Verbindung setzen, Marcus aber die zwei Thatsachen durch ein Uebernachten in Bethanien trennt. Johannes berichtet diese Reinigung des Heiligthums nicht, vielleicht weil er zwei Jahre früher (2, 14) eine ähnliche Geschichte schon erzählt hatte, vielleicht auch ist hier, wo sie zum erstenmal ein Erscheinen Jesu zu Jerusalem berichten, nur eingeschaltet, was eigentlich zwei Jahre vorher geschehen war (siehe § 84). Für das zweimalige Geschehen, also dass die von den Synoptikern berichtete Reinigung vor das letzte Osterfest gehört, scheint der Umstand zu sprechen, dass, nach Luc. 20, 1. 2 Jesus wegen dieser That durch die Aeltesten zu Rede gestellt wurde. Am Abende kehrte Jesus abermals nach Bethanien zurück, und es fand sich, dass der Feigenbaum verdorrt war (Marc. 11, 19. 20); des andern Morgens, also am Mittwoch den 4. April kehrte Jesus in das Heiligthum zurück (Marc. 11, 19 ff.). Da er (Abends) dasselbe wieder verliess und sich demselben gegenüber auf dem Oelberge gesetzt hatte und die Jünger des Tempels Bau bewunderten, weissagte er dieses Heiligthums und dieser Stadt Untergang (Marc. 13, 1 ff. cf. Matth. 24, 1. Luc. 21, 5). — Zwei Tage vor Ostern (Marc. 14, 1), also am 13. Nisan, welcher mit dem Abende des 4. April begann, hatte die Salbung Jesu nach den Synoptikern statt (Matth 26, 1. Marc. 14, 1). Der Widerspruch mit Johannes lässt sich dadurch lösen, dass wir annehmen, Marcus habe eigentlich mit den Worten „und nach zwei Tagen war das Passah" nicht das Datum der Salbung, sondern das Datum, da Judas Jesum an die Hohepriester verkaufte (14, 10) feststellen wollen. Da aber die bei Gelegenheit der Salbung erhaltene Zurecht-weisung (Joh. 12, 4 — 7) etwas zum Entschlusse des Judas, den Herrn zu verrathen, scheint beigetragen zu haben, so wurde die Salbung ausser der chronologischen Ordnung in Verbindung mit der auf diesen Tag eingefaltenen That des Verräthers erzählt.

§ 166. Die Folge der Begebenheiten scheint folgende gewesen zu sein:

April 1, Nisan 9, Feria 1. 6 Tage vor Ostern, am Sonntage kam Jesus von Jericho nach Bethanien.

„ 1, „ 10, „ 2. Jesu Salbung.

„ 2, „ 10, „ 2. Einzug in Jerusalem. Jesus übernachtet zu Bethanien.

„ 3, „ 11, „ 3. Verfluchung des Feigenbaums. Reinigung des Heiligthums.

„ 3, „ 12, „ 4. Rückkehr nach Bethanien.

„ 4, „ 12, „ 4. Rückkehr nach Jerusalem. Der Feigenbaum ist verdorrt (Mittwoch).

„ 4, „ 13, „ 5. Rückkehr an den Oelberg, Weissagung des Untergangs von Jerusalem (nach Marcus: Salbung Jesu (Mittwoch).

„ 5, „ 13, „ 5. Judas verkauft Jesum an die Hohepriester (Donnerstag).

„ 5, „ 14, „ 6. Das Abendmahl (Donnerstag). Verrath.

„ 6, „ 14, „ 6. Jesus vor den Hohepriestern. Verläugnung, Kreuzigung und Begräbniss (Freitag).

„ 6, „ 15, „ 7. Der grosse Ostersabbath bricht an. Jesus im Grabe.

„ 7, „ 15, „ 7. Jesus im Grabe (Samstag).

„ 7, „ 16, „ 1. Jesus im Grabe.

„ 8, „ 16, „ 1. Auferstehung Jesu (Sonntag).

§ 167. Das Abendmahl. Die Zeit, in welcher dasselbe bereitet und genossen wurde, wird Matth. 26, 17. 20 also bezeichnet: Am ersten Tage der ungesäuerten Brode fragten die Jünger Jesum: Wo willst du, dass wir dir das Passah zu essen bereiten? — — Da es Abend geworden war, legte er sich mit den Zwölfen zu Tische nieder.“ — Der erste Tag der ungesäuerten Brode ist der 14. Nisan; an diesem Tage, am Spätabend, ging Jesus zu Tische, denn offenbar will der Evangelist das

Datum des Essens und nicht das Datum des Fragens der Jünger an-
kündigen; da dieses Letztere ein Umstand ohne Bedeutung, jenes aber
eine Thatsache von grosser Wichtigkeit ist. Der Spätabend des 14. Nisan
war aber der Anfang desselben. Marcus (14, 12. 17) lässt gleichfalls
das Mahl am Spätabend beginnen; den Tag aber giebt er mit den Worten
an: „Am ersten Tage der ungesäuerten Brode, als sie das Passah opferten
— fragten die Jünger: wo willst du, dass wir bereiten, dass du das
Passah essest." Das Passah opferten sie am Ende des 14. Nisan; wenn
zur Zeit des Passahopfers die Jünger fragten, so war das Essen am Anfang des 15. Nisan; dagegen spricht aber der Evangelist selbst, durch
den Accent, den er auf den Beschluss des hohen Rathes legt: Ja nicht
am Feste (14, 2); die Worte: ὅτε τὸ Πάσχα ἔθυον, müssen desswegen
im Sinne von ἐν ᾗ ἔθυον, „der Tag, an dem man das Passah opferte"
verstanden werden. Lucas (22, 7) sagt: „Es kam heran der Tag der süssen
Brode, an welchem das Passah geopfert werden sollte, da sandte Jesus
— das Passah zu bereiten." Der Tag, der heran kam, und noch nicht
angebrochen war, ist der 14. Nisan, in dessen ersten Stunden das Mahl
gehalten wurde. Johannes (13, 1. 2) endlich verlegt das Mahl „vor das
Fest des Passah," πρὸ τῆς ἑορτῆς τοῦ πάσχα, an den Anfang des Rüsttages des Passah, an dessen Ende Jesus gekreuzigt wurde (19, 14), also
am 14. Nisan. Auch bei Johannes war das Essen ein Nachtmahl (13, 30).
Dasselbe wurde in der Stadt Jerusalem, in einem Privathause gehalten
(Matth. 26, 18. 19. Marc. 14, 13 — 16. Luc. 22, 10 — 13). Dass es
nach keinem Evangelisten das Essen des Osterlamms war; dass bei keinem eine Spur von dem Essen des Lammes vorkommt, ist oben eingehend schon bewiesen worden. Es war vielmehr das erste, feierliche
Mazothmahl, wie es die jüdische Tradition beschreibt; dafür bürgen die
bei dem Abendmahle ausschliesslich obwaltenden Elemente: Wein und
Brod mit Bitterem, das Eintauchen des Bissens, das grosse Hallel (Matth.
26, 30. Marc. 14, 26). Alle vier Evangelien sagen aus, dass während
dieser Mahlzeit Juda's Verrath den Mitaposteln bekannt gemacht wurde
(Matth. 26, 21. Marc. 14, 18. Luc. 22, 21. Joh. 13, 21). Johannes
beschreibt das Mahl selbst nicht, sondern berichtet blos, was nach demselben (δείπνου γενομένου, 13, 2) vorfiel, insbesondere das Fusswaschen;
daraus folgt, dass die einzelnen Begebenheiten nur in folgender Ordnung
gedacht werden können: 1) das Mazothmahl, 2) das daran angeschlossene
Sacrament des h. Abendmahls, 3) das Fusswaschen, 4) Offenbarung des

Verräthers, 5) Entfernung des Judas. Der Versuch, diese Facten in einer andern Folge darzustellen, kommt aus dem Bestreben den Verräther als unwürdig vor dem Sacramente zu entfernen. Dagegen müssen wir freiwillig oder gezwungen annehmen, dass Judas das h. Abendmahl empfing.

§ 168. Man hat vollkommen Recht, das Neue, das der Herr an das Passah- oder Mazothmahl anschloss, die Einsetzung des h. Abendmahls zu nennen, jedoch nur in dem Sinne, dass das an diesem Abend Gegebene nicht ein absolut Neues war, sondern dass das schon zur Zeit der Speisung der 5000 begründete Sacrament (§ 117) hier als ein Vermächtniss für die Zukunft geordnet wurde, und in bestimmteren Zusammenhang mit des Herrn Tod gebracht wurde. Das Bestehen des Sacramentes, welches seit einem Jahre den Jüngern gespendet wurde, jedesmal wenn der Herr das Brod ihnen brach, erklärt, warum Johannes diesesmal davon keine Meldung thut. Es wäre eine Wiederholung des Joh. 6, 27 ff. Gesagten gewesen. Die Synoptiker berichten das Füssewaschen nicht, jedoch die Veranlassung zu dieser symbolischen Handlung (Luc. 22, 21—30, besonders V. 27, vergl. Joh. 13, 14).

§ 169. Nach dem Abendmahle ging Jesus mit seinen Jüngern zur Stadt hinaus über den Bach (Kidron, jedenfalls, wenn auch die Leseart Joh. 18, 1 zweifelhaft ist), in einen Garten, Gethsemane genannt, und am Oelberg gelegen (Matth. 26, 30. 36. Marc. 14, 26. 32, vergl. Luc. 22, 39), wo er in Seelenkämpfen die Nacht durchwachte. Ob der durch die Tradition als Gethsemane gezeigte Garten mit uralten Olivenbäumen, welcher dem sogenannten „ewigen Thore" in der Harammauer gegenüberliegt, der Ort sei, wo Jesus seine letzte Nacht auf Erden zubrachte, bleibt dahingestellt; jedoch ist nicht zu verschweigen, dass die an diesem Orte haftende Tradition sehr alt zu sein scheint (siehe Robinson I. 389). Hier wurde Jesus, in der Nacht (Luc. 22, 53), aber gegen Morgen hin, gefangen genommen (Matth. 26, 47 ff. Marc. 14, 43. Luc. 22, 47. Joh. 18, 3 ft.).

§ 170. Als Jesus im Garten Gethsemane gefangen genommen wurde, „verliessen ihn seine Jünger alle, und flohen," (Matth. 26, 56. Marc. 14, 50). Diese Aussage leidet einige Beschränkung; denn Johannes und theilweise Petrus waren Augenzeugen des nachher Vorgefallenen (Joh. 18, 16. Matth. 26, 69. Marc. 14, 66. Luc. 22, 56). Darum muss auch das Evangelium Johannis, als Bericht eines Augenzeugen im Nachfolgenden unsere Haupt-Grundlage sein, nach dessen Angaben die Aussagen der Synoptiker beurtheilt werden müssen.

Nach Joh. 18, 12 ff. ergriffen die Schaar, der Chiliarch und die Diener der Juden, Jesum, banden ihn, und führten ihn, zuerst zu Anna, den Schwiegervater des Kaiphas, „welcher selbiges Jahr Hohepriester war", und später schickte ihn Anna gebunden zu Kaiphas dem Hohepriester (18, 24). Während Jesus in der Gewalt des Anna war, fing die Verleugnung Petri an, und wurde zum zweiten und dritten Male wiederholt, als Jesus dem Kaiphas schon übergeben war (Joh. 18, 17. 25—27). Da nun Petrus die ganze Zeit hindurch, sammt dem „andern Jünger", d. i. Johannes, im Pallaste, oder vielmehr im Hofe des Pallastes des Hohepriesters war (18, 15), und an demselben Feuer sich wärmte und Alles sahe, was mit Jesu vorging (Luc. 22, 61), so haben gewisse Exegeten an der Sache Anstoss genommen, und gefragt, wie Petrus aus des Kaipha's Pallast in denjenigen Anna's sehen konnte? Natürlich musste der Casus ein neues, gewichtiges Zeugniss gegen die Autentie des Evangeliums Johannis abgeben. Wie aber? wenn Anna, der Schwiegervater des Kaiphas, der ehemalige Hohepriester, welcher jetzt und später noch, fortwährend den Titel eines Hohepriesters trug, mit seinem Tochtermanne im hohepriesterlichen Pallaste wohnte, etwa in einem andern Flügel des Gebäudes, aber auf demselben Hof? Dann konnten Petrus und „der andere Jünger", ohne das Feuer im Hofe zu verlassen, Alles beobachten, was in den gegen den Hof offenen Hallen sowohl bei Anna als auch bei Kaiphas vorging; denn das Führen Jesu von Einem zum Andern ging über den Hofraum. Das Abführen Jesu von Anna zu Kaiphas war die Ueberlieferung des Verurtheilten an die executive Gewalt, welche der Hohepriester war. Der hohe Rath hatte, auf die Kunde, dass Jesus gefangen sei, in Eile sich bei Anna versammelt. Wir haben oben, § 33, schon bemerkt, dass möglicherweise Anna in seiner Eigenschaft als Nasi des Synedriums den Namen eines Hohepriesters trug; das Zusammenkommen bei diesem Manne wäre somit hinreichend erklärt. Vielleicht kamen sie auch hier zusammen, weil Anna ein gewöhnliches Mitglied des hohen Rathes war. Jedenfalls musste das Synedrium noch ein Urtheil fällen, ehe Jesus der executiven Gewalt überliefert wurde. Nichts hindert anzunehmen, dass Kaiphas, als Mitglied des hohen Rathes der Gerichtssitzung beiwohnte, und der Joh. 18, 19 genannte, Jesum befragende, Hohepriester war; aber er erhielt als Hohepriester erst Macht über Jesum dadurch, dass ihm der executiven Gewalt, Jesus durch Gericht und Urtheil übergeben ward.

§ 171. Der johannäischen Relation ist der Vorwurf gemacht worden, dass sie eigentlich gar kein Gericht beschreibt und keines Urtheils Erwähnung thut, besonders aber, dass sie von dem bei Kaiphas Vorgefallenen garnichts sagt. Dagegen aber ist zu erwidern, dass damals kein Gericht im strengen Sinne des Wortes gehalten wurde; Gericht und Urtheil hatten einen Monat früher statt gehabt; daran erinnert Johannes, 18, 11, wenn er sagt: „Es war derselbe Kaiphas, welcher den Juden gerathen hatte: Ein Mensch muss für das Volk getödtet werden." Als der Hohepriester diese Worte sprach (11, 47—57) wurde das eigentliche Gericht gehalten; seit jener Sitzung des hohen Rathes war Jesus zum Tode verurtheilt; die jetzige Sitzung vom 14. Nisan hatte bloss zum Zwecke, etwa sich anmeldende neue Zeugen zu verhören, und das früher gefällte Urtheil zu bestätigen. Bei Kaiphas wurde gar kein Gericht mehr gehalten. Es ist wahr, dass Matthäus (26, 75) das Gericht nicht zu Anna, sondern zu Kaiphas verlegt; da aber beide in demselben Pallaste wohnten, und beide Mitglieder des Synedriums waren und Kaiphas als Sanhedrist und als Hohepriester in der Sache thätig war, so hat der anscheinende Widerspruch keine Bedeutung.

§ 172. Diese Begebenheiten im hohepriesterlichen Pallaste trugen sich vor Sonnenaufgang, um den Hahnenschrei, zu (Matth. 26, 71. Marc. 14, 72. Luc. 22, 60. Joh. 18, 27), also etwa von 3—5 Uhr Morgens. Mit dem ersten Morgen (Matth. 27, 1: πρωΐας δὲ γενομένης. Marc. 15, 1: ἐπὶ τὸ πρωΐ. Joh. 18, 28: ἦν δὲ πρωΐ), führten sie Jesum in das Praetorium zu Pilatus. Wo war dieses Praetorium? Pilatus hatte seine Residenz nicht zu Jerusalem, sondern zu Caesarea maritima; wenn er, wie es auf das Osterfest des Jahres 30 n. Chr. geschahe, nach Jerusalem kam, so wohnte er in einer der zwei von den Römern behaupteten Festungen, entweder im königlichen Pallast des Herodes in der Oberstadt, oder in der Burg Antonia auf der Nordwestseite des Tempelberges. Durch eine Andeutung, welche sich Joh. 19, 13 findet, lässt sich mit Wahrscheinlichkeit der Ort des Praetoriums bestimmen. Pilatus nemlich, als er das Urtheil sprach, setzte sich auf den Richtstuhl, genannt Lithostroton, und auf ebräisch Gabbatha. Nun meldet Josephus, de Bello V. 5, 2, dass die ganze Fläche des Tempelberges mit bunten Mosaïk gepflastert war; da Antonia auf diesem Berg lag, so ist der Hof dieser

Feste, welcher auf besagte Weise gepflastert war, das Hochpflaster, unter welchem jedenfalls ein bestimmter Ort von Jerusalem zu verstehen ist, und nicht das bewegbare und tragbare Mosaik, welches die römischen Richter, um ihren Richterstuhl darauf aufzuschlagen, mit sich führten, aus dem Grunde, weil es einen besondern ebräischen Namen hatte. Auf die Antonia, als den Ort, wo Jesus gerichtet wurde, weiset auch eine alte Ueberlieferung hin, von welcher schon der Pilger von Bordeaux in seinem Itinerarium hierosolymitanum (333 n. Chr.) zeugt. (S. Beilage 20).

§ 173. Die bei weitem schwierigste Frage in der Leidensgeschichte ist die Bestimmung der Stunde der Kreuzigung. Nach Joh. 19, 13 setzte sich Pilatus, um sein Urtheil zu sprechen, um die sechste Stunde auf den Richtstuhl, und nach Marc. 15, 25 kreuzigten sie Jesum um die dritte Stunde. Diesen Widerspruch zu heben sind allerlei Versuche gemacht worden; die Einen wollen die von Johannes genannte sechste Stunde auf etwas Anderes beziehen, als auf Gericht und Kreuzigung, die Anderen meinen, Johannes zähle seine Stunden von Mitternacht, während Marcus von Sonnenaufgang an seine Stunden zählt.

1) Kann „die sechste Stunde" auf etwas Anderes als auf die Verurtheilung zur Kreuzigung bezogen werden? Die Worte lauten: „Es war aber der Rüsttag des Passah, ungefähr die sechste Stunde," ὥρα δὲ ὡσεὶ ἕκτη. Von Gumpach schlägt vor ὥρα δὲ ὡσεὶ ἕκτη zu lesen, und zu übersetzen: „Die Rüstzeit war um die sechste Stunde." Er nimmt den Satz als Parenthese, die zum Zwecke habe zu erklären, warum Pilatus mit dem Urtheil eilte, damit die Execution vor der Rüstzeit vollendet werden könne. So verstanden, sagt die Stelle nichts über die Stunde der Kreuzigung und es bleibt möglich, die von Marcus gemeldete dritte Stunde dafür anzunehmen. Gegen diese Erklärung ist einzuwenden, a) dass alle Codd. übereinstimmend ΩΡΑ-ΕΚΤΗ und nicht einer ΩΡΑΙ-ΕΚΤΗΙ haben; es ist somit die Textveränderung eine gewagte Conjectur; b) wird vorausgesetzt, dass παρασκευὴ τοῦ Πάσχα und das synonyme ערב הפסח „die Rüstzeit" bedeute, welche um Mittag erst anfangend gedacht wird, während das Wort den ganzen 14. Nisan bedeutet, und c) wird vorausgesetzt, Pilatus habe, den Juden zu gefallen, mit dem Urtheil geeilt; eine Voraussetzung, wozu der Johannäische Text durchaus nicht berechtigt. Diese Conjectur ist somit unhaltbar.

2) Hat Johannes für seine Stundenzählung eine andere Epoche, als Marcus? Es ist ausser Zweifel, dass im Zeitalter Jesu die Juden, wie

die Römer den Tag in zwölf Stunden theilten, wovon die erste mit dem Tage anfing; dieser Sitte folgen die Synoptiker. Von Johannes aber wird behauptet, er zählte die Stunden von Mitternacht bis Mitternacht, wie wir. In diesem Falle wäre die sechste Stunde zwischen 6 und 7 Uhr Morgens. Wurde Jesus zu dieser Stunde verurtheilt, so konnte die Vollziehung sehr wohl um die dritte Stunde des Marcus, das heisst gegen 9 Uhr Morgens stattgehabt haben. Aber um diese Hypothese annehmbar zu machen, müsste bewiesen werden, dass eine solche Stundeneintheilung damals neben jener andern Sitte war, und dieser Beweis kann nicht gegeben werden. Wenn es auch, woran mit Recht gezweifelt wird, seine Richtigkeit damit hätte, dass die Römer ihre Gerichtsstunde von Mitternacht an rechneten, so liesse sich immer nicht begreifen, wie Pilatus um 6 Uhr Morgens schon das Urtheil sprechen konnte über Jesum, den man mit dem Morgen (πρωί), also frühestens um 5 Uhr in das Praetorium gebracht hatte? besonders wenn man die vielen, geraume Zeit in Anspruch nehmenden Zwischen - Begebenheiten, die Absendung des Angeklagten zu Herodes, die Abstimmung über die Frage, ob Jesus oder Barabas freizulassen sei, in Rücksicht nimmt.

§ 174. Johannes rechnete, wie die Synoptiker, seine Stunden vom Aufgang der Sonne, und will in der uns beschäftigenden Stelle sagen, dass Jesus um die sechste Stunde, das heisst gegen Mittag zur Kreuzigung übergeben wurde, und dass diese Angabe nicht ein Irrthum, sondern wahre Geschichte sei. Matthäus und Lucas geben die Stunde der Kreuzigung nicht ausdrücklich an, aber sie sagen Matth. 27, 45. Luc. 23, 44, dass eine Finsterniss über das ganze Land kam von der sechsten bis zur neunten Stunde. Diese Finsterniss wird offenbar durch die Evangelisten als ein Wunder dargestellt, welches zeigen sollte, dass alle Creatur trauernd sich verschleierte um der Missethat der Menschen willen, welche jetzt vollbracht wurde. Das Wunder hatte aber nur Beweiskraft, insofern die Finsterniss gerade die Zeit ausfüllte, während welcher Jesus am Kreuze hing. Wollte man also aus Matthäus und Lucas errathen, in welcher Stunde Jesus gekreuzigt wurde, so würde Zweifels ohne Jedermann schliessen, dass es um die sechste Stunde war, in welcher zugleich auch die Sonne sich verfinsterte. Matthäus und Lucas stimmen somit mit der Angabe des Johannes überein. Aber dieser Bericht von einer Verfinsterung der Sonne von der sechsten bis zur neunten Stunde findet sich gleichfalls bei Marcus (15, 33), dieser Evan-

gelist hielt somit auch die sechste Stunde für diejenige der Kreuzigung
Jesu. Gegen diesen Schluss wendet man ein: die Synoptiker melden
die Dauer der Finsterniss nicht am Anfang der Kreuzigung, sondern im
Vorlaufe derselben, so dass das vor dieser Meldung Berichtete auch vor
der Finsterniss sich zutrug, das nachher Berichtete aber während der
Finsterniss sich begab. Prüfen wir nun, ob dieser Einwurf Stich hält.
Matth. 27, 45. 46. 50 lesen wir: „Und von der sechsten Stunde an
ward eine Finsterniss über das ganze Land bis zu der neunten Stunde;
und um die neunte Stunde schrie Jesus laut: Eli, Eli, Lamma Asabthani.
— — Aber Jesus schrie abermal laut und verschied." Matthäus berichtet somit die Finsterniss nicht als sie anfing, sondern als sie, um
die neunte Stunde, gleichzeitig mit dem Sterben Jesu, zu Ende war; für
den Anfang der Finsterniss haben wir daher keinen andern terminus a
quo als die Kreuzigung selbst, welche somit um die sechste Stunde statt
hatte. Ganz denselben Bericht giebt uns Marc. 15, 33, 34. 37: „Nach
der sechsten Stunde ward eine Finsterniss — bis um die neunte Stunde,
und um die neunte Stunde rief Jesus u. s. w." Ebenso sehen wir dass
Lucas den Bericht von der Finsterniss gleichzeitig mit dem Verscheiden
Jesu meldet (23, 44 — 46). Wir schliessen daraus, dass die sechste
Stunde die Stunde der Kreuzigung war, nicht nur nach Johannes, sondern auch nach den Synoptikern, Marcus mit einbegriffen; und wenn
nun Marc. 15, 25 gesagt ist, dass Jesus um die dritte Stunde gekreuzigt
wurde, so muss sich hier eine falsche Zahl in den Text geschlichen
haben; das $\tau\varrho\ell\tau\eta$ muss ein dem Evangelisten untergeschobener Irrthum
sein, wenn auch alle Codd. einstimmig diese Leseart hätten. Dieses ist
jedoch nicht der Fall; in einigen wenigen MS. steht $\ell\kappa\tau\eta$, und mehrere
alte Uebersetzungen lesen ebenso.

§ 175. Hat es mit der sechsten Stunde, als derjenigen der Ueber-
gabe Jesu zur Kreuzigung seine Richtigkeit, so haben die Verhandlungen
im Praetorium etwa 6 Stunden gewährt. Diese Zeit ist nicht zu lange,
wenn man erwägt, dass Pilatus Jesum zu Herodes sandte (Luc. 23, 6 ff.)
und dass die Debatte, ob Jesus oder Barabas solle freigegeben werden,
eine längere Zeit in Anspruch nimmt. Wir nehmen deswegen an, dass
Jesus bald nach Mitternacht gefangen genommen wurde, dass das Verhör
im hohepriesterlichen Pallaste um den Hahnenschrei, d. i. drei Uhr
Morgens statt hatte, dass gegen 6 Uhr Morgens Jesus in das Praetorium geführt, um Mittag gekreuzigt wurde, dass gleichzeitig mit der

13 *

Kreuzigung eine, nicht natürlich-astronomische, sondern ausserordentliche Finsterniss statt hatte, dass endlich Jesus, nachdem er drei Stunden am Kreuze gehangen, und 3 Uhr Nachmittags verschied.

§ 176. Der Ort, wo Jesus gekreuzigt wurde, lag ausserhalb der Stadt (Joh. 19, 17: ἐξῆλθεν. Marc. 27, 32: ἐξερχόνται), aber nahe bei derselben: Joh. 19, 20: (ἐγγὺς ἦν ὁ τόπος τῆς πόλεως), und hiess Golgotha, welches durch „Schädelstätte", κρανίου τόπος, übersetzt wird (Matth. 27, 33. Marc. 15, 22. Luc. 23, 33. Joh. 19, 17). Wenn Golgotha „Schädelstätte" bedeutet, so war der ursprüngliche Name Golgoltha (גלגלתא), aus welchem durch Abkürzung גלגתא entstanden wäre. Dass im Zeitalter Jesu diese Etymologie allgemein angenommen war, ergiebt sich aus der Uebereinstimmung der Evangelisten. Unmöglich ist sie nicht, denn Contractionen dieser Art kommen in den Namen häufig vor; wir führen nur als Beispiel Bezetha an, welches nach Josephus (de Bello V. 4, 4) καινόπολις d. i. Neustadt bedeuten soll; dann wäre der ursprüngliche Name Bethhadatha, ביתחדתא, gewesen! Berücksichtigung aber verdient Krafft's (Topogr. Jerus. pag. 158) Vermuthung, dass der Name vielmehr von Golgoatha (גלגועתא), „Hügel des Sterbens", d. i. Richtstätte abzuleiten sei. Dieser Topograph bringt diesen Namen in Verbindung mit dem Jer. 31, 39 genannten Orte Goath, גועת, sowie mit dem Thore Gennath (Jos. de Bello V. 4, 2), welches in gewichtigen Handschriften vielmehr Γνάθ, Guath geschrieben wird, und somit das Thor gewesen zu sein scheint, welches an den Ort oder Haufen, Hügel (גל) Goath führte. Diese Angaben werden in der topographischen Beilage ihre Würdigung finden.

§ 177. Nach der christlichen Tradition ist Golgotha, der Ort, wo Jesus gekreuzigt wurde, und das Grab, in welches sein Leichnam gelegt wurde, in der Basilika des heiligen Grabes eingeschlossen. Die Vereinigung der zwei Orte, der Kreuzigungsstätte und des Grabes, in einen und denselben Bau, bietet keine Schwierigkeit dar; sie ist gerechtfertigt durch die Aussage Johannis (19, 41): „Es war an dem Orte, (ἐν τῷ τόπῳ), wo er gekreuzigt wurde, ein Garten, und in dem Garten ein neues Grab — — dahin legten sie Jesum." Die grosse Frage nun ist, zu wissen, ob diese Tradition annehmbar ist, oder nicht. Eusebius, in seinem Leben Constantin's (III. 25 — 40) berichtet, dass dieser Kaiser nach dem Concil von Nicaea einen prächtigen Tempel über das Grab Jesu bauen liess. Dieses Grab hatten in früheren Zeiten die Heiden mit Erde verschüttet und der Venus einen Tempel darüber erbaut. Dass der Ort, wo Constantin diesen Tempel erbaut hat, der Ort sei, wo heute die Kirche des h. Grabes steht, wird von der Zeit Constantins herab durch eine zusammenhängende Ueberlieferung bestätigt, dass selbst die Bekämpfer der Autentie der Stätte sie anerkennen. Das erste Glied dieser Ueberlieferung ist der Pilger von Bordeaux, welcher im Jahre 333 Jerusalem besuchte; er sagt, dass er von dem Praetorium des Pontius Pilatus (von der Antonia auf der NW.-Ecke des Tempelberges) aus zum Neapolitanischen Thore (Thor von Nablûs, heute Damaskusthor, Bâb-el-Amûd) gehend, zur Linken (also westwärts) den Hügel Golgotha hatte, wo der Herr gekreuzigt worden; von da einen Steinwurf weiter ist die Höhle, wohin sein Leichnam gelegt ward, und wo er am dritten Tage auferstand. Dort wurde auf Befehl des Kaisers Constantin eine wunderschöne Basilika erbaut (a Sinistra autem parte est monticulus Golgotha, ubi Dominus cruci fixus est. Inde quasi ad lapidis missum, est cripta, ubi corpus ejus positum fuit et tertia die resurrexit. Ibidem modo jussu Constantini imperatoris basilica facta est mirae pulchritudinis....) Diese Beschreibung weiset ohne irgend einen Zweifel auf die Stelle der heutigen Grabeskirche hin.

§ 178. Dass von der apostolischen Zeit her eine solche Tradition sich erhalten konnte, ist ausser Zweifel, denn die Christen waren nie ein ganzes Menschenalter hindurch aus Jerusalem verbannt, selbst unter Hadrian nicht. Dass die ersten Christen den Ort der Kreuzigung kannten, ist gewiss; dass sie diese Orte ehrten, sie, die das Grab des geringsten Märtyrers mit Hochachtung im Gedächtniss bewahrten, ist ebenso sicher; wie es auch ganz der Praxis der Heiden gemäss war, an einen heilig geachteten Ort ein Fanum hinzusetzen. Constantin also konnte durch eine sichere Tradition den Ort erfahren, welchen er als die Stätte des Grabes Jesu mit einem Tempel schmückte. Hätte anstatt einer wahren Tradition ein frommer Betrug obgewaltet, hätte ein Betrüger, bloss um den Kaiser zufrieden zu stellen, und sich seine Gunst zu erwerben, irgend einen Ort, als die heilige Stätte angegeben, so hätte derselbe, um in der Wahrscheinlichkeit zu bleiben und Glauben zu finden, nimmermehr den gesuchten Ort mitten in der Stadt Jerusalem, sondern ausserhalb der Mauern gezeigt, denn damals kannte man ebensowohl wie heute die Schrift, die sagt, dass Jesus ausserhalb der Stadt gekreuzigt und begraben wurde. Diese ungeschickte, unwahrscheinliche

Lage in der Mitte der Stadt bürgt für eine eigentliche Tradition; ein frommer Betrug oder ein wissenschaftliches Forschen hätte nach etwas Wahrscheinlicherem gesucht. Der Venustempel, welcher wohl zum Zwecke haben mochte, den Christen den Ort zu verleiden, diente dazu, ihn desto bestimmter zu bezeichnen.

§ 179. Es hat sich ein wahrer Kreuzzug gegen die Kirche des h. Grabes gebildet; unzählige Bände sind geschrieben worden, welche beweisen sollen, dass der Ort, den die Tradition dafür angiebt, nicht Golgotha sei. Das Haupt-Argument, welches gegen diese Lage von Golgotha geltend gemacht wird, ist dieses: „Jesus wurde ausserhalb Jerusalems gekreuzigt und begraben; der Ort aber, welcher für die Stätte der Kreuzigung angegeben wird, liegt innerhalb der Mauern, und muss zur Zeit Jesu schon innerhalb derselben gelegen haben, also ist diese Tradition unwahr." Der erste Satz hat seine Richtigkeit, die Stätte der Kreuzigung lag ausserhalb der Stadt; der zweite Satz ist gleichfalls wahr, die Grabeskirche liegt nahezu mitten in der heutigen Stadt; ob aber dieser Ort schon in Jesu Zeiten innerhalb der Stadtmauer lag, darüber wird gestritten, und davon hängt unstreitig die Echtheit oder Unechtheit des durch die Tradition für Golgotha bezeichneten Ortes ab. Durch Josephus de Bello V. 4, 1—4 wissen wir, dass die dritte Mauer, welche die Neustadt, das nördlichste Quartier der Stadt Jerusalem umgab, kurze Zeit vor der Zerstörung Jerusalems erbaut wurde; dieses Quartier war somit zur Zeit Jesu, das heisst 40 Jahre vor dieser Zerstörung und etwa 12 Jahre vor der Erbauung besagter Mauer, noch nicht der Stadt einverleibt. Wenn nun die Kirche des h. Grabes in diesem Quartiere der Neustadt liegt, so war der Ort zur Zeit Jesu ausserhalb Jerusalem; war der Ort aber hinter der zweiten Mauer, so gehörte es zur Zeit Jesu schon zur Stadt und ist somit unmöglich die Stätte des h. Grabes. Wir genügen uns hier zu bemerken, dass die neuern Forschungen und Ausgrabungen mit immer mehr Sicherheit beweisen, dass der Ort der Kirche des h. Grabes ausserhalb der zweiten Mauer lag, somit erst durch die dritte Mauer der Stadt einverleibt wurde, und desswegen nichts hindert, ihn für das echte h. Grab und Golgotha zu halten. Das Nähere über diese wichtige Frage, werden wir in der topographischen Beilage (No. 22) erörtern.

Der Calvarienberg oder Golgotha liegt 110 Fuss OSO. vom h. Grabe; beide heiligen Orte sind wie gesagt, in dem einem Bau der Basilika begriffen. Es ist hier nicht der Ort, eine eingehende Beschreibung dieser Kirche zu geben; eine solche eingehende Beschreibung findet sich in Ritter's Erdkunde und besonders in v. Raumer's Palestina S. 303 ff.

§ 180. Die Kreuzigung, zu welcher Jesus verurtheilt wurde, war keine bei den Juden gebräuchliche Todesstrafe. Wohl berichtet Josephus, Antiq. XIII. 14, 2, dass Alexander Janäus gegen 800 seiner jüdischen Widersacher kreuzigen liess; daraus folgt aber keineswegs, dass er in dieser Form seiner Rache einer väterlichen Sitte sich anbequemte. Hätte das Synedrium Macht gehabt, die Todesstrafe zu vollziehen, so hätten sie Jesum gesteinigt; wie denn auch die jüdische Tradition bezeugt, er sei zur Steinigung verurtheilt worden; da sie aber ihren Urtheilsspruch durch den römischen Landpfleger mussten bestätigen und vollziehen lassen, verurtheilte dieser Jesum zum Kreuzestod. Die Sache scheint uns folgenden Verlauf gehabt zu haben: Die Sanhedristen verlangten von Pilatus, ihr gesprochenes Urtheil gut zu heissen; wäre dieses geschehen, so hätten sie das Urtheil selbst vollzogen und Jesum gesteinigt. Da aber der Landpfleger solche Bestätigung auf blosse Empfehlung verweigerte und eine Revision des Prozesses vornahm und Mine machte, dem Gesetz der Juden kein Menschenleben opfern zu wollen, veränderten sie die Anklage, beschuldigten Jesum der Empörung gegen den Kaiser, und überantworteten somit Jesum an den Heiden, welcher den Herrn als einen Staatsverbrecher gegen die Römer, zu der den Empörern zuerkannten Kreuzigung verurtheilte. Sobald die Juden Jesum vor dem römischen Gerichte verklagten, wussten sie auch, welche Strafe der Landpfleger, wenn er ihn schuldig fand, zuerkennen musste; darum schrieen sie: Kreuzige, kreuzige! (eigentlich: hänge, תלה) als Antwort auf die Frage: was soll ich diesem thun? (Joh. 19, 15. Matth. 27, 23. Marc. 15, 14).

Die Kreuzigung (siehe Winer, Realw. I. 677) war eine der schmerzlichsten und entehrendsten Todesstrafen (crudelissimum teterrimumque supplicum. Cicero Verr. V. 64), welche über empörte Sclaven, Aufrührer und Strassenräuber verhängt wurde. Die dazu Verurtheilten mussten, nach erlittener Geisselung (Livius XXXIII. 36) ihr Kreuz selbst auf den Richtplatz tragen (Plutarch. ser. vind. C. 9), wurden dann entkleidet (Artemidor II. 53) und an das vorher aufgerichtete (Cicero verr. V. 66. Jos. de Bello VII. 6, 4), nicht eben hohe Kreuz hinauf gehoben und angenagelt. Ob an Händen und Füssen, oder an Händen allein? ist schwer zu ermitteln, und bestand wohl kein allgemeiner Brauch. Lucan. VI. 547 redet von Nägeln in Händen (insertum manibus chalybem). Das N. T. spricht sich nicht entscheidend aus; denn Joh. 20, 20 ist gesagt: Jesus der Auferstandene zeigte ihnen seine Hände und seine Seite, nach Luc. 24, 39 zeigte er hingegen Hände und Füsse. Jenes spricht nicht absolut gegen, dieses nicht absolut für das Durchnageln der Füsse. Der Gekreuzigte sass auf einem, mitten am Kreuzespfahle angebrachten Pflocke ($\pi\tilde{\eta}\mu\alpha$, Iren. adv. haer. II. 42. Justin. c. Triph.), und war übrigens mit Seilen festgebunden (Lucan. VI. 513 ff.). Der Tod erfolgte unter schrecklichen Martern, selten vor der zwölften Stunde der Kreuzigung, manchmal erst nach zwei Tagen. Origenes sagt: Miraculum erat, quoniam post tres horas receptus est (Jesus), qui forte biduum victurus erat in cruce, secundum consuetudinem eorum, qui suspenduntur quidem, non autem percutiuntur). Nach der Hinrichtung blieben die Gekreuzigten an den Pfählen hängen, bis sie von den Vögeln verzehrt wurden. Die Juden aber pflegten sie abzunehmen und zu begraben (Jos. de Bello IV. 5, 2). Das Zerbrechen der Füsse ($\tau\grave{\alpha}$ $\sigma\varkappa\acute{\epsilon}\lambda\eta$) Joh. 19, 31 geschah um des bevorstehenden Festes willen, als Gnadenstoss. Dasselbe wurde nur an den Mitgekreuzigten, aber nicht an Jesus vollbracht, weil dieser schon (an einem Herz- oder Schlagader-Bruche?) verschieden war. Der Stich in die Seite hatte zum Zwecke der Herabnahme vom Kreuze des etwa nur Scheintodten vorzubeugen.

§ 181. Die Kreuzabnahme hatte statt „da es Abend ward" ($\grave{o}\psi\acute{\iota}\alpha\varsigma$ $\gamma\epsilon\nu o\mu\acute{\epsilon}\nu\eta\varsigma$, Matth. 27, 57. Marc. 15, 42), „da der Sabbath anbrach" (Luc. 23, 54). Um die neunte Stunde, d. i. um 3 Uhr, war Jesus verschieden. Das Einholen der Erlaubniss zur Kreuzabnahme und Bestattung hatte einige Zeit in Anspruch genommen. Die Grablegung geschah jedoch noch vor Anbruch des grossen Oster-Sabbaths (Luc. 23, 54: $\mathring{\eta}\mu\acute{\epsilon}\varrho\alpha$ $\mathring{\eta}\nu$ $\pi\alpha\varrho\alpha\sigma\varkappa\epsilon\nu\mathring{\eta}$). Unter den dabei thätigen Personen wird besonders ein Mitglied des Synedriums, ein heimlicher Jünger Jesu, Joseph von Arimathia genannt (Matth. 27, 57. Marc. 15, 43. Luc. 23, 50. Joh. 19, 33). Die Frage, wo dieses Arimathia lag, ist von geringer Bedeutung. Arimathia ist offenbar die graecisirte aramaeische Form von Ha-Ramathaim. Unter den verschiedenen Rama genannten Orten, kommt nur dem einen Rama Samuels diese Dualform des Namens zu (1. Sam. 1, 1). Dass Ramathaim und folglich Arimathia in Nebi Samuil NW. von Jerusalem sich wieder findet, ist oben, § 50, dargethan worden.

Wie die biblischen Geographen Arimathia haben in Ramleh (dieser Name bedeutet Sand) wiederfinden wollen, wissen wir uns nicht zu erklären.

§ 182. Dass das Grab, in welches der Leichnam Jesu gelegt wurde, ein den andern jüdischen Gräbern ähnliches, horizontal in den Felsen gehauenes, mit einer Steinthüre verschlossenes war, ergiebt sich aus Marc. 15, 46. Matth. 27, 60. Luc. 23, 53. Joh. 19, 41. Das in der Basilika gezeigte Grab ist wirklich ein solches, aber der über demselben befindliche Fels ist der Ueberbauung wegen theilweise weggehauen worden.

§ 183. Nach der Bestattung, welche in Eile geschehen war, und nur eine vorläufige sein sollte, kehrten die Weiber, die aus Galilaea Jesu nachgefolgt waren, und welche das Grab geschaut hatten, in die Stadt zurück, bereiteten Würze und Salben und hielten sich ruhig während des Sabbaths, nach dem Gesetze (Luc. 23, 55). Dieser Sabbath wird nun als besonders heilig und wichtig hervorgehoben. Joh. 19, 31 nennt ihn den grossen Sabbathtag ($\mathring{\eta}\nu$ $\gamma\grave{\alpha}\varrho$ $\mu\varepsilon\gamma\acute{\alpha}\lambda\eta$ $\mathring{\eta}$ $\mathring{\eta}\mu\acute{\varepsilon}\varrho\alpha$ $\tauο\tilde{\upsilon}$ $\sigma\alpha\beta\beta\acute{\alpha}\tauο\nu$) und alle Evangelisten nennen den demselben vorangehenden Tag, „den Rüsttag" (Matth. 27, 62: $\mathring{\eta}$ $\pi\alpha\varrho\alpha\sigma\varkappa\varepsilon\nu\mathring{\eta}$ schlechthin; Marc. 15, 42: $\pi\alpha\varrho\alpha\sigma\varkappa\varepsilon\nu\mathring{\eta}$, $\mathring{ο}$ $\mathring{\varepsilon}\sigma\tau\iota$ $\pi\varrhoο\sigma\acute{\alpha}\beta\beta\alpha\tauο\nu$. Luc. 23, 54: $\mathring{\eta}\mu\acute{\varepsilon}\varrho\alpha$ $\mathring{\eta}\nu$ $\pi\alpha\varrho\alpha\sigma\varkappa\varepsilon\nu\mathring{\eta}$. Joh. 19, 31. 42: $\pi\alpha\varrho\alpha\sigma\varkappa\nu\nu\mathring{\eta}$ $\mathring{\eta}\nu$. — $\Pi\alpha\varrho\alpha\sigma\varkappa\varepsilon\nu\mathring{\eta}$ $\tau\tilde{ω}\nu$ $^{\prime}Iον\delta\alpha\acuteί\omega\nu$); wäre nun, wie die meisten Exegeten wollen, der Todestag Jesu der 15. Nisan, der grosse, heilige Ostersabbath gewesen, so liesse sich garnicht erklären, wie dieses höchste Fest der Juden als Rüsttag eines gemeinen Wochensabbaths und durchaus als nichts Anderes charakterisirt wäre. Wie können wir annehmen, dass an diesem, im Gesetze Sabbath genannten Feste, man kaufen (Joh. 13, 29. Luc. 23, 56) und auf den Acker gehen (Marc. 15, 21) konnte; während der Wochensabbath, welcher wegen des Osterfestes gebrochen werden durfte, so heilig gehalten wurde? Warum sollte der auf den Ostertag folgende Sabbath „der grosse Sabbathtag" heissen, da doch der 16. Nisan an sich nur ein Werktag war, und der auf dieses Datum fallende Wochensabbath zum Ernten der Garbe gebrochen werden durfte? Gerade in der Geschichte des Begräbnisses Jesu tritt es sonnenklar hervor, dass nicht nur nach Johannes, sondern nach allen Synoptikern, der Tag der Bestattung der 14. Nisan war, der dem grossen Osterfeste, welches in diesem Jahre auf einen Wochensabbath fiel, voranging.

Der Tag der Grabesruhe Jesu, an welchem das Synedrium den Pilatus anging, eine Wache an das Grab zu stellen, ist der 15. Nisan.

X. Geschichte der Auferstehung Jesu Christi.

§ 184. Es ist nicht zu läugnen, dass es eine weit schwierigere Aufgabe ist, eine Harmonie der vier Evangelien in der Auferstehungsgeschichte darzustellen, als in der synoptischen Bearbeitung der Leidensgeschichte.

Eine erste Schwierigkeit liegt in dem Verdachte der Unechtheit, welcher an der Auferstehungsgeschichte des Marcus, 16, 9—20 haftet. Dieser Abschnitt fehlt in Codd. B. Vaticanus, und wird in mehreren andern Codd. als zweifelhaft dargestellt. Die Canones des Eusebius hören mit 16, 8 auf. Eusebius selbst (Schol. b. Victor Antioch. II. pag. 208) bezeugt, dass, nach Marcus, Jesus den Jüngern nicht erschienen sei. Aus Schol. in Codd. 1. und Syr. Philoxenus am Rande ersieht man, dass es einen andern Schluss dieses Evangeliums gab (Vers. 8: — — ἐφοβοῦντο γάρ. Φέρεται πού καὶ ταῦτα· Πάντα δὲ τὰ παραγγελμένα τοῖς περὶ τὸν Πέτρον συντόμως ἐξήγγειλαν. Μετὰ δὲ ταῦτα καὶ αὐτὸς ὁ Ἰησοῦς ἀπὸ ἀνατολῆς καὶ ἄχρι δύσεως ἐξαπέστειλε δι᾽ αὐτῶν τὸ ἱερὸν καὶ ἄφθαρτον κήρυγμα τῆς αἰωνίου σωτηρίας). Dagegen haben alle Codices ausser B und alle Uebersetzungen diese Pericope 16, 9—20 in übereinstimmendem Texte. Wenn Marcus wirklich sein Evangelium mit 16, 8 abgeschlossen hätte, so liesse sich freilich denken, und sogar erwarten, dass eine spätere Hand einen Anhang die Offenbarungen des Auferstandenen betreffend, beigefügt hätte; aber es ist undenkbar, dass Marc. 16, 9—20 dieser Zusatz sei. Eine von späteren Christen angehängte Auferstehungsgeschichte hätte offenbar nichts Anderes, als ein Auszug aus den übrigen Evangelien sein können. Die Pericope ist aber kein solcher Auszug; denn sie enthält Neues, von den Andern nicht Berichtetes im Verse 18, und erzählt die Himmelfahrt in Verbindungen, die mit dem Berichte des Lucas nicht übereinstimmen, eher demselben widersprechen; ferner ist es schwer zu begreifen, wie ein späterer Anhang in alle Codd. und Versionen kam. Im Gegentheil erklärt sich leicht, wie diese Pericope, wenn sie ursprünglich im Marcusevangelium stand, verdächtigt wurde, indem sich anscheinend Marcus selbst widerspricht, indem die Erscheinung des Auferstandenen V. 7 nach

Galilaea bestimmt war, und nach V. 9 in Jerusalem statt hatte, und besonders weil sie schwer mit Matthäus und Lucas in Uebereinstimmung zu bringen ist. Wir halten desswegen die Pericope für echt, ohne ihr jedoch den vollen Werth eines unbestrittenen Berichtes beilegen zu wollen.

§ 185. „Am ersten Tage der Woche ging Maria Magdalena frühe, da es noch dunkel war, in das Grab; sie fand aber den Stein von dem Grabe weggethan. Da läuft sie und geht zu Simon Petrus und dem „andern Jünger“, den Jesus liebte, und sagt zu ihnen: Sie haben den Herrn aus dem Grabe genommen, nnd wir wissen nicht, wo sie ihn hingelegt haben,“ (Joh. 20, 1. 2). Bei diesem ersten Besuche des Grabes wird Maria Magdalena wohl allein genannt, sie war aber nicht allein, sondern mit Andern dort gewesen; denn sie sagt nicht: ich weiss nicht — sondern: wir wissen nicht (οὐκ οἴδαμεν) wo sie ihn hingelegt. Wer noch mit ihr beim Grabe war, wird durch die Synoptiker berichtet; wovon weiter unten.

„Petrus und der andere Jünger gingen nun hinaus und traten in das Grab. Die zwei liefen zusammen; der andere Jünger lief voraus, schneller als Petrus und kam der erste zum Grabe, und sich bückend, sieht er die Linnen dort liegen; jedoch hinein ging er nicht. Kommt nun Simon Petrus ihm nach und ging hinein in das Grab, und sieht die Linnen da liegen und das Schweisstuch, welches um sein Haupt gewesen war, nicht bei den Linnen liegend, sondern zusammengerollt, besonders an einem Orte. Da ging auch der andere Jünger, welcher zuerst zum Grabe gekommen war, hinein, und sah und glaubte,“ (Joh. 20, 3—9). Diese Anschaulichkeit der Darstellung, dieses Hervorheben von Nebenumständen, welche jedem Andern ohne Bedeutung gewesen wären, dieser fieberhafte Wechsel der Zeitformen der Zeitwörter, können nur von einem Augenzeugen herrühren, welcher nach vielen Jahren das Erlebte sich vergegenwärtigte, als schaute er es. Die zwei Jünger gingen nun wieder nach Hause. Maria Magdalena aber ging wieder zum Grabe, wo sie der ersten Offenbarung des Auferstandenen gewürdigt ward, (20, 11—18). Das weiter Folgende im Evangelium Johannis versetzt uns in die Abendstunden jenes Sonntages. Ehe wir uns damit befassen, ist hier das von den Synoptikern Gesagte zu vergleichen.

§ 186. Lucas, 24, 1—12 berichtet: „Am ersten Tage der Woche, in tiefer Frühe, gingen sie (die 23, 55 gemeldeten Weiber aus Galilaea, wovon 24, 10 Maria Magdalena, und Johanna und Maria Jacobi mit

Namen genannt werden, mit dem Zusatze: und die Andern mit ihnen)
und einige mit ihnen, zum Grabe, die Aromaten tragend, welche sie bereitet hatten. Sie fanden aber den Stein vom Grabe gewälzt; und als
sie hinein gingen, fanden sie Jesu Leichnam nicht. Zwei Männer, die
neben ihnen standen, verkündigten ihnen, dass Jesus auferstanden. Sie
verkündigten das Alles den Aposteln. Da lief Petrus zum Grabe, bückte
sich und sahe die da liegenden Linnen allein." Die Zeit des Besuches
des Grabes ist bei Lucas, wie bei Johannes, die erste Morgendämmerung;
denn ὄρθρου βαθέος ist gleichbedeutend mit πρωῒ σκοτίας ἔτι οὔσης;
die Mehrzahl der Weiber ist, wie wir gesehen haben, auch bei Johannes
angedeutet; dass der Stein abgewälzt war, berichten beide. Dass die
Absicht der Weiber war, mittelst der Aromaten die Bestattung zu voll-
enden, ist nicht im Widerspruche mit Joh. 19, 40, indem immerhin
vorausgesetzt werden kann, jene erste Bestattung sei der Eile wegen
eine unvollständige geblieben; dass Lucas mit Petrus nicht auch Johannes
als Besucher des Grabes nennt, ist von wenig Belang. Der bemerkens-
wertheste Unterschied zwischen den zwei Berichten ist die Meldung der
zwei Männer, welche die Auferstehung Jesu bestätigen, und wovon Johannes nichts sagt. Der Bericht des Lucas hat nicht die mündlichen
Erzählungen des Johannes zur Quelle, sonst hätte er 24, 12 Johannes
mit Petrus genannt. Sobald aber feststeht, dass Lucas von andern
Zeugen seine Nachricht empfangen hat, muss die Uebereinstimmung mit
der Darstellung des vierten Evangeliums als sehr bedeutsam hervorgehoben werden.

§ 187. Marcus, 16, 1 — 8, hebt den Bericht früher an: „Als der
Sabbath vollendet war, kauften Maria Magdalena und Maria Jacobi und
Salome Aromaten, damit sie hingingen und ihn salbeten." Dieses geschahe also am Samstag Abend, als der Fest- und Wochensabbath zu
Ende war. Luc. 23, 56 scheint das Aromaten kaufen schon am Freitag
Abends vor Anfang des Sabbaths geschehen zu sein; doch ist dieses dort
nicht ausdrücklich gesagt, und bleibt somit der Bericht des Marcus in
seinem Rechte." Und sehr frühe am ersten Tage der Woche gingen sie
zum Grabe, da die Sonne aufging. — Sie sahen, dass der Stein abgewälzt war. — Als sie in das Grab gingen, sahen sie einen Jüngling,
welcher auf der rechten Seite sass — welcher ihnen verkündigte, Jesus
sei auferstanden, und befahl, es den Jüngern und Petro zu sagen, dass
er vor ihnen hingehen wird nach Galilaea, da werden sie ihn sehen.

Und sie flohen und sagten Niemand nichts, denn sie fürchteten sich." Dieser Bericht ist mit Johannes und Lucas im Widerspruch in Bezug auf die Zeit, da die Weiber zum Grabe kamen, wenn ἀνατείλαντος τοῦ ἡλίου übersetzt werden muss: da die Sonne aufgegangen war; aber er ist auch im Widerspruche mit sich selbst, da der Moment, wo die Sonne schon aufgegangen ist, nicht „sehr frühe", λίαν πρωΐ genannt werden kann. Uns scheint, nicht nur in dieser Stelle, sondern öfters noch im N. T. das Participium Aoristi anstatt des im Griechischen fehlenden Participium Futuri gebraucht, und ανατείλατος durch „da sie aufgehen sollte" übersetzt werden zu müssen. Dass Marcus nur von einem, Lucas von zwei Männern redet, ist ohne Bedeutung. Wichtiger aber ist die Bestellung der Jünger nach Galilaea, wo sie den Herrn sehen sollten, wovon nachher die Rede sein wird, und die Aussage, die Weiber hätten Niemand nichts gesagt, während nach Lucas sie es den Aposteln berichteten. Doch sollen wohl diese Worte bloss sagen, dass sie zu den ihnen unterwegs begegnenden Leuten nichts sagten; denn, da sie einen ausdrücklichen Auftrag an die Jünger und Petrum empfangen hatten, ist nicht anzunehmen, dass sie ihn zu erfüllen unterlassen haben.

§ 188. Matthäus sagt 28, 1: Ὀψὲ δὲ σαββάτων, τῇ ἐπιφωσκούσῃ εἰς μίαν σαββάτων, ἦλθε Μαρία ἡ Μαγδαληνὴ καὶ ἡ ἄλλη Μαρία, θεωρῆσαι τὸν τάφον. Um annähernd diese Stelle mit den Berichten der andern Evangelisten in Uebereinstimmung zu bringen, sind verschiedene Uebersetzungen vorgeschlagen worden. De Wette übersetzt: „Nach dem Sabbath aber, als der erste Wochentag anbrach, kam Maria Magdalena und eine andere Maria, um die Gruft zu sehen." Andere übersetzen: Als die Woche zu Ende war, und der erste Tag der neuen Woche zu scheinen anfing u. s. w." Hiemit können wir freilich zum Sonntag-Morgen; aber das Gezwungene in diesen Uebersetzungen wäre: „Spät am Sabbath, als der erste Tag der neuen Woche hell zu werden anfing, gingen Maria u. s. w." Spät am Sabbath weiset aber auf Sonnenuntergang am Samstage Abends, nicht auf den Sonntag Morgen. So genommen, wäre Matthäus im vollen Widerspruche mit den andern Evangelisten, welche den Besuch des Grabes auf den Sonntag Morgen verlegen. Wie man aber auch übersetzen möge, so ist und bleibt der Aorist: θεωρῆσαι eine Schwierigkeit, da man eher θεωρεῖν oder θεωρῆσειν erwarten sollte, es sei denn, man nehme an, dass auch hier dem Aorist die Bedeutung des Futuri zuerkannt würde. Wenn wir von dem

Gesichtspunkt ausgehen, dass Matthäus, was die Geschichte anbelangt (denn in der Redesammlung ist er original) in einem Abhängigkeits-Verhältniss zu Marcus steht, so drängt sich die Vermuthung auf, Matth. 28, 1 sei die Zusammenziehung in einen Satz, der zwei Sätze Marc. 16, 1. 2, wovon der erste aussagt, was am Abend, der andere was gegen Morgen geschahe. Beim Matthäus ist die Meldung vom am Abend geschehenen Einkauf ausgefallen und die Zeit desselben stehen geblieben. Die Wiederherstellung des Textes möchte folgende sein: „Am Nachabende des Sabbaths [kauften die Weiber aus Galilaea Aromaten]; als der erste Tag der neuen Woche aufleuchtete (also am Sonntag Morgen frühe) gingen Maria Magdalena das Grab zu sehen." Ebenso wird Matth. 28, 5 — 10 der doppelte Besuch der Maria bei dem Grabe in einen einzigen zusammengezogen, sodass die Maria Magdalena begleitenden Weiber, wenigstens die andere Maria, mit Zeugen der ersten Offenbarung waren. Man sieht nicht, ob die zwei Weiber bei der wunderbaren Begebenheit, 28, 2 — 4 gegenwärtig waren oder nicht. Die Offenbarung des Auferstandenen wird nach Galilaea verheissen, und nur diese, nebst der durch die Weiber erfahrenen beschrieben (28, 10—20).

§ 189. Die Thatsache, über welche alle Evangelisten einig sind, ist, dass Maria Magdalena mit andern Frauen aus Galilaea das Grab leer fanden, und dass der Magdalena der Herr sich zuerst offenbarte; von da an aber weichen die zwei ersten Evangelisten bedeutend von den zwei letzten ab, indem jene von den andern Offenbarungen zu Jerusalem, welche diese berichten, nichts melden; sondern nach Galilaea weisen. Dass der Befehl, nach Galilaea zu gehen, durch die Jünger nach Vollendung der Passahzeit Folge geleistet wurde, muss als Thatsache angenommen werden. Einzelne scheinen aber unmittelbar nach Jesu Kreuzigung nach Galilaea geflüchtet zu sein, worunter wahrscheinlich Matthäus, so dass sie aus eigener Anschauung nur das dort Geschehene kannten.

§ 190. Nach Maria Magdalena war Petrus der erste, welcher den Herrn sahe, (Luc. 24, 34. 1. Cor. 15, 5). Dass Johannes über diesen Gegenstand schweigt, hat seinen Grund nicht in der Eifersucht gegen diesen seinen Mitapostel, sondern einfach in dem Umstande, dass Johannes nur das Selbsterlebte berichtet. Diesem Grundsatze blieb er vom Anfang bis zum Ende seines Evangeliums treu. Er weichet davon nur dann ab, wenn es von Thatsachen handelt, welche mit dem Selbsterlebten in causalem Zusammenhange stehen, und welche Augenzeugen ihm berichteten, wie dieses mit den Erlebnissen der Maria Magdalena, Joh. 20, 1. 11—18 der Fall ist.

§ 191. Die dritte Offenbarung ist diejenige auf dem Wege nach Emmaus, (Luc. 24, 13—35. Marc. 16, 12. 13) sie hatte statt, nachdem Petrus den Herrn gesehen, am Auferstehungstage selbst. Zur näheren Zeitbestimmung dient das Wort der Jünger, 24, 29: Bleibe bei uns, es ist gegen Abend und der Tag hat sich geneigt. Der Sinn dieser Aufforderung ist nicht nothwendig, eine an den Unbekannten gerichtete Warnung vor dem Alleinreisen in die Nacht, sondern ein Act der Gastfreundschaft. Wir kennen schon die breite Bedeutung des „Abends" bei den Juden; es ist der ganze Nachmittag von halb ein Uhr, „wo sich die Sonne gen Abend neigt", mit begriffen.

Emmaus. Von diesem Orte sagt Lucas, es sei ein Dorf, Κώμη, welches 60 Stadien von Jerusalem entfernt war (24, 13). Eine sehr alte Tradition identificirt diesen Ort mit Ammaus, dem spätern Nicopolis und heutigen Amwâs südöstlich von Lydda. Euseb, im Onomasticon und Hieronymus zu Daniel 8 und Ezech. 48, vertreten sie. Aber diese Stadt ist nicht 60, sondern etwa 180 Stadien von Jerusalem entfernt. Josephus kennt, ausser diesem Amaus bei Lydda noch ein anderes, welches hier in Betracht zu ziehen ist. De Bello VII. 6, 6 meldet er, dass Cäsar (Titus) 800 aus dem Heer entlassenen Veteranen einen Ort, χωρίον, zur Wohnung anwies, welcher Ammaus, Ἀμμαοῦς hiess, und 60 Stadien von Jerusalem entfernt war. Dieses Ammaus wurde somit eine Veteranen - Colonie. Nun findet sich heute 60 Stadien von Jerusalem in WSW. ein Ort, Kolonieh genannt; ein Name, welcher anerkannterweise von Colonia abstammt. Josephus kannte aber nur eine einzige römische Colonie in der Gegend von Jerusalem, eben diesen offenbar mit Lucas Emmaus übereinstimmenden Ort. Emmaus ist somit Kolonieh. Dieser Schluss wird auch durch den Talmud bestätigt. In Mischna Succa IV. 5 ist gesagt, dass man die grünen Weidenzweige, womit am Laubhüttenfeste der Altar geschmückt wurde, an einem Jerusalem nahe gelegenen, und Maûza, מוצא genannten Orte holte. Im Babylonischen Talmud Succa wird bemerkt, Maûza sei Kolonieh. Setzt man dem Namen des Ortes den Artikel vor, so haben wir המוצא, Hammaûza, welches offenbar mit Ammaus identisch ist. Es ist also keine Anmassung, zu behaupten, dass in Kolonieh das Emmaus des Evangeliums sicher wiedergefunden sei. Die Reisenden berichten uns wenig über diesen Ort. Tobler (Denkblätter pag. 662) hat ihn besucht und einen bedeutenden Brunnen, Ain Kalonieh dort gefunden.*)

§ 192. Von Emmaus kehrten die zwei Jünger, nachdem sie den Auferstandenen gesehen und erkannt hatten, nach Jerusalem zurück. Die Kunde, welche sie zu bringen hatten, gab ihren Füssen Eile, dass sie wohl nicht zwei Stunden brauchten, die 60 Stadien zurück zu legen; während sie von Nicopolis sechs Stunden Wegs gehabt hätten und nicht mehr an demselben Abende hätten können nach Jerusalem gelangen. Sie fanden, heisst es Luc. 24, 33, die Elfe versammelt, und Andere mit ihnen. Hier ist zu bemerken, dass vor Judas Verrath „die Zwölfe“, und nach dem Verrathe „die Elfe“ ohne Rücksicht auf die Zahl, schlechthin die Apostel heisst, und nicht gefordert wird, dass jedesmal die Zahl voll wäre. Bei dieser Gelegenheit fehlte Matthäus (§ 188), Thomas und Petrus, von welchem Luc. 24, 34 als einem Abwesenden geredet wird. Während des Berichtes der Emmahuntischen Jünger offenbarte sich Jesus den versammelten Aposteln Luc. 24, 36 — 43. Dass hieher Marc. 16, 14 — 15 nicht gehöre, wird im folgenden § gezeigt werden; ob 1. Cor. 15, 6 hieher gehöre oder die folgende Offenbarung bezeichne, bleibt dahingestellt. Aber gewiss ist Joh. 20, 19 — 23 dieselbe Erscheinung des Auferstandenen gemeint, wegen Joh. 20, 19. 20, vgl. Luc. 24, 36. 39. Bei Johannes heisst es: „Da es nun Abend war (nicht: ward) an jenem Sonntage.“ Mit einbrechender Nacht konnten die Emmahuntischen Jünger wieder zu Jerusalem sein.

§ 193. Acht Tage später, (den 15. April, Sonntags) hatte, nach Joh. 20, 24 — 29 eine andere Offenbarung des Auferstandenen vor den versammelten Aposteln statt, bei welcher Thomas, welcher die vorhergehende nicht gesehen hatte, gegenwärtig war. Diese Offenbarung ist Marc. 16, 14. 15 und wahrscheinlich auch 1. Corinth. 15, 6 gemeint. Wo hatte sie statt? Johannes sagt es nicht; und dieses Schweigen liesse vermuthen, es sei wie die vorige, so auch diese Erscheinung nach Jeru-

---

*) Der Verfasser hielt Emmaus für seine Entdeckung. Dieses Alles war von ihm erkannt und niedergeschrieben, als Sepp's Werke, nemlich „Jerus. und das h. Land“ und „neue architecton. Studien“ ihm zu Gesichte kamen, woraus hervorging, dass die Entdeckung auf demselben Wege längst gemacht ist.

salem zu versetzen. Wenn wir aber erwägen, dass den Aposteln und Jüngern der ausdrückliche Befehl ertheilt war, nach Galilaea zu gehen, wo sie den Herrn sehen sollten; so ist aller Grund da, zu vermuthen, dass sie diesem Befehle unverzüglich, nach Vollendung der 8 Tage des Passahfestes, Folge geleistet haben, also diese Offenbarung zu Galilaea, zu Capernaum oder Bethsaïda vorfiel. Ein absolutes Hinderniss für diese Annahme findet sich nicht; im Gegentheil scheint Joh. 21, 1 in den Worten: Jesus offenbarte sich ein anderes Mal am Meere von Tiberias, eine frühere, vorhergemeldete Offenbarung an diesem Meere, vorausgesetzt. Hatte diese Offenbarung zu Galilaea statt, so ist der Weg gebahnt, auf welchem die erwünschte Uebereinstimmung mit den zwei ersten Synoptikern ermittelt werden kann. Marc. 16, 7 lässt eine Offenbarung in Aussicht; es muss also die 16, 14. 15 gemeldete gemeint sein; diese aber entspricht der Joh. 20, 21 beschriebenen, aber auch theilweise der Matth. 28, 18 beschriebenen, wegen des in beiden Evangelien gemeldeten Befehls Matth. 28, 18 und Marc. 16, 15: Gehet in alle Welt und predigt das Evangelium. Bei Matthäus freilich hatte diese Offenbarung auf dem Berge, somit im Freien, bei Marcus aber und Johannes, in einem Hause, während des Mahls, bei verschlossenen Thüren statt. Aber es scheint hier, wie öfters Matthäus zwei Thatsachen in eine zusammengezogen zu haben, nemlich die Erscheinung vor den Aposteln in einem Hause und diejenige auf dem Berge, vor allen Jüngern. Eine solche hatte sicher statt, obwohl die Evangelisten sie nicht bestimmt melden; den 1. Corinth. 15, 6 heisst es: Darnach ist er gesehen worden von mehr denn 500 Brüdern zugleich, von welchen die Mehrzahl bis jetzt am Leben ist, einige aber entschlafen sind.

§ 194. Die supplementarisch durch Johannes an sein Evangelium angehängte Offenbarung am See Gennezareth, 21. 1—25 wird Vers 14 die dritte genannt, nemlich von den durch den Apostel selbst erlebten; er zählt die durch Maria Magdalena erfahrene nicht mit, weil sie nicht auf eigener Anschauung beruhte. Weil er nicht persönlich dabei war, berichtet er die galilaeische nicht.

§ 195. Wir haben schon zu mehren Malen bald bei dem einen, bald bei dem anderen Evangelisten, das Recht beansprucht, Abtheilungen zu machen, wo der Text in einem Flusse fortzugehen scheint. Die Berechtigung dazu wird durch folgendes Beispiel gewiss. Apostelg. 1, 1—11 berichtet Lucas, dass Jesus sich während 40 Tagen von Zeit zu Zeit sehen liess, bis zur Himmelfahrt. Nichts desto weniger fliessen bei demselben Lucas in seinem Evangelium alle diese Offenbarungen in eine Einzige zusammen (24, 36 — 51). Wir müssen nothwendig annehmen, dass 24, 41 ein neuer Abschnitt anhebt, welcher wahrscheinlich V. 43 endigt und die Parallele von Joh. 21, 1 bildet. Ein zweiter Abschnitt, 24, 44—47 entspricht vielleicht Matth. 28, 18—20, dem Inhalte nach aber Joh. 20, 22. Der letzte Abschnitt endlich, Luc. 24, 49—53 gehört an das Ende der 40 Tage. Damals waren die galilaeischen Apostel wieder zu Jerusalem, und erhielten von dem Herrn die Verheissung der Kraft aus der Höhe, welche abzuwarten sie von nun an in Jerusalem bleiben sollten (24, 49). Der Befehl: Ihr aber sollt in der Stadt Jerusalem bleiben, wurde nicht an dem Ostertage schon den Jüngern ertheilt, wodurch freilich das in Galilaea Geschehene für unmöglich erklärt wäre, sondern 40 Tage später als sie von Galilaea zurück waren. Von der Himmelfahrt bis Pfingsten blieben sie dann wirklich zu Jerusalem.

§ 196. Die durch die verschiedenen Evangelisten berichteten Offenbarungen des Auferstandenen lassen sich somit in folgender Ordnung aufstellen:

1) Maria Magdalena sieht den Auferstandenen am Morgen des Auferstehungs-Sonntages. Die vier Evangelien haben sämmtlich diesen Bericht (siehe § 189).

2) Petrus allein sieht den Herrn am Nachmittage desselben Tages; Lucas und Paulus verbürgen die Sache (siehe § 190).

3) Die zwei Jünger von Emmaus sehen ihn an demselben Nachmittage. Die Zeugen sind Lucas und Marcus (siehe § 191).

4) Am Abend desselben Tages offenbart sich der Herr den Jüngern bei verschlossenen Thüren, nach der Rückkehr der Jünger von Emmaus. Diese Offenbarung ist berichtet durch Johannes und Lucas. Abwesend waren bei dieser Gelegenheit Thomas, Petrus der Gewährsmann des zweiten Evangeliums, so wie derjenige des ersten (siehe § 192).

5) Acht Tage später offenbarte sich der Herr seinen Jüngern in ähnlichen Verhältnissen, aber wahrscheinlich in Galilaea und in Gegenwart des Thomas. Sie ist verbürgt durch Johannes, Marcus und Paulus, die Gewährsmänner des ersten und des dritten Evangeliums waren abwesend (siehe § 193).

6) Jesus offenbart sich zu Galilaea auf dem Berge; darüber berichten Matthäus und Paulus. Johannes und Petrus waren dabei nicht gegenwärtig (siehe § 193).

7) Jesus der Auferstandene wird gesehen am Ufer des See's. Johannes berichtet diese Thatsache allein (siehe § 194).

8) Letzte Offenbarung zu Jerusalem, unmittelbar vor der Himmelfahrt, vor den galilaeischen Jüngern allein. Johannes abwesend (s. § 195).

§ 197. Die Erhebung zum Himmel setzen alle Evangelisten und Apostel als eine Thatsache voraus, weil sie von Jesu als dem Herrn im Himmel, in der Herrlichkeit zur Rechten Gottes reden. Das Ereigniss selbst wird aber nur durch zwei Evangelisten, Marcus und Lucas erzählt. Die Erzählung des ersten ist der Art, dass es zweifelhaft bleibt, ob die Erhebung vor den Augen der Jünger geschehen ist, oder nicht. Es heisst dort: „Und der Herr, nachdem er mit ihnen geredet hatte, wurde aufgenommen in den Himmel und sass zur Rechten Gottes" (16, 19). Lucas aber stellt die Thatsache als eine vor den Augen der galilaeischen Jünger geschehene dar. Nach dem Evangelium (Luc. 24, 50) führte er sie hinaus (aus der Stadt Jerusalem) bis nach Bethanien, erhob die Hände über sie und segnete sie; und während er segnete [entfernte er sich von ihnen und] wurde er erhoben zum Himmel. In der Apostelgeschichte finden sich nähere Bestimmungen: die Zeit, während welcher der Auferstandene sich seinen Jüngern offenbarte, war 40 Tage; (1, 3) der Ort der Himmelfahrt war der „Oelberg, welcher ist nahe bei Jerusalem, und liegt einen Sabbathweg davon" (1, 12). Ein Sabbathweg beträgt 2000 Ellen oder 6 Stadien. Wenn hier Lucas nur überhaupt die Entfernung des Oelberges von Jerusalem angeben will, so stimmt er mit Josephus, welcher sie auch auf 6 oder 5 Stadien bestimmt (Antiq. XX. 8, 6; Bell. V. 2, 3); will er aber die Entfernung des Himmelfahrtsortes bezeichnen, so entspricht dieser Angabe so ziemlich die Lage der Himmelfahrtskapelle, wohin die Tradition den Ort der Erhebung des Herrn verlegt. In diesem Falle aber wäre die Apostelgeschichte im Widerspruch mit dem Evangelium, in welchem die Himmelfahrt nach Bethanien verlegt wird, welches 15 Stadien von Jerusalem entfernt war. Einen solchen Widerspruch des Lucas mit sich selbst aber anzunehmen, liegt kein zureichender Grund vor; darum wir die Tradition für irrig halten.

§ 198. Jesus hatte vor seiner Erhebung seinen Jüngern den Befehl gelassen, in der Stadt Jerusalem zu bleiben, bis sie angethan würdon mit der Kraft aus der Höhe (Luc. 21, 19); dieses geschahe, „als der Tag der Pfingsten erfüllt war" (Apostelg. 2, 1), das heisst, an dem auf das Pfingstfest folgenden Tage. Das Pfingstfest hatte 50 Tage nach dem 15. Nisan statt, also dass jenes Fest und der 15. Nisan stets auf denselben Wochentag fielen. Im Jahr 30 n. Chr. war der 15. Nisan ein Sabbath, also auch das Pfingstfest; der auf dasselbe folgende Tag, der Tag der Ausgiessung des h. Geistes war somit, wie die christliche Tradition will, ein Sonntag, welches nicht hätte sein können, wenn, wie die meisten Exegeten irrthümlich behaupten, in jenem Jahre der 15. Nisan wäre Feria VI. gewesen. Im Jahr 30 war, wie wir gesehen haben, der 15. Nisan Feria VII., der 7. bis 8. April; der Tag der Auferstehung Jesu der 9. April, der Tag der Himmelfahrt 10 Tage später, der 18. Mai, und der Tag der Ausgiessung der 28. Mai, Morgens um die dritte Stunde (2, 15), das ist gegen 9 Uhr. Der Ort, wo die Jünger sich befanden, war „ein Haus" (2, 2); dass es aber nicht wohl ein Privathaus sein konnte, folgt aus der Angabe, dass sie alle zusammen, ἅπαντες ὁμοθυμαδόν, also wenigstens an der Zahl 120 (1, 50) in demselben sich befanden; denn ein Saal von solcher Grösse kann in Privathäusern nicht vorausgesetzt werden. Es ist bekannt, dass eine uralte, von Cyrill von Jerusalem (geb. 315) verbürgte Ueberlieferung die heilige Zionskirche als den Ort nennt, wo die Ausgiessung des h. Geistes statt hatte, und Hieronymus lässt die Pilgerin Paula den Sion ersteigen und dort den Ort besuchen, wo der h. Geist in die Seelen der 70 Gläubigen ausgegossen wurde. Das Gebäude, in welches diese Tradition das Pfingstwunder verlegt, stand also noch in den Tagen der genannten Kirchenväter, und war ein jüdischer Bau, welcher die Zerstörung Jerusalems überlebt hatte, zugleich aber auch eine Crypte, weil „die Mutter der Kirchen" der Prototyp der christlichen Kirchen der ersten Jahrhunderte war, welche sämmtlich Crypten waren. Ein solcher Bau ist der unterirdische Bau unter der Aksa-Moschee auf der Südseite der Tempelarea. Dass diese berühmten Substructionen die heilige Kirche Zion waren, wird in der Beilage (No. 18) bewiesen werden.

XI. Kritische Beurtheilung der Auferstehungsgeschichte.

§ 199. Der auffallendste Unterschied zwischen Johannes und den Synoptikern ist, dass diese letztern scheinen nur eine einzige Offenbarung

des Auferstandenen zu kennen, während jener eine Reihe derselben aufzählt. Die Synoptiker treten dann unter sich auseinander, so, dass die zwei
ersten die Erscheinung nach Galiläa, Lucas aber nach Jerusalem verlegt.
Matthäus endlich trennt sich von Marcus, dadurch, dass er die Offenbarung auf „den Berg", dieser aber in ein Haus verlegt. Wenn nun
aber das Evangelium des Lucas uns den Eindruck lässt, die Apostel
hätten den Auferstandenen nur ein Mal gesehen, so wird dieser Eindruck infirmirt durch die Aussage, Apostelg. 1, 3, dass Jesus sich nach seinen
Leiden durch viele Bezeugungen, $\dot{\varepsilon}\nu$ $\pi o\lambda\lambda o\tilde{\iota}\varsigma$ $\tau\varepsilon\kappa\mu\eta\varrho\acute{\iota}o\iota\varsigma$, während 40
Tagen als lebend dargethan habe. Nun ist es möglich, dass Lucas von
den „vielen" nur eine einzige Offenbarung berichten wollte; es ist aber
ebenso möglich, dass er die Quintessenz der „Vielen" in eine Einzige
zusammenzog. Dieses letztere scheint uns der wahre Sachbestand. Der
Apostel Hauptaufgabe war, von dem Herrn zu zeugen, den Menschen zu
verkündigen, was sie gesehen und gehört hatten. Ihre erste Predigtform
war die Erzählung. Durch die öftere Wiederholung derselben Thatsache
musste sich nothwendig ein aus einer Reihe von Cyklen bestehender
Erzählungsstock bilden, welcher in derselben, meist rein chronologischen
Reihe und mit denselben Worten vorgetragen wurde. Diese Form der
Mittheilung veranlasste Zusammenziehung einzelner, durch die Zeit und
den Ort getrennter Facten in ein zusammenhängendes Bild. Ein solches
Verfahren ist ganz besonders im ersten Evangelium bemerkbar und im
Bishergesagten schon öfters angedeutet worden. Es musste dasselbe sich
aber der Natur der Sache nach hauptsächlich in der Auferstehungsgeschichte kund thun. Die Offenbarungen des Auferstandenen, waren
sporatisch, kurz, ohne räumlichen Zusammenhang unter einander, bald
Einzelnen, bald einer Versammlung von Jüngern sich kund gebend. Ein
solcher Bericht von Begebenheiten ohne Zusammenhang, musste in den
mündlichen Erzählungen, entkleidet von der Meldung von Ort und Zeit ·
und einzelnen Schauenden, die Gestalt annehmen, in welcher die Synoptiker sie uns erhalten haben; so sind bei Lucas die vielen Bezeugungen
während 40 Tagen dem Anscheine nach zu einer Einzigen an einem,
etwa dem letzten Tage, zusammengeflossen. Lucas hatte sicher, der Bericht der Apostelgeschichte bürgt dafür, das Bewusstsein von diesem
Zusammenziehen; darum müssen wir es auch bei Matthäus und Marcus
voraussetzen. Hat es mit dem Bishergesagten seine Richtigkeit, so ist
uns auch das Mittel an die Hand gegeben, wodurch in dieser Geschichte

eine Harmonie der Evangelien bewerkstelligt werden kann, wie wir sie Oben versucht haben.

§ 200. Die Apostel und Evangelisten, welche von der Auferstehung Christi von den Todten zeugen, stellen diese Wahrheit nicht als eine ausserordentlich ihnen geoffenbarte, sondern als eine Erfahrungsthatsache auf; sie zeugen, dass sie es gesehen, sinnlich wahrgenommen haben. Wäre die Auferstehung Jesu eine geoffenbarte Wahrheit, so läge es wohl den Christen ob, sie zu glauben; der Gläubige hätte im Vertrauen auf die Wahrheit des durch den Geist Geoffenbarten den Segen der in der Auferstehung enthaltenen Güter des Trostes, der Hoffnung und der Kraft; aber die Auferweckung Jesu bliebe dann ausschliesslich das Privatgut der gläubigen Gemeinde, ein nur der Christenheit aufgedecktes Geheimniss, wovon kein apologetischer und missionirender Gebrauch möglich wäre; der Christ würde die Auferstehung annehmen, weil er glaubt. Die Apostel aber machen davon einen missionirenden Gebrauch; Christus ist ihnen erwiesen als der Sohn Gottes durch die Thatsache der Auferweckung von den Todten (Röm. 1, 4. Apostelg. 2, 32); sie wollen den Menschen von dieser Thatsache gewiss machen durch ihr Zeugniss, und nur erst auf diese Gewissheit die Busse und den Glauben bauen. Johannes sagt (1. Ep. 1, 1—3): „Wir verkündigen euch was wir gesehen haben mit unsern Augen, was unsere Hände betastet haben vom Logos des Lebens." Paulus, der wo es Noth thut, auch auf Offenbarungen sich beruft, thut dieses nicht, wo er den Glauben an Jesu Auferstehung begründen will, sondern citirt Zeugen und beruft sich auf das, was Andere und er selbst gesehen haben (1. Cor. 15, 5—8). Daher eben kommt es, dass die verschiedenen Evangelisten nicht alle dieselben Erscheinungen des neubelebten Herrn berichten, sondern jeder nur, was er selbst persönlich oder sein Gewährsmann erlebt hat. Als reine Erfahrungsthatsache stellen sich alle ihre Berichte hin. Auch Matth. 28, 2—4 muss als solche betrachtet werden, denn wenn die Weiber selbst nicht von der Sache Zeugen waren, so kann es von den Wächtern transpirirt sein.

§ 201. Wird aber die Auferstehung nicht als Offenbarung, sondern als Erfahrungsthatsache aufgestellt, auf welche der Glaube sich gründen muss, so haben wir sie auch nach den gewöhnlichen Grundsätzen zu beurtheilen, durch welche wir sonst die Thatsachen der Erfahrung prüfen, nur protestiren wir gegen metaphysische Grundsätze, welche das geschichtlich Mögliche auf eine Art formuliren, dass aprioristisch das

Uebernatürliche und das Wunder ausgeschlossen ist. Das Mögliche ist nicht das Kriterium des Wirklichen, sondern umgekehrt.

§ 202. Es steht fest, dass die Evangelisten die Auferstehung als eine Thatsache der Erfahrung darstellen. Das, was sie erfahren zu haben bezeugen, ist nun entweder objectiv wirklich und wahr, oder die Berichterstatter haben sich selbst getäuscht, oder sie haben absichtlich die Unwahrheit gesagt. Die Hypothese von absichtlichem Betruge kann Angesichts des moralischen Charakters dieser Zeugen nimmermehr aufkommen, dafür bürgt die allgemeine Entrüstung gegen die Darstellung Herrn Renan's von der Auferweckung des Lazarus, die als ein geschichtlicher Skandal perhorreszirt wird. Dagegen hat die Hypothese von unabsichtlicher Selbsttäuschung vielseitig Anklang gefunden, und muss einer näheren Prüfung unterworfen werden.

§ 203. Wenn behauptet wird, dass die Zeugen von Jesu Auferstehung sich selbst getäuscht haben, so kann damit nichts Anderes gesagt sein, als dass sie in einem Zustande geistiger Ueberspannung und Hallucination meinten zu sehen, ohne dass ein sinnlich wahrnehmbares Object auf ihre Sinnen wirkte. Solche Zustände giebt es unläugbar. In unserm wachen Zustande spielen unsere Sinnennerven die Rolle der Tasten eines musikalischen Instrumentes; die Aussenwelt mit ihren Eindrücken ist die Hand, welche die Tasten anschlägt, und in der Seele tönen die durch dieses Spiel geweckten Empfindungen nach. Im Nachtleben verhält sich die Sache umgekehrt: passive Zustände des der Selbstthätigkeit entbehrenden Organismus, die Störung des Blutlaufes oder der Athmungsthätigkeit u. s. w., wecken in der Seele Empfindungen und Töne, welche Aehnlichkeit haben mit Empfindungen, welche im wachen Zustande des Taglebens in uns sind durch Eindrücke der Aussenwelt hervorgerufen worden. Es ist uns vielleicht begegnet, dass ein gefährliches, wüthendes Thier uns einen jähen Schrecken eingejagt, dass das Blut erstarrte und es uns kalt über den Rückgrath rieselte. Kommt nun im Schlafe durch irgend eine Störung, durch einen Fieberanfall oder desgleichen dieselbe Empfindung zu Stande, dass das Blut starrt und es kalt über den Rückgrath rieselt, so zaubert uns die Einbildungskraft, jenes wüthende Thier vor, als wäre dasselbe die Ursache unserer Empfindung. Dies ist der Traum. Die Empfindung ist in den Sinnennerven entstanden, die Einbildung schafft die die Taste schlagende Hand. Die Empfindung ist real, die die Taste schlagende Hand ist imaginär. Ein ähnlicher Seelenzustand kann uns aber auch im Zustande des Wachseins anwandeln; die in der Seele rege gewordenen Empfindungen der Freude, der Angst, der Sehnsucht, können so heftig werden, dass sie die Sinnenthätigkeit augenblicklich hemmen, die Pupille des Auges, zum Beispiel, so sehr ausdehnen, dass das wirkliche Sehen unmöglich wird; in solchem Zustande kann die Einbildungskraft einen solchen Grad der Energie erreichen, dass das Auge wähnt zu sehen, das Ohr wähnt zu hören, überhaupt der Sinn scheint wahrzunehmen, was die Veranlassung der Empfindung in der Seele ist. Wird dieser Zustand durch eine krankhafte Affection unseres Organismus hervorgebracht, so heisst man ihn Hallucination; ist aber eine objective geistige Macht dabei thätig, welche der Seele eine geistige Offenbarung einflössen will, so heisst der Zustand Vision. In einer Beziehung ist also zwischen Hallucination und Vision ein bedeutender Unterschied, da diese eine objective Ursache hat, jene aber eine rein subjective; in anderer Beziehung sind sie, als psychologischer Act identisch, nemlich eine Sinnenwahrnehmung ohne sinnlichwahrnehmbares Object.

§ 204. Welcher Art war nun das Schauen des Auferstandenen? war es das eigentliche Sehen eines realen Gegenstandes, oder eine rein innerliche Vision ohne sinnlich-wahrnehmbaren Gegenstand? Visionen als Mittel der Offenbarung sind im N. T. wohlbekannte Erscheinungen, sowohl solche, welche im Schlafe, als auch solche, die im Zustande des Wachseins eintreten. Was nun zuerst das im Nacht- und Traum-Leben Erfahrene anbelangt, so wird es immer bestimmt vom wirklichen Sehen und Hören unterschieden und als ein Traum dargestellt. Dahin gehören Matth. 1, 20. 24; 2, 13 u. s. w. Aber auch die Visionen und Entzückungen, welche im wachen Zustande eintreten, wie Apostelg. 10, 10 ff. 2. Cor. 12, 2 ff. Matth. 17, 1 — 3 vergl. § 124, werden bestimmt vom eigentlichen Sehen unterschieden. Von einer Vision sagt z. B. Paulus: „Ist er im Leibe gewesen? so weiss ich es nicht; oder ist er ausser dem Leibe gewesen? so weiss ich es auch nicht." Wenn man nun das Sehen des Auferstandenen durch die Apostel zu einer Vision oder Entzückung, zu einem inneren Schauen hat machen wollen, so liegt der Grund dieses Urtheils nicht in der Natur der Berichte, welche ein wirkliches Sehen bezeugen, sondern in einem metaphysischen Motive, in dem Streben das Wunder und das Supranaturale überhaupt zu beseitigen. Wo dieses Streben nicht obwaltet, muss anerkannt werden, dass die Berichterstatter nicht Visionen, sondern ein wirkliches Schauen Jesu behaupten. Haben sie sich aber vielleicht getäuscht und etwas, das nur Vision war, für ein wirkliches Schauen gehalten? Etwas der Art wäre denkbar, wenn das Schauen des Herrn ein flüchtiges, schnell vorübergehendes gewesen wäre und immer nur einzelnen Personen begegnet wäre. Aber im Gegentheil wird das Schauen des Auferstandenen durch die Evangelisten als ein längere Zeit dauerndes dargestellt, welches viele Hunderte von Menschen gleichzeitig wahrgenommen haben; der Herr wird als längere Reden haltend, Texte auslegend, Lehren, Befehle, Verheissungen verkündigend geschildert; er isst und trinkt, lässt sich betasten. In dem Allem war keine Selbsttäuschung möglich, es war, wo nicht ein offenbarer Betrug, nothwendig ein reales Schauen.

§ 205. Diejenigen Kritiker, welche das Schauen des Auferstandenen für Visionen erklären, berufen sich hauptsächlich auf die Darstellungen dessen, was der Apostel Paulus auf dem Wege nach Damascus erfahren, und das sie für eine Vision halten. War jenes Erlebniss wirklich eine Vision? und wenn sie es war, muss das von den Evangelisten Berichtete gleichfalls eine solche sein?

Jenes Begebniss ist uns in drei Relationen überliefert. Nach der ersten, Apostelg. 9, 3 — 8 umstrahlte den Saulus plötzlich ein Licht; er fiel zur Erde nieder, und hörte eine Stimme, die zu ihm sprach: Saul, Saul, warum verfolgst du mich. — — Die Männer, die mit ihm reiseten, standen sprachlos, und hörten zwar die Stimme, sahen aber Niemand. In der zweiten, Apostelg. 22, 6 — 11 redet Paulus wieder von einem plötzlichen Licht, das ihn umstrahlte, er fiel zu Boden, hörte eine Stimme, die ihm sagte — — u. s. w.; „die aber bei mir waren, sahen zwar das Licht, aber die Stimme dess, der mit mir redete, hörten sie nicht." Endlich Apostelg. 26, 12 — 18 handelt nicht von den Erfahrungen der Begleiter. Verbinden wir diese Texte, so sahe Saulus ein grelles Licht, welches ihn blind machte, hörte eine Stimme und vernahm Worte, die zu ihm geredet wurden. Die Begleiter sahen das Licht, aber keine Person, hörten eine Stimme, verstanden aber die Worte nicht. Da die Begleiter gleichartige Wahrnehmungen hatten, wie Saulus, so war es keine Vision im eigentlichen Sinne, sondern die Sinnen wurden durch ein Object afficirt. Höchstens könnte man behaupten, dass es ein mit einer visionären Spannung verbundene reale Sinnenwahrnehmung war, da Saulus intensiver hörte, denn die Begleiter. Paulus sagt 1. Cor.

9, 1; 15, 8, dass er den Auferstandenen gesehen habe, und benutzt dieses Schauen als einen Beweis der Wirklichkeit der Auferstehung. Die grosse Bedeutung dieser Offenbarung für den Apostel war, nebst der Bekehrung, die sie bewirkt hat, noch seine Berufung zum Heidenapostel (Röm. 1, 5). Davon ist freilich in den zwei ersten Berichten über das Begebniss auf dem Wege nach Damaskus nicht die Rede; aber im dritten, 26, 17. Daraus folgt wohl, dass der Apostel, wenn er in den Episteln vom Schauen des Herrn redet, dieses Begebniss auf dem Wege nach Damaskus meint. Dafür spricht auch 1. Cor. 15, 8, wo Paulus sagt, dass er dieser Offenbarung gewürdigt ward, da er noch ein ἐκτρώμα war, das heisst wohl ein unreifer, noch nicht zum neuen Leben geborener Foetus, das ist ein Ungläubiger, während die andern Apostel als Wiedergeborene den Herrn sahen. War Paulus, als er den Herrn sahe, noch unbekehrt, so kann das Erlebniss nicht später als das Begebniss auf dem Wege nach Damaskus stattgehabt haben, und muss mit demselben identisch sein. Es ist freilich wahr, dass nach den drei Berichten er den Herrn nicht sahe, und, weil geblendet, nicht sehen konnte, sondern hörte; es ist aber bekannt, dass häufig „sehen“ für jede Sinnenwahrnehmung gesetzt wird.

Wäre aber das von Paulus Erlebte wirklich, was wir jedoch nicht zugeben können, eine reine, bloss innere Vision gewesen, so ist daraus nicht zu folgern, dass die in den Evangelien berichteten Thatsachen auch Visionen waren; sie sind nicht nach dem von Paulus Erfahrenen zu richten, sondern zu nehmen für das, was sie sein wollen, reale Sinnenwahrnehmungen. Es ist jedenfalls zwischen dem von Paulus und dem von den andern Aposteln Erfahrenen der grosse Unterschied, dass Paulus den Herrn sahe nach seiner Erhebung zum Himmel, also da die regelmässigen Offenbarungen aufgehört hatten. Es begreift sich, dass in diesem letzten Falle etwas visionäres zu der realen Wahrnehmung kam. Bei den andern Aposteln aber war es ein wirkliches, objectives Schauen.

Beilage.

Die Topographie von Jerusalem.

1) In der Geschichte Jesu kommen folgende topographische Oertlichkeiten von Jerusalem vor:

Siloah, der Teich Joh. 9, 7 und der Thurm Luc. 13, 4.

Das Schaafthor, und in dessen Nähe

Der Teich Bethesda Joh. 5, 2.

Das Prätorium (Gabbatha) Joh. 18, 28; 19, 13.

Der Tempel, ὁ ναός Matth. 27, 51. Marc. 15, 38. Luc. 23, 45 u. ö.

Das Heiligthum, τὸ ἱερόν, Matth. 21, 12. Joh. 2, 14 u. ö.

Die Zinne des Heiligthums Matth. 4, 5. Luc. 4, 9.

Das schöne Thor im Heiligthume Apostelg. 3, 2. 10.

Die Stoa Salomo's Joh. 10, 23. Apostelg. 3, 11; 5, 12.

Golgatha Matth. 27, 33. Joh. 19, 17, und nahe dabei

Das Grab Jesu Joh. 19, 41.

Das Grab David's Apostelg. 2, 29.

Die Bestimmung dieser Oertlichkeiten ist nur möglich, wenn die allgemeine archaeologische Topographie der h. Stadt wissenschaftlich begründet und von ihren traditionellen Irrthümern befreit sein wird. Leider aber liegt dieser Gegenstand noch immer im Argen. Es bedarf daher keiner weiteren Rechtfertigung, wenn hier ein Versuch der Topographie des antiken Jerusalem vorgelegt wird.

2) El Qods, so heisst heute Jerusalem, liegt auf einer Landzunge, welche auf der Westseite durch eine etwa 800 Schritte breite Landenge mit der Hochebene Judaea's zusammenhängt, sonst aber durch Thäler abgesondert ist. Das eine dieser Thäler, das Kidron- oder Josaphat-Thal schliesst die Nordseite ab, indem es Anfangs seicht, von Westen gen

Osten streicht, dann aber plötzlich eine südliche Richtung nimmt und die Landzunge auf der Ostseite begrenzt und vom Oelberge trennt. Das zweite Thal, Ben-Hinnom genannt, nimmt seinen Ursprung auf der Südseite der Landenge und verläuft Anfangs in südlicher Richtung, wendet sich dann gen Osten und vereinigt sich mit dem Thale Josaphat, wo dasselbe als Wadi en-Nâr zum Todten Meere sich hinabzieht. Die Stadt nimmt nicht die ganze Fläche der Landzunge, sondern nur deren südliche Hälfte ein. El Qods hat die Gestalt eines unregelmässigen Viereckes, dessen Seiten so ziemlich nach den vier Himmelsgegenden sich richten. Die Stadt hat sieben Thore. Die Nordmauer enthält deren zwei. Das eine derselben, Bâb-el-Amûd, auch Damaskus-Thor genannt, nimmt die Mitte der Mauer ein. In der Mitte der östlichen Hälfte derselben liegt Bâb es-Sahari oder auch Herodes-Thor; es ist gegenwärtig zugemauert. Die Ostmauer ist durch zwei Thore in drei ziemlich gleiche Theile getheilt, das nördliche derselben heisst Bâb Sitti-Mariam, bei den Christen das Stephans-Thor, das südliche liegt in der Ostmauer des Haram und ist ein antikes, heute zugemauertes Doppelthor, welches die Muhammedaner Bâb ed-Dahérich, die Christen das Goldene Thor nennen. In der Südmauer liegen gleichfalls zwei Thore; das erste von Osten her heisst Bâb el-Mogharbeh, bei den Christen das Mistthor; es ist stets geschlossen. Das zweite öffnet sich nicht weit von dem Ostende der Südmauer und heisst Bâb-en Nebi Daûd, Davids- auch Zion-Thor. In der Westmauer endlich öffnet sich nur eines, Bâb-el-Chalil, d. i. Hebron- auch Jafa-Thor.

3. Das Terrain des heutigen Jerusalem ist so ziemlich eine von West gen Ost sich abdachende Ebene; dieses ist aber nicht die Gestalt des ursprünglichen Bodens, welcher vielmehr von Thälern durchkreuzt war, welche heute mit theilweise sehr mächtigen Schuttmassen ausgefüllt sind. Von diesen Thalsenkungen zeichnet sich am Deutlichsten diejenige, welche sich vom Damaskusthore zum Mistthore zieht, El-Wad heisst und südwärts ausser der Stadt als tiefe Schlucht, Tyropoeon genannt, fortsetzt und bei der Verbindung der Thäler Ben-Hinnom und Kidron mündet. El-Wad theilt die Stadt in zwei Hälften. Die östliche derselben zerfällt in zwei Quartiere durch eine theilweise künstliche Thalsenkung, die von West nach Ost zieht und einerseits auf El-Wad, anderseits auf den Kidron senkrecht ausläuft; sie wird durch die untere Hälfte der sogenannten Via dolorosa dargestellt. Das südliche dieser Ostquartiere

bildet den Haram, die ehemalige Area des Tempels mit einem kleineren, westlich anliegenden Stadttheile; das nördliche besteht in einem Hügel, welchen Josephus Bezethahügel nennt. Die westwärts vom El-Wad gelegene Hälfte zerfällt gleichfalls in zwei Quartiere, welche durch ein Thal getrennt waren, welches sich vom Jafathore gegen den südlichen Theil des Haram zog. Dasselbe ist heute freilich durch angehäuften Schutt verwischt, aber von der Citadelle an, der Davidstrasse entlang, zieht sich bis an den Mekhmeh ein ungeheurer Kloakbau, welcher, ohne je der Reinigung zu bedürfen, den sämmtlichen Unrath der Stadt fortführt (Rosen, Topographisches aus Jerus., in Zeitschr. der deutsch. morgenl. Gesellsch. 1860. II. 610); derselbe zeichnet deutlich den Verlauf des ehemaligen Thales. Das nördliche dieser zwei Westquartiere enthält die Kirche des heiligen Grabes. Es liegt auf der Landenge, welche die Landzunge mit der judaeischen Hochebene verbindet und ist nicht ein eigentlicher Hügel, sondern die von West gen Ost sich abdachende Fortsetzung der Hochebene. Das südliche der zwei Westquartiere ist hingegen ein Hügel, an dessen Nordwestwinkel die Citadelle El-Qalah und auf dessen Rücken die Jakobskirche der Armenier liegt. Die christliche, spätere Tradition nennt, wie wir sehen werden mit Unrecht, diesen Hügel Zion.

Das Object der archaeologischen Topographie ist, das antike Jerusalem auf diesem Terrain wieder zu finden.

Jerusalem nach Josephus.

4) Josephus, de Bello V. 4, 1, sagt: „Die Stadt war durch drei Mauern befestigt, ausgenommen, wo sie von unzugänglichen Thälern umgeben war, da war nur eine Mauer." Die hier gemeinten Thäler sind Ben Hinnom und Kidron, welche von der Citadelle an gen Süden die Westseite, dann die ganze Süd - und die ganze Ostseite schützen. De Bello V. 4, 2: „Die älteste der drei Mauern war unangreifbar durch Thäler und den sie überragenden Hügel, auf welchem sie erbaut war. — Die Nordseite dieser Mauer fing bei dem Hippicus genannten Thurme an, erstreckte sich bis zu dem Xystus genannten Orte, berührte dann das Rathhaus ($\dot{\eta}$ $Bov\lambda\dot{\eta}$) und endigte an der westlichen Stoa des Heiligthums." Ueber die allgemeine Richtung dieser Mauer kann kein Zweifel sein. Der Thurm Hippicus lag jedenfalls in der Citadelle, in deren

Nordwestecke Herr de Sauley (Voyage en terre Sainte II. 10) die Fundamente eines alten Thurms entdeckte, welche vollkommen den durch Josephus (de Bello V. 4, 3) angegebenen Dimensionen entsprachen. Von
diesem Thurme verlief die Mauer gen Ost an der Nordseite des Südwesthügels, und stiess an die Westmauer des Haram, nachdem sie an dem
Xystus vorübergezogen war. Die Lage dieses öffentlichen Platzes ist
vollkommen bestimmbar. De Bello VI. 6, 2 ist gesagt, dass über den
Xystus, ὑπὲρ τὸν Ξυστὸν, eine Brücke führte, welche das Heiligthum
mit der Oberstadt in Verbindung setzte. Bedeutende Reste dieser Brücke
finden sich heute noch an der Westmauer des Haram, 39 englische Fuss
nördlich von der Südwestecke derselben (Robinson, Pal. 65). Der Xystus
war somit das breite ebengelegte Thalbette des Tyropoeon, welches sich
südlich vom Barbaresken-Quartier bis zum Mistthore erstreckt. Eine
solche Lage in der Tiefe wird auch de Bello IV. 9, 12; VI. 8, 1 dem
Xystus zugeschrieben. Josephus fährt fort: „Anderseits, von demselben
Orte (nemlich dem Hippicus) ausgehend, breitet sich die Westmauer aus,
zieht durch den Bethso genannten Ort, dann geht die Mauer zum Essenerthor, dann, nach Süden sich richtend über der Siloam genannten
Quelle hin, biegt dann gen Osten zum Teiche Salomo's, und sich bis zu
dem Ophla genannten Ort erstreckend, stösst sie an die östliche Stoa des
Heiligthums." Robinson II. 48, und mit ihm manche Andere übersetzen
anders. Die Worte: καὶ ἔπειτα πρὸς νότον ὑπὲρ τὴν Σιλωὰμ ἐπιστρέφον πηγὴν, ἔνθεν πάλιν ἐκκλίνον πρὸς ἀνατολὴν ἐπὶ τὴν Σολομῶνος
κολυμβήθραν, — übersetzt er: „dann zog sich die Mauer als Südmauer
bis Siloah und verlief als Ostmauer vom Teiche Salomo's an Ophla vorbei
bis an die östliche Stoa des Heiligthums." Aber πρὸς νότον — —
ἐπιστρέφον zeigt nicht eine Orientirung nach Süden, sondern eine
Wendung einen Verlauf gen Süden an, und bezeichnet nicht eine Südmauer, sondern die südwärts laufende Westmauer des südlichen Moriah;
ebenso ist ἐκκλίνον πρὸς ἀνατολὴν eine Bewegung, ein Fortziehen
der Mauer nach Osten, von Siloah bis zum Teiche Salomo's, also nicht
eine Ostmauer, sondern eine nach Osten verlaufende Südmauer gemeint.
Wäre Robinsons Uebersetzung richtig, so müsste angenommen werden,
dass die Südmauer dem äusseren Rande des Südwesthügels entlang bei
Siloah über das Tyropoeon setzte. Nun ist aber gewiss, dass das Stadttheil am Moriah von dem Stadttheile auf dem Südwesthügel also getrennt
war, dass dieses letztere noch eine abgeschlossene Festung blieb, als

jenes in der Macht der Feinde war. So hätte eine Scheidemauer dem ganzen untern Tyropoeon entlang bestehen müssen, wovon jedoch nirgend eine Spur vorkommt. Eine Uebersetzung, die zu solchen Resultaten führt, kann nicht gutgeheissen werden. Die Westmauer zog vom Hippicus bis an den Ort Bethso, welchem das englische Schulhaus zu entsprechen scheint; von dort zog sie an das Essenerthor, welches nur das Mogharbehthor sein kann, weil von demselben die Mauer (der Westseite des Moriah entlang) südwärts bis Siloah verlief; von dieser Quelle bis zum Teiche Salomo's dehnte sich die Südmauer des Moriah gen Osten aus, und von da endlich die Ostmauer bis an die Südostecke des Haram. Der südliche Theil des Moriah, wie des Südwesthügels, welche heute ausserhalb der Stadtmauer liegen, waren innerhalb der Ringmauern des alten Jerusalem. Denn Josephus sagt, dass von der Seite der Thäler die Stadt unangreifbar war, und die Geschichte der Belagerungen Jerusalems beweiset es; denn nie wurde durch die Feinde auch nur ein Versuch gemacht, von der Süd- oder Ostseite her an die Mauern zu gelangen; hätten aber die Stadtmauern des alten Jerusalem den Ort der heutigen eingenommen, so wäre auf der Südseite der Angriff mittelst der im Alterthume gebräuchlichen Belagerungsmittel sehr möglich gewesen, da beide Hügel heute ausser der Mauer eine freie, ebene Fläche bieten. Zu der Zeit der Kreuzfahrer hatte die Mauer schon den Verlauf der heutigen, daher wurde durch dieselben die Stadt auch auf dem Südwesthügel angegriffen (Gesta Dei I. pag, 74. 175. 750), was im Alterthume niemals geschah. Wir haben uns somit den Verlauf der Mauer so zu denken, dass auf dem Südwesthügel die Moschee En-Neby Daûd durch dieselbe eingeschlossen war, und dass der Rücken des Moria extra muros bis zum Siloahteiche gleichfalls zur Stadt gehörte, so jedoch, dass der heute ausgeschlossene Tyropoeongrund auch damals ausgeschlossen war und das Essener-Thor am Orte von Bâb-el-Mogharbeh stand.

5) „Die zweite Mauer hatte ihren Anfang an dem Gennath genannten Thore, welches der ersten Mauer angehörte; sie umfasste durch eine Bogenlinie ausschliesslich die nördliche Region, und reichte bis an Antonia," (de Bello V. 4, 2). Das Thor Gennath gehörte der ersten Mauer an, welche vom Hippicus zum Xystus sich erstreckte, und lag somit nothwendig östlich vom Hippicus. Der Endpunkt dieser zweiten Mauer war Antonia, d. i. die Nordwestecke der Tempelarea oder des Haram. Diese Mauer war verhältnissmässig klein, da nur 14 Thürme

sie krönten, während die dritte ihrer 90 trug (de Bello V. 4, 3). Dass sie von der ersten Mauer aus gen Norden bis zur sogenannten Porta judiciaria der Damaskusstrasse entlang ihren Verlauf hatte, bedeuten die alten Mauerreste, welche im Johannitergebiete entdeckt worden sind (de Saulcy, l. l. Plan von Jerus. sub litera V. V.) von der Porta judiciaria muss sie dann ostwärts, der Via dolorosa entlang ihren Verlauf gehabt haben.

6) „Die dritte Mauer fing am Thurm Hippicus an, von wo sie nordwärts sich zog und bis an den Psephinusthurm verlief; darauf zog sie an dem Grab der Helena vorüber, durch die Königshöhlen ($\delta\iota\grave{\alpha}$ $\sigma\pi\eta\lambda\alpha\acute{\iota}\omega\nu$ $\beta\alpha\sigma\iota\lambda\iota\varkappa\tilde{\omega}\nu$) bis an den Eckthurm, wo sie am Denkmale des Walkers vorüber umbiegend und an die alte Mauer auslaufend, im Kidronthale endigte. Diese Mauer hat Agrippa um das Stadttheil gegründet, welches vorher ganz offen ($\gamma\nu\mu\nu\acute{\eta}$) war. Denn die übervölkerte Stadt hatte sich ausserhalb der Mauern ausgebreitet, so dass nördlich vom Heiligthume der Anbau bedeutend sich ausdehnte und somit der vierte Hügel, Bezetha genannt, ringsum mit Häusern bedeckt war. Dieser Hügel liegt der Antonia gegenüber und ist davon durch einen tiefen, durch die Kunst gegrabenen Graben getrennt. Bei den Einheimischen wurde der Ort Bezetha genannt, welcher Name Neustadt bedeutet," (de Bello V. 4, 2). Die Antonia lag in der Nordwestecke des Haram; unmittelbar nordwärts lag der Bezethahügel; es ist dies somit der Hügel, auf welchem die Derwischmoschee liegt. Der Verlauf der dritten Mauer ist durch eine Reihe von sichern Punkten bestimmt, welche beweisen, dass er mit der heutigen Stadtmauer identisch war. Die dritte Mauer fing am Hippicus, das heisst an der Nordwestecke der Citadelle an und erstreckte sich gen Norden bis an den Psephinosthurm (Kieselthurm). Bedeutende Reste dieses Thurmes, aus Kieselkitt bestehend, fand Krafft (Topogr. 40) im Kasr Dschalud, an der Nordwestecke der Stadt, und die Thatsache ist durch de Saulcy (Voy. II. 128) gründlich bestätigt. Von diesem Thurme, welcher zu Josephus Zeiten wie heute den Nordwestwinkel der Stadt bildete, zog sich die Mauer ostwärts und durchschnitt die Königshöhlen. Nun ruht östlich vom Damaskusthore die Stadtmauer auf einem senkrecht zugehauenen Felsen, welcher beweiset, dass hier der Bezethahügel ist durchschnitten und abgegraben worden. Dieser Felsenwand gegenüber liegt die Jeremiashöhle, welche in einer gleichfalls dieser entsprechenden Felsenwand sich befindet. In dem Felsen nun

unter der Stadtmauer ist der Eingang zu einer sehr bedeutenden Höhle, die sich nach Süden unter der Stadt hinzieht (Tobler, dritte Wanderung, 256 ff.). Agrippa hat somit an diesem Orte mit dem Felsen auch eine grossartige (Steinbruch-)Höhle durchgraben lassen, von welcher die Jeremiasgrotte und die soeben beschriebene die südlichen und nördlichen Ueberreste sind. Dies ist die Königshöhle. Im Damascusthore selbst finden sich bedeutende Reste von jüdischen Thurmbauten, welche der dritten Mauer zugehörten. Wenn nun auch von hier aus zum Eckthurme, und dann bis an die östliche Harammauer keine sichere, alte Mauerreste gefunden worden sind, so finden sich dagegen um die Nordostecke der Stadt herum, so gewaltige, in den Felsen gehauene Stadtgraben, die eine jüdische Riesenarbeit sind, dass der Verlauf der Mauer gründlich sichergestellt ist.

7) Mehrere Topographen sind der Meinung, das alte Jerusalem habe einen bedeutend grösseren Raum eingenommen, als das neue, durch eine Ausdehnung nicht nur nach Süden, sondern auch nach Norden; nach ihnen entspräche die heutige nördliche Stadtmauer mehr oder weniger der zweiten Mauer des Josephus, und sie suchen die dritte am nördlichen Rande der Landzunge, wo sie durch den obern, gen Osten verlaufenden Kidron, dem heutigen Wadi-el-Dschos begrenzt wird. Zur Entscheidung dieser Frage kann auch folgende Stelle aus Josephus, de Bello V. 6, 3 dienen, wenn sie recht verstanden wird. „Die Mauer, sagt er, überragen Thürme, deren jeder 20 Ellen breit ist. Die Zahl derselben auf der dritten Mauer betrug 90; sie waren einer von dem andern 200 Ellen entfernt. Die mittlere (zweite) Mauer hatte deren 14, die alte Mauer war unter 60 derselben vertheilt ($\varepsilon i \varsigma$ $\dot{\varepsilon}\xi\dot{\eta}\varkappa o\nu\tau\alpha$ $\mu\varepsilon\mu\dot{\varepsilon}\varrho\iota\sigma\tau o$). Der ganze Umfang der Stadt belief sich auf 33 Stadien." Hier hat sich leider eine falsche Zahl eingeschlichen. Ein Stadium enthielt 400 Ellen. Die dritte Mauer mit ihren 90 Thürmen, die je 200 Ellen oder ein halb Stadium von einander entfernt waren, hatte somit für sich allein schon eine Länge von 45 Stadien, und doch war der Umfang der ganzen Stadt nur 33 Stadien! Der Fehler liegt offenbar in der Entfernung der Thürme, welche auf 200 Ellen angegeben ist. Wir wollen versuchen auf anderem Wege die richtige Zahl zu ermitteln. Da Josephus die Einfassung Jerusalems so bestimmt, dass auf die dritte Mauer 90, auf die zweite 14 und auf die erste 60 kommen, so muss die Totaleinfassung, $\tau\tilde{\eta}\varsigma$ $\pi\dot{o}\lambda\varepsilon\omega\varsigma$ $\dot{o}$ $\pi\tilde{\alpha}\varsigma$ $\varkappa\dot{\upsilon}\varkappa\lambda o\varsigma$ die Summe der drei Mauern sein, und nicht bloss die dem Felde

zugekehrte Einfassung. Die Thürme waren zusammen 90 + 11 + 60 = 161; theilen wir durch diese Zahl die 33 Stadien oder 33 ✕ 400 = 13,200 Ellen, so ergiebt sich eine Entfernung von Thurm zu Thurm von 87 oder in runder Zahl von 90 Ellen. Die Zahl 90 wird aber durch das Zeichen $\mathfrak{h}$ ausgedrückt und die Zahl 200 durch $\mathfrak{r}$. Es erklärt sich um so einfacher, dass ein Copist das letzte Zeichen für das erste setzte, da unmittelbar vorher die Zahl der Thürme auf 90, d. i. $\mathfrak{h}$ angegeben war, und er somit die Wiederholung derselben Zahl für einen Fehler halten konnte, den er in $\mathfrak{r}$ corrigirte. Da aber Josephus die ganze Summe der drei Mauern auf 33 Stadien bestimmt, so finden wir den äussern Umfang der Stadt, wenn wir von dieser Zahl die inwendigen Mauern abziehen. Inwendige Mauern waren von der ersten oder ältesten der zwischen dem Hippicus und dem Xystus gelegene Theil, welcher auf etwa 3 Stadien und dann die ganze zweite Mauer, welche auf 14✕90 Ellen, oder etwa auf $3\frac{1}{2}$ Stadien sich belief, zusammen $6\frac{1}{2}$ Stadien, welche von 33 abgezogen $26\frac{1}{2}$ Stadien für die äussere Einfassung Jerusalems abgeben. Das heutige Jerusalem hat nach Richardson 4630 Schritte, oder 2315 römische Doppelschritte. Die $26\frac{1}{2}$ Stadien geben 3112 passus; woraus folgt, dass das alte Jerusalem etwa 800 passus mehr im Umfang zählte, als das neue. Dieser Unterschied erklärt sich aus der ehemaligen Südmauer, welche nicht wie die heutige eine gerade Linie beschrieb.

S) Die Beschreibung, welche Josephus von Jerusalem macht, zeigt aufs Deutlichste, dass zu seiner Zeit, vor der Zerstörung durch Titus, die Stadt in fünf Quartiere sich theilte, deren jedes von allen andern durch Mauern getrennt war und für sich eine Festung bildete. Dieselben waren:

Erstes Quartier: Das Heiligthum, welches ringsum von Mauern umgeben war, also, dass der Feind, welcher der ganzen übrigen Stadt sich bemächtigt hatte, desswegen den Tempelberg noch nicht besass, sondern dagegen eine förmliche Belagerung vornehmen musste, wie es sich aus der Geschichte der Eroberung Jerusalems durch Herodes ergiebt. Zu dieser allgemeinen Einfassung des Tempelberges kamen noch zwei besondere Festungswerke, nemlich die Antonia, welche den Nordwestwinkel der Tempelarea einnahm und eine gewaltige Citadelle bildete und der innere Vorhof, welcher von dem äusseren durch eine Festungsmauer ringsum getrennt war.

Zweites Quartier: Bezetha oder die Neustadt, welche nach aussenhin durch die dritte Mauer gedeckt war und nach innen durch die zweite Mauer und die nördliche Mauer des Tempelberges von der übrigen Stadt abgeschlossen war. Es war dasselbe der nördlichste Theil der h. Stadt.

Drittes Quartier: Die Vorstadt, τὸ προάστειον (Jos. Antiq. XV. II., 5 wahrscheinlich der 1. Chron. 26, 18 Parphar, פרפר, genannte Stadttheil). Es war dasselbe gen Norden und gen Westen durch die zweite Mauer, gen Osten durch die Westmauer des Tempelberges, gen Süden durch die von dem Hippicusthurme zum Xystus sich erstreckende Mauer rundum von der übrigen Stadt getrennt.

Viertes Quartier: Die Oberstadt, so hiess der Stadttheil, welcher auf dem Südwesthügel lag, welchen die moderne Tradition fälschlich Zion nennt. Sie war ringsum durch die älteste oder erste Mauer geschützt, ausgenommen dem Heiligthume gegenüber, gegen welches sie aber der hohe, senkrecht behauene Felsen schützte, welcher die Westwand des Tyropoeon oder Xystus bildete. Als Titus die Neustadt, die Altstadt, das Heiligthum und die Unterstadt in seiner Gewalt hatte, und den Juden nur noch die Oberstadt übrig blieb, hatte eine Verhandlung zwischen den Römern und den Juden statt; „Titus stand auf der westlichen Seite des äusseren Heiligthums, wo eine mit Thoren versehene Brücke war, welche die Oberstadt mit dem Heiligthume in Verbindung setzte, γέφυρα συνάπτουσα τῷ ἱερῷ τὴν Ἄνω πόλιν; diese Brücke trennte Titus von den Tyrannen (Patrioten),“ Bell. VI. 6, 2. Diese Darstellung ist hinreichend, die der Oberstadt angewiesene Lage zu rechtfertigen. Dass dieser Stadttheil eine Festung für sich bildete, beweiset die förmliche Belagerung, welche Titus gegen denselben vornehmen musste, als er Meister der ganzen übrigen Stadt war.

Fünftes Quartier: Die Unterstadt. Dieselbe bildete mit dem Heiligthume und der Oberstadt die eigentliche Altstadt; sie war gleichfalls in der ältesten oder ersten Mauer begriffen, lag aber auf dem östlichen Hügel, dem Moriah, südwärts vom Heiligthume. Dieses Quartier ist heute völlig extra muros; nur der Garten der Aksa, welcher dazu zählte, gehört gegenwärtig zu El-Qods. — Diese Bestimmung der Lage der Neustadt bedarf eines gründlichen Beweises, da die Topographen ziemlich allgemein einer andern Meinung sind.

9) Josephus, de Bello V. 4, 1 sagt: „Die Stadt, ἡ πόλις, war durch drei Mauern befestigt, ausgenommen auf der Seite der unzugänglichen

Thäler; dort nemlich war nur eine Mauer. Die Stadt war auf zwei Hügeln sich Fronte machend, $\mathring{\alpha}\nu\tau\iota\pi\varrho\acute{o}\sigma\omega\pi o\varsigma$, erbaut. Diese Hügel waren durch ein zwischenliegendes Thal getrennt, zu welchem die Häuser beiderseits hinab sich ausbreiteten. Der erste dieser Hügel, derjenige, welcher die Oberstadt trug, war bedeutend höher und ausgedehnter. Er wurde auch durch David wegen seiner Festigkeit Phrurion ($\varphi\varrho o\acute{v}\varrho\iota o\nu$, fester Platz) genannt. — Bei uns heisst er der Obermarkt. Der zweite Hügel hiess Akra, er trug die Unterstadt und hatte die Gestalt einer Mondsichel ($\mathring{\alpha}\mu\varphi\acute{\iota}\varkappa\nu\varrho\iota o\varsigma$). Diesem gegenüber lag ein dritter Hügel, von Natur niederer als Akra, wovon er ehemals durch ein seichtes Thal ($\pi\lambda\alpha\tau\epsilon\acute{\iota}\alpha\ \varphi\acute{\alpha}\varrho\alpha\gamma\gamma\iota$) getrennt war. Zur Zeit aber, da die Hasmonäer herrschten, füllten diese das Thal aus, in der Absicht, die Stadt mit dem Heiligthume in Verbindung zu bringen; auch trugen sie die Höhe der Akra ab und machten sie niederer als das Heiligthum, so dass dieses um so viel jenes überragte. Das vorhin erwähnte Thal aber, Tyropoeon heisst es, wovon wir gesagt haben, dass es den Hügel der Oberstadt von der Unterstadt trenne, reicht bis Siloam, so heisst man die süsse, reichfliessende Quelle. Nach aussen hin aber waren die zwei Hügel der Stadt durch tiefe Thäler eingeschlossen, so dass die beiderseitigen Abgründe den Zugang unmöglich machten." Mittelst dieser Beschreibung des Josephus bestimmen die Topographen die Unterstadt einfach wie folgt: Jerusalem, sagen sie, wird hier in Ober- und Unterstadt getheilt; die Oberstadt ist der Südwesthügel, die Unterstadt ist also das ganze übrige Jerusalem. Diese Folgerung wäre richtig, wenn Josephus unter der „Stadt", $\mathring{\eta}\ \pi\acute{o}\lambda\iota\varsigma$, ganz Jerusalem verstünde. Dies ist aber nicht der Fall; sondern bei näherer Prüfung ergiebt sich, dass er darunter nicht ganz Jerusalem, sondern bloss die ursprüngliche, in der ersten Mauer eingeschlossene Altstadt versteht; denn er sagt, dass die $\pi\acute{o}\lambda\iota\varsigma$ auf zwei Hügeln liege; von der Neustadt, Bezetha, aber sagt er, (siehe § 1) dass sie den vierten Hügel, $\tau\acute{\epsilon}\tau\alpha\varrho\tau o\nu\ \lambda\acute{o}\gamma o\nu$, einnehme. Bezetha also gehörte nicht zu der Zweihügelstadt, und machte ins Besondere nicht einen Theil der Unterstadt aus, welche ja auf dem zweiten Hügel lag; $\pi\acute{o}\lambda\iota\varsigma$ bedeutet also hier Jerusalem mit Ausschluss der Neustadt. Dies ist aber auch durchaus dem antiken Sprachgebrauche entsprechend, in welchem der Ausdruck $\pi\acute{o}\lambda\iota\varsigma$ oft die Anbauten und Vorstädte ausschliesst und der ursprünglichen, gewöhnlich auszeichnender befestigten Ur- oder Altstadt allein zukommt. Es leuchtet übrigens ein, dass nicht von ganz Jerusalem, sondern nur von der Altstadt gesagt werden konnte, sie sei durch drei Mauern befestigt, denn die Vorstadt προάστειον, deckten deren nur zwei, die Neustadt nur eine. Daraus wären wir berechtigt zu schliessen, dass nicht nur die Neustadt hinter der dritten Mauer, sondern auch die Vorstadt hinter der zweiten nicht zu der zur πόλις gehörenden Unterstadt zu zählen ist; jedoch dieser Beweis genügt uns nicht; wir werden weiter unten denselben gründlicher liefern. Vom Hügel der Akra oder Unterstadt sagt Josephus, dass ehemals ihm gegenüber ein dritter Hügel lag, und der Context zeigt deutlich, dass mit diesem dritten der Tempelberg gemeint sei. Warum waren deren ehemals drei und später nur noch zwei? was ist aus dem dritten geworden? Wenn das zwei Hügel trennende Thal ausgefüllt wird und der eine von ihnen bedeutend abgetragen wird, so machen von nun an die zwei nur noch einen einzigen Hügel aus. Es wäre daher Unsinn, heute noch zu Jerusalem einen vom Tempelberge getrennten Akrahügel zu suchen; vielmehr ist Akra ein Theil des Tempelberges geworden. Der Moria extra muros erfüllt alle Bedingungen des Textes; er ist mit dem Tempelberge eins, niederer als der Haram, der Garten des Aksa ist ein ebengelegter Boden, welcher in seinem nördlichen Theile sehr wohl kann ein ausgefülltes Thal sein; dieser Hügel der Unterstadt ist von der Oberstadt durch ein Thal getrennt, nemlich durch den untern El-Wad. Den Name Tyropoeon, d. i. Käsemacherthal, trug dasselbe offenbar nur ausser der Stadt, wo die Industrie der Käsemacher ihren Ort hatte.

10) Die Bestimmung der Lage der Unterstadt, wie wir sie soeben gegeben haben, wird durch die Geschichte der Belagerung und Eroberung Jerusalems durch Titus bestätigt. Josephus, de Bello V. 7, 2 erzählt, dass die Römer von Norden her die dritte Mauer erstürmten, und dadurch der ganzen Neustadt Meister wurden; von der Unterstadt geschieht bei dieser Gelegenheit keine Spur von Meldung, woraus folgt, dass der Neustadt dieser Name nicht zukam. De Bello V. 8, 1 wird die Eroberung der zweiten Mauer berichtet, wodurch die Vorstadt in der Römer Gewalt fiel. Auch diesem Stadttheil wird der Name „Unterstadt" nicht gegeben. De Bello VI. 1—5 ist die Einnahme des Heiligthums und die Zerstörung des Tempels beschrieben. Nach dieser Einnahme hatten somit die Römer Alles in ihrer Gewalt, was in der dritten und zweiten Mauer begriffen war, sammt dem Heiligthume. Den Juden blieb damals nichts übrig, als die in der ersten Mauer begriffene Alt-

stadt. Unter so bewandten Umständen hatte die oben schon besprochene Besprechung des Titus mit den Häuptern der Juden statt. Das Gespräch blieb ohne Erfolg. Darum gab Titus Befehl, die Stadt zu plündern und zu verbrennen. „Da, heisst es nun de Bello VI. 7, 2, da vertrieben die Römer die Räuber (Patrioten) aus der Unterstadt, τρεψάμενοι τοὺς λῃστὰς ἐκ τῆς Κάτω πόλεως, und verbrannten Alles bis Siloam — — die Rebellen aber räumten Alles und zogen sich in die Oberstadt zurück." Hier kommt in der ganzen Belagerungsgeschichte zum erstenmal die Unterstadt zum Vorschein. Der Ort, aus welchem die Römer die Juden vertrieben, gehörte nothwendig zur Altstadt; denn aus der Neustadt so wie aus der Vorstadt waren sie längst vertrieben. Als nun die Juden auch die Unterstadt geräumt hatten, verbrannten die Römer Alles — natürlich in dieser Unterstadt — bis Siloam, wohin somit die Unterstadt sich erstreckte; den Juden aber blieb nichts als die Oberstadt, welche eine eigene Festung bildete. Ziehen wir nun von der gesammten Altstadt, die auch hier wieder ἡ πόλις genannt wird, die Oberstadt ab, so muss das Uebrige die Unterstadt sein. Diese hier besprochene Stelle aus Josephus ist für sich allein schon ein sicherer Beweis für die Lage der Unterstadt. Da jedoch manchen Topographen, aus anderweitigen, nachher zu besprechenden Gründen, daran liegt, die Unterstadt in ganz Jerusalem zu finden, je nachdem es ihnen bequem ist, so ist es zweckmässig noch andere Stellen anzuführen, welche den Beweis bekräftigen. Wir haben schon oben gesehen, dass Josephus in seiner Beschreibung Jerusalems, de Bello V, 4, 1 sagte, dass der Akra-Hügel die Unterstadt trug; daher kommt es, dass diese zwei Namen abwechselnd geradezu als Synonymen gebraucht werden. De Bello V. 6, 1 heisst: „Akra, welche die Unterstadt ist," τὴν Ἄκραν, αὕτη δ᾽ ἦν ἡ Κάτω πόλις. In dieser Stelle nun ist gesagt, dass, als Titus die Belagerung Jerusalems begann, diese Stadt in Partheiungen zerrissen war. Das eine der Partheihäupter, „Simon, hatte in seiner Gewalt die Oberstadt, die grosse Mauer bis an den Kidron und von der alten Mauer den Theil, welcher von Siloam gen Osten zieht, und sich bis Monobazus Pallast erstreckt. Er besass auch die Quelle (nemlich Siloah) und die Akra, welche die Unterstadt war und Alles bis an den Pallast der Helena." Hier ist also die Unterstadt nochmals mit Siloah in Verbindung gesetzt. Wir kommen ferner noch einmal auf die schon citirte Stelle de Bello VI. 6, 3 zurück. Nach der Besprechung am Xystus

mit den Juden, gab Titus Befehl die Stadt zu plündern und zu verbrennen. Damit meinte er nicht Bezetha und die Vorstadt, welche
längst in der Römer Gewalt und ausgeplündert, und wohl auch in Asche
gelegt waren, nicht das Heiligthum, welches zerstört war, auch nicht
die Oberstadt, die ihm unzugänglich und noch in der Juden Gewalt
war. Zugänglich aber war ihm der südliche Moriah, weil er das Doppelthor, welches aus dem Tempelgebiete dahin führte, in seiner Gewalt
hatte. Der Vernichtungsbefehl wurde vollzogen und „die Römer verbrannten das Archeion, Akra, das Rathhaus und den Ort Ophla genannt, und das Feuer frass um sich bis zum Pallaste der Helena, welcher mitten in Akra lag." Diese Gebäude lagen alle in der östlichen
Altstadt; das nördlichste davon war offenbar das Rathhaus, weil bei
diesem Gebäude, wie wir gesehen haben, die nördliche erste Mauer an
das äussere Heiligthum stiess; das Rathhaus lag aber an dem Xystus
südwärts vom Barbareskenquartier. Die übrigen Bauten lagen südlicher.
In einem früher citirten Texte fanden wir, dass die Unterstadt bis Siloa
reichte, hier lernen wir kennen, dass sie am Rathhause anfing und bis
Ophla reichte, welcher Ort nothwendiger Weise auf der Ostseite des
südlichen Moriah muss gesucht werden. Nehmen wir endlich das Grenz-
thal Tyropoeon hinzu, so haben wir alle zu wünschenden Grenzmarken
für die Unterstadt. Unser Text giebt übrigens zu der Bemerkung An-
lass, dass Josephus hier, und sonst öfters, abwechselnd den Namen Akra
im beschränkten Sinne der Syrerfeste, und im weiteren der ganzen
Unterstadt braucht; denn nur so verstanden konnte dieser zweimal in
demselben Satze vorkommen. — Ferner wird in de Bello IV. 9, 12 gesagt, dass, als Simon die Zeloten im Heiligthum belagerte, diese letztern,
um die Angreifenden von oben herab bekämpfen zu können, vier grosse
Thürme erbauten; den ersten auf die Nordostecke der Tempelarea, den
zweiten über dem Xystus, den dritten auf eine andere Ecke, der Unterstadt gegenüber, den letzten auf die Zinne der Pastophorien. Nun hatte
die Tempelarea 4 Ecken; auf der Nordostecke stand der erste Thurm;
auf der Nordwestecke stand die mächtige Antonia, welche an sich schon
Thurmes genug war, wo also jedenfalls keiner erbaut wurde. Es bleiben
nun noch die Südost- und die Südwestecken; auf einer derselben musste
„der Thurm auf der andern Ecke" angebracht worden sein; es ist hier
gleichgültig, auf welcher derselben der Thurm erbaut wurde; denn der
einen wie der andern gegenüber lag Moria extra muros. Dort lag somit

die Unterstadt; denn „sie bauten den dritten Thurm auf eine Ecke der Unterstadt gegenüber."

11) Die Akra. Die Unterstadt hiess auch Akra; diesen Namen erhielt sie von der Burg der Syrer, welche in der Geschichte der Hasmonäer eine so bedeutende Rolle spielt. Antiq. XII. 5, 1, sagt Josephus, dass Antiochus Epiphanes nach Jerusalem kam, die Mauern niederriss und in der Unterstadt die Akra erbaute, τὴν ἐν τῇ Κάτω πόλει ᾠκοδόμησεν Ἄκραν, weil dieselbe hoch war und das Heiligthum überragte, ὑπερκειμένη τὸ ἱερὸν. Antiq. XII. 9, 3 sagt er: „Zu dieser Zeit belästigten die Krieger der Akra die Juden sehr; denn sie tödteten in unerwarteten Ausfällen Diejenigen, welche in den Tempel gingen, um zu opfern, denn die Akra lag neben dem Heiligthum, ἐπέκειτο γὰρ τῷ ἱερῷ ἡ Ἄκρα. Endlich gelang es Simon dem Makabbäer, den Syrern diese Festung zu entreissen (Antiq. XIII. 6, 7); er liess sie schleifen und liess den Akrahügel abtragen, welcher vorher höher war, als das Heiligthum; von nun an aber war das letztere höher denn jener. An diesem Abtragen arbeiteten mit Eifer alle Bewohner von Jerusalem Tag und Nacht, drei Jahre hindurch, und brachten den Hügel hinweg bis an den Grund, und machten ihn zur flachen Ebene, καὶ κατήγαγον εἰς ἔδαφος καὶ πεδινὴν λειότητα. Diese Thatsachen resumirt Josephus in seiner Beschreibung Jerusalems (siehe § 9), und redet dort auch noch von einem seichten Thale zwischen Akra und der Tempelarea, welches ausgefüllt wurde, so dass die zwei Hügel in einen verschmolzen wurden, und das Heiligthum über Akra hinaus sichtbar wurde, ὡς ὑπερφαίνοιτο καὶ ταύτης τὸ ἱερὸν. Die Wirkung des Abtragens und Ausfüllens war, dass das Heiligthum mit der Stadt in Verbindung gebracht wurde, συνάψαι βουλόμενοι τῷ ἱερῷ τὴν πόλιν. Wir werden später versuchen, die Lage der Akra näher zu bestimmen, hier sei bloss gesagt, dass sie irgendwo auf dem südlichen Moriah gelegen sein muss, weil dort allein die Unterstadt war.

12) Die Stadt Davids. 2. Sam. 5, 7—9 heisst es: „David zog mit seinen Männern nach Jerusalem — — und nahm die Burg Zion ein und nannte sie Stadt Davids, und wohnte auf der Burg, und hiess sie Davids Stadt." Wo lag diese Jebusiterburg, Davids Stadt? 1. Macc. 1, 33 heisst es: „Antiochus Epiphanes und die Syrer befestigten mit einer grossen, starken Mauer die Stadt Davids, welche ihre Akra wurde, ᾠκοδόμησαν τὴν πόλιν Δαυὶδ — — καὶ ἐγένετο αὐτοῖς εἰς Ἄκραν.

Josephus, Antiq. VII. 3, 1 — 2 berichtet, „dass David die Unterstadt einnahm; da aber die Akra sich noch hielt, τῆς Ἄκρας λειπομένης, so versprach er das Oberkommando seines Heeres demjenigen Krieger, welcher die darunter liegenden Thäler hinan würde in die Akra dringen, ἐπὶ τὴν Ἄκραν ἀναβάντι. Das Wagestück wurde durch Joas vollführt. — David vertrieb die Jebusiter aus der Akra, befestigte von neuem Jerusalem, τὰ Ἱεροσόλυμα, und nannte dieselbe, αὐτὴν, (nemlich Ἄκραν, und nicht τὰ Ἱεροσόλυμα, sonst müsste αὐτὰ stehn), Stadt Davids, πόλιν αὐτὴν (scil. Ἄκραν) Δαυίδου προσηγόρευσε, und wohnte daselbst.“ Also nach Josephus, wie nach dem ersten Maccabäerbuche ist Akra die Stadt Davids. Diese Thatsache wird durch einen dritten Zeugen bestätigt. In dem alten jüdischen Festkalender Megillath Taanith II. lesen wir: „Am 23. Ijar verliessen die Söhne der Akra, בני חקרא, „Jerusalem. Es steht geschrieben (2. Sam. 5, 7): „„David nahm die „Burg Zion, das ist die Stadt Davids.““ Dieser Ort, זה היא מקום, „hatten die Akrier, חקרים, inne gehabt. In jenen Tagen belästigten „diese die Söhne Jerusalems, und die Israeliten konnten nicht mehr des „Tages, sondern nur Nachts aus- und eingehn. Als aber das Haus des „Haschmonäers stark wurde, vertrieben sie jene von dort, und der Tag „der Vertreibung wurde ein Glückstag, יום טוב.“ Zu diesen drei Zeugen gesellt sich endlich ein vierter, der Targum, in welchem stehend עיר דוד, Stadt Davids, durch חקרא, Akra übersetzt wird; so namentlich 2. Sam. 5, 7. 1. Kön. 8, 1. Es lässt sich wohl keine topographische Thatsache, Jerusalem betreffend, nachweisen, welche so vielfältig und so bestimmt durch sichere, glaubwürdige Zeugen begründet ist, wie die Thatsache, dass Akra identisch ist mit der Stadt Davids. Die Topographen haben unbegreiflicher Weise bisher von diesen vier Zeugen nur einen zum Worte kommen lassen, nemlich 1. Macc. 1, 33. Da aber dieses Zeugniss ihnen ein Aergerniss war, weil es ihrer vorgefassten Meinung, die Stadt Davids sei in der Oberstadt gelegen, förmlich widersprach, so haben sie es dadurch zu schwächen gesucht, dass die Einen es für einen Irrthum des Verfassers des Maccabäerbuches erklärten, die Andern aber, wie v. Raumer (Pal. 419 ff.) suchen sich dadurch zu helfen, dass sie dort „Stadt Davids“ in einem allgemeinen Sinne, als Synonym von „Jerusalem“ verstehen wollen. Aber diese Hypothese fällt vor der Aussage des Josephus und besonders des Festkalenders, welche offenbar die Stadt Davids, die sie mit der Akra identificiren, im beschränkten Sinne für

die Jebusiterburg erklären; זֶה הִיא מָקוֹם, eben der Ort, den David nach
2. Sam. 5, 7 erobert hatte. Es könnte Jemand einkommen, in der aus
Josephus citirten Stelle, wo offenbar „Stadt David" im beschränkten
Sinne genommen ist, den Ausdruck Akra in einem allgemeinen Sinne
von „Festung" zu nehmen. Die andern Zeugen aber beweisen, dass die
Syrerburg gemeint ist. Der beliebte Einwurf, dass gerade in dieser
Stelle Josephus die Stadt Davids in die Oberstadt verlege, weil er sagt,
dass die Unterstadt schon eingenommen war, als die Burg sich noch
hielt, beweist nichts. Denn Josephus kann ebensowohl damit sagen
wollen: „Die Unterstadt wurde eingenommen, aber die von derselben
umgebene Bergspitze, die Festung derselben Unterstadt, ergab sich
nicht;" und dieses sagt er wirklich. Wenn es auffallen sollte, dass
dieser Geschichtschreiber bei dieser Gelegenheit gar nichts von der
Oberstadt sagt, so erklärt sich einfach die Sache dadurch, dass die Oberstadt, in welcher auch Israeliten wohnten (Richt. 1, 21) durch diese
letztern dem Heere Davids freiwillig und ohne Widerstand die Thore
öffnete. Und wirklich sagt Josephus Antiq. VII. 2, 2 dass David von
Hebron nicht etwa gegen Jerusalem zog, sondern in die Stadt hinein,
ἥκεν εἰς Ἱεροσόλυμα. Wir fürchten nicht, dass heute noch Jemand
die Stelle aus Megillath Taanith wird zu schwächen suchen, durch
die Behauptung, es sei darin nicht von den Kriegern der Akra, sondern
von den Karäern oder Karaïten die Rede, wie die älteren Archaeologen
gefabelt haben; denn das Datum vom 23. Ijar, unter welchem das Ver-
treiben der Hakriten aufgeführt wird, ist dasselbe, welches 1. Macc.
13, 51 angegeben ist. Dort heisst es: Simon zog in die Akra am
23sten des zweiten Monats des 171sten Jahres. Der auf Nisan folgende
Monat ist Ijar, also der zweite des jüdischen Jahres. Stadt Davids ist
ein Localname und kann nicht Jerusalem im Allgemeinen bedeuten;
ebenso ist Akra zu Jerusalem ein Eigenname eines bestimmten Ortes,
und kann eben so wenig eine andere Citadelle dieser Stadt bezeichnen,
als es erlaubt ist, in Paris den ersten besten Pallast, z. B. die Tuille-
rien, schlechthin Palais-Royal zu heissen. Wenn etwas in der Topographie Jerusalems feststeht, so ist es die Identität der Stadt Davids
mit der syrischen Akra der Unterstadt. Dies hindert uns nicht, noch
einen neuen wichtigen Zeugen aufzuführen.

13) Nehemia, um den Zustand der Thore und Mauern Jerusalems
zu besichtigen, ritt zum Thalthore hinaus, am Drachenbrunnen vorbei

zum Mistthor und zur Quelle (Siloah), dann den Nahal (Kidron) hinan, und kehrte wieder zurück und zog durch das Quellthor in Jerusalem ein (2, 11—15). Darauf wurde die Wiederherstellung der Thore und Mauern beschlossen und ausgeführt (3, 1—12). Die Einweihung geschah durch zwei Dank-Chöre, deren Itinerar 12, 31—43 beschrieben ist. Diese drei Berichte führen dreimal in regelmässiger Folge der Thore Jerusalems auf und bieten uns einen topographischen Schatz, der seines Gleichen nicht hat. Wir müssen uns die Darstellung des Ganzen untersagen, und geben hier nur das Unentbehrliche, um die Lage der Stadt Davids zu bestimmen. Der Ausgangspunkt unserer Forschung ist

Der Teich Siloah. Nehem, 3, 15 lesen wir: „Sallum baute das Quellthor, שַׁעַר הָעַיִן, — — dazu die Mauer am Teiche Siloah, בְּרֵכַת שֶׁלַח, bei den Gärten des Königs." Hieraus ersehen wir, übereinstimmend mit Josephus, dass Jerusalem bis an den Teich und die Quelle Siloah reichte, und dass neben der Quelle und dem Teiche ein Thor sich befand, welches Aïn — d. i. Quellthor hiess von Ain Schiloach, der Quelle, welche auch kurzweg Aïn hiess, wie bei Josephus, de Bello V. 6, 1: ἡ πηγή.

Das Mistthor, שַׁעַר הָשְׁפוֹת. Dieses Thor lag unmittelbar vor dem vorhergehenden. Als Nehemia die erste Untersuchung anstellte, ritt er das Hinnomthal hinab und dann eine Strecke den Kidron hinan, und verfolgte somit eine Richtung, in welcher er Jerusalem zur Linken hatte. In dieser Richtung traf er zuerst das Mistthor, und dann das Quellthor, 1, 13. Dieselbe Richtung verfolgt die Beschreibung der Wiederherstellung, in welcher gleichfalls zuerst des Mistthores und dann des Quellthores Erwähnung geschieht (3, 14. 15). Der erste Dank-Chor verfolgte dieselbe Richtung und bestätigt dieselbe Folge, (12, 31. 36). Das Mistthor ist somit das dem Quellthore unmittelbar vorhergehende, Bab-el-Mogharbeh, das Essenerthor des Josephus.

Das Thalthor, שַׁעַר הַגַּיְא. Es lag nach 2, 13 vor, das ist westwärts vom Mistthore. Die zwischen diesen zwei Thoren liegende Mauer hatte eine Länge von 1000 Ellen (3, 13), das ist 1500 Fuss oder 300 Doppelschritte. Nun berichtet Richardson, dass von Bâb-el-Mogharbeh bis Bâb-en-Nebi Daûd 605 Schritte seien, das ist 302 Doppelschritte. Die Uebereinstimmung ist zu auffallend, als dass nicht der Gedanke käme, das Thalthor sei Bâb-el-Nebi Daûd, und der Gedanke, dass die durch Nehemia beschriebene Mauer auf dem Südwesthügel denselben Verlauf hatte, wie die heutige. Wir haben aber oben gesehen, dass aller Wahrscheinlichkeit nach die antike Mauer den Ort der Davids-Moschee mit in die Stadt einschloss. Hier kommt aber die bemerkenswerthe Thatsache zum Vorschein, dass von Bâb-en-Nebi Daûd zwei Pfade gen Südost ziehen und an einem Orte sich wieder vereinigen, welcher nach de Saulcy's Plan gleichfalls 300 Doppelschritte oder 1000 Ellen vom Mistthor entfernt ist. Wege in Gebirgsgegenden sind nie ein Werk der Willkür, sondern durch die Form des Terrains bedingt. Die zwei gemeldeten Pfade entsprechen daher zwei ehemaligen Strassen der Oberstadt, und ihr Vereinigungspunkt ist der Ort des Thalthors. Dieses Thal- oder Gaïa-Thor weiset auf das Thal Hinnom hin, welches ebenso constant גי oder גיא genannt wird, wie der Kidron נחל. In der Beschreibung des Itinerars der Dank-Chöre wird dieses Thor nicht genannt, eben weil es der gemeinschaftliche Ausgangspunkt der zwei Chöre war, was sich aus der Vergleichung von 12, 31 mit 3, 13 und von 12, 38 mit 3, 11 aufs Deutlichste ergibt.

Somit wäre nach Nehemia das Thalthor dem Davidsthore entsprechend, aber mehr südlich gelegen, das Mistthor dem Moghrepinthor entsprechend und dessen Platz einst einnehmend, und dann das Quell- oder Sitoahthor südwärts davon in der Mauer der Unterstadt am Ende des Tyropoeon zu suchen.

Die Stadt Davids. Nehem. 3, 15 lesen wir: „Sallum baute die Mauer an dem Teiche Siloah, bei dem Königsgarten, bis zu den Stufen die herabkommen von der Stadt Davids.“ Wo waren diese Stufen? auf der Westseite oder der Ostseite des unteren Tyropoeon? Darauf antwortet Nehem. 12, 37: „Der Chor zog vom Mistthore zum Quellthore (also von Nord gen Süd auf der Ostseite des Tyropoeon); von da zogen sie נגדם, neben sich hin (das heisst parallel mit dem bisher verfolgten Wege, aber in der entgegengesetzten Richtung, von Süd gen Nord), und stiegen hinauf die Stufen, die zum Hause Davids führen, auf der Steige der Mauer, oberhalb des Hauses Davids bis an das Wasserthor gen Osten.“ Das Wasserthor lag auf der Südseite des Vorhofs der Weiber. Vom Quellthore zog somit der Weihe-Chor in das Heiligthum, wo er mit dem Gegenchor zusammentraf, (12, 40). Um aber von Siloah in das Heiligthum zu kommen, musste der Chor den Moriahhügel ersteigen; die Steige zum Hause Davids, welches bekanntlich in der Stadt Davids lag, und somit die Steige zur Stadt Davids, führte also von der Quelle Siloah den Moriahhügel hinan. Dort lag demnach die Stadt Davids. Nehemia stimmt also vollkommen mit dem ersten Maccabäerbuche, mit Josephus, und mit der jüdischen Tradition. Wenn die Topographen die Beschreibung des Nehemia nicht verstehen konnten, so liegt die Ursache einzig in dem aus der Luft gegriffenen Vorurtheile, die Stadt Davids gehöre der Oberstadt zu.

Wir könnten hier abbrechen, da unser Hauptzweck, die Lage der Stadt Davids zu bestimmen, erreicht ist; da wir aber hier einer Ansicht das Wort reden, welche mit der bisherigen Angenommenen im Widerspruch ist, ziemt es, sie von allen Seiten zu stützen. Dazu bietet uns der Bericht des Nehemia die beste Gelegenheit. Wenn dieser an sich so klare Bericht bisher den Interpreten so grosse Schwierigkeiten dargeboten hat, so liegt davon der Grund einzig in der von den Topographen angenommenen Hypothese, dass die Stadt Davids in der Oberstadt lag. Sobald diese Hypothese verabschiedet wird und der Stadt Davids der rechte Ort auf dem südlichen Moriah angewiesen ist, verschwinden alle Schwierigkeiten und eine Reihe von topographischen Punkten werden vollkommen klar. Hier einige Beispiele.

Die Stadt — das Haus — und die Gräber Davids gehören offenbar zusammen. Als David die Jebusiterburg eingenommen hatte, „nannte er sie Stadt Davids und wohnte daselbst;" Davids Haus oder Pallast lag somit in der Burg auf Süd-Moriah. So finden wir es auch Nehem. 12, 37, wo es heisst, dass sie vom Quellthore neben sich, das heisst parallel mit dem bisher gemachten Wege vom Mistthore zum Quellthore, aber in der entgegengesetzten Richtung „hinaufgingen auf den Stufen der Stadt Davids auf der Mauersteige zum Hause Davids bis an das Wasserthor, gen Morgen." In der nemlichen Gegend werden uns auch die Gräber Davids, Nehem. 3, 16 gezeigt. Wir haben schon bemerkt, dass die Beschreibung der Wiederherstellung der Mauern die Richtung verfolgt, dass man immer Jerusalem zur Linken hat. Die Beschreibung der Südmauer schreitet somit von Westen gen Osten voran. Nun sagt Nehemia, dass nach Sallum, welcher bei dem Quell- oder Siloahthore bis zu den Steigen zur Stadt Davids baute, ein Nehemia Ben Asbuq den Gräbern Davids gegenüber baute. Es leuchtet ein, dass hier, östlich von Siloah der Ausdruck: „den Gräbern Davids gegenüber" nicht sagen könne: „der Moschee En-Nebi Daud gegenüber" wohin die Tradition die besagten Gräber verlegt, sondern auf den Moriah selbst hinweiset, an dessen südlichem Ende die Arbeit geschah. Und wirklich können die Gräber Davids nur in der Stadt Davids gesucht werden (1. Kön. 2, 10 u. s. w.).

Das Rossthor. Nehem. 3, 28 lesen wir: „Die Priester bauten über dem Rossthore, jeder vor seinem Hause." Der Umstand, dass die Priester bauten, beweiset, dass der Ort in das Bereich des Heiligthums gehörte. Die nach Nehemia ben Asbuq aufgezählten Arbeitergruppen 3, 16—27 führen uns an der Ostseite des Moriah hinan, bis an die Ostmauer des Tempelberges. Dort muss wirklich das Rossthor gesucht werden, denn Jerem. 31, 40 wird es „das Rossthor gen Morgen" genannt. Es hatte seinen Namen von den königlichen Ställen, welche die Könige von Juda am Eingang des Hauses Jehova's erbaut hatten (2. Kön. 33, 11). Der Eingang in das Haus Jehova's von der Stadt Davids her, ist die Doppelpforte in der Mitte der südlichen Harammauer, der durch die Königin von Saba bewunderte Aufstieg (2. Chron. 9, 4). Der Eingang zu den Stallungen war die von de Saulcy entdeckte dreifache Pforte (Voy. II. 202), die östlicher als die Doppelpforte liegt und zu den berühmten Substructionen führt, welche die königlichen Ställe waren. So nennt sie Felix Fabri im Jahr 1495 (Vol. II. 125. 252). Benjamin a Tudelis sagt davon: „Da, auch zu Jerusalem, im Hause, welches Salomo's war, sind die Ställe, ארוות הסוסים, welche Salomo gebaut hat; ein fester Bau, dessen Steine sehr gross, desgleichen es nicht mehr auf Erden giebt." Ein Thor, dessen Spuren noch heute deutlich sichtbar sind, führte aus diesen Ställen und Substructionen der Südostecke des Haram, in das Thal Kidron, und dieses ist das eigentliche Rossthor. Die Entdeckung dieses Thores wurde durch Gadow gemacht, welcher die vorspringenden Bauten für einen Bogenansatz einer ehemaligen Brücke hielt (Ritter, Erdk. XVI. S. 333. 336). De Saulcy hat den Gegenstand näher untersucht. Anfangs hielt er es für den Rest eines Balkons; später aber überzeugte er sich, dass es ein Thor war, dessen Spuren nicht nur aussen an der Ostmauer des Haram, sondern auch inwendig in den Substructionen sichtbar sind (Voy. de Terresainte I. 130). Dieses Rossthor spielte eine Rolle in Athaliens tragischem Ende. 2. Kön. 11, 16 ist gesagt, dass sie die Königin aus dem Heiligthume stiessen, die Hände an sie legten und sie den Weg gehen machten, welchen die Rosse des Königes gehen, und tödteten sie daselbst. Dieselbe Thatsache wird 2. Chron. 23, 15 also erzählt: „Sie legten die Hände an sie, und sie gingen den Weg des Rossthores des

Königshauses, daselbst wurde sie getödtet." Josephus, Antiq. IX. 7, 3 berichtet den Vorfall also: Jodoas befahl Gotholia in das Thal Kidron zu führen, dass sie dort getödtet würde. Sie legten also die Hände an sie und führten sie zum Thore der königlichen Maulthiere, und tödteten sie daselbst. Da uns nun die Oertlichkeit bekannt ist, erklärt sich uns diese Geschichte sehr anschaulich. Athalia wurde durch das Doppelthor aus dem Heiligthum gestossen, aber nicht in den gerade vor ihr liegenden Pallast, sondern links durch das dreifache Thor in die Ställe und aus denselben durch das Rossthor in das Thal Kidron.

Ophel. Nehem. 3, 27 wird die Mauer Ophel unmittelbar vor dem Rossthore genannt; der Ort lag somit auf dem östlichen Steilabhange des südlichen Moriah, und wahrscheinlich bezog er seinen Wasserbedarf aus der Marienquelle. Daselbst wohnten die Nethinim oder Sclaven des Heiligthums (3, 26). Der Ort scheint, wie es mit Sclavenstädten der Brauch war, mit einer Mauer eingefasst und von der eigentlichen Unterstadt getrennt gewesen zu sein. Dieser Ort ist wahrscheinlich Joseph. de Bello VI. 6, 3 gemeint, wo gesagt wird, dass mit der Unterstadt auch verbrannt wurden „die Gässlein, στενοποὶ, und die Häuser, welche mit Leichnamen am Hungerstode verstorbener erfüllt waren.

13) Das bisher Gesagte zeigt, dass der Moria extra muros ehemals ein Stadtviertel, nemlich die Unterstadt war, und dass in alter Zeit diesem Theile, seines engen Raumes ungeachtet, eine eigenthümliche Wichtigkeit zukam. Während die Oberstadt und die Vorstadt die bürgerliche Stadt war, war die Unterstadt die Stadt der Könige; denn in derselben war vor dem Exile die königliche Burg, der königliche Pallast, das Zeughaus, die Kaserne, die Königsgräber. Von allen diesen Monumenten hatte sich der an der Oertlichkeit haftende Name bis auf Nehemias Zeit erhalten (siehe Nehem. 3, 16; 12, 37). In Josephus Zeit war in diesem Quartiere das Rathhaus, das Archeion, der Pallast der Helena und der Pallast ihres Sohnes Monobazus, und eine Häuserreihe am westlichen Abhange, welche den Häusern der Oberstadt Fronte machten. Für dieses Alles, aber auch nicht für mehr bietet der südliche Moriah den nöthigen Raum. Es ist derselbe ein langgestreckter, schmaler, besonders auf der Ostseite steil abfallender Felsen, dessen Rücken in Terrassenstufen gen Süden sich herabsenkt. Die Länge desselben von der Südmauer des Aksa-Gartens bis zur Siloah-Quelle beträgt nach Robinson (II. 29) 1550 engl. Fuss; die mittlere Breite ist

290 Fuss. Von der Südmauer des Aksa-Gartens bis zur Tempelarea sind nach de Saulcy, 90 Metres etwa 300 engl. Fuss; die obere Terrasse, der Garten der Aksa mit inbegriffen ist etwa 600 Fuss breit. Das ganze Areal des Südmoriah beläuft sich somit auf etwa 27,000 Quadrat-klafter (107,500 Quadratmetres, oder 10 bis 11 Hectares). Der südliche Theil des Moriah bietet somit den nothwendigen Raum für die Baulich-keiten der Unterstadt.

14) Wir haben bisher aus sicheren Texten dargethan, dass die Unterstadt an und auf dem südlichen Theile des Moriah lag; dass auf dem Felsenrücken desselben einst die syrische Akra sich erhob, welche Antiochus Epiphanes an die Stelle der Stadt Davids erbaut hatte. Wir sind mit diesem Allen im Widerspruche mit den meisten Topographen, welche, nach Abzug der Oberstadt, das ganze übrige Jerusalem sammt Vor- und Neustadt für die Unterstadt halten, die Stadt Davids in die Oberstadt verlegen und die Akra an irgend einem beliebigen Orte ihrer hypothetischen Unterstadt suchen.

Der Grund, warum sie im Widerspruch mit allen Texten die Stadt Davids in die Oberstadt verlegen, ist ein doppelter. Zuerst nehmen sie ungeprüft den durch die moderne Tradition Zion genannten Südwest-hügel für den alttestamentlichen Berg Zion; da nun im A. T. gesagt ist, Zion sei die Stadt Davids, so verlegen sie letztere auf diesen Südwest-hügel. Wir werden weiter unten diesen Gegenstand einer eingehenden Kritik unterwerfen. Immerhin muss angenommen werden, dass eine Tradition verworfen werden muss, wenn sie mit sichern Texten, wie die oben als Zeugen aufgeführten, im Widerspruch ist. Dann zweitens be-rufen sie sich auf Josephus, de Bello V. 4, 1, wo von dem Hügel der Oberstadt gesagt wird: „wegen seiner festen Lage wurde er durch David Phrurion genannt," φρούριον μὲν ὑπὸ Δαβίδου τοῦ βασιλέως ἐκαλεῖτο. Sie erklären diese Worte, als stände da φρούριον Δαβίδου, Phrurion Davids d. i. Stadt Davids. Dagegen ist aber zu bemerken, zuerst, dass Josephus von der Oberstadt sagen will, sie habe seit David, vor dem Exile „Phrurion" kurzweg geheissen, nach dem Exile aber „Ober-markt". Ferner nennt er die Stadt Davids Antiq. VII. 3, 2 πόλις Δαβίδ, und würde gewiss hier desselben Namens sich bedient haben, hätte er von der Stadt Davids zu reden die Absicht gehabt, und hätte den Ort nicht φρούριον genannt. Wir haben gesehen, dass Josephus selbst die Stadt Davids mit der Akra identificirt, und die Akra in die Unterstadt verlegt. Aus diesem Grundirrthum, aus der Scheidung von Stadt Davids und Akra erklärt sich allein die topographische Curiosität, dass die Akra, dem ewigen Juden gleich, an keinem Orte haften kann. Es ist kein Winkel in Jerusalem, wo nicht bald dieser bald jener Topograph die Akra hätte unterzubringen gesucht, und immer waren zureichende Gründe vorzubringen, sie wieder zu entfernen und den Ort für unmöglich zu erklären. Wir fassen hier die Bedingungen zusammen, welche der Ort erfüllen muss, damit er den Namen der Akra verdient.

Akra ist mit der Stadt David identisch;

sie lag in der durch die erste, älteste Mauer eingeschlossenen Altstadt, weil die Jebusiterburg nicht in einer später entstandenen Vor- oder Neustadt, sondern im ursprünglichen Jerusalem gesucht werden muss;

sie lag nahe bei dem Heiligthume;

ihr Standort muss heute mit dem Tempelberge einen zusammenhängenden Hügel bilden und niederer als das Heiligthum sein;

sie muss durch ein Thal, Tyropoeon von der Oberstadt geschieden sein.

Diesen Bedingungen entspricht allein der südliche Moriah; alle andern vorgeschlagenen Orte liegen entweder ausser der Altstadt oder liegen höher oder wenigstens ebensohoch als die Tempelarea.

15) Zion.*) Die Topographen, auf die Tradition sich stützend, sind einstimmig, den Südwesthügel oder die Oberstadt, sowohl den in den heutigen Mauern eingeschlossenen, als auch den ausserhalb derselben liegenden Theil, „Berg Zion" zu nennen. Diese Meinung ist nun kritisch zu prüfen.

In den geschichtlichen Büchern des A. T. kommt der Name Zion nur zweimal vor: 2. Sam. 5, 7, wo es heisst: „David nahm die Feste Zion ein, welche ist Davids Stadt," und 1. Kön. 8, 1 (2. Chron. 5, 2), wo gesagt ist, dass die Bundeslade in den neu erbauten Tempel gebracht wurde aus der Stadt Davids, das ist Zion. In beiden Stellen ist Zion mit Stadt Davids identisch, in der letzten bestimmt vom Tempel unterschieden. Im ersten Buch der Maccabäer aber wird im Gegentheil Zion von der Stadt Davids oder der Akra förmlich unterschieden; denn

*) S auch den Aufsatz des Verf. „Zion und die Akra", in theol. Studien und Kritiken. 1864. II. 309 ff.

während die Syrer die Akra, das ist Davids Stadt besetzten (1, 33 u. ö.), besassen die Juden Zion (1, 37; 6, 48). Der Name Zion scheint also im Laufe der Zeiten versetzt worden zu sein, und schon um dieser Ursache willen hätten die Topographen seinen Gebrauch vermeiden sollen, nach dem Vorbilde des Josephus, welcher ihn völlig ignorirt. Insofern nun der Zion mit der Stadt David synonym ist, gehört er offenbar dem südlichen Moriahhügel an und nimmermehr der Oberstadt. Wo war aber der von Stadt David verschiedene Zion der Maccabäer? 1. Macc. 6, 61. 62 heisst es: Antiochus ging auf den Berg Zion, und sah die Befestigung des Orts; da brach er seinen Eid und befahl die Mauern ringsum niederzureissen. Josephus, welcher dieselbe Geschichte der Maccabäer in oft wörtlicher Uebereinstimmung berichtet, sagt Antiq. XII. 9, 7: „Die Juden empfingen den Eid und räumten das Heiligthum (τὸ ἱερὸν), Antiochus aber ging in dasselbe (εἰς αὐτὸ, scil. τὸ ἱερὸν) und da er sahe, wie der Ort fest war, brach er den Eid, und befahl die Mauern bis auf den Grund zu zerstören. Das, was 1. Macc. 6, 61 von Zion gesagt ist, sagt Josephus vom Heiligthume aus. — 1. Macc. 7, 33 steht, dass Nikanor auf den Berg Zion ging, wo ihm die Priester die Opfer zeigten, welche sie für den König darbrachten. Nach Antiq. XII. 10, 5 kam Nikanor aus der Akra in das Heiligthum, wo ihm die Opfer für den König gezeigt wurden. Es ist handgreiflich, dass das Maccabäerbuch unter Zion das befestigte Heiligthum versteht, denn nur in dem Heiligthume konnten Opfer gezeigt werden. Dass in jener Zeit das Heiligthum eine von den Juden besetzte Festung war, sagt nicht nur Josephus, sondern auch 1. Macc. 6, 20: ὅτι τὸ ἁγίασμα — — ὠχύρωσαν; wäre nun Zion von dem Heiligthume verschieden gewesen, so hätten damals die Juden nach dem Maccabäerbuche zwei Festungen zu Jerusalem inne gehabt, nemlich Zion und das Heiligthum, das ist aber nicht nur im höchsten Grade unwahrscheinlich, da die Juden damals so gedrückt waren, sondern es wäre auch rein unerklärbar, wie Josephus davon nichts wissen sollte, und noch unerklärlicher, wie er, was jenes von Zion sagt, auf das Heiligthum übertragen konnte? Zion und Heiligthum lassen sich in dieser Geschichte rein unmöglich auseinanderhalten; im Maccabäerbuche sind diese zwei Namen Synonym. In der Jebusiterzeit war Zion der Name des ganzen Moriah, ein bestimmter Ort, eine hervorragende Felsenspitze hiess „Feste Zion"; als diese Feste den neuen Namen Stadt Davids empfing, blieb der Name Zion dem nördlichen Theile des

Moriahrückeus, dem Heiligthume ausschliesslich. Hiemit ist das ganze Räthsel gelöst. Es ist bekannt, dass in den Psalmen und den Propheten der Name Zion das Heiligthum bezeichnet. Joel 3, 26: „Jehovah wohnt auf Zion." Psalm 132, 13. 14: „Jehovah hat Zion erwählt, erkoren zu seiner Wohnung: „„Dies ist meine Ruhe für und für.""" (Vergl. Psalm 20, 2. 3; 65, 2; 84, 8; 50, 2; 76, 3 u. ö.). In allen diesen Stellen ist Zion speziell das Heiligthum, und wenn in einigen andern Stellen, z. B. Psalm 69, 36; 76, 2. Jes. 40, 14. Jerem. 31, 17 dieser Name scheint ganz Jerusalem zu bezeichnen, so ist es doch immer mit dem Nebenbegriffe der heiligen Stadt, der Stadt Gottes oder der Kirche, deren Mittelpunkt eben das Haus Gottes auf dem echten Zion war.

16) Da wir nun die wahre Lage des alttestamentlichen Zion ermittelt haben, lassen sich eine Reihe von Stellen erklären, welche anerkannter Weise bisher den Interpreten Schwierigkeit gemacht haben. Wir führen deren die bedeutendsten vor, weil sie unser errungenes Ergebniss, die Lage Zions betreffend, kräftig bestätigen. Jes. 14, 13 wird dem Könige von Babel das Wort in den Mund gelegt: „Ich werde wohnen auf dem Berge des Bundes auf der Mitternachtseite, בירכתי צפון. Die Bedeutung dieser Worte wird erklärt durch Vers 14, wo der König von Babel hinzusetzt: „Ich werde dem Höchsten gleich sein." Der Sinn der Worte ist, er will sich im Tempel an die Stelle Gottes setzen. Als Besieger des Königes Juda's hatte er das Recht in der Stadt Davids, im königlichen Pallaste zu wohnen; dieser lag auf des Bundesberges Mittagseite; indem er aber auf dieses Berges Nordseite wohnen will, denkt er nicht bloss den König Juda's, sondern Jehovah selbst als den Besiegten zu behandeln. Diese Stelle des Propheten bietet den Schlüssel zum Verständnisse von Psalm 48, 2. 3. Dort heisst es: „Gross ist Jehovah, sehr preiswürdig in der Stadt unseres Gottes, dem heiligen Berge; schön ragt empor, der ganzen Erde Lust, der Berg Zion, Mitternachtseite der Stadt des grossen Königes," הר ציון ירכתי צפון קרית מלך רב. Die Stadt des grossen Königs ist die Stadt Davids, welche auf des Berges Südseite lag, dieses Berges Zion Nordseite, und die Nordseite der Stadt Davids, ist das Heiligthum Jehovah's. Dies Alles entspricht vollkommen der topographischen Lage beider Orte. Weil aber diese unsere vollkommen sprachrichtige Uebersetzung nicht mit der herkömmlichen Meinung von der Lage der genannten Oertlichkeiten in Einklang zu bringen war, schlug man vor zu lesen: „Berg Zion, dessen

16 *

Nordseite die Stadt des grossen Königes ist." Wir behaupten aber unsere Uebersetzung, für welche wir Philologen, wie Aben-Esra, Lightfoot,
Winer (Realw.: s. v. Zion) als Gewährsmänner aufführen können. —
Ezech. 40, 2 ist berichtet, dass der Prophet in einer Vision auf einen
hohen Berg versetzt wurde, — nach Vers 3, war es der Berg des Heiligthums; — auf demselben war „wie der Bau einer Stadt mittagwärts."
Daraus folgt, dass südwärts vom Heiligthume, auf dem heute ausserhalb
der Mauern liegenden Moriah, eine Stadt war, nemlich die Stadt schlechthin, das ist die Stadt Davids. Eine der bedeutungsvollsten Stellen aber
ist Ezech. 43, 7—9, wo es heisst: „Das Haus Israel wird fürder nicht
mehr meinen heiligen Namen entweihen, sie nicht und ihre Könige
nicht, durch ihre Hurerei, durch die Leichen ihrer Könige, ihre Höhen,
indem sie ihre Schwelle an meine Schwelle und ihre Thür
an meine Thür setzten, so dass nur eine Mauer zwischen
mir und ihnen ist." Also, Gottes Heiligthum und der Pallast der
Könige, hatten Schwelle an Schwelle, Thür an Thür, nur eine Mauer
war zwischen ihnen. Dieses entspricht vollkommen unserer topographischen Darstellung, und lässt sich nimmermehr mit einem Zion und
einer Stadt David auf dem Hügel der Oberstadt in Einklang bringen.

17) Bisher haben wir uns nur mit den biblischen Texten beschäftigt, um die Lage von Zion und Stadt Davids zu ermitteln, ohne
von der heute obwaltenden christlichen Tradition grosse Notiz zu nehmen.
Wir haben nun dieser letzteren unsere Aufmerksamkeit zuzuwenden.

Die heutigen Topographen sind einstimmig, den Hügel der Oberstadt für den Berg Zion und Davids Stadt zu halten, und stützen ihre
Ansicht auf die kirchliche Tradition. Ein hohes Alter ist dieser letzteren nicht abzusprechen, aber bis zur Urzeit des Christenthums reicht
sie nicht hinauf. Wir haben diesen Gegenstand einer gründlichen, eingehenden Prüfung unterworfen, und sind im Stande, den Beweis zu
liefern, dass im christlichen Alterthume, der biblischen Vorstellung entsprechend, Zion der südliche Moriahhügel war. Dort lag die heilige
Zionskirche, welche nichts anders war, als die grossartigen antiken, ja
theilweise salomonischen Unterbauten der Aksa-Moschee, hinter der Doppelpforte. Als im Jahr 637 n. Chr. die Muhamedaner Jerusalem einnahmen,
bemächtigten sie sich der Tempelarea, welche sie ausschliesslich für ihren
Cultus in Besitz nahmen. In dieser Area befinden sich heute hauptsächlich zwei Heiligthümer, nemlich die Moschee Es-Sakhrah, ein pracht-

voller Rundbau, welcher in der Mitte des heiligen Raumes steht und den heiligen Felsen bedeckt, und die Moschee El-Aksa am Südende der Area, welche über den salomonischen Substructionen, die mit der Doppelpforte in Verbindung stehn, erbaut ist. Die älteren Topographen, Robinson u. A. hielten die Moschee Es-Sakhra, welche sie auch die Moschee Omar's nennen, für einen sarracenischen Bau, und die Aksa für eine ursprüngliche christliche Kirche. Neuere Forschungen aber haben gründlich bewiesen, dass das Verhältniss ein umgekehrtes ist. Die Aksa ist mit Nichten ein christlicher, sondern ein rein sarracenischer Bau, und der Rundbau der Moschee Es-Sakhra ist die berühmte Basilica der Theotokos, welche Kaiser Justinian erbauen liess (siehe hierüber: Sepp, neue architecton. Stud. p. 25 ff., 45 ff. De Saulcy Voy. etc.). Die Kirche der Zion-Gemeinde, welche fünf Jahrhunderte hindurch in den Substructionen der Tempelarea sich befand, sowie der Prachttempel Justinian's, welcher wahrscheinlich als Pfarrkirche an ihre Stelle trat, wurden den Christen durch die Moslem entrissen; der Rundbau wurde eine Moschee und die Substructionen wurden mit der Aksa-Moschee überbaut und derselben als Crypte einverleibt, bis auf diesen Tag. Die ihrer Kirche beraubte Zions-Gemeinde liess sich auf dem Hügel der Oberstadt extra muros nieder, indem sie entweder dort die Kirche erbaute, oder den schon bestehenden Bau in Besitz nahm, welcher heute die Moschee En-Neby Daûd ist. Mit der Gemeinde kam auch der Name Zions - Kirche und Berg Zion auf diesen Ort und den Südwesthügel über, und hat bis heute diesen Namen behalten. Möglich ist es, dass schon früher, in der urchristlichen Zeit, seit Hadrian, der Name Zion, welcher mit Sicherheit dem südlichen Moriahhügel zukam, auch dem Oberstadthügel extra muros gegeben wurde, mit anderen Worten, dass die Christen allen Boden des alten Jerusalem, welcher auf der Südseite durch die Hadrianische, wie durch die jetzige Mauer ausgeschlossen wurde, Zion nannten. Jedoch fehlt uns für diese Hypothese aller Beweis. Man könnte vielleicht in diesem Sinne verstehen, was Euseb im Onomasticon von Golgotha sagt, dass dieser Ort der Kreuzigung des Herrn nordwärts vom Berge Zion liege (Γολγοθᾶ — — πρὸς τοῖς βορείοις τοῦ Σιὼν ὄρους); aber Euseb bestimmt die Ortslagen ausschliesslich nach den vier Cardinalwinden, und konnte den SSO. gelegenen Garten der Aksa nicht anders bezeichnen, denn er hier thut.

18) Seit der ersten Besitznahme des Tempelberges durch die Muhammedaner wird, der heutigen Tradition entsprechend, der Südwesthügel durchgängig Berg Zion genannt. Der älteste christliche Pilger dieser Epoche ist, wo wir nicht irren, Arculf, welcher um 670 n. Chr., also 50 Jahre nach der Einnahme Jerusalems durch die Sarazenen, die heilige Stadt besuchte; dieser sagt von der Porta David, worunter er das heutige Jafathor versteht, dass sie an der Westseite des Berges Zion liege (Porta David, ad occidentalem partem montis Sion). Auffallend ist, dass Willibald, welcher um 728 Jerusalem bepilgerte, ausdrücklich und mehrmals von der Zionskirche sagt, dass sie mitten in Jerusalem gelegen sei (Cap. 18: ... ad illam ecclesiam, quae vocatur Sion; illa stat in medio Hierusalem, und Cap. 19: S. Maria in illo loco in medio Hierusalem exivit de hoc saeculo, qui nominatur Sancta Sion). Wenn daher in jener Zeit der Name Zion seinen ursprünglichen Ort verlassen hatte, und auf den Westhügel übergesiedelt war, so scheint doch die Zionskirche auf demselben nicht immer dieselbe gewesen zu sein. In der Zeit der Kreuzzüge hört alles Schwanken auf. Wilhelm von Tyrus (Gesta Dei I. 747) sagt: Horum (montium) alter, ab occidente Syon appellatur, alter vero, qui ab oriente, Moria appellatur. Mit gleicher Bestimmtheit spricht sich Saewulf, welcher um 1103 zu Jerusalem war, aus; von der Kirche des heiligen Grabes, ja von ganz Jerusalem sagt er, dass sie am nördlichen Abhange des Zion liegen (Ista ecclesia, scil. s. Sepulcri, est in declivio montis Syon, sicut civitas), und von der Kirche des heiligen Geistes auf Zion, dass sie ausserhalb der Mauer, einen Speerwurf weit von derselben sich befinde (ecclesia spiritus Sancti in monti Syon extra murum ad austrum, quantum potest projici sagitta), womit Zweifelsohne En-Neby Daûd gemeint ist. So verblieb es bis auf diesen Tag, nur mit dem Unterschiede, dass im Lauf der Zeiten die Tradition diesen neuen Zion nur nach und nach mit den einzelnen Heiligthümern bereicherte, welche ursprünglich dem echten Zion angehörten. Arculf weiss in seiner heiligen Geisteskirche um die Orte, wo der Herr das h. Abendmahl einsetzte, wo der h. Geist über die Apostel kam, wo Maria starb und um die Geisselungssäule. In der Zeit der Kreuzzüge kam das Grab Davids, das Haus des Pilatus und der Ort hinzu, wo der Auferstandene zum ersten Male seinen Jüngern erschien, welchen Ort man Galilaea nannte. Zu bemerken ist noch, dass die Kreuzfahrer der Moschee Es-Sakhra den Namen Templum Domini und der Aksa-Moschee mit ihren Unterbauten den Namen

Templum oder Pallatium Salomonis beilegten. Die Tradition hat jedoch nicht völlig den ursprünglich christlichen Charakter der Substructionen der Südseite des Haram vergessen, da man heute noch in der unterirdischen Kammer der Südostecke die Wiege Christi zeigt.

19) Sehen wir nun, was die Kirchenväter und die Pilger der vorsarrazenischen Epoche in Bezug auf den Berg Zion berichten. Hieronymus sagt zu Matth. 10: „— — ad radices montis Moria, in quibus Siloë fluit, und zu Jesaj. 8, 6: Siloë fontem esse ad radices montis Sion dubitare non possumus, nos praesertim, qui in hac habitamus provincia. Wenn nach diesem Kirchenvater Siloah dem Moriah und dem Zion entströmt, so muss Moriah und Zion ein und derselbe Berg sein. Nach Hieronymus heisst der Hügel, welchem Siloah entströmt, Zion; die Quelle kommt aber durch einen unterridischen Kanal von der Quelle der Jungfrau, aus dem östlichen Hügel; dieser östliche Hügel ist daher der Zion des Hieronymus wie des alten Testaments. Hätte in der angeführten Stelle Hieronymus unter Sion den Oberstadthügel verstanden, so hätte er eine grobe Unrichtigkeit gesagt, wenn er demselben die Quelle zuschreibt, und diess gerade da, wo er die Richtigkeit seiner Aussage durch seine besondere Ortskenntniss verbirgt: dubitare non possumus, praesertim nos, qui in hac habitamus provincia; der Siloah fliesst wohl in das Tyropoeon; aber nicht aus dem Fusse des Oberstadthügels. Von der grösseren Piscina Siloë hatte er allenfalls sagen können, dass sie am Fusse des Oberstadthügels liege, nicht aber von der Quelle. Derselbe Kirchenvater sagt Ep. 30 de Assumtione, dass das Sepulcrum der h. Jungfrau Maria in vallis Josaphat medio sei, inter montem Sion et montem Olivetum. Das Grab der Jungfrau liegt aber neben Gethsemane, zwischen dem Oelberge und dem Tempelberge; diesen letztern nennt Hieronymus somit „Berg Zion". Derselbe Kirchenvater, sagt von Paula: Unde (sepulchro resurrectionis) egrediens, ascendit Sion, quae in arcem vel speluncam vertitur. Hanc urbem quondam expugnavit et reaedificavit David. De expugnata scribitur (Jes. 29, 1): „Vae tibi Ariël, id est leo Dei, et quondam fortissima, quam expugnavit David." Et de ea, quae aedificata est, dictum est (Ps. 87, 1. 2): „Fundamenta ejus in montibus sanctis, diligit Dominus portas Sion super omnia tabernacula Jacob." — — Ostenditur illic columna ecclesiae porticum sustinens, infecta cruore Domini, ad quam vinctus dicitur flagellatus. Monstratur locus, ubi super CXX credentium animas spiritus sanctus descendisset. Die Uebertragung des

Wortes Zion durch „Festung oder Höhle" soll sagen, dass Zion beides bietet: eine Festung, die Stadt Davids und eine Höhle, die Zionskirche in den Substructionen des Haram unter El-Aksa, hinter der Doppelpforte, wo die berühmte Columna porticum sustinens ecclesiae sich noch heute befindet. Die „Fundamente Zions auf den heiligen Bergen" weisen auf Moriah und nicht auf den Hügel der Oberstadt hin. Ariel ist beides: die Stadt Davids, nach Jesaj. 29, 1 und der Brandopferaltar, nach Ezech. 43, 15, welche beide somit demselben Hügel angehören mussten. Alles weiset auf Moriah und nichts auf den Hügel der Oberstadt hin. Was fand nun Paula auf Zion? Sie sahe dort eine Säule, welche den Portikus einer Kirche trug, an welcher der Herr soll gegeisselt worden sein; sie sahe den Ort der Ausgiessung des h. Geistes. Dieses war aber, wie wir nachher sehen werden, die im christlichen Alterthume hochberühmte Zionskirche. Wer die Wahrheitsliebe und die archaeologische Gelehrsamkeit des Hieronymus kennt, wird anerkennen, dass derselbe sich nur dann zum Träger solcher Traditionen machte, wenn er gewiss war, dass Säule, Porticus und Kirche nicht ein christliches Machwerk, sondern unbestreitbare Ueberreste eines jüdischen Baues waren, welche die Zerstörung Jerusalems überlebt hatten. Er konnte nur die echtjüdischen Substructionen der Aksa-Moschee vor Augen haben, mit ihrer gewaltigen, den Porticus tragenden Säule hinter der Doppelpforte, nicht aber die offenbar christliche, aller Spuren des Alterthums baare Construction der Moschee En-Nebi Daûd auf dem Südwesthügel.

Der Pilger von Bordeaux, welcher im Jahr 333, also 50 Jahre vor Hieronymus, Jerusalem besuchte, redet von den Statuen Hadrians an der Stelle des alten jüdischen Tempels und sagt darauf: est et non longe de statuis lapis pertusus, ad quem veniunt Judaei singulis annis ut unguent eum et lamentant se cum gemitu et vestimenta sua scindunt, et sic redeunt. Est ibi et domus Ezechiae, regis Judae. Dass dieser durchlöcherte Stein, lapis pertusus nicht die Felsenhöhle unter dem Tempel, sondern der heutige Klageort der Juden sei, ergiebt sich daraus, dass der lapis pertusus, wenn auch nicht viel, doch immerhin entfernt war vom Standort des Tempels (est non longe de Statuis) und dass gerade bei dem lapis pertusus (est ibi) der Pallast des Hiskia soll gewesen sein; denn es wird wohl Niemanden einkommen, einen Pallast neben den Tempel in die Area des Heiligthums zu verlegen. Der unten im Tyropoeonthale an der Harammauer, nahe bei der Südwestecke sich befindende Klageort der Juden bietet in der alten Salomonischen Mauer mehrere Nischen dar, wovon die eine etwa 4 Fuss hoch ist. Dieses ist der lapis pertusus, der Gegenstand der besonderen Veneration der Juden. Lapis bezeichnet nie einen am Boden angewachsenen natürlichen Felsen, sondern einen abgelösten Stein; ein natürlicher Felsen mit einer grossartigen Felsenhöhle wird auch im schlechtesten Klosterlatein nie lapis pertusus „ein durchlöcherter Stein" heissen. Der Pilger war somit von dem Standorte der Statuen durch eines der Haramthore in das Tyropoeon an den heutigen, wie ehemaligen Klageort der Juden hinabgestiegen und befand sich somit innerhalb des Mistthores. Nun fährt sein Bericht unmittelbar darauf also fort: Item exeuntibus in Hierusalem, ut ascendas Sion, in parte Sinistra et deorsum in valle juxta murum est piscina, quae dicitur Silua. Habet quadriporticum, et alia piscina grandis foras. Haec fons sex diebus atque noctibus currit, septima vero die est sabbatum, in totum nec nocte nec die currit. In eadem ascenditur Sion. Das Verständniss dieses barbarischen Latein hängt von der Bedeutung der Worte: „in Hierusalem" ab.*) Die Zweideutigkeit liegt darin, dass Hierusalem indeclinabel ist. In Hierusalem kann stehen für in Hierosolymis oder für in Hierosolymas. Lesen wir in Hierosolymas, so ist der Sinn: Wer von Aussen (ex) nach Jerusalem geht, um den Zion linker Hand zu ersteigen und unten im Thale, wo ein Teich ist u. s. w. Lesen wir in Hierosolymis, so heisst es: Für die zu Jerusalem, welche hinausgehen den Sion zu ersteigen, ist links, unten im Thale ein Teich, Siloah genannt u. s. w. Wir bestreiten die Möglichkeit nicht, auf die eine oder andere Art zu übersetzen. Jedermann wird jedoch zugeben, dass die zweite Uebersetzung, welche in Hierosolymis liest, ungezwungener und verständlicher ist, als die erste. Der Pilger war, wie wir gesehen haben, am Klageort der Juden und bei Hiskia's Pallast (El Mekhmeh?), inner-

---

*) Diese Auseinandersetzung geht von der Voraussetzung aus, dass diese störende Partikel „in", welche mit „exeuntibus im Widerspruche ist, wirklich, wie die gewöhnlichen Editionen voraussetzen, genuin sei. Aber in dem ältesten, aus dem 8ten Jahrhundert stammenden, in der Revue Archéologique 1864, Juillet, p. 98 ff. abgedruckten Codex steht dieses „in" nicht, sondern: „exeuntibus Hierusalem". Dadurch ist der Streit entschieden und unsere Darstellung gerechtfertigt. Dieses „in" ist demnach als eine in den Text eingeschobene Conjectur zu betrachten, welche zum Zweck hat die Aussage des Pilgers mit der späteren Tradition, die Lage Zions betreffend, in Einklang zu bringen.

halb des Mistthores; um zu Siloah zu kommen, musste er also hinausgehen, nicht aber von Aussen in die Stadt hinein, wie die erste Uebersetzung mit in Hierosolymas fordert. Dass aber der Pilger wirklich
hinausging, ergiebt sich aus der Succession der Piscinen, indem er zuerst die kleine (das Quellenbecken selbst) und dann foras, weiter hin,
die grosse traf; denn in dieser Ordnung folgen sich wirklich die zwei
Teiche von Nord gen Süd. Wäre er von Aussen her das Tyropoeon
hinan gekommen, so hätte er zuerst den grossen und nachher nur den
nördlicher gelegenen kleinen Teich getroffen. Immerhin ist der Wort-
sinn dieses Berichtes zweideutig; wir haben also die eine wie die andere Uebersetzungsweise zu prüfen, um zu sehen, welche von beiden auf
Ort und Stelle verwendet, stichhaltig ist. Kam der Pilger von Süden
her das Tyropoeonthal herauf, so hatte er den Hügel der Oberstadt zu
seiner Linken und somit sein Zion; kam er aus der Stadt das Tyropoeon
herab, so hatte er den Moriah zu seiner Linken und war dieser sein
Zion. Sehen wir nun, was er auf Zion fand. In eadem (scil. fonte; er
schreibt unmittelbar vorher haec fons) ascenditur Sion, et paret ubi fuit
Domus Caïfae sacerdotis, et columna adhuc ibi est, in qua Christum fla-
gellis caeciderunt. Intus autem intra murum Sion paret locus ubi palatium habuit David, et septem Synagogae quae illic fuerunt, una tandem
remansit, reliquae autem arantur et seminantur, sicut Jesajas Propheta
dixit. Setzen wir nun, mit den meisten Topographen voraus, der Pilger
habe von Siloah aus den Oberstadthügel erstiegen, so fällt es sogleich
auf, dass er sagt: in eadem, scil. fonte ascenditur Sion; denn die Quelle
bliebe auf der andern Seite des Thales liegen. Er traf dann den Ort,
wo einst des Hohepriesters Caiphas Pallast stand. Dieses muss wieder
auffallen, denn der hohepriesterliche Pallast lag dem Heiligthume nahe,
auf dem Osthügel oder Moriah (Nehem. 3, 21). Er fand ferner bei oder
in dem Hause des Caiphas die Geisselungssäule noch stehend, somit
Ueberreste eines altjüdischen Baues, wovon weder in En-Nebi Daûd,
noch im sogenannten Hause des Caiphas auf dem Südwesthügel extra
muros sich eine Spur findet. Dieses Alles, Caiphas Haus und die Säule,
befanden sich nemlich nach unserem Pilger ausserhalb der Stadtmauer.
Er meldet nun, was sich innerhalb der Mauer befand. Er fand dort —
nichts, als eine alte Synagoge; das übrige war Ackerfeld! Also, auf dem
Hügel der Oberstadt, innerhalb der Stadtmauer, intus, intra murum, wo
heute sich eines der bevölkertsten Quartiere befindet, war Anno 333

nichts als eine alte Synagoge? nicht einmal der Davidsthurm? Gestehe man doch ein, dass der Pilger von Bordeaux nicht den westlichen Hügel meinte und für Zion erklärt. — Setzen wir nun voraus, dass derselbe aus der Stadt kommend das Tyropoeon hinabging, so fand er, wie der Text will, zur Linken, unten im Thale, Siloah; er erstieg den Moriah auf dem heute noch gebräuchlichen Wege, welcher über die Quelle hinzieht, in eadem fonte ascenditur Sion; kam dann an den Ort, wo nach Nehem. 3, 21 des Hohepriesters Haus stand, sahe in den Substructionen des Haram, hinter dem Doppelthore die gigantische Säule; zu seiner Linken war die antike Mauer des Gartens der Aksa-Moschee, welche eben die Mauer Zions oder der Stadt Davids ist, dort war eine alte Synagoge, welche heute verschwunden zu sein scheint; das Uebrige in dieser Einfassung war Ackerfeld, und ist es heute noch. Daraus folgt, dass der Pilger von Bordeaux, wie Hieronymus, die obere Terrasse des südlichen Moriah für Zion hielt.

Aurelius Prudentius Clemens schrieb im Jahr 394:

Excidio templi veteris stat pinna superstes:
Structus enim lapide ex illo manet angulus, usque
In saecula Saculi, quem sprerunt aedificantes.
Nunc caput est Templi et laterum compago duorum.

Der Stein also, welchen die Bauleute verworfen hatten, und welcher ist zum Ecksteine geworden, befand sich nach der altchristlichen Tradition in einer zum alten Heiligthume gehörigen Mauerecke, welche die Zerstörung überlebt hat. Es ist kein Wagniss, anzunehmen, dass die Südostecke des Haram gemeint ist, in welcher enorme Bausteine das Fundament bilden. Von diesem zum Eckstein gewordenen Steine berichtet auch der Pilger von Bordeaux, welcher ihn gleichfalls in das Tempelgebiet verlegt, und mit der Zinne des Heiligthums in Verbindung setzt, auf welche der Versucher ihn geführt hatte. Nachdem er den Teich Bethesda (er schreibt den Namen Vetaida) beschrieben, sagt er: est ibi et crypta, ubi Salomon Daemones torquebat. Ibi est angulus turris excelsissimae, ubi dominus ascendit; — — ibi est lapis angularis magnus, de quo dictum: „lapidem quem reprobaverunt aedificantes“. Item ad caput angeli (lese anguli) et sub pinna turris ipsius sunt cubicula plurima, ubi Salomon palatium habebat; ibi etiam constat cubiculus, in quo sedit et sapientiam descripsit, ipse vero cubiculus uno lapide est tectus; sunt ibi et exceptoria magna aquae subterraneae et piscinae magnae opere aedificatae, et in aede ipsa ubi templum fuit quod Salomon aedificavit etc. — — Sunt ibi et Statuae duae Adriani; est et non longe de statuis lapis pertusus — — wo dann der Text fortsetzt, den wir im vorigen Paragraphen besprochen haben. Dass die angeführte Stelle uns in die Area des Heiligthums versetzt, ist ausser Zweifel; dass der Pallast Salomo's und die cubicula plurima die Substructionen in der Südostecke sind, muss auch zugegeben werden; also war die Zinne dieser Südostecke der Ort der Versuchung und in seiner Basis der lapis angularis, wie bei Prudentius. Das bisher Berichtete konnte der Pilger besuchen und sehen, ohne den Haram zu verlassen, da ein unterirdischer Gang mit Treppen in jene Substructionen führt. Der Zugang zu dem Gewölbe, welches mit dem Doppelthore in Verbindung steht, war aber damals, wahrscheinlich aus strategischen Rücksichten, von oben her vermauert. Der Pilger musste daher, um den Zion extra muros zu betreten, den Haram verlassen, bei dem Hause des Hiskia in das Tyropoeon steigen, und durch das Mistthor hinaustreten, wo er dann, wie wir im vorigen § gesehen haben, berichtet: exeuntibus Hierusalem ut ascendas Sion in parte sinistra, und dort traf, was wir oben gesehen haben. — Antonius Martyr besuchte Jerusalem im 6ten Jahrhundert. Nachdem er von der Turris David geredet, fährt er fort: Deinde venimus in Basilicam Sion, ubi sunt mirabilia multa, inter quae est quod legitur de lapide angulari — Ingresso Domino in ipsam ecclesiam, quae fuit domus Jacobi, invenit lapidem istam deformem in medio jacentem, tenuit eum et posuit in angulum. — In ipsa ecclesia est columna, ubi Dominus flagellatus est; — ibi est monasterium puellarum. De Sion usque ad basilicam Sanctae Mariae, ubi est congregatio magna monachorum ac mulierum innumerabilis, lecta languentium plus quinque (lese quoque?) millia ad minus tria. Et oravimus in praetorio etc. Dieser Text lässt nicht errathen, welchen der zwei Hügel Antonin für den Zion halte. Das unmittelbar Vorhergehende, der Bericht über den Thurm Davids, liesse auf den Oberstadthügel schliessen; das unmittelbar Nachfolgende hingegen versetzt uns in die Area des Tempels, denn die basilica S. Mariae mit ihrem Xenodochium ist unstreitig Justinians Tempel der Θεοτόκος und die dazu gehörigen Ξενῶνες. Antonius Bericht muss desswegen aus den vorhergehenden Berichten des Hieronymus, des Burdigalensis und des Prudentius erklärt werden, welche die hier besprochenen mirabilia, ins Besondere den lapis angularis auf Moriah verlegen. Dass übrigens Antonins Zion der Tempelberg sei, ergiebt sich aus der Aussage: vallis Gethsemani inter montem Sion et montem Oliveti posita. Epiphanius, welcher dem Ende des 4ten Jahrhunderts angehört, schreibt in seinem Werke adv. Haeres. L. I. T. III. haeres. Tatian. 5: „Die Akra, die ehemals auf Zion war, nun aber abgetragen ist, war damals höher als Golgotha“, ἡ Ἄκρα ἡ ποτὲ ὑπάρχουσα ἐν Σιών, νῦν δὲ τμηθεῖσα, καὶ αὐτὴ ὑψηλοτέρα ὑπῆρχε τοῦ τόπου (Γολγοθὰ). Hier finden wir also bei einem Kirchenvater die Assimilation von Zion mit Akra, der Unterstadt (siehe oben Beil. No. 12), wie sie schon im 1sten Maccabäerbuche sich findet. Der Zion des Epiphanius ist somit unmöglich der Oberstadthügel.

Uebereinstimmend mit dem A. T. verlegt somit die ursprüngliche christliche Tradition die Stadt Davids und Zion auf Moriah extra muros. Die Tradition, welche Zion auf den Oberstadthügel verlegt, ist daher späteren Ursprungs.

20) Die Zionskirche. Unter allen christlichen Kirchen ist unstreitig die Basilika auf Zion die älteste. Cyrill von Jerusalem (um das Jahr 330) berichtet Cateches. XVI: „Wir wissen, dass der heilige Geist am Pfingsttage hier, zu Jerusalem in der oberen Apostelkirche über die Apostel herabkam (ἐν τῇ Ἰερουσαλὴμ, ἐν τῇ ἀνωτέρᾳ τῶν Ἀποστόλων ἐκκλησίᾳ). Epiphanius von Jerusalem, welcher dem Ende des 4ten Jahrhunderts angehört, schreibt in De Ponderibus et Mensuris XIV: „Der Kaiser Hadrian fand die Stadt Jerusalem zerstört, den Tempel verwüstet und zertreten mit Ausnahme weniger Gebäude und der kleinen Kirche Gottes, welche an dem Orte bestand, wohin die Jünger nach der Himmelfahrt des Herrn vom Oelberge aus sich begaben, und in das Obergemach (τὸ ὑπερῶον) hinaufstiegen. Sie stand an dem Theile des Zion, welcher, nebst einigen Nebenbauten und den sieben Synagogen, die auf demselben Hügel wie Zelthütten standen, von der Stadt übrig geblieben war. Eine dieser Synagogen war bis auf die Zeiten des Bischofs Maximonas und Constantins stehen geblieben, wie eine Hütte im Weinberge (Jes. 1, 8).“ Die Gemeinde dieser Kirche hatte in der Zeit der Griechen ihre Beerdigungsstätte im Hinnomthale, wo häufig auf Grabhöhlen die Inschrift sich findet: † ΤΗC ΑΓΙΑC ϹΙΩΝ. Diese Kirche auf Zion kennt auch Hieronymus (siehe § 18). Er sagt: Ostenditur illic columna ecclesiae porticum sustinens, infecta cruore Domini; — monstratur locus, ubi super CXX credentium animas spiritus sanctus

descendisset. Wenn Männer wie Cyrill, Hieronymus und Epiphanius sich zu Trägern einer Tradition machen, nach welcher in ihrer Zeit ein Gebäude gezeigt wurde, in welches der Herr selbst getreten war und in welchem das Pfingstwunder sich ereignet hatte, so muss wohl angenommen werden, dass das dafür ausgegebene Gebäude ein altjüdischer Bau war, von welchem nachgewiesen werden konnte, dass er die Zerstörung der Stadt überlebt habe. Diese Männer konnten daher nicht En-Neby Daûd auf dem Oberstadthügel extra muros im Sinne haben, welche Moschee eine offenbar von den Christen erbaute Kirche ist, und nicht ein jüdischer Bau; auch ist En-Neby Daûd eine sehr grosse Kirche, und nach Epiphanius war die Apostelkirche auf Zion klein. Jerusalem hat drei vorzüglich heilige Orte für den Christen: das heilige Grab, die Stätte der Himmelfahrt und die Stätte der Ausgiessung des heiligen Geistes. Constantin versah die zwei ersten Stätten mit Prachttempeln; warum nicht auch die dritte? offenbar, weil er es nicht wagte, an die heiligen Mauern des noch bestehenden Baues die Hände zu legen. Nun ist bekannt, dass die Kirche des h. Grabes und der Himmelfahrt mehrere Male zerstört und wieder aufgebaut wurden. Die Geschichte berichtet sogar die Zerstörung und den Neubau von Kirchen und Kapellen niedern Ranges; aber es ist nirgends eine Meldung dieser Art die Zionkirche betreffend. Wäre sie zerstört worden, so hätte die Geschichte es berichtet; da sie es nicht thut, so sind wir vollkommen berechtigt, zu schliessen, dass sie heute noch steht. Sie besteht wirklich noch in den Substructionen des Haram unter der Aksa-Moschee auf dem wahren Zion, das heisst auf Moria extra muros.

21) In der Südmauer des Haram, welcher anerkannterweise, wenigstens was ihre Grundlage anbelangt, altjüdischen Ursprunges ist, findet sich, so ziemlich in der Mitte ein antikes, zugemauertes Doppelthor. Es ist theilweise durch die von Süden kommende, anstossende Stadtmauer, welche westwärts den Garten der Aksa enthält, verdeckt. Ein unter dem Thorbogen angebrachtes, vergittertes Fenster lässt einen Blick in die hinter dem Thore befindlichen Gewölbe werfen. In der Nähe des Fensters erblickt man eine achtstufige Treppe, welche von innenher zum Doppelthore herabführt. Eine kolossale Rundsäule, deren Kelchkapital durch Palmblätter geziert ist, trägt mit den an beiden Seiten etwas vorspringenden Pfeilern die kleinen Kuppelgewölbe des Thors (Krafft, Topogr. 72). Von der Nordfacade der 280 engl. Fuss

langen Aksa-Moschee führt aus der inneren Area des Haram ein doppelter Gewölbegang von Nord nach Süd unter besagter Moschee hinweg und endet an dem Doppelthore. Dicke quadratische Pfeiler trennen diese Weggalerie von der parallel laufenden Nebengalerie, welche letztere sich horizontal hält, während jene abwärts zieht, bis zu einem quadratischen Raume, in dessen Mitte sich majestätisch die monolithe Säule erhebt, deren Kapitäl fremdartiger Bildung ist und auffallend an den ägyptischen Styl erinnert. Hebräische Inschriften, welche leider theilweise übertüncht sind, und sich an Säulen und Wänden finden, beweisen ohne Widerrede den altjüdischen Ursprung dieser Bauten (siehe De Saulcy Voy. II. 327). Diese 280 Fuss lange und 50 Fuss breite unterirdische Galerie ist unstreitig der durch den König Salomo gegründete Verbindungsweg zwischen der Stadt Davids und dem Heiligthume, „der Aufgang, welcher hinauf zum Hause Jehova's führte," den die Königin von Saba bewunderte (2. Chron. 9, 4), „der Aufsteig in der Mauer oberhalb des Hauses Davids" (Nehem. 12, 37). Auf der Ostseite der Galerie findet sich eine heute zugemauerte Thüre, welche in die gewaltigen Substructionen der Südostecke des Haram führt. Diese Substructionen sind Gewölbe, die auf 15 Reihen quadratischer, aus beränderten Steinen bestehenden Pfeilern ruhen. Sie breiten sich etwa 300 Fuss von Osten gen Westen aus und erstrecken sich 100 bis 300 Fuss von der Südmauer gen Norden. Dieses sind die Ställe Salomo's, welche in der Ostmauer, nahe bei der Südostecke, ihren Ausgang in das Kidronthal, „das Rossthor" hatten. Etwa in der Mitte zwischen der Südostecke und der Doppelpforte, befindet sich eine von de Saulcy entdeckte, gleichfalls antike dreifache Pforte, welche durch die Eine der Oeffnungen scheint zu den Stallungen geführt zu haben, während die zwei andern Thüren zur Area des Tempels führten und noch führen (siehe hierüber de Saulcy, Voy. I. 123 ff. u. Ritter, Erdk. XVI. 311 ff.). Die unmittelbar hinter dem Doppelthore sich befindende Thorhalle, welche von der kolossalen Säule getragen wird, war die Apostelkirche, welche durch die oben angegebene Ungleichheit des Bodens, nemlich den Treppengang und die neben hinlaufende Galerie in eine untere und eine obere Kirche zerfiel.

22) Die Halle Salomo's. „Es waren die Enkänien (das Fest der Tempelweihe) zu Jerusalem, und es war Winter, und Jesus wandelte im Heiligthume, in der Halle Salomo's" (Joh. 10, 22, 23). Apostelg. 3, 11 heisst es, dass in Folge der Heilung des Lahmen bei der

schönen Pforte des Heiligthums, alles Volk zu Petrus und Johannes lief, welche in der Halle Salomo's wandelten. Und Apostelg. 5, 12 lesen wir: „Es geschahen viele Zeichen und Wunder durch die Hände der Apostel unter dem Volke, und sie (die Christen) alle hielten sich in der Halle Salomo's einmüthiglich; von den Andern aber wagte es keiner sich zu ihnen zu halten." Wo war diese Halle Salomo's? Antiq. XX. 9, 7 redet Josephus von der Osthalle des äusseren Heiligthumes, ἀνατολική στοά, welche über dem tiefen (Kidron-)Thale sich erhob, und 400 Ellen Wand hatte (das heisst nicht, wie man gewöhnlich erklärt, 400 Ellen hoch, sondern 400 Ellen oder ein Stadium lang war, eine Länge, welche Josephus jeder Seite des Heiligthums zuschreibt). Die Mauer war von weissen Quadersteinen, welche 20 Ellen lang, 6 hoch waren; sie war ein Werk des Königs Salomo, des ersten Erbauers des Tempels." Weil Josephus hier die Ostmauer der Tempelarea dem Könige Salomo zuschreibt, trug man aus Missverstand diesen Namen auf die darüber sich erhebende Halle über, und behauptete, diese Oststoa sei die im N. T. gemeldete Halle Salomo's; die Topographen vergassen, dass Josephus nicht von der Halle, sondern von der Mauer sagt, dass sie Salomo's Werk sei. Hätte aber die Halle diesen Namen getragen, so hätte Josephus ihn gewiss nicht verschwiegen; so nennt er sie aber die Osthalle. Aus Salomo's Zeit war gewiss zu Josephus Zeit keine Halle mehr da; was aber Salomo's Werk war und sich bis dahin, ja bis heute erhalten hat, das sind die Substructionen unter der Aksa, der unterirdische Gang besonders, welche aus der Stadt Davids in das Heiligthum führte, die Galerie mit dem Doppelthore. Diese halten wir für die Halle Salomo's; dort wandelte Jesus im Winter, weil die Kälte nicht in diese Krypte drang und diese somit der natürliche Versammlungsort der Leute während des Winters sein musste. Nach der Apostelgeschichte haben sich die ersten Christen frühe diesen Ort für ihre Zusammenkünfte ausersehen; hier haben wir uns somit den Ort der Ausgiessung des h. Geistes zu denken, wie auch die alte Ueberlieferung lehrt. Die Halle Salomo's wurde den spätern Christen die Zionskirche. Wir wissen nicht zu erklären, was es mit der Geisselung Jesu an der Säule für ein Bewenden hat. Die Evangelien wissen nur von der Geisselung im Praetorium. Will vielleicht die Tradition sagen, dass Jesus auch durch den Hohepriester, dessen Haus ganz in der Nähe war, gegeisselt wurde? Das Praetorium kann nirgends anders, als in der Antonia gesucht werden; denn der Pilger

von Bordeaux sagt: Inde, ut eas foris de Sion euntibus ad Portam Nea-
politanam ad partem dextram, deorsum in valle sunt parietes ubi
domus fuit sive Praetorium Pontii Pilati; ibi Dominus auditus est
antequam pateretur; a Sinistra autem parte est monticulus Golgotha ubi
Dominus crucifixus est; inde quasi ad lapidis missum est cripta, ubi corpus
ejus positum fuit. Von Zion kam der Pilger in das Tyropoeonthal intra
muros, ging gen Norden auf das Neapolitanische, oder Damascusthor zu,
und hatte unten im Thal, das ist jedenfalls im El-Wad, an einem gegebenen Orte das Praetorium zur Rechten, Golgotha zur Linken. Er
war somit der westlichen Harammauer entlang zur Nordwestecke derselben, dem ehemaligen Standpunkte der Antonia gekommen. Die Topographen, welche das Praetorium in der Oberstadt suchen, müssen diesen
höchst wichtigen Text entweder fallen lassen, oder misshandeln, denn
die Orientirung nach links und rechts und das deorsum in Valla reimt
sich nicht mit der Oberstadt. So hätten wir in der Galerie unter El-
Aksa die heilige Zionskirche, den Ort der Ausgiessung des h. Geistes,
die Stätte, da der Herr wandelte in der Halle Salomo's wiedergefunden.

23) Moria extra muros. Das bisher Gesagte beweiset zur Genüge die archaeologische Wichtigkeit des südlichen Theiles des Moriah,
welchen die Topographen beinahe mit Stillschweigen übergehen, und ihm
höchstens unter dem Namen Ophel eine geschichtliche Bedeutung zuerkennen. Es ist der Fall, den Ort zum Schlusse hier näher zu beschreiben.

Die Südmauer des Haram, welche von Osten nach Westen über
den Moriahhügel zieht, hat eine Länge von 840 Fuss. Die Südost- und
Südwestwinkel der Harammauer bieten anerkannter Weise, durch die
ungeheuern, beränderten Quadern, welche ihre untern Lagen bilden, den
unbestreitbaren Charakter altjüdischer Bauart an. Die sie verbindende
Südmauer trägt dasselbe antike Gepräge an sich. Wir zaudern desswegen nicht mit Archaeologen von Fach, Herrn de Saulcy und andern,
dieselbe, wenigstens in ihrer Grundlage für Salomonisch zu halten. In
derselben findet sich 230 Fuss von der Südostecke das schon erwähnte,
von de Saulcy entdeckte dreifache Thor, welches, jetzt vermauert, einst
theils in den Haram, theils in die königlichen Stallungen führte. Von
derselben Ostecke 500 Fuss westwärts stösst die heutige Stadtmauer
senkrecht auf die Harammauer und verdeckt theilweise das dort in derselben befindliche Doppelthor. Westwärts von diesem Thore und der

anstossenden Stadtmauer setzt die Harammauer in unveränderter Richtung bis an die Südwestecke fort, neben welcher in der Westmauer der
antike Brückenrest sich befindet. In dieser Südmauer sind nicht nur
die untersten Quaderlagen, sondern auch die Basis der Thore entschieden
antik. Die obern Theile sind mehr oder wenig neuern, römischen und
muhammedanischen Ursprungs. Die am Doppelthore anstossende, von
Süden kommende Stadtmauer ist späteren Ursprungs; sie zieht in südlicher Richtung von der Harammauer; tritt aber in zwei Absätzen nach
Westen zurück; nach dem zweiten Absatze, 85 Fuss südwärts vom
Doppelthor, verläuft sie wieder gen Süden und wendet sich dann 240
Fuss vom Doppelthore gen Westen zum Mistthore hin. Das letzte nach
Süden verlaufende Stück dieser Mauer, sowie ein Theil der auf das
Mistthor hinziehenden ist wieder antik. Der westwärts von dieser über
den Rücken des Moriah laufenden Stadtmauer gelegene Raum ist der
Garten der Aksa-Moschee. Robinson berechnet die Höhe dieser Mauer
auf 60 Fuss, da sie aus 8 Quaderlagen von je 3 Fuss und von 24
Lagen von je 1½ Fuss Dicke besteht. Von dem Doppelthore bis zu der
Südostecke der Garten- und Stadtmauer senkt sich der Boden der Hochebene des Moriah um etwa 50 Fuss; aber im Garten selbst hat diese
Senkung nicht statt; der Boden ist in demselben eben gelegt und ist in
der untersten Ecke 50 Fuss höher als der äussere Boden. Robinson
meint, es sei dieses künstlich aufgeschüttetes Land. Aber eine 50 Fuss
mächtige Ausfüllung an diesem Platze wäre höchst auffallend; auch ist
uns die Sache im höchsten Grade zweifelhaft; im Gegentheil sind wir
gewiss, dass Nachgrabungen beweisen werden, dass wenig tief unter dem
urbaren, angebauten Boden der natürliche Fels sich finden wird. Denn
hier in diesem Garten der Aksa muss die Akra gelegen haben, deren
Hügel Simon der Maccabäer abtragen liess, bis er etwa 20 Fuss niederer
als die Tempelarea war. Das zickzackförmige moderne Mauerstück zwischen dieser südlichen antiken Gartenmauer und dem Doppelthore bezeichnet den Ort des ausgefüllten seichten Thales, welches wahrscheinlich
unmittelbar westwärts von diesem Thore seinen oberen Anfang nahm
und der Harammauer entlang in das Tyropoeon hinabzog. Der ganze
Garten, sowie das westlich daranstossende Land ist eine beinahe voll-
kommene Ebene, welche an die Worte des Josephus de Bello V. 4, 1
erinnert: „sie füllten das Thal aus, um die (Ober-)Stadt mit dem Heiligthume in Verbindung zu bringen;“ denn von dem Xystus kann man

ebenen Fusses zum Doppelthor gelangen. Der Akra- oder Stadt-Davids-Felsen, wovon nur noch die Füllung von 50 Fuss Mächtigkeit hinter der antiken Gartenmauer übrig ist, mag sich einst noch fernere 50 Fuss über den Boden des Gartens erhoben haben. Wenn er, wie es wahrscheinlich ist, von seinen vier Seiten mit einer Mauer umgeben war, wovon der Südostwinkel der Gartenmauer ein Ueberrest sein mag, so stellte er einen Thurm oder Festung von etwa 100 Fuss Höhe und einer Basis von 155 Fuss ins Gevierte dar, welcher für die Belagerungsmittel der Alten unangreifbar war (2. Sam. 5, 6—8), da er am zugänglichsten Orte, in der Nähe des Doppelthores noch immer etwa 60 Fuss hoch steil emporragte. Eine solche Lage der Akra erklärt, wie gefährlich eine feindliche Garnison den durch das Doppelthor zum Tempel gehenden Juden werden konnte, weil sie so nahe lag und das Heiligthum überragte. Eine solche Felsenburg hatte jedenfalls nur einen Eingang; es brauchte daher nur eines kleinen Stückes Mauer der Garnison den Ausweg abzuschneiden und sie auszuhungern. Dieses hat wirklich Simon, nach Antiq. XIII. 5, 11 gethan; „er baute mitten durch die Stadt eine Mauer, um denen aus der Akra den Markt oder Einkauf abzuschneiden." Hatten die Könige Juda's vor ihrem Exil ihren Pallast in dieser Burg, so war „ihre Schwelle an der Schwelle des Hauses Jehovahs."

Die Gräber der Davidischen Könige waren im Felsen der Stadt Davids auf Zion-Moriah (Nehem. 3, 16); als der Fels abgetragen wurde, verschwanden sie nothwendig. Ohne dass die Geschichte etwas davon sagt, können wir mit Sicherheit schliessen, dass die Sarkophage und Leichen in ein anderes Grab bestattet wurden; dass das neuerrichtete Grabmahl ausser der Stadt errichtet wurde, folgt aus Ezech. 43, 7 — 9; dass es königlich ausgestattet wurde, lässt sich erwarten. Nun liegt aber nördlich von Jerusalem ein der Könige Juda's würdiges Monument, die Königsgräber, mit ihren 26 Grabesstätten. Ein Sarkophag aus demselben wurde durch Herrn de Sauley nach Paris in das Museum des Louvre gebracht. Er trägt in samaritanischer (altjüdischer) Schrift die Inschrift צרה מלכה oder צדה (und nicht, wie de Sauley lesen will: מלכתה) und darunter mit hebräischen Buchstaben gekritzelt: צרה מלכתה. Dieses beweiset, dass bei der Uebersiedelung der Särge in der Maccabäerzeit man für die der althebräischen Schrift unkundigen Arbeiter den Namen in neuhebräischer Schrift hinzusetzte. Dass zur Zeit des Hyrkan die Gräber Davids nicht mehr in der Stadt Davids, sondern ausserhalb

17 *

Jerusalems waren, ergiebt sich mit Gewissheit daraus, dass, nach Antiq.
XIII. 8, 2. 3 Hyrkan das dem ihn belagernden Antiochus versprochene
Lösegeld nicht sogleich aus Davids Grab nahm, sondern vorerst den Feind
musste abziehen lassen, um zum Grabschatze gelangen zu können. Die
Königsgräber nördlich von Jerusalem sind daher wirklich die posthumen
Gräber der Davidischen Könige, und dies seit der Abtragung des Akra-
felsen.

Nun lässt sich auch der Verlauf der Wasserleitung des Hiskia erklären. 2. Chron. 32, 30 lesen wir: „Dies ist der Hiskia, welcher den
obern Ausfluss der Wasser des Gihon verstopfte, und leitete sie auf die
Abendseite zur Stadt Davids." Nun sagt Antoninus Martyr von der
Kirche des h. Grabes: Juxta ipsum altare est crypta, ubi ponis aurem et
audis flumina aquarum et jacta pomum et vadis ad Siloa fontem ubi
illud recipies. Inter Siloa et Golgotha credo esse milliarium. Aehnliche
Sagen gehen heute noch, dass, wenn in der Gegend des Damascusthores
man das Ohr an die Erde hält, man Wasser rauschen höre. Vor Kurzem
wurde im El-Wad beim Fundamentgraben ein Gewölbe geöffnet, welches
eine reiche Wasserleitung deckt. Der Westseite des Haram entlang ist
die Wasserleitung, welche türkische Gräber speiset, längst bekannt und
bewiesen, dass das Wasser denselben süsslich-salzigen Geschmack hat,
wie die Siloahquelle. Die Wasserleitung scheint heute unter dem Haram
durch zur Marienquelle geleitet zu sein, weil man sie auf Südmoriah
nicht mehr braucht. Hiskia leitete sie auf der Westseite des Tempelberges zur Stadt Davids, das ist in den Garten der Aksa, von wo sie
zur Marienquelle abfloss. Die Gihonquelle scheint in der Nähe des
h. Grabes zu sein. Dass dieser Gihon im obern Hinoromthale zu suchen
sei, ist einer der Irrthümer der Topographen, der seinen Ursprung im
falschen Zion hat. Zu bemerken ist noch, dass de Saulcy bei Ausgrabungen vor dem dreifachen Thore verschiedene Kanäle und unterirdische Wasserleitungen entdeckt hat, die mit Hiskia's Werken mögen
in Verbindung stehn (Voy. II. 9).

24) Golgotha. „Jesus ging hinaus an den Ort, genannt Schädelstätte, auf hebräisch Golgotha, dort kreuzigten sie ihn; der Ort aber,
da Jesus gekreuzigt wurde, war nahe bei der Stadt." Joh. 19, 16. 20.
Nahe bei Jerusalem aber, ausserhalb der Stadt, wurde Jesus gekreuzigt;
oder wie es Ebr. 13, 12 heisst: Jesus litt ausserhalb des Thores." Vgl.
Matth. 27, 32. Was das Grab Jesu anbelangt, so steht Joh. 19, 41. 42:

„Es war aber an dem Orte, $\dot{\epsilon}\nu\ \tau\tilde{\omega}\ \tau\acute{o}\pi\omega$, wo Jesus gekreuzigt wurde, ein Garten, in dem Garten ein neues Grab, in welches nie etwas war gelegt worden; dorthin nun, des Rüsttags der Juden wegen, weil das Grab nahe war, legten sie Jesum." Wo war Golgotha und das Grab? Eusebius in Vita Constantini III. 25—40 berichtet, dass nach den mit dem Concilium von Nicaea verbundenen Vorgängen in Constantin der Wunsch rege wurde, ein rühmliches Werk in Palestina zu verrichten, indem er den Ort der Auferstehung unseres Herrn schmückte und heiligte. Denn bis dahin hatten frevelhafte Menschen, oder vielmehr das ganze Geschlecht der Dämonen durch dieselben, alle Kräfte angewendet dieses glorreiche Denkmal der Unsterblichkeit der Vergessenheit zu weihen. Sie hatten die Höhle mit Erde bedeckt, die sie von anderswo hergebracht und darüber einen Tempel der Venus errichtet, um darin den unreinen Dienst dieser Göttin und ihre unheiligen Gebräuche zu feiern. Alle diese Hindernisse liess Constantin nun wegräumen und die heilige Grabeshöhle reinigen. Darauf befahl er einen prächtigen Tempel oder Bethaus über und um das Grab zu bauen. Diese Kirche wurde im 30sten Jahre der Regierung Constantins, im Jahre 335 beendigt. Bei dieser Gelegenheit wurde durch den Kaiser ein grosses Concilium von Bischöfen aus allen Provinzen des Reiches zusammen berufen, zuerst in Tyrus, dann in Jerusalem. Unter ihnen war auch Eusebius (siehe Robinson II. 209 ff.). Soviel muss vorerst zugegeben werden, dass durch die von Constantin erbaute Grabeskirche der für Golgotha und das h. Grab gehaltene Ort fixirt worden ist, und dass von damals bis heute, ohne Unterbrechung, derselbe Ort für die Kreuzigungs- und Auferstehungsstätte gehalten wird, und dass die heutige Grabeskirche an der Stätte des Baues Constantins steht. Es kommt somit einzig darauf an, zu prüfen, ob die Höhle, welche Constantin dafür hielt, das echte Grab Jesu ist; denn damit steht und fällt die heute dafür gehaltene Oertlichkeit. Woher wusste Constantin, dass der Ort, den er überbaute, das h. Grab war? Robinson meint, der Ort sei ihm durch ein Wunder, das heisst durch einen frommen Betrug geoffenbart worden, und beruft sich zu diesem Zwecke auf einen durch Eusebius (Vita Const. III. 30) aufbewahrten Brief dieses Kaisers an den Patriarchen Macarius. Constantin spricht in demselben von der erfreulichen Entdeckung „des Zeichens der allerheiligsten Passion des Erlösers, das so lange Zeit unter der Erde verborgen gewesen" und betrachtet die Entdeckung für ein Wunder.

Aber das Zeichen der Passion, τὸ γνώρισμα τοῦ πάϑους, ist nicht das Grab, sondern das Kreuz; Constantin redet hier gar nicht von der Entdeckung des h. Grabes, sondern von derjenigen des Kreuzes, dessen Echtheit natürlich nur durch ein Wunder bestätigt werden konnte. Wie aber das Grab entdeckt worden sei, sagt weder Euseb noch Constantin, weil von einer Entdeckung gar nicht die Rede sein kann; im Gegentheil wird der Ort für bekannt vorausgesetzt; die Christen wussten, dass er durch den Venustempel bezeichnet war; es handelte sich daher bloss darum, den Tempel und den Schutt wegzuräumen. Als sich aber darin drei Kreuze fanden, konnte nur ein Mirakel entscheiden, welches unter ihnen das Kreuz Jesu sei, (Rufin. I. (XI), 7 u. 8. Theodoret. H. Eccl. I. 17). Mit der Erzählung des Eusebius ist freilich Hieronymus (Epist. ad Paulin. 49. Tom. IV. 561, edit. Mart.) im Widerspruche; er sagt, dass von der Zeit Hadrians bis auf Constantin, ungefähr 180 Jahre lang, an der Stätte der Auferstehung ein Bild Jupiters, auf dem Felsen des Kreuzes eine Marmorstatue der Venus verehrt wurde. Dass aber hier ein Irrthum obwalte, ergiebt sich aus einer andern Stelle desselben Hieronymus (Contra Jovian. Opp. IV. 2, 16), wo er sagt, dass an der Stelle des h. Grabes ein Venustempel war. Dass aber die Tradition, welche Constantin leitete, wirklich das echte Grab zeigte, ergiebt sich aus dem Hauptargumente, welches man gegen die Echtheit des h. Grabes sucht geltend zu machen, und welches in folgendem Schlusse besteht: „Nach den Evangelien wurde Jesus ausserhalb der Stadt gekreuzigt und begraben, die Grabeskirche aber liegt mitten in Jerusalem, sie kann also den echten Ort nicht bezeichnen." In Constantins Zeiten kannte man aber die Evangelien auch, sowie die Aussage Ebr. 13, 12; wenn man dennoch einen in der Stadt liegenden Ort für die Grabesstätte annahm, musste das Unwahrscheinliche der Sache durch eine feste und ursprüngliche Tradition überwogen worden sein. Wenn man in Constantins Zeit den Ort nicht mehr gekannt, sondern erst aufgesucht hätte, so hätte man unmöglich in der Stadt selbst, sondern ausserhalb derselben gesucht. Der Ort ist echt, weil er unwahrscheinlich ist.

25) Insofern der Ort materiell möglich ist, muss er auch echt sein, weil unwahrscheinlich, das heisst, weil er in der Stadt nicht wäre gesucht worden. Diese materielle Möglichkeit haben wir nun darzuthun. Die dritte Mauer Jerusalems wurde durch Agrippa I. zehn Jahre nach der Kreuzigung Jesu erbaut. Zu Jesu Zeiten hatte die Stadt nur zwei

Mauern; wenn nun derjenige Theil der Stadt, welcher durch die dritte Mauer eingeschlossen und Jerusalem einverleibt wurde, den Ort der Grabeskirche mitbegreift, so lag derselbe zur Zeit der Kreuzigung ausserhalb der Stadt, das heisst, ausserhalb der zweiten Mauer. Dass die heutige Stadtmauer auf der West,- Nord- und Ostseite dem Verlaufe der dritten Mauer entspricht, haben wir oben § 6 dargethan. Nun handelt es sich, zu beweisen, dass die zweite Mauer die Stätte des h. Grabes nicht einschloss, sondern ostwärts von derselben vorüberzog. Etwa 100 Schritte ostwärts vom Calvarienberge, in der Nordostecke der Kreuzung der Damascusstrasse mit der Via dolorosa, wurden in der Absicht, den (nicht ausgeführten) Bau eines russischen Consulates vorzubereiten, Ausgrabungen unter Pierotti's Leitung gemacht, welche ein Stück antiker Mauer aufdeckten, welches Zweifelsohne der zweiten Mauer zugehörte. Aehnliche antike Mauerreste finden sich auf der östlichen Seite des Geländes der Johannes-Ritter und zwischen der Damascusstrasse und der Grabeskirche. Wahr ist es, dass die in der zweiten Mauer eingeschlossene Vorstadt als ein ziemlich unbedeutend kleiner Raum erscheint, wenn die zweite Mauer den durch diese antiken Reste bezeichneten Verlauf hatte. Aber die Art, wie Josephus von dieser Vorstadt redet, und besonders die verhältnissmässig unbedeutende Zahl von 14 Thürmen, welche er dieser Mauer zuschreibt, bestätigen den engen Raum dieses Quartieres. Manche Topographen stossen sich daran, dass dann, was freilich wahr ist, gleichfalls der Patriarchenteich oder Birket Hammam extra muros war, wenn er nicht etwa durch Agrippa für die Neustadt gegründet wurde. Aber die bedeutendsten Teiche: Siloah, Mamilla, Es-Sultan etc. liegen ausserhalb der Stadt. Es ist undenkbar, dass die Christen, welche niemals ein Menschenalter hindurch von Jerusalem verbannt waren, den Ort der Kreuzigung und der Auferstehung nicht in heiligem Andenken behalten hätten. Die Tradition steigt gewiss bis in die apostolische Zeit hinauf, und verbürgt die Echtheit des heiligen Grabes.

Druckerei des Rauhen Hauses.

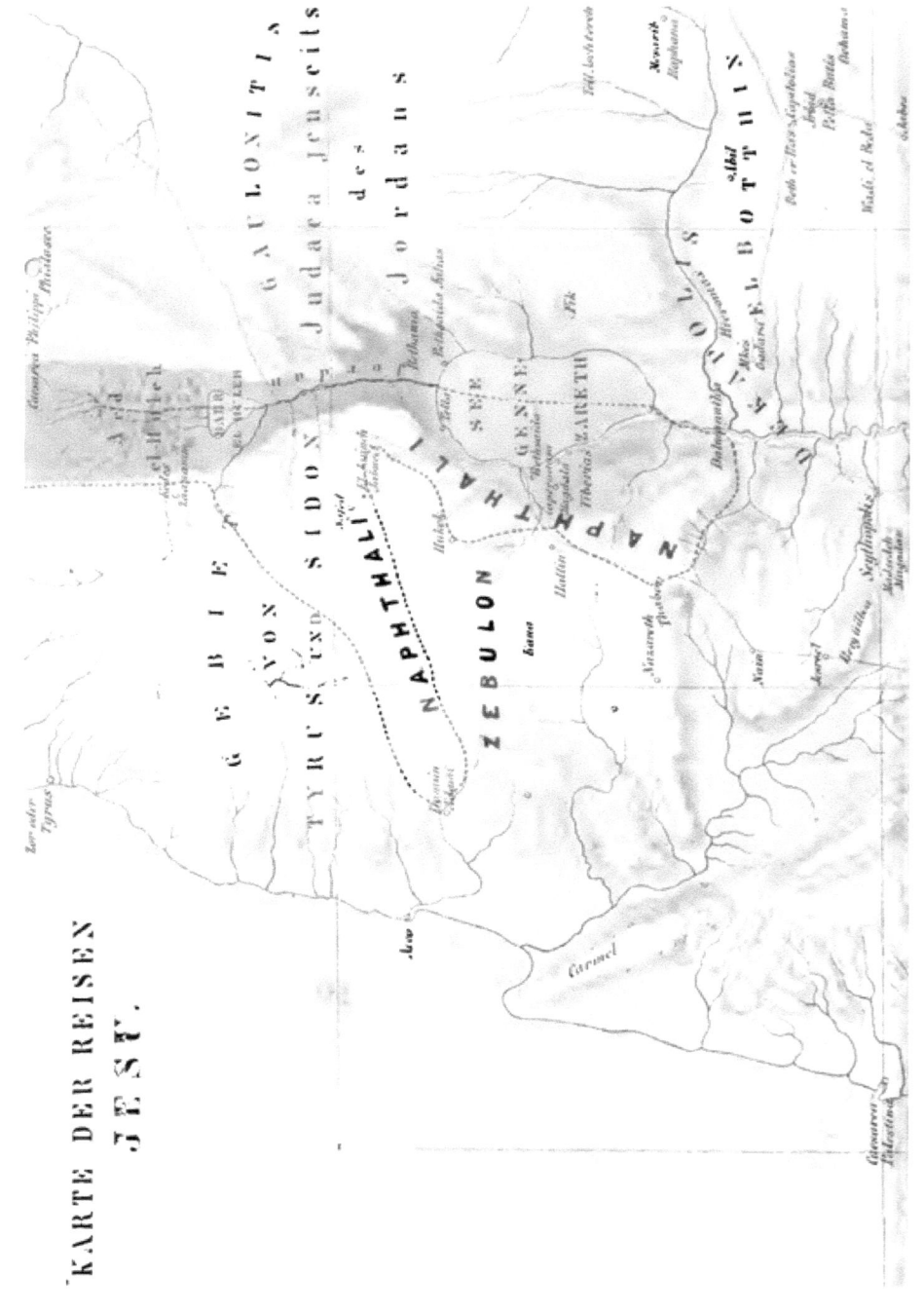

KARTE DER REISEN JESU.

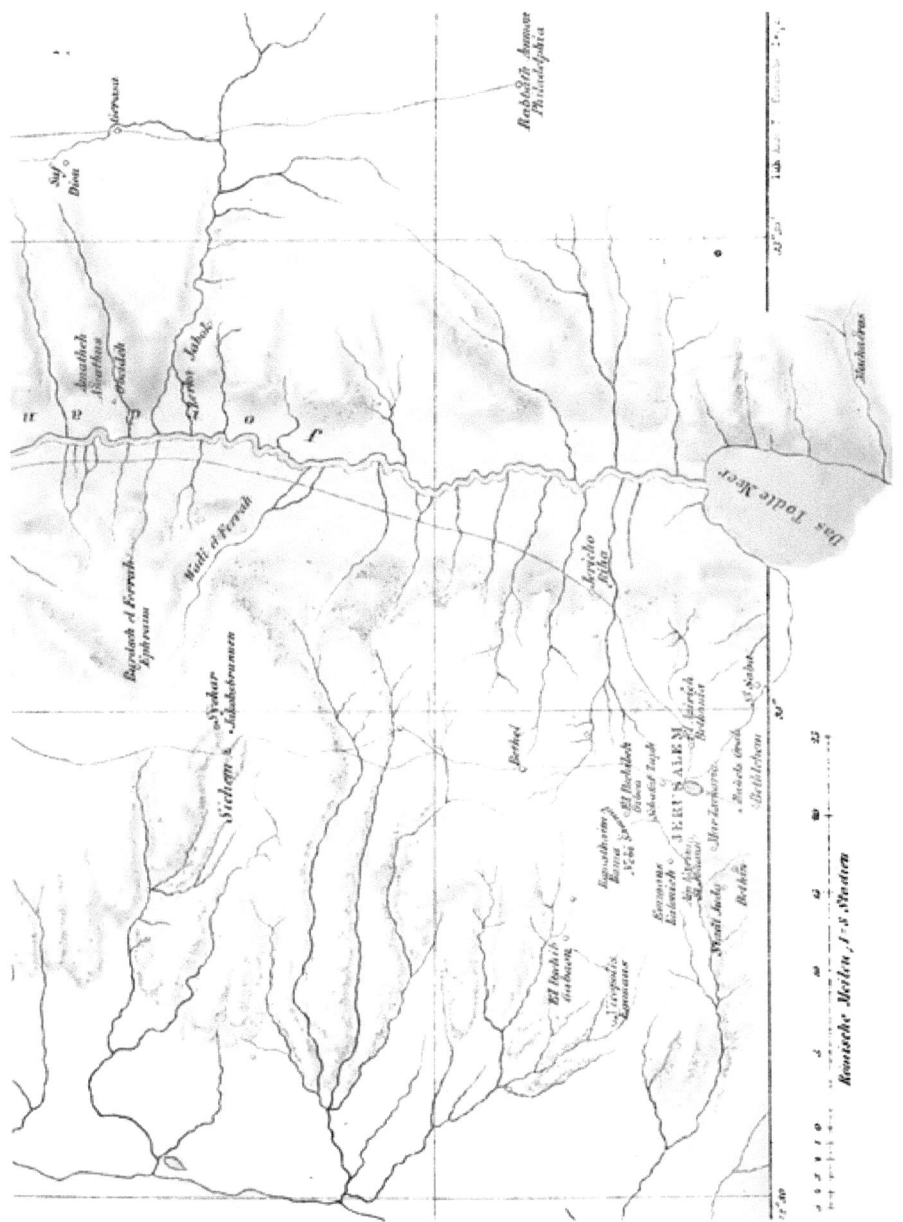

Rebbath Ammon
Philadelphia

Suf
Dimi

Anatheth
Jusatheus
o Gaidek
Jericho Jelieh

Machärus

Das Todte Meer

Bethrk
o o l r

Wadi el Ferrah

Baydush el Ferrah
Ephraim

Wadi el Ferrah

Sychar
Jakobsbrunnen
Sichem

Berthel

Jericho
Riha

El Jaokith
Anbrorr
Teryan
Emmaus

El Buddeh
Anathoth
Nebi Samwil
JERUSALEM
Jeriyeh
Bethanie

Emmaus
Latrunch
Abu Ghosh
Silwan
Mar Zacharias
Mar Elias

Wadi Jada
Beddin
Briolo Brunk
Bethlehem
El Sabah

Sychar

Rømische Meilen, 1. 8. Westen

2   4   6   8   10

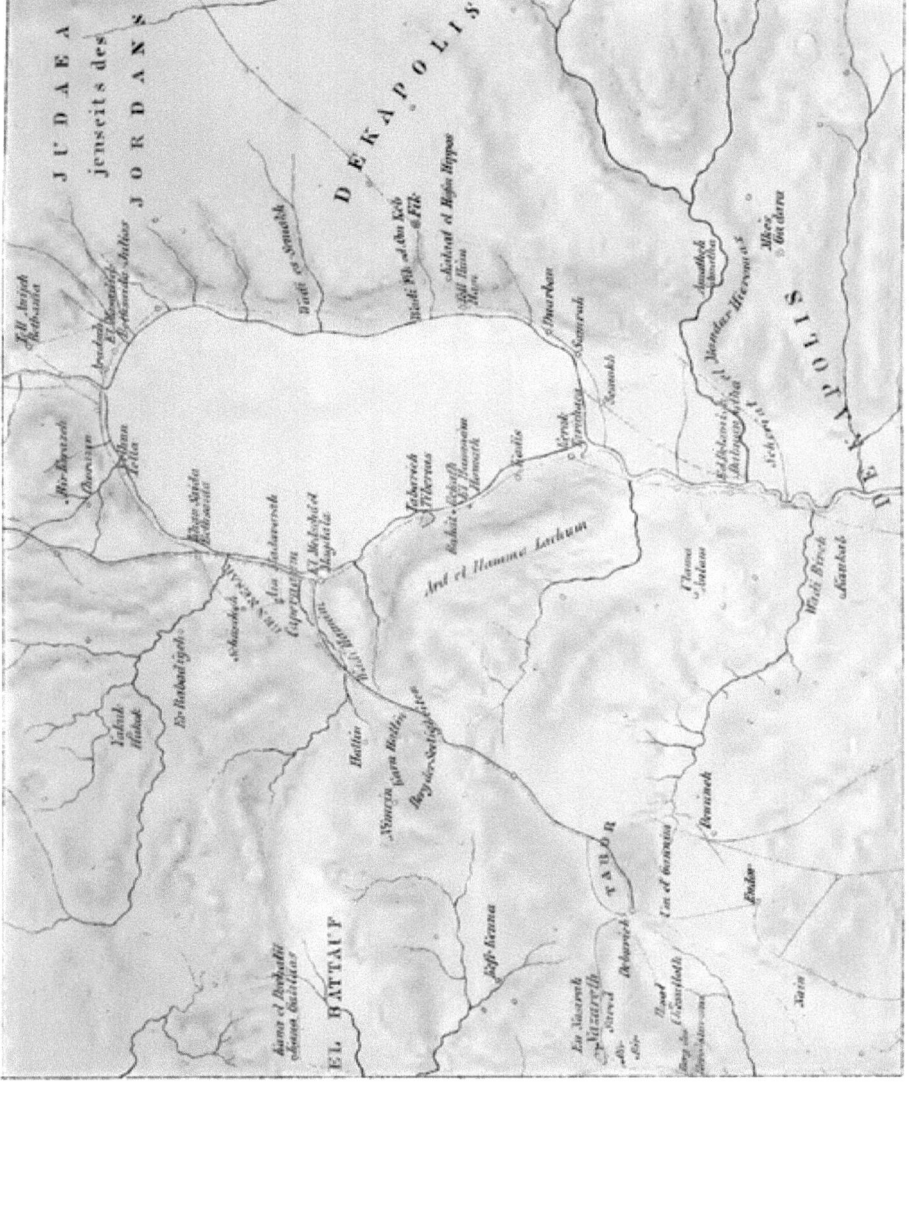

Nablus oder Sichem und Sychar.

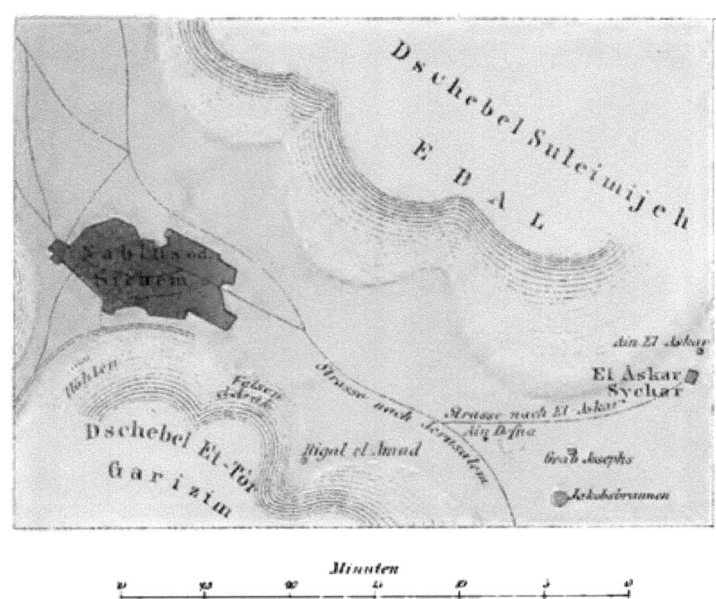

Minuten

Plan des Ganges unter der Aksa. Kirche Zion.

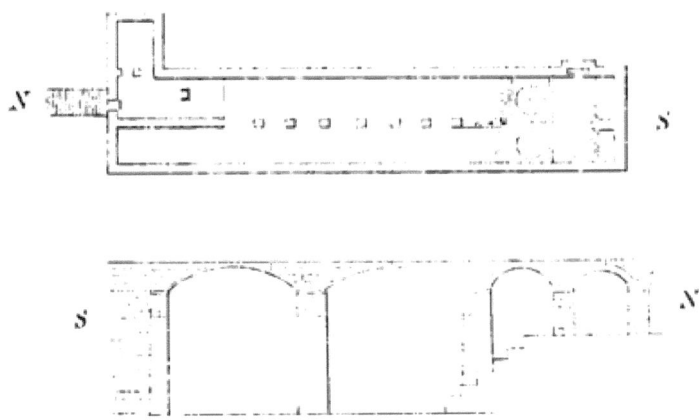